KB237399

사 회 사 연 구 총 서　7

지식 변동의 사회사

사 회 사 연 구 총 서　7
지식 변동의 사회사

사회사연구총서 **7**

지식 변동의 사회사

펴낸날/ 2003년 4월 19일

엮은이/ 한국사회사학회
펴낸이/ 채호기
펴낸곳/ ㈜**문학과지성사**
등록번호/ 제10-918호(1993. 12. 16)

서울 마포구 서교동 363-12호 무원빌딩(121-838)
편집/ 338)7224~5   FAX   323)4180
영업/ 338)7222~3   FAX   338)7221
인터넷 홈페이지/ www.moonji.com

ⓒ 한국사회사학회, 2003. Printed in Seoul, Korea

ISBN 89-320-1397-7

* 엮은이와 협의하여 인지는 생략합니다.
* 이 책의 판권은 엮은이와 문학과지성사에 있습니다.
  양측의 서면 동의 없는 무단 전재 및 복제를 금합니다.
* 잘못된 책은 바꾸어드립니다.

사 회 사 연 구 총 서   **7**

지식 변동의 사회사

문학과지성사
2003

'사회사연구총서'를 간행하면서

　우리는 지금 중대한 변화의 시기에 살고 있다. 20세기를 특징짓던 이데올로기와 냉전 체제가 사라지고 새로운 세계 질서가 출현하고 있다. 이와 더불어 지금까지의 세계관과 행동 양식도 적지 않게 변하고 있다. 이러한 변화는 우리에게 새로운 21세기를 향한 희망과 기대를 불어넣어주는 동시에 더욱 치열해진 국가간 경쟁과 민족적 갈등으로 인해 또 다른 불안과 긴장을 가져다주고 있다.

　특히 식민지 경험과 뒤이은 냉전 체제의 구조적인 제약을 어느 사회보다 강하게 받았으며, 그런 가운데 경제 발전의 험난한 도정을 헤쳐왔던 한국 사회의 경우 최근의 변화가 가져다주는 충격은 대단히 크다. 한국의 학계는 비극적이었던 과거사의 정리와 파괴된 민족 문화의 복원·재창조에 바쁜 가운데 급변하는 주변 상황에 대처하고 바람직한 미래상까지 그려야 하는 다급한 실정에 처해 있다. 이 다급함으로 인해 우리는 종종 인간과 사회에 대한 성찰적 사고보다는 현실적 이해 관계의 극대화에 몰두하는 단기적 사고를 강요받기도 한다.

　이러한 때, 우리는 '사회사연구총서'를 간행한다. 역사 연구에 대한 기대가 엷어지고 인문학적 정신이 무기력해져가는 이 시대에 굳이 이러한 장을 마련해보려는 까닭은, 이 시점이야말로 인문학적 성찰과 사회과학적 분석이 결합되어야 할 때라는 우리의 생각 때문이다. 어느 시대나 마찬가지이겠으나 특히 변동의 속도가 빠르고 안팎의 힘들이 착종하여 예기치 않는 변화들이 빈번한 때일수록 종합적이고 체계적인 역사 인식이 절실히 필요하다. 이 역사 인식은 지나온 과정에 대한 역사학적 이해와 현재적 상황에 대한 사회과학적 분석, 가능한 미래에 대한 책임 있는 선택들이 어우러질 때 비로소 가능해질 것이다.

이러한 작업이 한두 학문의 영역에서 성취될 수는 없는 것이지만, 사회학과 역사학의 결합 위에서 이루어지는 사회사, 역사사회학이 그 일을 감당하기에 가장 적합한 학문 영역의 하나임은 분명하다. 그것은 이 분야가 사회학과 역사학이 추구하는 전체성과 종합성을 바탕으로 하면서 분석과 성찰, 개인과 사회, 국가와 세계를 포괄적으로 이해할 것을 목표로 하기 때문이다. 그러나 우리는 우리의 작업이 좁은 의미에서의 사회학과 역사학의 테두리를 넘어서 역사와 사회를 학문적 관심의 대상으로 하는 인접 학문 분야의 동학들의 참여로 더욱 활성화되기를 기대한다. 그때 우리는 참여의 장을 마련하는 데 주저하지 않을 것이다. 우리가 고민하고 해결을 추구하는 문제들은 특정 학문 분야의 전유물이 될 수는 없기 때문이다. 또한 우리는 이 '사회사연구총서'가 학계에 국한된 지적 활동의 차원을 넘어서 오늘 이 시대에 적합한 역사 의식과 세계관을 형성해내는 데 다소나마 밑거름이 될 수 있기를 기대하고 있다. 이를 위해서 일차적으로 연구자의 성실하고도 진지한 연구가 절대적으로 요청되는 것은 두말할 필요가 없지만, 동시에 많은 독자들의 비판적 독서와 사색이 덧붙여질 때 비로소 그 결실이 풍부해진다는 점도 새삼 덧붙일 필요는 없을 것이다.

학계의 적극적인 동참을 기대하면서, 아울러 사려 깊은 시민 여러분의 관심과 질정을 고대해 마지않는다.

사회사연구총서 간행위원회

책머리에

이 책은 2001년 10월 26일과 27일 양일간 한국사회사학회가 충남 대학교 사회과학연구소와 공동으로 개최한 2001년도 정기 학술 대회의 발표 논문들을 바탕으로 편집한 것이다. 당시 발표된 논문은 모두 13편이었는데, 이 가운데 3편의 논문은 저자의 사정상 빠지고, 대신 2편의 논문이 추가되어 책의 모양을 갖추게 되었다. 학술 대회의 주제는 '지식 변동의 사회사: 전통·현대·미래'로서, 한국 사회를 대상으로 지식 변동의 다양한 측면들을 역사적으로 고찰하는 동시에, 현재적 관점에서 지식 변동의 미래를 전망하는 작업들도 포함되었다.

'지식 변동'이 학술 대회의 주제로 떠오르게 된 것은 당시의 사회적 상황과도 관련이 있다. 1990년대 말부터 한국 사회에서는 '지식 경제'와 '지식 경영,' 그리고 '지식 기반 사회'란 용어가 언론을 통해 자주 등장하였다. 경제계와 학계 일각이 이에 적극 동조했을 뿐만 아니라 '국민의 정부'에서도 '지식 기반 국가'의 건설을 국정의 지표로 삼고, 이에 부합된다고 생각하는 정책을 펼쳐나갔다. 그러나 다른 한편에서는 이를 세계화의 진전과 더불어 강요되고 있는 신자유주의 이데올로기의 표현으로 보고, 정부의 지식 정책에 대해서도 비판을 가했다. 양측은 입장의 차이를 선명하게 드러냈지만,

생산적인 토론에는 이르지 못했다. 사정이 이렇게 된 데에는 IMF 관리라는 위기 상황에 대한 진단 및 대응 방식이 달랐기 때문이기도 하지만, 보다 근본적으로는 '지식'의 본질과 사회적 기능에 대한 기본 인식이 달랐기 때문이다. 즉 옹호론자들은 지식의 유용성과 경제성에 강조점을 두었지만, 지식의 다양한 형태와 계몽적 기능에는 둔감하였고, 비판론자들은 이를 전통적인 지식 개념에 입각하여 비판했지만, 변화를 감싸안으려는 유연성은 부족했다. 이렇듯 양자는 기본 인식을 달리했지만, 한국 사회를 대상으로 한 성찰의 경험이 부족했다는 점에서는 양자가 공통점이 있었다. 한국사회사학회에서는 이 점에 주목하면서, 한국 사회의 지식 변동을 거시·역사적으로 조망하고, 이를 통해 지식의 사회적 성격과 기능, 그리고 지식인·지식 집단의 역할에 대해서도 검토할 기회를 갖고자 학술 대회를 조직하게 되었다.

우리는 이 문제를 단기간의 현실 문제에 국한하지 않고, 장기간의 역사 변동 속에서 포착하려는 방법을 택했다. 이는 '사회사'의 학문적 성격과도 관련이 되는 것이지만, 현실적인 문제 해결이나 미래 전망을 얻기 위해서도 역사에 대한 근본적인 천착이 필요하다고 생각했기 때문이다. 또 기왕 지식 변동의 문제를 다루려면, 지식 활동의 여러 영역들, 예컨대 교육과 학문, 과학 기술, 이데올로기 등의 문제와 아울러, 지식 집단의 성격과 지식 생산 및 전달 시스템의 문제까지 포괄하여 토론하기를 원했다. 이런 구도하에서 한국사회사학회 회원들이 학술 대회에 자발적으로 참여하였고, 이후 약간의 조정과 보완을 거쳐 이 책과 같은 형태로 정리가 되었다.

이 책이 지식 변동에 관한 모든 문제를 다룬 것은 아니다. 이 책은 시기적으로 전통 사회와 근대 사회, 그리고 현대를 포괄하고 있지만, 각 시대에서 다루어진 문제 영역들은 제한되었다. 물론 필자

들의 시각도 다양하고, 주제의 폭과 그것을 다루는 방식에도 차이
가 있다. 그러나 전체적으로 보면 '지식 변동의 사회사'란 이름에
걸맞은 주제들이 어느 정도 망라되어 있다. 따라서 이 책은 지식 변
동의 중요성에 대한 문제 제기와 함께 새로운 연구의 단서를 여는
역할을 할 수 있을 것으로 생각한다. 우리는 이 책이 지식의 본질
과 변동, 그것의 다양한 양태, 그리고 지식이 사회 발전에 미치는
영향에 대해 관심을 갖는 독자들의 기대에 부응할 수 있기를 바란
다. 또한 우리는 이 책의 독자들이 지식 변동의 연구에 관심을 갖
고, 더 나아가 이 책의 미진함과 결함을 메우는 작업에 나서주기를
기대한다.

한국사회사학회는 이 학술 대회를 위하여 조직위원회를 두고 학
술 대회의 구성과 방향을 논의하였다. 조직위원회에는 장세훈 · 박
선웅 · 정선기 · 지수걸이 참여했으며, 학회 부회장인 김경일이 조직
위원장을 맡았다. 이러한 과정 자체가 지식 변동의 중요성을 새롭
게 인식하고, 연구 영역과 과제를 개발하는 과정이었다. 이 책의 저
자들은 학술 대회의 발표를 통해 각 2명의 토론자와 청중들에게 질
문과 지적을 받고 글의 내용을 보완하였다. 박명규와 임대식은 학
술 대회에 함께하지는 않았지만, 편집 과정에서 책의 완성도를 높
이기 위해 기꺼이 참여하였고, 이 책의 편집 방침에 협조하여 원고
를 집필하였다. 책임 편집자로서 이 책의 저자들께 감사를 드린다.
또한 학술 대회의 토론자 · 사회자 제위와 조직위원들께도 감사를
드린다.

이 책은 한국사회사학회가 주관하여 발간하는 '사회사 연구 총
서'의 한 권으로 나오게 되었다. 학술 대회의 결과물이 총서에 포
함된 것은 이 책이 처음이다. 학회의 든든한 후원자의 입장에서 책
의 출판을 허락해주신 문학과지성사의 채호기 사장님과 편집부 직

원들에게 감사를 드린다. 이분들께는 늘 신세를 져왔는데, 이번에 그 목록을 하나 더 추가하게 되었다. 우리는 이를 오래도록 기억할 것이다.

2003년 3월
책임 편집자 김필동 · 김경일 적음

차 례

서장

지식 변동의 사회사
── 과제와 방법

김필동

1. 지식 변동의 사회사가 요청되는 까닭

몇 년 전부터 '지식 경제' 또는 '지식 경영'이란 용어가 언론계·
경제계를 중심으로 인구에 회자되기 시작했다. 또한 국민의 정부는
'지식 기반 국가'의 건설을 국정의 지표로 내걸고 이런 기조 위에서
많은 정책을 추진해왔다(이선·장석인 외, 1999). 이런 현상은 특히
한국 경제가 외환 위기로 인해 IMF의 관리를 받게 되면서 폭발적으
로 나타났는데, 어느 면 그것은 위기의 원인 진단과 위기 탈출의 방
법론에서 '키 워드' 또는 구세주로 여겨질 정도였다. 학계도 이에
대해 비교적 민감하게 반응하였다. 정부 또는 재계와 연계된 학자
들(특히 경제학자·경영학자·교육학자 일각)은 대체로 '지식 기반
경제론'이나 '지식 경영론'을 신봉하거나 동조하는 입장을 취하였
다. 이들은 지식 기반 경제(또는 사회)의 대두를 자본주의 이후의
사회로의 진화 또는 '문명사의 전환'으로 표현하곤 했는데, 이들의
견해는 때마침 맞게 된 '뉴 밀레니엄'에의 기대와 겹쳐 마치 환상을

쫓는 듯한 분위기를 연출하기도 했다(김필동, 2000). 반면, 진보적인 학계에서는 이를 세계화의 진전과 더불어 강요되고 있는 신자유주의 이데올로기의 또 다른 표현 형태로 보고 강한 비판을 가하였다(강내희, 1998).[1] 그러나 또 다른 다수의 학자들은 이런 논란에 대해 겉으로는 가벼운 냉소를 보냈지만, 사실은 혼란에 빠진 채 침묵을 지키고 있었다. 그 결과 '지식 경제론'이나 '지식 기반 사회론'은 역설적이게도 학계의 어느 쪽에서도 진지한 학문적 검토의 대상으로는 되지 못한 감이 있다.[2]

오늘날 이러한 논란은 다소 소강 상태를 보이고 있는 듯하다. 그러나 문제나 쟁점이 소멸된 것은 아니다. 사실 지식 기반 사회론은 하나의 사회 이론으로서는 아직 다듬어지지 않은 상태에 있다. 특히 그것이 산업 사회 또는 자본주의를 대체하는 새로운 역사 발전의 단계를 의미하는 것인가에 대해서는 아직 이론적 설득력이 부족하다. 그러나 그렇다고 이를 무시할 수 있는 것은 아니다. 최근의 정보 혁명과 경제·사회적 변화는 지식의 성격 변화, 즉 지식의 의미·형태·기능, 그리고 사회적 비중에 이르기까지 뚜렷한 변화를 초래하고 있기 때문이다. 많은 나라에서 인구의 대다수가 고등 교육을 받게 된 현실 또한 그러한 변화의 중요한 조건을 제시해주고 있다. 이들은 고등 교육에 기대되는 직업에 종사하거나 또는 그에 준하는 새로운 직업을 창출해감으로써 지식을 매개로 한 경쟁을 일상화할 것이기 때문이다.

그러나 새로운 변동이 이루어지고 있다 하더라도 그것은 이제 막

---

1) 또한 당시 제기된 기초 학문, 특히 인문학의 위기론도 상당 부분 이런 인식을 공유하고 있었다. 인문사회연구회(1999) 참조.
2) 최근 강남훈(2001)은 지식 기반 경제론의 주요 주장들을 정치경제학의 입장에서 비판적이지만 비교적 차분하게 검토한 바 있다.

출발점을 넘어선 것에 불과하다. 따라서 앞으로의 변화 방향은 가변적인 측면을 포함한다. 바로 이 때문에 현재의 지식 변동에 관한 논의나 변동의 방향에 대해서는 좀더 근본적인 토론이 필요하다고 생각된다. 특히 현재의 '지식 기반 사회론'은 '지식 (기반) 경제론'과 '지식 경영론'에 기초하면서 지식의 경제성과 효율성에만 집착하는, 다시 말해 편향적인 지식 개념으로 일관하고 있다는 지적을 받고 있다(강현석, 2000). 또한 '신지식인론'에서 잘 드러났듯이 정부와 사회 일각의 지식 기반 사회론은 이를 지나치게 단순화·통속화하는 우를 범하고 있는 것으로 보인다(김종엽, 1999; 김필동, 2000). 그것은 세계 수준의 지식 기반 사회론의 메시지에서도 한참 떨어져 있는 것이다.[3] 따라서 이제 지식 기반 사회론을 좀더 진지한 학문적 논의로 고양시킬 필요가 절실하다.

이런 문제 의식에서 우리는 '지식 변동의 사회사'를 검토해보고자 한다.[4] 이는 지식의 변동을 좀더 거시적이고 장기적인 시야에서 검토해보려는 것이다. 그러면 왜 지식 변동의 미래를 전망하면서 하필 역사(사회사)인가? 지식 변동의 현재와 미래를 전망하는 작업은 불확실성에 대한 논의를 포함한다. 이때 과거 지식 변동의 양태와 속성(가변성까지 포함하여), 그리고 역사적 경험에 대한 이해는 우리의 판단에 중요한 시사점을 줄 수 있다. 더구나 역사에 대한 연구는 역사를 통해 현재 우리가 안게 된 제약 조건과 해결해가야 할 과제를 분명하게 해준다. 지식 변동을 전망함에 있어서도 예외는 아니며, 따라서 '지식 변동의 사회사'에 대한 연구는 과거와 현재를

---

3) OECD(1996)와 World Bank(1998)에서 지식의 의미(강조점)를 상기할 것. 또 이런 관점에서의 '신지식인론'에 대한 비판으로는 김필동(2000)을 볼 것.
4) '지식 변동의 사회사'는 사실 '지식의 사회사'와 다르지 않다. 그러나 지식을 변동의 맥락에서 연구한다는 점을 강조하기 위해 다소 작위적으로 이런 표현을 사용한다.

넘어 미래로 연결되는 실천적 의미를 갖게 될 것이다. 물론 지식 변동의 사회사는 사회사의 학문적 관심에 비추어보더라도 매우 중요하고 흥미로운 과제이다. 특히 이런 중요성에도 불구하고 사회사가 그동안 지식과 그 변동의 문제에 대해 소홀한 점이 없지 않았으므로 그 의의는 배가된다고 할 수 있다. '밑으로부터의 역사'를 중요한 문제 의식의 하나로 삼아왔던 사회사는 그동안 지식과 학문의 연구에 그다지 눈길을 주지 않았던 것이다. 그것은 마치 사상사 · 지성사 · 과학사의 영역에만 속하는 것으로 치부되어왔다. 그러나 오늘 지식이 전방위적으로 사회의 재구조화에 영향을 미치고 있음을 보는 한, 아니 이를 통해 사실은 과거에도 무시할 수 없는 것이었음을 확인하게 된 이상 이제 지식은 사회사의 영역 밖에 제쳐둘 수 없다. 이상이 이 글과 이 책에 수록된 글들이 지향하는 이론적 · 실천적 함의라고 할 수 있다.

그러면 지식 변동의 사회사를 어떻게 연구할 것인가? 이는 물론 간단한 과제가 아니며, 이 글에서 이러한 문제를 온전하게 다루겠다는 것은 과욕이 될 것이다. 우리가 하려는 것은 지식 변동의 사회사를 연구하려 할 때 우선적으로 고려해야 할 항목의 리스트를 만들고, 그것을 바탕으로 가능하다면 구체적인 분석에 활용될 수 있는 분석틀의 시안을 작성해보는 것이다. 여기서 '시안'이라 한 것은 그것이 앞으로 연구를 축적하면서 수정 · 보완되어가야 할 것임을 의미하는 것이다. 이 작업을 크게 1) 지식(활동)의 구조에 대한 논의와 2) 지식 변동의 기제mechanism에 대한 논의로 나누어 살펴보기로 한다.

2. 지식의 개념과 지식 활동의 구조

I. 지식의 개념과 종류

우리의 작업에서 가장 먼저 해야 할 일은 연구 대상인 지식의 개념과 범위를 고찰하는 것이다. 그러나 지식의 개념은 모호하고 포괄하는 범위가 매우 넓다고 하지 않을 수 없다. 지식은 넓게 보면 인간의 사유 활동 전체와 관련되어 있을 뿐만 아니라, 그것의 무의식적 부분 및 사유 활동의 결과물까지 연결되는 것이다. 따라서 우리가 먼저 해야 할 것은 그 범위를 좀 좁게 잡아보는 일이다. 이 글에서는 일단 지식을 인간의 경험 세계와 관련된 부분으로 한정한다. 이는 방법적으로 보면, 학문적 검토와 토론이 가능한 영역으로 이해해도 좋다. 이런 의미에서 우리는 잠정적으로 지식을 "인류가 인간과 자연(우주), 나아가 사회 생활 및 그 파생물(제도 및 물질적 가공물)에 대해 알아내고 얻게 된 사실에 대한 이해 또는 통찰이 조직화된 것"으로 "인류에게 쓸모가 있는 것"이라고 정의해볼 수 있을 것이다. 간단히 말하자면, 지식은 "인간의 앎의 조직화된 형태로서 인류에게 도움이 되는 것"이라 할 수 있겠는데, 이는 지식이 인식과 실천의 양면성과 양자 사이의 긴장 관계를 포함한 개념임을 말해준다. 또한 여기서 주체를 인류로 표현한 것은 지식의 보편성을 강조하기 위한 것이다.

다음으로 지식에 대한 이해를 좀더 구체화하기 위해 지식의 종류(유형)를 나누어보기로 한다. 유형화의 기준은 여러 가지가 있지만 여기서는 다음 두 가지를 가장 핵심적인 것으로 고려한다. 하나는 지식의 '조직화·추상화의 수준'이다. 이 기준에 따라 지식은 '민속적·체험적' 지식과 '이론적·학문적' 지식으로 나누어볼 수 있다.[5] 지식은 인간의 생활 과정에서 자연스럽게 터득되고 실생활에 적용하면서 공유되는데, 이를 민속적 지식 또는 체험적 지식이라고 할 수 있다. 이러한 지식은 일반인의 생활 과정에서 다발적으로(꼭 동시인 것은 아니다) 획득될 수도 있고, 또 쉽게 전파되어 많은 사람들이 공유하게 된다는 점에서 그렇게 부를 수 있다. 그러나 민속적 지식들은 조직화되거나 그것에 대한 인간의 설명 욕구를 통해 이론적인 체계화에 이를 수 있다. 이를 이론적 지식 또는 학문적 지식이라고 할 수 있는데, 이런 지식은 소수 개인의 창의적 활동의 소산이자 단지 제한된 사람들에게만 공유되는 경향이 있다. 물론 역사의 전개와 더불어 이 '제한된 사람'의 폭은 확장된다. 그러나 동시에 그 질적 격차는 또한 커진다. 따라서 지식은 항상 위계적 구조를 이루며, 이 때문에 지식은 어느 정도 지배의 도구로서 계급적 함의를 갖게 된다. 다만 그 권력이 어떻게 행사되는가는 그 사회의 사회 구조를 반영하며, 그 결과 때때로 보다 많은 사람이 그 혜택을 누릴 수도 있지만, 지식의 권력적 속성은 거의 피할 수 없다. 한편 이론적 지식은 민속적 지식을 모두 포괄하지는 않지만, 또한 후자와 무관하게 생산되고 축적·활용되기도 하면서 사회 변동에 큰 영향을 미치게 된다. 우리가 지식 변동을 문제시할 때 이론적·학문적 지식의 변동에 더 큰 의미를 부여하는 까닭도 여기에 있다. 그렇지만 이론적 지식이 민속적 지식과 직·간접적으로 연결되어 있다는 사실 자체를 망각해서는 안 된다.

지식 분류의 또 하나의 기준은 그것의 '기능 또는 유용성'이다. 지식은 인간에게 앎 그 자체로서 만족을 준다. 그러나 동시에 그것

---

5) 양자는 그것이 갖는 뉘앙스의 복합성 때문에 각각 '민속적·체험적 지식'과 '이론적·학문적 지식'으로 함의를 병기하는 방식을 취했다. 그러나 편의상 앞으로는 이들을 각각 '민속적 지식'과 '이론적 지식'으로 부르기로 한다.

은 유용성을 통해 의미를 획득한다. 지식의 정의에서도 전제한 것처럼 쓸모 없는 지식은 아무런 의미가 없다. 다만, 그 유용성이 무엇을 겨냥한 것인가, 다시 말해 기능이 무엇인가에 대해서는 좀 따져볼 점이 있다. 지식의 유용성(쓸모)은 현실 생활에 직접 적용되어 가시적 성과를 얻는 것을 의미하기도 하지만, 인간과 자연, 사회에 대한 앎 자체로 지식의 소유자에게 만족감을 주고 나아가 도덕적·문화적 힘의 원천을 제공하는 것을 의미하기도 한다.[6] 이런 견지에서 우리는 지식을 '공리적·실용적' 지식과 '교양적·도덕적' 지식으로 분류해볼 수 있다.[7] 특정 시대, 특정 사회가 어떤 기능에 보다 높은 가치를 두는가는 지식의 생산·분배·소비 구조에 영향을 주며, 나아가 그 사회의 성격을 규정해준다. 때때로 지식은 그 획득과 가치 부여를 둘러싼 쟁투의 대상이 되기도 하는데, 이 점 역시 지식의 권력적 함의를 잘 보여주는 것이다. 다만 민속적/이론적 지식의 분류가 항상 위계적 함의를 갖는 데 비해, 공리적/교양적 지식은 권력 관계에서 상호 경쟁적이며 따라서 가변적인 면모를 갖는다는 차이가 있다. 이 두 가지 분류(도식)가 가능하다면, 우리는 양자의 조합을 통해 지식의 개념을 좀더 조직적으로 이해할 수가 있을 것이다. 이를 요약하면 다음과 같다.

〈표-1〉 지식의 분류

	공리적 지식	교양적 지식
민속적 지식	a	b
이론적 지식	c	d

---

6) 이른바 '도덕적' 지배 또는 '명망적' 지배가 이것이다.

7) 이 경우도 편의상 '공리적' 지식과 '교양적' 지식으로 부르기로 한다.

물론 이러한 분류 도식은 어디까지나 이념형적인 것이다. 예컨대 '상식'은 민속적 지식으로, '과학'은 이론적 지식으로 비교적 명쾌하게 분류할 수 있지만, '기술'은 두 유형에 걸쳐 있으면서 스스로 민속적 지식에서 이론적 지식으로 이행해가는 성질을 갖는다. 학문의 영역에서도 인문학은 이론적/교양적 지식, 응용 학문은 이론적/공리적 지식에 속하지만, 자연과학과 사회과학의 기초 학문들은 교양적 지식과 공리적 지식의 성격을 동시에 갖는다. 그러나 이러한 분류 도식은 지식 변동의 연구에서 유용한 도구 역할을 해줄 수 있을 것으로 기대된다.

II. 지식 활동의 구성 요소

지식은 그 자체로 존립하는 것이 아니라 인간이 이를 발견·창조하고 활용함으로써 의미를 갖는다. 경제학적 비유를 원용하자면, 지식은 생산·분배 및 소비의 과정을 거친다. 이 과정을 지식 활동이라 이름할 수 있다. 그러면 지식 활동은 어떻게 구성되는가?

지식 활동은 다음 세 가지 구성 요소를 갖는다. 1) 지식의 내용과 그 존재 형태, 2) 지식의 담지자 agent, 3) 지식의 제도(화). 이 세 요소는 또한 지식 변동의 사회사의 주요 연구 영역으로서의 의미를 갖는다고 할 수 있다. 다음에서 우리는 논의를 단순화하기 위해, 그리고 그 상대적 중요성 때문에 주로 이론적 지식(특히 학문)과 지식의 생산 활동에 초점을 맞추어 살펴보고자 한다.

1) 먼저 이론적 지식의 내용이 문제가 된다. 그러나 지식의 내용은 매우 다양한 영역에 걸쳐 있기 때문에 내용 자체에 대한 토론을 여기서 구체적으로 할 수는 없다. 오히려 우리가 관심을 갖는 것은 그 존재 형태에 대한 것이다. 이론적 지식의 존재 형태는 그것이 무

엇을 인식 대상으로 삼아 조직되는가의 문제와 관련하여 검토해볼 수 있다. 그 대상 범주로 우리는 인간과 자연, 사회 등을 열거해볼 수 있을 것이다. 전통 사회의 학자(學人)들은 이러한 영역들이 유기적으로 관련되어 있다고 보면서, 이를 통일적으로 파악하고 이론화하는 경향이 있었는데 우리는 이를 넓은 의미의 '철학'이라 이름할 수 있을 것이다. 그러나 근대 세계에 들어와 이 대상들은 분석적으로 파악되고 이론화되었으며, 그 결과 학문의 영역에서 인문학과 자연과학, 그리고 사회과학으로 요약되는 여러 분과 학문들academic disciplines이 나타나게 되었다. 이러한 분과 학문의 대두가 확연해진 것은 19세기의 일이었다. 이를 우리는 각각 '통합적' 지식과 '분석적' 지식으로 명명할 수 있을 터인데, 19세기와 20세기를 거치면서 지식의 존재 형태는 대체로 전자에서 후자로 이행해간 것으로 이해할 수 있을 것이다. 그런데 오늘날 우리는 분석적 지식들이 갖는 상대적 자립성이 동요되면서, 영역 사이를 가로지르는 새로운 지식 형태의 출현을 보고 있다. 이렇게 출현하는 새로운 지식 형태를 가리켜 우리는 '조합적' 지식 또는 '융합적' 지식이라 이름할 수 있을 것이다.[8] 그러나 융합적 지식이 기존의 분석적 지식과 공존할지, 아니면 기존의 지식을 해체하면서 다양한 융합적 지식군을 이룰지는 아직 명확하지 않다. 적어도 당분간은 과도기적인 시기가 지속될 것으로 보아야 할 것이다. 지식 변동의 사회사는 일차적으로 이러한 지식의 존재 형태의 변동과 그것이 갖는 의의에 관심을 기울여야 할 것이다.

2) 다음으로 이론적 지식의 담지자에 대해 살펴보자. 앞서 말한 것처럼 지식은 계급적 함의를 갖기 때문에 이론적·학문적 지식을

---

8) '융합적' 지식이란 이를 좀더 적극적으로 표현한 것인데, 영어로 'trans-disciplinary knowledge'란 표현이 가능하다(Gibbons et. al., 1994).

생산하고 향유하는 제한된 사람들이 누구인가는 중요한 문제이다. 이들은 시대에 따라, 또는 명명자가 부여하는 함의에 따라 학인(學人), 현자(賢者), 지식 애호가, 지식인, 지식 계급, 과학자 등으로 다양하게 불려왔는데, 이들을 편의상 총괄하여 지식 집단이라 부르기로 하자. 지식 집단은 지식의 내용, 그 발전 정도에 따라 구체적인 모습을 달리하지만, 대체로 지배 계급의 일원이거나 그들의 동반자로 자리한다. 그러나 동시에 이들은 지식의 독립성(자율성)에서 자신들의 아이덴티티를 찾는 경향을 갖는다. 그러므로 때때로 이들은 자신들의 지식을 무기로 지배 계급에 저항하기도 하며, 지배 계급을 포함한 사회 구성원 전체를 선도하는 전위(前衛)의 역할을 맡기도 한다. 역사의 발전과 사회의 분화에 따라 이들은 끊임없이 분화하며, 특히 근대 이후 전문 직업화하는 경향을 보여왔는데, 과학 기술자 집단과 기술 관료, 전문 경영자 등이 그 현저한 예가 된다. 그러나 이들의 분화가 진전될수록 이들 간에는 위계적 구조가 형성·재편되는 경향을 보이는데, 이는 한 사회의 권력 구조의 변동을 반영한다. 이러한 지식 집단의 존재 형태와 역할 변화에 대한 연구는 지식 변동의 사회사에서 또 하나의 중요한 연구 대상이 된다.

3) 마지막으로 지식의 제도화 및 조직화의 문제가 있다. 지식의 발전과 기능 분화, 그리고 지식 집단의 분화와 수적 증가는 지식 자체의 제도화와 지식 집단의 조직화를 낳는다. 물론 여기서도 중심이 되는 것은 이론적 지식이다. 지식의 제도화는 학문의 제도화의 기지이자 이를 담당할 지식 집단을 재생산하는 고등 교육 제도, 특히 대학의 발전에서 두드러진다. 그러므로 지식의 제도화에서 이는 매우 중요한 전략적 단위가 된다. 한편 지식 집단의 조직화는 학파 및 학회의 형성, 연구소(국가·기업·민간)의 성립 등으로 나타난

다. 고등 교육 기관의 발전 또한 지식 집단의 조직화에 큰 영향을 주었음은 말할 것도 없다. 이 밖에 언론 매체의 발전, 특히 신문·잡지의 발전도 지식 집단의 조직화에 기여한 측면이 있다.

오늘날 지식의 제도화·조직화에 있어 특징적인 사실의 하나는 지식의 제도화·조직화를 지원하는 국가나 기업, 민간 재단의 기능이 활성화됨으로써 지식 생산의 기지가 다양해진 한편, 지식 생산의 국가적·사회적 시스템화가 이루어졌다는 점이 될 것이다. 이른바 국가 및 기업의 연구 개발 시스템 내지 국가 혁신 시스템national innovation system의 형성은 그 현저한 예가 될 것이다(Lundvall, 1992; OECD, 1997). 그러나 그것은 동시에 지식 집단의 왜소화와 내적 차별화를 가속화하는 힘으로도 작용하고 있다. 한편 최근의 정보화와 지식 경제의 진전은 새로운 형태의 지식 집단의 조직화를 형성해 가고 있다.

이렇게 지식 활동의 구조를 세 요소로 나누어 살펴보았지만, 이 세 요소(차원)들은 각각 분리되는 것이 아니라 상호 밀접하게 결부되어 있음도 쉽게 이해할 수 있을 것이다. 또한 이 세 요소들은 후술할 지식 활동의 과정에 다양하고 중첩적으로 개입된다. 지식의 생산이란 그것이 어떤 종류의 어떤 목적을 갖는 지식인가(지식의 개념), 누가 생산하는가(지식의 담지자), 어떤 맥락에서 어떤 방식으로 생산이 이루어지는가(지식의 제도화·조직화)의 문제들을 포함하는 것이며, 이러한 지식 활동에 대한 이해는 지식의 분배·소비에도 마찬가지로 적용될 수 있다. 그러므로 우리는 지식 변동의 분석에 지식 활동의 구성 요소들과 그것들의 상호 작용 및 연관 관계를 분석틀로 활용하지 않으면 안 된다.

3. 지식 변동의 기제

이상과 같은 지식의 구조에 대한 이해, 즉 지식의 개념·종류와 지식 활동의 구성 요소에 대한 이해를 바탕으로, 이제 우리는 지식 변동의 기제에 대해 살펴보기로 한다. 이를 위해 우리는 지식 변동의 내생적 과정과 지식 변동의 외부 체계와의 관계에 대해 살펴보고, 이를 장기적인 지식 변동의 단계 이행의 문제와 연결시켜보기로 한다.

I. 지식 변동의 내생적 과정: 지식의 생산-재생산 도식

지식의 생산-재생산 기제란 지식의 생산·분배·소비의 과정을 가리킨다. 이는 달리 말하자면, 지식 변동의 내생적·순환적 과정을 말한다. 지식의 생산·분배·소비란 원래 경제학적 용어이지만, 그 상징적 유용성 때문에 널리 사용된다.[9] 이를 지식 활동의 전개 과정에 걸맞게 표현을 바꾼다면, 지식의 창출, 확산(이전), 활용이라고 해도 좋을 것이다. 또 확산이란 전달자와 수용자의 양면, 즉 교육(전달)과 학습(수용)을 포함하는 것이다.

모든 사람들은 이 세 가지 과정에 참여한다. 이 과정 속에서의 역할을 각각 생산자, 전달자=교육자, 소비자=학습자로 이름할 수 있다. 분배의 양측 과정은 각각 전달(교육)과 수용(학습)을 포함하며, 생산자와 전달자는 동일인일 수도, 동일인이 아닐 수도 있지만, 수용자는 곧 소비자가 된다. 이론적 지식의 경우 지식의 생산자와

---

9) 일찍이 막스 셸러는 지식사회학의 연구 과제를 "지식의 생산과 분배, 그리고 소비에 관한 체계적이고 경험적인 연구"로 정의한 바 있는데(Scheler, 1924), 이런 입장은 지식 변동의 사회사에 대해서도 기본적으로는 유효하다. 다만 우리는 좀더 포괄적인 분석틀의 일부로 이런 관점을 수용하고 있다.

전달자는 소수로 제한되며, 그것은 지식 생산자의 경우 더욱 현저
하다. 그러나 지식의 수용자＝소비자는 광범위하지만, 그들 내부에
서도 편차를 보이는데, 그 폭은 지식의 추상화·이론화 수준과 유
용성의 종류에 달려 있다. 한편 지식의 생산과 분배는 지식의 소비
를 전제하고, 이 점에서 소비(의 결과)는 지식 생산에 환류feedback
된다. 또한 지식 생산자와 전달자가 다를 경우 전달자는 그 자신 일
차적 학습자라는 점에서 대중에게 전달(이차적 학습)되기에 앞서 일
차적 학습자로서의 반응과 문제 제기가 지식의 생산(재생산)에 바
로 환류될 수도 있다는 점에서 이 과정은 전체적으로 순환적 과정,
재생산의 과정이 된다. 지식 변동의 사회사가 이 지식의 재생산 과
정의 세 단계와 그들 간의 연관(연계) 관계에 모두 주목해야 함은
말할 것도 없다.

〈그림-1〉   지식의 생산-재생산 도식

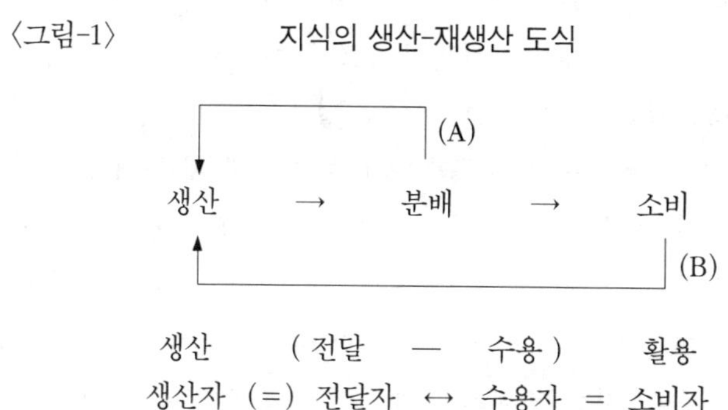

＊(＝)은 생산자와 전달자가 동일인일(A) 수도, 동일인이 아닐(B) 수도 있음을 의미
  한다. 또한 ↔는 생산자＝전달자와 수용자 간의 상호 작용(환류를 포함하는)을 의
  미한다.

II. 지식의 세계 체제론: 지식 (재)생산의 중심-주변론

이처럼 지식 변동의 일차적 계기는 체계 내부의 내생적 순환 과

정에서 주어지는 것이지만, 지식의 변동은 체계 외부에서 생산된 지식의 이전 과정을 통해 이루어지는 경우가 많다. 대표적인 예가 지식의 국가간·지역간 이전이다. 이를 분석하기 위해 '지식의 세계 체제'론을 도입하는 것이 필요하다.

지식의 세계 체제론이란 물론 월러스틴의 세계 체제론을 지식의 변동 분석에 원용하는 것이다(Wallerstein, 1974; 김필동, 1984). 그러나 월러스틴의 이론은, 이 글의 논제에 한정해볼 때, 다음과 같은 몇 가지 보완('변형'으로 봐도 좋다)이 필요하다. 우선 그의 세계 체제론은 근대 세계의 형성 이후에 초점이 맞추어져 있기 때문에, 전통 사회를 분석하는 데는 한계가 있다. 전통 사회를 세계 체제의 관점 속에 설명하는 장치로 그는 '세계 제국world empire'의 개념을 제시했지만, 그것에 대해서는 자세한 분석을 하지 않았다.[10] 또 세계 제국은 한정된 개념이기 때문에, 필자는 대신 세계 체제란 일반적 개념을 통해 전통 사회의 지식의 구조를 이해하려 한다. 또 하나는 최근 월러스틴의 관심이 상대적으로 경제·정치에서 문화·지식으로 이동하고, 특히 근대 학문의 구조와 변동에 대해 매우 주목할 만한 분석을 하고 있지만(Wallerstein, 1996; 1999), 유감스럽게도 정작 후자의 경우에는 본래의 세계 체제론적 관점이 실종된 채 이를 주로 중심부(또는 서구) 내부의 문제로만 다루고 있다는 점이다. 따라서 우리는 근대 지식의 세계 체제의 주변부 입장에서 지식 구조의 변동에 접근하는 관점을 보충할 필요가 있다. 이런 전제하에서 지식의 세계 체제의 분석틀을 구상하되 이를 앞에서 우리가 제시했던 다른 분석틀과 관련시켜보기로 한다.[11]

---

10) 이 점에서 그의 세계 체제론은 서양 중심적 한계를 반영한다.
11) 여기서 전제해둘 것은 세계 체제론이 갖는 가장 큰 특징의 하나는 모든 면에서의 포괄성(전체성)이지만, 우리의 논의는 지식(활동)의 구조와 변동 문제에 한정해

지식의 세계 체제는 물론 지식 생산의 중심부와 주변부의 관계를 핵심으로 한다. 물론 반주변부의 개념도 추가할 수 있다. 현실적으로 이는 국가 간 체제의 맥락에서 이해되고 분석될 수 있다. 또한 지식의 구조는 장기 지속적이며, 따라서 지식 구조의 변동은 체제 간 이행이라는 거대한 전환을 통해 이루어진다. 이상의 전제들은 월러스틴의 세계 체제론의 기본 관점과도 부합되는 것이다.[12] 이 중에서 필자는 지식 (재)생산의 중심-주변 구조와 국가(지역) 간 체제의 맥락에서 지식의 확산(이전) 기제를 먼저 살펴보고자 한다.

하나의 국가 · 지역 체제에서 생산된 지식은 체제 안에서 분배(확산) · 소비되지만, 체제(단위 체제) 바깥으로도 확산된다. 이렇게 해서 형성되는 지식의 세계 체제는 지식 확산의 도달점까지를 체제의 범위로 한다.[13] 지식의 세계 체제는 지식 생산의 중심부와 이를 수용 · 학습하는 주변부로 구성되며, 주변부의 일각이 상당한 영향력을 갖고 그 지식을 (보통 선택 또는 가공하여) 다시 다른 단위 체제(지역)로 확산시킬 때 그 주변부는 반주변부가 된다. 이 과정을 통해 지식의 세계 체제는 세계 체제론 일반이 상정하듯 삼층의 구조를 형성한다. 여기서 반주변부는 수용된 지식의 선택 · 가공의 과정을 경험하면서 어느 정도 자립적인 재생산 구조를 확보할 수 있고, 또 그 기반 위에 주변부에 지식을 이전하는 한에서 반주변부의 지위를 유지한다.

서 다룬다는 것이다. 이러한 방침은 이 글의 논점을 분명히하기 위한 방법적(절차적) 제한이다.

12) 월러스틴의 세계 체제 개념의 구조적 특징에 관한 간결한 요약에 대해서는 김필동(1984) 참조.

13) 이때의 지식은 물론 개별적인 지식의 수준은 아니다. 그것은 그 자체 체계적으로 조직된 이론적 지식군이며, 이전된 국가(지역)의 지식 체계의 중핵을 이룰 때 의미가 있다.

　지식의 확산 과정에서 중요한 역할을 하는 것은 지식 집단이다. 이는 무엇보다 다음 두 가지 이유 때문이다. 하나는 지식(이론적 지식)은 다른 문화 항목(재화·서비스)과는 달리 상당한 이해 능력이 요구된다는 점이다. 이 이해 능력에는 언어의 문제와 함께 이론적 사고 능력과 훈련의 경험이 필요하다. 또 하나의 이유는 지식 집단이 추구하는 지배 수단 획득의 문화적 욕구이다. 앞서 지식은 위계적 속성을 가지며, 지식 집단이 지배 집단과 깊이 결부되어 있음을 지적했지만, 이 때문에 지식 집단은 지식의 힘에 예민하게 반응한다. 그들은 보다 권위 있는 지식에 대해 한편으로는 콤플렉스를, 다른 한편으로는 존경과 찬사를 보낸다. 그것은 지식이 전제하는 ‘보편성’과 힘(유용성) 때문이다. 중심부에서의 ‘선진’ 지식의 수용은 이 양가 감정을 해소 또는 충족시키면서 지배 수단을 획득하는 좋은 방법이다. 지식 집단은 이렇게 지식을 수용함으로써 스스로 갖는 이론적 지식을 더욱 풍성하게 하고, 이를 통해 자신들의 지배 능력을 강화하면서, 이를 기초로 수용한 지식을 선택·가공하여 지역 안에서 확산시킨다. 그리고 이러한 과정을 통해 주변부는 지식의 세계 체제에 편입된다.

　지식의 세계 체제에서 주변부의 종속성은 어느 정도 불가피하지만, 그러나 이는 필연적인 것은 아니다. 지식의 지역간 확산은 지식 집단의 입장에서 보면 학습의 과정이다. 세계 체제 내 정치·경제의 흐름과는 달리, 지식의 확산은 중심부 엘리트(지식 집단)의 주도에 의해 이루어지기보다는 오히려 주변부 지식 집단의 주도로 이루어진다.[14] 따라서 주변부의 종속성의 정도는 지식 집단의 존재 형태

---

14) 물론 지식의 전달이 중심부 쪽에서 적극적·의식적으로 이루어질 때도 있다. 종교의 전파(이른바 ‘宣敎’)에는 이런 현상이 자주 나타난다. 그러나 학문의 경우 이런 현상은 드물다. 근대 일본의 경우처럼 중심부에서 ‘교육자’를 초빙하는 경우

(규모·분포)와 행동 양식에 크게 의존한다. 지식의 확산(수용)은 정치·경제 및 일상적 생활 영역과는 달리 직접적 방식만이 아니라 간접적 방식을 통해서도 이루어진다. 물론 직접적 방식이란 지식의 생산자에게 직접 학습하는 것이고, 간접적 방식이란 일차적 학습자에게 배우는 것과 책을 통한 학습을 포함한다. 지식의 보편성이 후자를 통한 학습을 가능하게 하는 것이다.

폴라니에 따르면, 지식은 형식화된 명시적 지식formal or explicit knowledge과 개인의 내면화된 인격적·암묵적 지식personal or tacit knowledge의 두 가지를 포함한다(Polanyi, 1958; 1967; 장상호, 1994). 직접적 방식의 학습(이를테면 도제 학습)이 아니면 암묵적 지식의 학습은 불가능하다. 간접적 방식의 학습은 원래의 지식과는 일정한 거리를 갖게 마련이다. 이 '거리'는 학습의 불완전성을 의미한다. 또한 불완전한 학습은 한계를 갖게 마련이다. 그러나 그 한계는 또 다른 가능성, 지식 생산의 독자성·자립성을 의미할 수도 있다. 물론 직접적 방식의 학습이 학습에 머물지 않고 가공 생산, 나아가 지식의 자립적 생산으로 이어질 수도 있음은 말할 것도 없다. 여기서 지식 집단의 행동 양식이 중요한 의미를 갖는데, 이를 지식 이전 경로로서의 유학(留學)의 문제와 관련지어 검토해보자.

선진적 지식의 이전(학습)은 처음부터 간접적 방식, 그것도 책을 통해서만 이루어지기는 어렵다. 따라서 최초의 이전 경로는 유학을 통해 이루어지는 경우가 많다. 유학에는 단기적인 유학 또는 단지 견문을 익히는 것도 포함되지만, 지식의 초기 이전 과정에서는 비교적 장기적인 유학과 그것을 통한 직접적(도제적) 방식의 학습이 의미를 갖는다. 그러나 지식 생산자에게 직접적 학습을 통해 획득

도 있지만, 이 경우에도 주변부 지식 집단 및 지배 집단의 의지가 결정적인 의미를 가질 때가 많다.

한 지식의 체득자는 그 자신 일차적 학습자로서 지식의 지역 간 확
산에 매개자 역할을 하면서, 스스로 일종의 가공 생산자가 되어 이
전된(하려는) 지역에서 교육자 역할을 할 것이다. 적어도 이 최초의
일차적 학습 이후에야 책을 통한 간접적 학습의 방식도 확산될 수
있다.

그런데 유학과 이를 매개로 한 지식의 이전은 처음에는 전적으로
지식 집단 개개인의 수준에서도 이루어지지만, 이내 지식 활동의
또 다른 구성 요소인 지식 제도화의 틀 속에서 이루어지게 된다. 다
시 말하자면 유학을 포함한 지식 이전의 방법은 '시스템화'하게 마
련이다. 국가 또는 지배 집단이 유학을 권장하기도 하고, 이를 적극
뒷받침하거나 계획을 세우기도 하는 것이다. 여기에는 중심부의 어
느 지역으로 유학을 보낼 것인지, 어떤 지식의 수용에 힘쓸 것인지,
더 나아가 유학생을 어떻게 대우할 것인지(지식 집단의 어떤 위치에
배치할 것인지)에 대한 고려와 계획이 포함된다. 이런 선택은 당연
하게도 지식 집단의 구성과 성격에 결정적인 영향을 미치며, 주변
부의 종속성과 자립성을 좌우하는 주된 요인이 된다. 이상의 설명
은 다만 근대 지식의 이전에만 적용되는 것은 아니다. 전통 사회에
서도 기본 패턴은 그대로 적용될 수 있음을 우리는 신라의 불교 및
유학 수용 초기의 대당(對唐) 유학생의 사례에서 확인할 수 있다.

그러나 지식의 세계 체제에서 주변부의 종속성과 자립성은 간단
한 문제가 아니다. 양자는 단순한 대립적 개념이 아닌 것이다. 문제
는 유학을 포함한 지식 이전의 방법과 내용이며, 이에 대한 개인과
국가(지역)의 대응 방식의 문제이다.[15] 국가(지역)의 대응 방식에는

---

15) 여기서 편의상 국가라 하였지만, 좁은 의미의 국가 기구만을 의미하는 것은 아니
   다. 전통 사회에서도 교육-학습에는 어느 정도 자발적 부문이 존재하였으며, 이
   점도 고려에 넣어야 한다.

이차적 학습 및 지식의 자립적 생산 시스템을 어떻게 갖추는가의 문제가 중요하다. 여기서 자립적 생산 시스템의 형성이란 교육 기관의 설립·운영이 중핵을 이루는 것이지만, 여기에 더하여 교육받은 학습자가 지식 집단의 문화를 어떻게 형성하고, 어떤 진로를 통해 기능하는가(국가에 의한 선발·충원을 포함하여)의 문제 또한 중요한 것이다. 제도화(시스템화)의 구체적인 방식과 그것이 실질적으로 달성하는 자립적 재생산 구조의 형태, 그리고 그것과는 별도로 (재)생산된 지식의 수준 등을 평가하는 것은 매우 복잡한 논의를 포함한다. 여기서 이 모든 가능성의 유형들을 자세하게 설명할 수는 없다. 다만 연구 과제를 예시하는 의미에서 전통 사회와 근대·현대 사회에서 각각 한 가지씩의 비교 사례를 거론해보기로 한다.

하나는 신라의 초기 수용 과정에서는 유학이 매우 활발했으나 역시 불교가 번성했던 고려에서는 유학이 흔하지 않았던 불교의 사례와 수용 초기의 약간의 예를 제외하면[16] 유학 경험자가 별로 없었고, 따라서 이른바 '암묵적' 지식 학습의 경험은 결여되어 있었지만 (대부분 중국어도 익히지 않았다) 조선에 이르러 상당한 학문적 발전을 본 유학(성리학)의 사례를 갖고 이 문제를 논해보는 것이다. 하나는 주변부 지식 집단 안에서 유학생 출신의 비중이 크고 이들의 역할에 계속 의존하면서 국가 주도의 자립적 재생산 구조의 수립에는 '상대적으로' 등한시해온 '현대 한국'과 초기에는 적극적으로 유학생을 파견하고 그들에게 지식 집단의 중추부를 맡겼지만 이내 자립적 재생산 구조의 확립에 매진하면서 지식의 국제적 수용은 주로 간접적 방식에 의존한 '근대 일본'의 경험을 비교해보는 것이다. 그러한 국가 전략의 귀결은 어떤 차이를 가져왔나? 문제를 결코 단순

---

16) 성리학 도입자 중의 한 사람인 백이정과 이제현·이색 등 고려 말의 몇몇 학자들을 제외하면 이후 중국에 유학을 가서 공부한 사람은 거의 없었다.

하게 파악해서는 안 되지만, 그만큼 이는 매우 흥미로운 일이 될 것이다.[17]

지식의 세계 체제론은 물론 지식 영역만의 문제는 아니다. 정치·경제적 영역이 환경으로 작용함은 말할 것도 없다. 이런 전제 위에서 지식의 세계 체제론적 분석을 전술한 지식의 (재)생산 도식과 지식 활동의 구조적 요소들에 비추어 전개하는 것은 지식 변동 연구의 구체적인 방법이 될 것이다.

III. 지식 변동의 단계 이행

이상에서 살펴본 것처럼 지식 변동은 그 내생적 과정(재생산 과정)과 중심-주변 관계(세계 체제)를 주요 기제로 진행되어왔다. 그리고 그 변동의 누적은 지식 변동의 단계 간 이행을 초래하였다. 이 이행의 과정은 물론 '거대한 전환'으로, 중요한 사회사적 함의를 갖는다. 우리가 '전통 지식'에서 '근대 지식'으로의 변동과 근대 지식에서 '탈근대' 지식으로의 변동에 특히 주목하는 이유도 여기에 있다.[18] 그러면 각 단계의 지식의 특징은 무엇이며, 단계 이행이 갖는 의미는 무엇인가? 또한 단계 이행의 좀더 구체적인 과정은 어떠한가? 이 질문은 물론 간단히 답하기는 어려운 것이지만, 이것이야말로 '지식 변동의 사회사'가 추구하는 가장 중요한 목표가 아닐까? 이 책에 수록된 논문들은 이 질문에 대한 구체적인 해답들을 논제와 관련하여 준비하고 있다. 또한 그런 작업들은 앞으로도 계속 축

---

17) 더구나 양국의 경험을 장기적 시야에서 단계별로 조명해보면, 비교 연구의 의미를 더욱 풍부하게 얻을 수 있을 것이다.

18) 여기서 '탈근대' 지식이란 표현은 아직은 그것이 체계적으로 제도화된 것은 아니라는 점에서 잠정적이며 전망적 prospective인 것이다. 현재 필자는 이른바 '포스트 모더니즘'이 문제 제기로서 중요하다는 점을 인정하지만, 그들과 같은 입장에 서 있는 것은 아니다.

	전통 지식(중세-근세)		근대 지식
	서양(유럽)	동양(중국·한국)	
(이론적) 지식의 속성과 존재 형태	• 교양적 지식 • 민속적 지식의 힘 공존 • 통일적 학문관 • 기독교적 세계관에 바탕을 둔 지식	• 교양적 지식 • 민속적 지식의 힘 공존 • 통일적 학문관 • 유교적 세계관에 바탕을 둔 지식	• 교양적/공리적 지식 • 민속적 지식의 힘 약화 • 분석적(分科) 학문관 • 과학적 세계관에 바탕을 둔 지식
지식 집단의 성격	• 성직자 및 학문 애호가	• 학자 관료, 독서인(士)	• 과학자, 전문 직업인
지식의 제도화 양상	• 교육 기관(중세 대학) • 교회의 간접 후원 후원자의 출현(근세) • 사제 관계의 연결망 동호인 모임(근세)	• 교육 기관(태학·서원) • 분산적(자립적) 개인 • 사제 관계의 연결망 (학맥)	• 교육·연구 기관 (근대 대학, 전문 학교) • 대학 외 연구 기관의 대두 • 직업(교수/연구자) 집단 연구의 시스템화 • 전문 학회/협회의 출현 이론/기관에 따른 학파

적되어야 할 것이다. 따라서 여기서는 다만 전통 지식에서 근대 지식에로의 단계 이행이 갖는 의미의 윤곽을 다음 〈표-2〉와 같은 형태로 제시하는 데 그치고자 한다.[19]

---

19) 이 표에 요약된 내용은 논점을 단순화한 측면이 있고, 그나마 불완전한 것이지만, 참고 자료로 제시한다. 근대 지식과 탈근대 지식의 대비는 더욱 어렵다. '탈근대' 지식의 성격 자체가 형성 과정에 있기 때문이다. 다만 이 문제와 관련하여 학술 대회의 이재헌 교수 발표가 시사적인 전망을 하고 있다.

4. 지식 변동의 사회사의 연구 방향

이상으로 지식 변동의 사회사 연구를 위한 분석틀을 정리해보았다. 이제 이런 분석틀을 염두에 두면서, 지식 변동 연구의 의의와 앞으로의 방향에 대해 논의해봄으로써 글을 마무리하고자 한다. 그런데 현재 수준에서 구체적인 연구의 방향을 읽을 수 있는 좋은 자료의 하나가 이 책에 수록된 논문들이다. 따라서 이 논문들의 주제를 우리의 분석틀을 고려하여 분류하고 그 강조점과 공백을 확인하는 작업을 해보고자 한다. 우선 이 책에 수록된 논문 11편의 제목을 들어보면 다음과 같다.

- 조선 시대 지식의 두 형식: 퇴계와 허균을 중심으로(정순우)
- 전통적 지식의 지속과 변용:『소학』과 개화기 수신 교과서 비교 분석(정일균)
- 지식 운동의 근대성과 식민성: 1920~30년대를 중심으로(박명규)
- 식민지 시기 도일 유학생과 근대 지식의 수용(박찬승)
- 1920~40년대의 대학 제도와 학문 체계: 경성제대의 '조선어문학과'를 중심으로(이준식)
- 1950년대의 근대화론과 지식인: 경제 개발론을 중심으로(박태균)
- 1960년대 지식인과 이념의 분화(임대식)
- 대학의 과학 기술 지식 생산 구조의 변화: 우수 연구 센터(ERC/SRC) 제도를 중심으로(황혜란 · 윤정로)
- '사회 투자 가족'의 위기: 세계화, 가족 문화, 학력 투쟁(장경섭)
- 한국 여성학의 사회학(이정옥)
- 사이버 시대, 지식 패러다임의 전환(이재현)

　우선 정순우와 정일균의 연구는 전통 사회의 이론적/교양적 지식의 존재 형태와 그것이 근대 지식과 충돌하는 초기의 변모 양상을 다룬 것이다. 정순우의 연구는 전통 시대의 이론적 지식의 몇 가지 다른 형태를 나눠보고 이를 바탕으로 변동의 내생적 원리를 암시하고 있다는 점에서 주목할 만하다. 한편 정일균의 연구는 지식의 세계 체제의 구조 전환을 배경으로 전통 지식과 근대 지식의 교차와 변용의 문제를 다룬 것이다. 그의 연구는 주로 전통 지식의 지속의 측면을 밝힌 것이지만, 근대 지식으로의 이행이 전통 지식의 틀 속에서 제약되고 있음을 잘 보여준다. 이 두 글은 전통 지식을 이론적 지식의 측면에서만 다룬 것이지만, 앞으로는 전통 사회의 민속적 지식과 이론적 지식의 관계에 대한 검토, 전통 기술(예: 醫藥·농업 등에 관한)의 이론적 지식화 수준과 그 한계 등에 대한 검토도 이루어질 필요가 있다. 또한 앞서도 언급했지만, 전통 학문의 수용 및 재생산에 관한 연구(예: 留學 또는 서적의 수입·보급)나 전통 교육 기관의 지식 생산적 기능(의 한계) 등에 대한 연구도 기대할 만하다. 아울러 지식 체계의 이행의 좀더 다양한 모습들에 대한 이해가 필요하다는 점도 지적할 수 있을 것이다.

　박명규와 이준식, 그리고 박찬승의 연구도 넓게 보면 전통 지식에서 근대 지식으로의 이행과 관련된 것이다. 이들은 이 이행의 문제를 근대 지식의 이전(수용)과 지식의 제도화, 그리고 지식 집단 형성이란 다양한 맥락에서 접근하고 있다. 문제는 한국의 근대 지식의 수용이 식민 치하에서 이루어진 것이라는 점이다. 우리는 지식의 세계 체제를 분석틀의 하나로 전제하고 있지만, 식민지적 조건은 그 중에서도 특별한 경우에 해당한다. 수용의 자율성의 폭이 제한되며, 어느 면 수용(학습)보다는 다소 일방적인 전달(교육)이 압도적인 의미를 갖는다. 이를 우리는 '근대 지식 수용의 식민지적 구조'로 이해하는데, 해방 후 한국의 지식 상황이 그것에서 얼마나 거리를 갖는 것인지에 대한 물음은 식민지 시대 연구에서 도출될 수 있는 시사점의 하나가 될 것이다. 또한 이들의 연구는 근대적 지식 (재)생산의 주요 기제인 고등 교육(기관)과 유학(留學), 그리고 연구자 집단의 형성을 포함한 연구라는 측면에서 중요하다. 앞으로 이런 연구가 더욱 활성화될 필요가 있고, 특히 고등 교육·학문의 사회사는 그 중요성에 비해 연구의 축적이 빈약하므로 더욱 그러하다.

박태균과 임대식의 연구는 한국의 '근대화' 과정에서의 지식인의 역할과 기능 변화, 그리고 그로 인한 충돌의 문제를 다룬 것이다. 두 연구의 초점은 각각 1950년대와 1960~70년대로 다르고, 주된 연구 대상으로 삼고 있는 지식 집단의 성격도 상이하지만, 지식인 집단 형성의 계보에 대한 추적과 함께 이른바 '근대화 이데올로기'를 둘러싼 지식 집단의 반응을 다루고 있다는 점에서는 동일하다. 앞서 언급한 대로 지식 집단은 기본적으로 지배 집단의 일부이거나 그것과 친연성(親緣性)을 갖는다. 그러나 이론적 지식이 보편성·자립성을 지향하지만, 동시에 그것이 경쟁적으로 추구된다는 점 때문에 지배 집단의 분파간에는 긴장과 갈등 관계가 노정되기도 한다. 두 연구는 이러한 긴장과 갈등의 스펙트럼을 이해하는 데 도움이 된다. 물론 이러한 작업들이 다른 역사 시기에도 적용되어, 지식 집단의 존재 형태 및 행동 양식을 사회사적으로 조명하는 연구가 축적될 필요가 있다.

황혜란·윤정로의 연구는 국가가 지원하는 우수 연구 센터(ERC/SRC)의 사례를 통해 대학의 지식 생산 구조의 변화를 검토한 것이다. 이 주제는 지식 생산 구조의 시스템화의 한 단면을 잘 보여준다. 이 연구는 자연과학 분야에 한정된 것이지만, 앞으로 인문·

사회과학 분야의 지식 생산 구조의 변화에도 주목할 필요가 있을 것이다. 한편 장경섭의 지식의 수요자(수용 주체)의 행동에 대한 연구의 하나로서, 오늘날 신자유주의 세계화를 배경으로 전개되고 있는 학부모 및 학생 집단의 학력 투쟁과 공교육의 위상 변화를 점검하고, 이를 '사회 투자 가족'의 위기로 포착한다. 두 논문의 주제는 지식 생산 구조와 수용/소비 구조의 변화라는 서로 다른 측면에 초점을 맞추고 있지만, 공히 오늘날의 교육 제도의 지식 변동론적 함의에 대한 이해와 반성을 촉구하고 있다. 앞으로 지식 변동의 사회사는 지식 생산 시스템의 제도화와 교육 체제의 변화에 대해서도 더욱 적극적인 관심을 경주할 필요가 있다.

마지막으로 이정옥과 이재현의 연구는 지식 패러다임의 전환의 문제를 다루고 있다. 먼저 이정옥은 근대 학문 체계의 경계 영역에서 비교적 최근에 대두한 여성학이 놓여 있는 한국적 상황과 과제를 사회학적으로 검토한 것이다. 이재현의 연구는 사회 변동의 방향을 '사이버 시대'로 진단하고, 사이버 시대에 지식 패러다임의 새로운 전환을 전망한다. 두 연구는 분석의 수준에는 서로 차이가 있지만, 현대 학문 체계의 변동과 사회 성격 변화의 중요한 추세를 시사해주는 것이라는 점에서 공통점이 있다. 그 귀결이 새로운 융합적 학문군(群)의 체계로 이어질 것인지, 아니면 학문 자체의 해체로 이어질 것인지는 아직 유동적이다. 어느 면 실천을 위한 담론의 성격을 갖고 있는 이러한 전망들은 우리에게 지식 체계 변동의 새로운 방향에 대한 좀더 적극적이고 예민한 자세를 촉구하고 있지만, 동시에 그것은 지식 변동의 사회사를 토대로 이루어져야 할 필요성도 요청하고 있는 것으로 보인다. 이 점에서 오늘날 세계적 수준으로 진행되고 있는 고등 교육의 변화·개혁에 대한 사회사적 연구가 한국을 포함한 개별 국가에 대해서, 그리고 비교의 관점에서 축적

되어가기를 기대하고 싶다.[20]

　글을 마무리하면서 두 가지 점을 지적해두고 싶다. 모두(冒頭)에서 '지식 기반 사회'로의 이행을 둘러싼 논란을 거론했지만, 한동안 한국의 '근대성'을 밝히는 작업들도 유행을 이루었다. 그런데 근대성 논의의 핵심에 '지식'의 문제가 놓일 수밖에 없다면, 이런 작업들에도 이 글에서 제안하고 있는 지식 변동의 분석틀이 참고가 될 수 있을 것이다. 그동안 '근대성'에 관한 논의에서 외국 '이론'의 수용이 많이 이루어졌지만, 지식 변동의 분석틀은 이론의 수용과 그것을 둘러싼 논쟁을 넘어서 한국 사회의 역사적 현실에 바탕한 분석으로 나아가기 위한 구체적 방법으로 활용될 수 있다. 특히 서로 다른 지식 범주(민속적/이론적, 공리적/교양적, 그리고 전통적/근대적, 근대적/탈근대적)의 괴리 또는 충돌의 문제와 그로 인한 권력의 재배치 문제가 충분히 다루어지면 좋을 것이다. 여기에 더하여 지식의 세계 체제의 관점과 지식 (재)생산의 순환적 과정에 대한 분석이 적극 활용되기를 기대한다. 이는 물론 지식 변동에 대한 '사회사적' 문제 의식의 실천과 맞닿아 있는 것이다.

　또 하나 강조하고 싶은 것은 결국 지식 변동의 사회사는 역사적 분석과 비교의 관점이 유기적으로 연결될 때 더욱 많은 성과를 거둘 수 있다는 점이다. 직접적인 비교 연구는 아니라 하더라도, 특정 시기의 지식(지식 집단, 지식 제도화를 포함하여)의 성격에 대한 연구에서는 대부분 지식의 이전(확산)과 이에 따른 지식 (재)생산 구조의 종속과 자립의 문제를 검토의 범위에 포함하지 않을 수 없다. 결국 연구(논문의 작성) 또한 이 글에서 검토한 지식 생산의 한 방

---

20) 이런 관점에서의 최근 연구에 대해서는 김필동(2002a, 2002b, 2002c)을 참조할 것.

식·형태이기 때문이다. 더 나아가 직접적인 비교 연구를 축적해가는 것은 더욱 좋은 일이 될 것임은 말할 것도 없다. 특히 지식 변동의 사회사가 미래를 준비하는 실천적 작업이 되기 위해서는 더욱 그렇다. 그렇지만 선결해야 할 과제의 하나는 역시 '지식 사회사적' 지식의 축적이다. 그리고 이것은 이론적·학문적 지식의 유용성을 증명하는 가장 확실한 방법이 될 것이다.

참고 문헌

강남훈(2001), 「지식 기반 경제론에 대한 정치경제학적 비판」, 『교육 비평』 제6집, 교육비평사.

강내희(1998), 『지식 생산, 학문 전략, 대학 개혁』, 문화과학사.

강현석(2000), 「'지식 기반 사회'가 추구하는 지식 개념의 비판적 검토」, 『교육 과정 연구』 제18권 1호, 한국교육과정학회.

김종엽(1999), 「국민의 정부 고등 교육 개혁 비판」, 『경제와 사회』 제43호, 1999년 가을호.

김필동(1984), 「임마누엘 왈러스타인의 역사사회학」, 『논문집』 제11권 2호, 충남대학교 인문과학연구소.

──(2000), 「전환기 한국 지식 정책의 현주소」, 『경제와 사회』 46, 2000년 여름호.

──(2002a), 「대학 개혁의 쟁점과 정책 대안」, 호산(浩山) 김경동교수정년기념논총간행위원회 엮음, 『진단과 대응의 사회학』, 박영사.

──(2002b), 「1990년대 일본의 대학 개혁의 전개: '대학심의회' 활동을 중심으로」, 『국제·지역 연구』 제11권 3호(2002년 가을

호), 서울대학교 국제 지역원.

———(2002c), 「중국 고등 교육의 발전과 최근 대학 개혁의 방향」, 『사회과학 연구』 제13권, 충남대학교 사회과학연구소.

이선·장석인 외(1999), 『창조적 지식 국가론』, 21세기 준비 연구 보고서 시리즈 99-02, 산업연구원.

인문사회연구회(1999), 『인문학 연구 이대로 좋은가』, 인문사회연구회 주최 심포지엄 자료집, 1999. 12. 3.

장상호(1994), 『폴라니: 인격적 지식의 확장』, 교육과학사.

———(1997), 『학문과 교육(상)』, 서울대학교 출판부.

馬越徹(1996), 『韓國近代大學の成立と發展』, 名古屋大學出版會.

天野郁夫(1996), 『日本の敎育システム』, 東京大學出版會.

郭强(2000), 『現代知識社會學』, 北京: 中國社會出版社.

楊俊一·錢國靖 主編(2001), 『知識經濟與高等敎育創新』, 復旦大學出版社.

Gibbons, Michael, C. Limoges, H. Nowotny, S. Schwartzman, P. Scott and M. Trow(1994), *The New Production of Knowledge*, London: SAGE.

Lundvall, B. (1992), *National Systems of Innovation: Towards a Theory of Innovation and Interactive Learning*, London: Pinter Publisher.

OECD(1996), *The Knowledge-Based Economy*, Paris. (http://www.oecd.org//dsti/sti/s_t/inte/prod/kbe.pdf)

———(1997), *National Innovation System*. Paris.

Polanyi, Michael(1958), *Personal Knowledge: Towards a Post-Critical Philosophy*, London: Routledge & Kegan Paul.

———(1967), *The Tacit Dimension*, New York: Anchor Books.

Scheler, Max(1924), "The Sociology of Knowledge: Formal Problems." James E. Curtis and John W. Petras(eds.), *The Sociology of Knowledge: A Reader*, New York: Praeger Publishers, 1970.

Wallerstein, Immanuel(1974), *The Modern World System*, New York: Academic Press.

———(1991/1994), *Unthinking Social Science*(성백용 옮김. 『사회과학으로부터의 탈피』. 창작과비평사).

———(1999), "Social Sciences in the Twenty-first Century," UNESCO, World Social Science Report, Paris.

Wallerstein, Immanuel et. al.(1996), *Opening the Social Sciences*(이수훈 옮김, 『사회과학의 개방』, 당대).

World Bank(1998), *Knowledge for Development*, 1998 World Development Report, World Bank/IBRD.

제1부
전통 지식의 구조와 변용

조선 시대 지식의 두 형식
― 퇴계와 허균을 중심으로

정순우

1. 서론

조선의 지식 체계는 지식과 덕성이 결합된 매우 특이한 형식을 취하고 있다. 서구의 학자들은 이러한 지식의 형식을 흔히 '인격적 지식'이라고 개념화한다. 잘 알려진 바와 같이, 성리학에서의 지식이란 곧 사물 속에 담겨 있는 이치(理)를 발견하는 행위이다. 그런데 그들은 객관 세계에 대한 자연과학적 지식이나, 사람에 대한 인문학적 지식이나 모두 이 '리(理)'를 찾는다는 점에서는 동일한 것으로 이해하였다. 왕양명이 오랜 시간 대나무를 응시하며 삶의 철리를 깨우치고자 하였다는 고사는 바로 두 차원의 세계가 하나로 연결되어 있다는 믿음에 근거하고 있다. 사실 명제(所以然之理)와 가치 명제(所當然之理)를 하나의 돌쩌귀로 함께 묶어놓은 그들의 사유 구조는 매우 특이하며 일견 불가해하다. 세계의 자연적 질서와 인간의 윤리적 가치가 하나의 동일한 우주적 코드에 의해 움직인다는 그들의 발상은 매우 거대한 지적 디자인을 보여주고는 있으나, 쉽게 승복하기 어려운 형이상학적 주문(呪文)처럼 들린다.

　조선조의 성리학도 이렇게 소이연(所以然)과 소당연(所當然)의 두 차원을 하나의 통일된 의미 체계 속에 함께 담아두고 있다. 그들은 너무나도 쉽게 우주와 자연의 질서를 자기 삶의 여러 영역으로 끌어들이거나 혹은 삶의 조건으로 수용하였다. 그들에 따르면 자연적 질서와 인간적 질서는 서로 조응하고 혹은 교환된다. 역(易)의 세계는 자연의 세계인 동시에 인간의 세계이다. 바깥 세계를 깊이 이해하면 그것은 곧 미묘하고 복잡한 인간의 심상을 해석하는 지식이 된다. 이렇게 세계에 대한 객관적인 지식과 마음의 수양을 통해 획득되는 지식이 본질적으로 동일한 것이라고 주장하는 것이 유학적 공부론의 핵심이다. 퇴계는 바로 이러한 유학적 공부론을 가장 체계적으로 집대성한 인물이다.

　퇴계의 이러한 공부론에는 중세 문화에 대한 의미심장한 기획과 설계가 그 근저에 자리하고 있다. 그는 인간은 모름지기 자연을 본받아 한 점 사심 없는 무욕의 세계, 즉 '성인'의 세계를 지향해야 한다고 믿었다. 퇴계는 공부론을 통해 그가 꿈꾸는 예치주의의 실현, 욕망에 대한 적절한 사회적 통제의 메커니즘을 성취하고자 하였다. 그는 자연적 질서와 인간의 도덕률이 동일한 패턴에 의해 움직이는 그 장엄한 화해(和諧)의 세계를 꿈꾸었음이 명백하다. 그러나 조선조에 있어 중세적 지식 체계의 원형이라고 할 수 있는 퇴계의 '인격적 지식,' 즉 지식과 덕성이 결합된 선비적 모형은 몇 가지의 방식으로 해체의 과정을 겪고 있었다. 우리는 그 예를 허균이 제시한 이른바 '미학적 지식'이나, 다산에서 단초를 보이고 있는 '경험적 지식' 등에서 살펴보게 될 것이다. 우리는 이러한 논의를 통해, 동양에서의 근대 지식 체계로의 진입은 오규우쇼라이(荻生徂徠)식의 '지식과 덕성의 분리' 과정과는 또 다른 형식이 있었음을 살펴볼 수 있을 것이다.

2. 퇴계의 공부론과 인격적 지식

I. 퇴계의 공부론과 지식의 형식

퇴계는 우리에게 이학자(理學者)로서 익숙하다. 따라서 그의 사상 중에서 본체론이나 심성론에 관심을 집중시킨다. 그러나 퇴계 사상의 요체는 오히려 공부론에 있다. 공부론은 유자들이 꿈꾸는 '성인(聖人)'이 되기 위한 학습의 과정을 다룬다. 유자들은 일상적인 삶에서 깨우친 지식이 단순히 아는 것에 그치는 것이 아니라, 언제나 덕성을 함양하는 것과 연결되기를 꿈꾼다. 그들은 수학과 천문학도 종국적으로는 인간의 도덕률이나 덕성과 연결되어야 할 것으로 인식하였다. 자연 세계에 대해 객관적이고 경험적인 차원에서 단순하게 이해하는 것은 참다운 앎이 아니라고 생각하였다. 자연과 우주에 대한 지식은 언제나 윤리적 문제와 함께 연동되도록 고안되어 있었다. 이것이 유학의 공부론이다.

퇴계의 공부론도 그 내용과 형식에 있어서 유학 일반의 모습과 크게 구별되지 않는다. 그도 이 세계와 사회에 대해 잡박하게 아는 것은 무익하다고 보았고, 모든 앎은 종국적으로 그가 '성인'의 길로 나아가는 데 도움을 주는 것이어야 한다고 믿었다. 퇴계의 공부론에는 근대의 지식 체계에서는 분리되어 있는 사실로서의 물리(物理)의 세계와, 당위로서의 인도(人道)의 세계가 함께 결합되어 있다. 퇴계의 공부론은 소이연으로서의 지식과 소당연으로서의 덕성이 리(理)를 매개로 만나고 있다는 믿음에 근거한다.

퇴계의 이러한 사유는 기계적 인과율에 익숙한 현대 문명에서는 매우 접근하기 어려운 부분이다. 도리와 물리가 동일한 패턴에 따라 움직인다고 하는 이러한 논리는 오랜 기간 미신적이고 전근대적인 사유의 전형으로 인식되었다. 엄연히 자연의 길과 인간의 삶의 길이 따로 있는데 어떻게 다른 범주의 두 가지 형식을 하나로 묶을 수 있느냐는 것이 근대적 사유의 요체라고 할 수 있다. 니담 Needham과 그라네 Granet 등은 중국 우주론의 가장 근간에 자리 잡고 있는 이러한 사상의 기초를 '상관적 사유 Correlative Thinking' 라고 명명하였다.[1] 오늘날 이 개념은 서양에서 동양적 사유를 설명 하는 가장 유효한 수단으로 이용되고 있다. 그래엄에 따르면 이러 한 상관적 사유는 서양에서의 분석적 사유 Analytic Thinking와 명백 히 구분되는 동양 문화의 특징을 이룬다.[2] 헨더슨에 따르면, 상관적 사유는 전체로서 관련된 질서들이 서로 동일하게 연결되어 있다는 것을 가정한다. 이러한 상관적 사유는 어떠한 사물의 정체성은 타 자 안에 포함되어 있는 것으로, 서로가 서로에게 상응 correspon- dence하는 사유이다.

그러면 과연 퇴계는 서로 다른 두 차원의 세계를 왜 하나의 지식 체계 속에 묶어두고자 하였을까? 우리는 이러한 의문을 우선 그의 『성학십도』를 중심으로 하여 풀어볼 수 있다. 『성학십도』는 조선 사 회에서 성리학적 지식 체계의 완성을 알리는 선언서와 같다. 본체 론과 심성론 그리고 공부론이 하나의 도형 속에 함께 자리하고 있 다. 『성학십도』는 원시 유가적 지식 체계의 모델을 성리학적 모델로 환치시키는 방식이다. 『성학십도』의 하나인 퇴계의 「태극도설」에는 주렴계의 태극도에는 없는 수양과 공부론에 관해 그의 견해가 첨가 되어 있다. 필자가 보기에, 태극에 관한 퇴계의 가장 중요한 언명들 은 이 부분에 집약적으로 실려 있다. 즉

---

1) John B. Henderson, *The Development and Decline of Chinese-Cosmology*, Columbia Univ. Press, 1984.

2) A. C. Graham, *Disputers of Tao*, Open Court, 1989, p. 384.

평암섭씨가 말하기를 "이 그림은 계사의 '易에 태극이 있으니 이 것이 兩儀를 낳고, 양의가 사상을 낳는다'는 뜻을 미루어 밝힌 것이 다. 다만 역은 괘효로서 말하였고 이 그림은 造化로서 설명하였다"고 하였습니다. 주자가 말하기를 "이것은 道理의 대두뇌처요, 또 백세도 술의 연원이다"라고 말하였습니다. 〔……〕 대개 성인을 배우는 자는 여기서부터 단서를 찾아서 소학·대학의 종류에 힘쓰면, 그 공을 거 두는 날에 이르러 一源에의 끝까지 소급해 올라가면 이른바 '理를 궁 구하며 性을 다하여 命을 이룬다'는 것이 이것이며, 이른바 '신묘를 궁구하고 造化를 알아 덕이 성대한 자가 된다'는 것도 이것입니다.[3]

이 말을 총괄하면, 태극도는 조화와 생성의 원리를 담고 있고, 따 라서 그것을 깊이 이해할 때 비로소 천명을 이해할 수 있고, 그 결과 덕성을 충분히 기를 수 있을 뿐만 아니라, 마침내는 성인의 경지까 지 올라갈 수 있다는 내용이다. 객관적 지식과 덕(德)의 결합이 본 체론적인 차원에서 가능함을 말하고 있다. 즉 공부와 수양을 통하여 주체의 적극적인 참여를 통해서만 비로소 태극이 '조화와 생성의 원 리'로 이해될 수 있다는 점이다. 그런 점에서 "중국인들이 바라보는 우주는 명령자 없이 질서지어진 여러 의지의 조화였다"라고 주장하 는 니담의 견해는 전적으로 옳다. 그는 '중국의 유기체론organism' 을 생각하면 댄스의 비유가 바로 마음에 떠오른다고 말하면서, 중국 에서 바라보고 있는 질서는 "마치 농촌에서 피규어 댄스를 추는 무 희들의 자연스러우면서도 질서가 있는, 즉 형(型)에 들어맞는 운동 과 같은 것이었다. 무희들은 어떤 법칙에 구속되어 그렇게 하는 것

---

3) 『退溪先生文集』, 卷7, 「太極圖說」.

이 아니며, 또한 뒷사람에게 밀려서 그렇게 하는 것도 아닌, 자발적이며 조화적 의지로서 협력하는 것이다"라고 이야기한다.[4]

자연과 인간의 질서를 동일한 코드로, 또한 사실의 세계와 당위의 세계를 같은 층위에서 파악하고자 하는 퇴계의 발상은 이렇게 유기체론적 세계관에서 비롯된 것이다. 퇴계의 이 도설을 섬세하게 읽어나가면, 그 미로의 사이사이로 매우 정교한 유기적 네트워크가 형성되어 있음을 발견할 수 있다. 퇴계의 「태극도설」은 이 네트워크의 구성도를 우리에게 보여준다. 우리는 이 도설 속에서 음양과 오행의 상호 관련 속에서 이 세계의 변화와 운동이 일어나고 있다고 하는, 이른바 '상관적 사유'의 한 원형을 어렵지 않게 찾아낼 수 있다. 퇴계의 「태극도설」에서는 우주의 근원인 태극에서 비롯된 인간을 포함한 모든 사물의 생성 과정이 음양과 오행이라는 일정한 패턴 속에서 서로가 서로에게 계기적으로 작용하고 영향을 주는 관련성 속에서 설명되고 있다.

퇴계에게 있어 무릇 '배움'이라고 하는 것은 이 거대한 계기적 순환의 흐름을 해석자의 주체적이고 능동적인 개입과 해석 행위를 통하여 마음에서 환히 깨우치는 것이다. 쉽게 말해, 인간과 우주의 미묘한 관련성을 스스로 체인하는 것이 배움의 요체라는 것이다. 퇴계의 『성학십도』에도 명백하게 니담이 말하는 '장(場)'의 사고가 담겨 있다. 니담은 음양론적 사유를 근본적으로 '장'의 사고로 파악하고 있다고 주장한다. '장'의 사고란, 우주의 사물과 사상(事象)을 어떤 패턴의 구조로 체계화하고, 각 부분의 상호 영향이 모두 그 패턴에 따라 요구되어지도록 하는 일을 의미한다. 이곳에서의 인과율은 '입자적'이 아니며 환경적인 것이라고 주장한다.[5] 즉 기계적 인

---

4) J. Needham, 李錫浩 외 역, 『中國의 科學과 文明 Ⅱ』, 을유문화사, 1986, p. 397.

5) 위의 책, p. 395.

과율이 아니라 유기체적이고 환경적 인과율이라는 주장이다. 퇴계의 『성학십도』속에도 우주와 인간, 주체와 객체를 서로 분리하지 않고 통합화여 이해하려는 지식의 형식이 담겨 있다.

그런데 흥미로운 사실은, 이렇게 객관적 사실과 도덕적 당위를 통합하고 있는 퇴계의 기획 속에서 학습자의 주체적 해석이 매우 강조되고 있다는 사실이다. 독해 과정에서의 이러한 주체적 개입은 공부론에서 매우 중요한 의미를 차지하게 된다. 우리는 그 한 예를 『성학십도』에서 찾아볼 수 있다. 『성학십도』의 도설에는 이미 그 자체 능기(能記)적 요소와 소기(所記)적 요소가 함께하고 있어 다양한 기호학적 해석이 가능하다. 그의 「태극도설」에서의 '태극'은 실로 다양한 메타포와 상징으로 설명되고 있다. 이 「태극도설」에는 엄청난 밀도로 시간과 공간이 압축되어 있다. 첫 문장의 '무극이태극(無極而太極)'이라는 문장을 보라! '무극이태극(無極而太極)'이라는 광막한 개념을 하나의 도설로 구조화하고자 하는 지식의 형식을 우리는 과연 무엇이라고 이름할 수 있을까? 능기로서의 '무극(無極)'이 지시하는 바는 무엇이고, 소기로서의 '무극'은 과연 어떤 의미를 포함하고 있는가? 능기와 소기가 모두 추상의 그림자 속에 잠들어버리는 '무극'이 과연 이 세계의 근원적 실체일 수 있을까? 그러나 학습자는 오랜 기간 이 도설을 해석해가면서 매우 능동적이고 주체적인 개입을 실현하고, 이윽고 태극을 인격적인 차원으로 내면화하게 된다. 즉 그는 태극의 개념을 '만수지리(萬殊之理)'로 혹은 '상제(上帝)'로 치환해가면서 그의 삶의 지평을 확장해가고, 마침내는 그의 도덕적 세계의 근거로 삼게 되는 것이다.

II. 퇴계 공부론의 사회사

퇴계 공부론의 핵심은 평범한 '일상(日常)'의 세계와 '도(道)'의

세계를 여하히 연결하는가 하는 점에 있다.[6] 말하자면 사실의 세계
로서의 일상과 당위의 세계로서의 도의 세계를 어떻게 실천적인 차
원에서 연결할 것인가의 문제인 것이다. 물론 이러한 논의의 배후
에는 언제나 현실의 나(我)와 우주적 대아(大我)로서의 '성인'과의
간극을 메울 수 있는가 하는 실존적인 고민이 함께하고 있다. 우리
는 여기에서 이러한 공부론이 지니는 원리적 문제에 관한 논의는
가능한 자제하고, 그것의 사회사적 의미에 관해 좀더 관심을 기울
일 필요가 있다. 우리는 퇴계의 일상이 진솔하게 드러나는 일기와
편지를 읽을 때 매우 혼란스럽고 당혹스러운 경험을 하게 된다. 퇴
계의 일기와 편지는 그 사유의 층위가 이원적으로 분리되어 있다.
자제들이나 가족들에게 보내는 내밀한 편지는 매우 현실적이며 다
분히 세속적인 내용들로 채워져 있다. 그러나 그의 남아 있는 일기
에는 매화 향기 그득한 도의 세계가 펼쳐진다. 이렇게 일상 속에
서 서로 다른 층위의 두 세계를 경험하고 있는 것을 과연 어떻게
설명할 수 있을까? 여기에 퇴계 공부론의 중요한 비밀이 내장되어
있다. 비교를 위해 잠시 일기와 편지를 살펴보자. 일기는 「갑인년
일록(甲寅年日錄)」[7]의 첫 부분인 2월의 내용을 발췌한 것이고, 간
찰은 같은 시기 자손들에게 보낸 서신을 중심으로 내용을 간추려
보았다.[8]

---

6) 이 문제에 관해 비교적 상세한 논의는 졸고, 「퇴계 사상에 있어서의 '日常'의 의미
　와 그 교육학적 해석」(『퇴계의 사상과 그 현대적 의미』, 정문연, 1997)을 참고할
　수 있다.
7) 『退溪先生全書遺集』, 卷9, 「日錄」.
8) 물론 퇴계의 일기 중에서는 공무나 하루의 사건을 중심으로 기술한 일기가 상당수
　있다. 본고에서는 이러한 비망록 형식의 일기는 비교 대상에서 제외한다. 퇴계의
　일기에 관한 소개는 李章佑, 「退溪先生日記考釋」, 『퇴계학 연구』 제10집, 단국대,
　1996 참고.

日錄(甲寅年)

2월 3일: 한번의 邪念이 화기의 뿌리를 자른다.

4일: 樞機의 발함은 영욕의 원인이다.

5일: 정신을 기르고 지기를 펼친다.

10일: 마음을 편안하게 하고 기운을 부드러이 하여 이치를 기르고 근심을 버린다.

11일: 시기와 사정을 따르되 망각하지도 조장하지도 않는다.

12일: 화락하고 평이하며 기분이 풀리고 심신이 화락하다.

13일: 푸근하여 당당하여 시원하고 평이하다.

15일: 기뻐하여 사모하고 사랑하여 즐거움을 스스로 그만둘 수 없다.

21일: 닿는 곳마다 이치(理)이니 어느 때인들 즐겁지 않으랴!

　

퇴계가 이 「일록」을 작성한 갑인년(1554)은 시기적으로 그가 막 대사성을 사임한 직후이며, 그 유명한 「온계동중립의(溫溪洞中立議)」와 「족계(族契)」를 작성하기 한 달 전이다. 즉 그가 가장 왕성한 사회적 활동을 보여주고 있던 시점이다. 이런 시점에서 그의 정신은 장엄한 도의 세계에서 머물고 있음을 볼 수 있다. 그가 21일자의 일기에서 "닿는 곳마다 이치이니 어느 때인들 즐겁지 않으랴(觸處皆理何時不樂)"라고 심경을 토로하는 대목에서 이미 세상사의 장애를 넘어선 도학자의 모습을 읽을 수 있다. 그러나 이렇게 일상이 사라진 도의 경지는 멀고 아득하다. 반면 퇴계의 편지는 일상을 이룬다. 편지는 분수(分殊)의 세계를 다룬다. 학(學)의 세계다. 마침 같은 시기인 갑인년에 퇴계가 아들 준(寯)에게 보낸 편지가 있어 서로 비교할 수 있다.[9]

---

9) 『退溪先生遺集』, 卷7, 「書」.

편지 1

안으로 文雅를 전공하면서 밖으로 혹시 應務한다면 士風을 떨어뜨리지 않으니 해로움이 없겠지만, 만약에 雅尙함을 잊어버리고 經營에만 몰두한다면, 이것은 농부의 할 일이며 향인의 俗人들의 소위인 것이다. 金奴가 가져온 편지에 말한 영천의 타작이 이것밖에 안 되니 굶주림을 면할 수 없을 것 같구나. 어찌해야 하느냐?

편지 2

廣耕을 하려면 황폐할 것이 걱정이고. 薄田을 기민(饑民)에 주어서 半作으로 한다면 버리는 것이나 마찬가지이겠으니 역시 걱정하지 않을 수 없다. 더구나 가을에 돌아가기로 했으니 식구는 배나 느는데 더더욱 少耕은 불가능하다. 양쪽을 작량하여 처리하여라.

편지 3

계집종의 서방이 還債 문제로 초곡에 갔으니 이 종이 필시 전일보다도 심하게 대판 싸울 것이다. 그리고 이번 가을에 곡식을 擅用하지 못하는 것을 분하게 여겨, 이전 겨울에 도둑을 칭탁하면서 곡식을 빼돌려 감출지 모르겠다. 그 폐악함이 필시 못하는 짓이 없을 것이다. 〔……〕 네가 한 마리 鼠奴의 폐단을 금단하지 못하고 이처럼 悖亂하게 한단 말이냐?

이렇게 편지의 세계와 일기에서 보여주는 세계는 현격한 차이가 난다. 편지의 세계에는 농토와 노비, 과거, 질병, 걱정과 괴로움 등 일상의 회로애락이 진솔하게 표현되어 있다. 그러나 일기에는 화기(和氣), 부드러움, 청량함, 초월의 경계가 실려 있다. 물론 이 두 세계는 퇴계가 동시에 몸담았던 세계다. 일상의 세계와 도의 세계가 사실상 구별된다. 그러나 이것은 유가의 근본적인 테제와는 기실 부합하지 않는 것이다. 그러면 퇴계는 이 양자의 세계가 지니는 차이에 대하여 어떤 생각을 하고 있었는가? 우리는 그 해답을 그의 「숙흥야매잠」에 대한 해설 속에서 읽어볼 수 있다. 우선 그가 왜 숙흥야매잠도를 만들었는지를 살펴보자.

이 잠에는 여러 가지 공부하는 시간적 상황이(時分) 있으므로 그 時分에 따라 배열하여 그림을 만들었습니다. 대저 도가 日用 사이에 流行하여 가는 곳마다 있지 않는 곳이 없으므로 理가 없는 곳이란 한 군데도 없는 것이니 어느 곳에선들 공부를 그만둘 수 있겠습니까? 잠깐 사이에도 정지할 수 없으므로 순식간도 理가 없는 때가 없으니 어느 때인들 공부를 하지 않아서야 되겠습니까?[10]

퇴계에 따르면 도(道)는 일상 생활에서 양양하게 흘러 넘치고 있다. 일상 생활의 마디마디에서 그 도는 쉼 없이 유행하여, 일상이 파편화되고 분절되지 않도록 하는 것이다. 말하자면 앞서 말한 편지 속의 일상의 세계와 일기 속의 도의 세계가 결코 완전히 분리되고 격절된 세계는 아니라는 것이다. 일상의 세계 속에서 어떻게 도의 세계를 관철할 수 있는가 하는 것이 공부의 요체가 된다. 즉 생의(生意)가 가득한 자연 속의 생생지리(生生之理)를 어떻게 우리의 삶의 영역으로 끌고 올 수 있는가 하는 것이 중요한 것이다. 인간이 사욕을 버리고 자연을 닮아가는 과정, 그것이 퇴계 공부론의 요체이다. 따라서 지식의 궁극적인 텍스트는 곧 자연이다. 자연의 무욕성을 배우려는 인간들의 노력, 즉 인간의 자연화(自然化)가 그의 공

---

10) 上同.

부론의 핵심을 이룬다.

그러나 유가의 사상이 이 일상을 부정하거나 초월하고자 하는 것이 아니라 일상적 삶을 긍정하는 것에 정초하고 있다는 것은 상식에 속한다. 유가에서의 일상은, 그들 특유의 시간관으로 인해 자잘하고 파편화된 평범한 일상la vie quotidienne이 아니라, 역사와 질적인 차이를 드러내지 않는, 삶의 무게가 장중하게 실려 있는 일상이다.[11] 하루하루의 삶을 충실히 영위할 것을 요구하고, 모든 응사접물(應事接物)에 법도와 준칙을 강조하는 유가의 태도는 하학을 통한 상달의 실현(下學而上達), 또는 하학이 곧 상달(下學卽上達)이라는 독특한 논리를 형성하였다.

그러나 이렇게 두 세계를 결합하기 위해서는 사욕을 버리고 이 세계를 깨어 있는 의식으로 바라볼 수 있는 수행과 수양이 필요하다. 그것이 곧 경(敬)이다. 경을 통해서 두 차원의 세계가 마주한다. 경(敬)의 실현에는 엄청난 어려움이 뒤따른다. 언제 어떠한 상황에서도, 동(動)·정(靜)·표(表)·리(裏)의 어떤 경우에 있어서도 결코 분리될 수 없다는 점에서 초인적인 수행을 요구한다. 만약 "잠시라도 틈이 나면 만 가지 사욕이 불길 없이도 뜨거워지고 얼음 없이도 차가워지고, 털끝만큼이라도 틀림이 있으면 하늘과 땅이 뒤바뀌고 삼강이 무너지고 구법이 퇴폐하게"된다.[12] 조그마한 사욕도 개입할 수 없도록 이렇게 언제나 지경(持敬)의 태도를 가진다는 것은 초학자들에게는 엄청난 고통이 따르는 학습 과정이다. 퇴계도 이러한 고통의 과정이 있을 것임을 인정하고 있다. 그는 "혹은 일용 수작(日用酬酌)할 때에 체험 재배하면, 처음에는 마음대로 안 되고 모순되는 일도 있으며 때로는 매우 괴롭고 즐겁지 못한 병통을 면

---

11) 졸고, 앞의 논문, 제2장 ka조.
12) 『文集』, 卷7, 「敬齋箴」.

56

하지 못하지만, 이것이 바로 옛 사람이 말한 '장차 크게 나아갈 기미'이니 좋은 소식의 단서라고 할 수 있다는 것이다.[13]

이 말은 그가 일상 속에서 통상적인 경제 행위를 하거나 노비를 경영하는 등의 일을 하더라도 결코 사욕이나 물욕에 사로잡혀 마음의 평정을 잃어버리지 말아야, 그러한 노력이 쌓여 언젠가는 도의 세계로 진입할 수 있다는 것이다. 그는 이 단계를 지나 더욱 힘써 참(眞)이 많이 쌓이고 노력이 오래되면 자연히 마음과 이치가 서로 함양되어(心與理相涵) 모르는 사이에 융회관통(融會貫通)하게 된다는 것이다. 이것이 격물치지(格物致知)의 요체를 이룬다. 사물의 이치를 궁구하고, 이 세계의 질서를 이해하는 것도 마음이 인욕이나 사욕에 휘둘리지 않을 때, 그 참된 본질을 이해할 수 있다. 그리하여 마침내 익힘과 일이 서로 익숙해져서(習與事相熟) 차츰 모든 행동이 순탄하고 자연스럽게 된다는 것이다.[14] 경을 통해 하학과 상달이 소통되는 것이다.

퇴계의 「숙흥야매잠」에서는 일상적 세계를 '경(敬)'의 차원으로 유지시키고자 한다. 일상적인 행위 자체가 경(敬)이 될 수 있도록 심(心)과 신(身)을 조절하고자 하였다. 경(敬)을 통해서 사물과 객관 세계의 진정한 모습이 드러난다고 보았다. 그런 상태에서 퇴계는 상제(上帝)를 마주한다. 그에게 있어 상제는 "높이높이 따

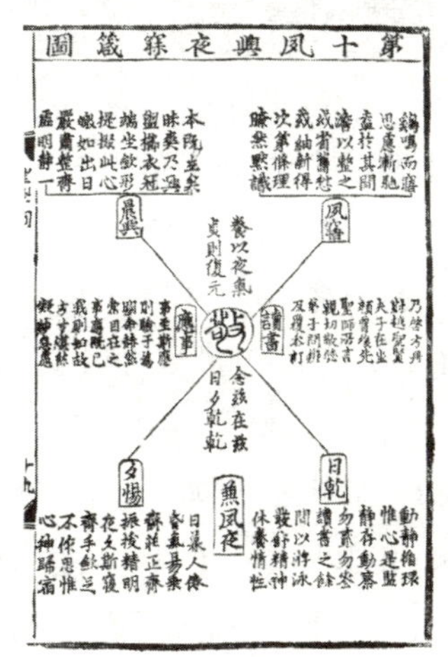

---

13) 『文集』, 卷7, 「聖學十圖箚」.

14) 上同.

로 떨어져 있는(高高在上)" 객관적 대상이 아니라, "언제나 임재하여 오늘 이곳을 살피는(日監在玆)" 종교적 대상으로 파악하고 있다. 이것이 바로 그의 천관(天觀)이 종교적 요소보다는 수양론이나 공부론과 밀착되어 있는 중요한 이유이다. 그는 본연지성을 회복하는 것이 하늘을 섬기는 가장 올바른 길임을 강조한다. 그는 일상 생활에서 마땅히 해야 할 바를 묵묵히 행하는 것이 사천(事天)의 태도이지, 별다른 종교적 행위가 요구되지 않음을 주장한다.

우리는 퇴계의 이러한 수양론이 지니는 의미가 무엇인지 살펴보기 위하여 코메니우스의 『세계도회』에 실려 있는 「절제」에 관한 도

회를 살펴볼 필요가 있다. 코메니우스에 있어서 「절제」는 매우 교양적인 성격을 다루고 있다. 그 절제가 종교적인 차원으로 전환된 흔적은 발견할 수 없다. 퇴계에서의 경(敬)과 같이 일상과 초일상의 두 차원을 아우르는 이론적 모형이 없다. 우리는 여기에서 퇴계에서의 '일상적 지식'과 코메니우스에서의 '일상적 지식' 사이에는 무언가 본질적 차이가 존재함을 느끼게 된다. 따라서 퇴계가 리(理)의 뜻을 정의하면서, "천하에 당연히 행해야 하는 것이 리(理)이며, 당연히 행해서는 안 되는 것이 비리(非理)"15)라고 정의했던 사실을 환기할 필요가 있다. 그에게 있어 사천(事天)과 궁리(窮理)는 사실상 맞닿아 있다. 경(敬)을 통해 지식과 덕이 함께 만나는 장면이다.

그러나 여기에서 주의할 점은 퇴계가 형이상자의 세계와 형이하

---

15) 『文集』, 卷4, 「論理氣」, "凡天下所當行者理也 所不當行者非理也."

자의 세계를 가치론적으로 엄격히 구분하고 있다는 점이다. 형이상자와 형이하자의 구분은 그의 이기불상잡(理氣不相雜)의 철학 체계에서 보면 지극히 당연하다. 순선(純善)한 도(道)의 세계인 형이상자의 세계와 유위유욕(有爲有欲)한 기(氣)의 세계인 형이하자는 가치론적으로 그 성격을 달리할 수밖에 없다. 퇴계는 양자의 관계는 '능생자(能生者)'와 '소생자(小生者)'의 관계로 혹은 임금과 신하의 관계로 구별하고 있다. 형이상과 형이하를 엄하게 구분한다는 것은 마음을 중시하는 존덕성(尊德性)의 의미가 강조되고, 앎을 우선시하는 도문학(道問學)의 중요성은 상대적으로 약화될 개연성이 있다. 이제 퇴계의 이야기를 통해 그의 진의가 어디에 있는가를 살펴보도록 하자.

"學과 道를 나누어 둘로 가른 것은 온당하지 않다"라고 한 것은 바로 그대(율곡) 자신이 잘못 본 것입니다. 주선생이 여자약에 답장하신 편지에 있는 能과 所能에 관한 설을 본 적이 있는지요? 도와 행, 학과 의리의 내포된 깊은 뜻의 같지 않은 점을 분석한 것은 지극히 정밀합니다. 이를 보면 그대 자신이 잘못 본 것임을 알 수 있습니다. 대개 學은 能이고 道는 所能이니, 그것을 뒤섞어서 한 가지 설로 만들어서는 안 되는 것이 더욱 분명합니다.[16]

이렇게 형이상자의 세계와 형이하자의 세계가 본체론적으로 확연히 구분된다는 것은 공부론에 심각한 문제점을 낳을 수 있다.[17] 즉 하학의 세계와는 질적으로 엄연히 구별되는 또 다른 차원의 형이상

---

16) 『文集』, 卷14, 「答李叔獻問目」, "今來喩謂以學與道 岐而二之 爲未安 正是公自看得有差也 曾見朱先生答 呂子約書 能與所能之說乎 其分道與行 學與義理之蘊 不同處 至爲精密 看此則知自看得差也 蓋學是能 道是所能 則其不可混作 一說尤曉然矣."

학의 가치가 논리적으로 존재한다는 것이 된다. 퇴계는 물론 양자를 소통시키는 원리로서 거경(居敬)과 궁리(窮理)를 내세웠다. 그러나 일상의 거경만으로도 형이상학의 세계를 마음대로 넘나들 수 있다는 주장은 현실적으로 많은 의문을 낳게 한다. 형이상학의 세계에서 물격(物格)에 이르러야 비로소 양자의 자유로운 소통이 가능하게 된다. 바로 이 점에서 퇴계는 '박문약례'에 의한 경(敬)의 공부도 중요하지만, 구산(龜山) 문하의 지결인 주정(主靜) 공부에, 즉 존덕성(尊德性)에 더욱 힘을 쏟을 것을 당부하였다.[18]

다시 말하건대 퇴계는, '천리와 인사가 본래 두 가지 길이 아니다 (天理人事本非二致)'라고 하는 것은 일상적인 세계에서의 공부를 통해서 형이상(形而上)의 도(道), 즉 덕의 완성을 기약할 수 있다고 보았다. 다만 그 만남은 불교적인 돈오(頓悟)의 상태가 아니라 우유함영(優遊涵泳)하는 오랜 기간의 기다림 속에서 가능하다는 것이다. 즉 매순간 육신의 제약에서 오는 욕망의 구애에서 벗어나 마음을 경(敬)의 상태에 두고, 오랜 기간 그 사물의 성격과 이치를 탐구하면, 언제인가 그 사물의 본질이 환하게 드러나게 된다는 것이다. 이때 사물이 본질이 열리는 리자도(理自到)의 상태, 이것은 인간의 노력이 극점에 다다를 때, 즉 인극(人極)의 상태와 함께 오는 것이다. 즉 부단한 마음의 수양을 통해서 비로소 사물의 본질과 마주할 수 있다는 것이다.

그런데 바로 이 '리자도'가 실현되는 상태, 즉 주객의 간단없는 융섭이 일어나고, 우주적인 화해가 실현되는 이 지점에서 우리는 퇴계의 철학이 앞에서 말한 '상관적 사유'의 한 형식을 그리고 있음을 볼 수 있다. 이 지점에서 사물은 상호간에 인과율 mechanical

---

17) 이에 관한 자세한 논의는 졸고, 앞의 논문, 제3장 참조.
18) 『文集』, 卷28, 「與金而精」.

causation의 작용에 의해서가 아니라, 일종의 '감응inductance'에 의하여 영향을 주고받는다.[19] 사물은 각자 특유의 방식으로 행동하지만, 그것들은 전체적인 세계 유기체에 존재적으로 의존해 있는 일부분으로 작용한다. 정이(程頤)가 말한 바대로 "무수한 패턴은 모두 크나큰 패턴에 포섭된다(萬理歸於一理也)."[20]

그러나 우리는 퇴계의 이 '리자도'의 순간이 실현하게 되는 우주적인 생명력의 현시를 눈여겨보아야 할 것이다. 퇴계에 있어 '리자도'의 순간은 외물(外物)이 가만히 그의 전존재를 드러내는 기미, 곧 외물이 그의 본유의 생명력(生意 · 生生之理)을 현시하는 순간이다.[21] 그는 솔개가 날고 물고기가 뛰는 것을 통해 이 우주의 신비가 펄펄 살아 움직이고 있음을 느낀다고 하였다. 그는 연비어약(鳶飛魚躍)과 같은 한 순간의 생명력의 현시를 통해서 리(理)의 본체로부터 정로(呈露)되는 그 묘용의 '활발발(活潑潑)'한 발현을 느낀다고 술회하였다. 퇴계는 '발발(潑潑)'을 풀이하여 "리(理)가 흩어져 사물 속으로 들어가서 정착하면서도, 각기 그마다의 구별이 있어서 위로는 하늘부터 아래로는 물속까지, 어디서나 밝게 드러나지 않음이 없다는 의미"[22]로 해석하였다. 즉 리(理)가 이일분수(理一分殊)의 형태로 모든 현상계의 사물 속으로 들어가, 어둡게 숨어버리지 않고, 밝고 환하게 드러나 있다는 것이다. 퇴계의 이 말은 일상의 세계 도처에서 생명력의 약동을 느끼고 조장하는 것, 그것이 곧 도의 실현임을 말하고 있는 것이다. 그런 의미에서 우리는 그의 사유를 '생성적 사유'라고 명명하고자 한다.

---

19) J. Needham, 앞의 책, pp. 388~89.

20) J. Needham, 앞의 책, p. 389.

21) 졸고, 앞의 논문, pp. 283~91 참조.

22) 『言行錄』, 卷4, 類編, 「論理氣」, "潑潑蓋喩此理之分散着落 各有條別 上天下水 無不所著之義."

3. 허균의 공부론
──사라진 분수(分殊)의 세계

I. 허균의 반례(反禮)와 공부론

허균(1569~1618)은 과연 단순한 광기의 지식인이었는가? 그는 스스로 '이 세상과 불화한 자(不與世合)'로 자인하였다. 그는 퇴계가 구축한 경(敬)의 세계에 무관심했을 뿐만 아니라, 일견 조롱한 것으로 보인다. 그는 유학의 공부론을 해체하고 전혀 새로운 형식의 공부론을 드러내고자 하였다. 그가 이 세상을 읽는 독법은 독특하다. 그는 세상을 나름대로 기획하고 설계하고자 하였으나 실패하였다. 광해군은 허균을 처형하고 난 뒤 내린 반교문에서, "역적의 괴수 허균은 성품이 올빼미와 승냥이와 같고 행동이 개와 도야지와 같아, 인륜을 더럽히고 음행이 방종하였으니 사람의 도리가 전혀 없었다"라고 단죄하고 있다. 허균의 비범한 학문적 재질에 대해서는 모두 찬탄하였으나, 그의 패륜적인 행적은 조야의 비난이 끊이지 않았다. 그는 과연 왜, 무엇을, 어떻게 공부하고자 하였을까? 그가 생각한 지식의 형식은 무엇이었나?

허균은 당대의 천재로서 학문과 지식에 엄청난 애착을 지닌 사람이었다. 그러나 그는 덕성을 지닌 인간은 아니었다. 그는 유학의 공부론을 어떻게 평가하고 있었을까? 허균의 남아 있는 문집을 아무리 들여다보아도, 유학의 수양론이나 공부론에 관한 체계적인 언급은 거의 눈에 띄지 않는다. 다만 짤막한 잠(箴)이나 명(銘)의 형태를 취하여 은유적으로 언급하고 있다. 이기 철학에 관한 문제도 관심 밖의 일이다. 그의 문집에는 온통 세속적인 일상사나 그의 신변잡사, 아니면 신선과 도술, 시에 관한 탐닉만이 대종을 이룬다. 허균은 왜 16세기의 저 빛나는 철학적 통찰의 전통을 스스로 방기하고자 하였을까? 우리는 바로 이러한 관심의 전이에서 그의 독특한 공부론의 한 형식을 읽어낼 수 있다. 우선 그가 바라보는 유학의 세계에 대하여 살펴보자. 허균은 불교를 믿었다는 혐의로 삼척 부사에서 두 달 만에 파직되었다는 소식을 듣고 다음과 같은 시를 남기고 있다.

예교가 어찌 자유로움을 구속하리오	禮敎寧拘放
세상살이 부침은 오직 내 情에 맡길 뿐	浮沈只任情
그대는 그대의 법을 써야겠지만	君須用君法
나는 내 삶을 나름대로 키워야겠소	吾自達吾生[23]

위의 시에서는 얼핏 양명학의 기미를 읽을 수 있다. 양명 좌파에는 예교(禮敎)와 명교(名敎)의 굳은 껍질이 삶의 근원적인 생의를 제한한다고 하는 생각이 짙게 깔려 있다. 그들에 따르면, 성리학적인 삶은 예교라고 하는 문화적 상징 속에 유폐되고 구속되는 삶이다. 또한 리(理)라고 하는 선험적 형식과 질서에 사로잡힌 지식은 인간의 순수하고 자연스러운 감정의 발출을 제한한다는 것이다. 양명 좌파들의 주자 형이상학에 대한 불만은, 그들은 지나치게 정신의 가치를 우선시하고 신체와 몸의 욕구를 죄악시한다는 점에 있다. 이런 맥락에서 보면 허균에게서 약간의 양명적인 사유의 흔적을 발견할 수 있다.

허균이 인간의 자연스러운 정(情)의 발출을 승인하고, 몸의 욕구를 긍정하였던 것은 잘 알려진 사실이다. 그는, "남녀의 정욕은 천

---

23) 『성소부부고』, 卷2, 詩部, 「聞罷官作」.

성이고 남녀를 분별하는 윤리는 성인의 가르침이다. 차라리 성인을 어길지언정 감히 하늘이 품부한 본성을 어길 수는 없다"[24]라고 하는 당시로서는 가히 파천황의 주장을 피력하고 있다. 허균의 이러한 주장에 깜짝 놀란 후대의 순암은 『천학문답』에서 이러한 주장은 필경 서양의 '천학지설(天學之說)'에서 유래되었을 것이라 주장한다. 허균의 생각 속에는 명백하게. "중세의 지배 원리가 집약된 '천(天)'의 개념을 개인의 권리와 자유의 근거 개념으로 뒤바꾸면서 그 대신 지배 원리는 성인이 후천적으로 만들어낸 '교(敎)'의 개념으로 한 단계 격하시켜버린" 요소들을 읽을 수 있다.[25]

그러나 필자의 견해로는, 이러한 부분적인 유사성을 두고 허균의 사유 속에서 양명적인 요소를 찾는다거나 혹은 '자유'의 개념을 적출하는 것은 무리가 있을 것으로 보인다. 우선 그에게는 양명학이 근거하는 심학적(心學的) 요소가 사실상 배제되어 있다. 양명적인 수양론이 전혀 나타나지 않는다. 흔히 허균은 조선의 이탁오(李卓吾)로 불린다. 파탈의 삶을 살고, 실존적 자유를 갈구하다가 끝내는 비운의 생을 마감한 이력에서는 두 사람의 삶이 흡사하다. 그러나 두 사람이 파지한 지식의 내용과 성격에서는, 서로 이질적인 요소가 많다.

우선 이탁오에게는 갈고 닦을 수양의 대상, 즉 심(心)이 있었다. 그가 쓸어내고자 한 것은 딱딱하게 달라붙어 인간의 자연성을 왜곡하는 도덕적 원리로서의 리(理)였다. 그는 송대 신유학의 공부론이라는 명백한 적이 있었다. 그가 「동심설(童心說)」에서 유가의 기본 원리인 '도리(道理)'와 '거짓 인간(假人)'을 연관시키고, 이 한 쌍을

---

24) 『順庵集』, 卷17, 「天學問答」, "男女情慾 天 分別倫紀 聖人之教也 寧違於聖人 不敢 違天稟之本性也."
25) 윤주필, 『한국의 방외인 문학』, 집문당, 1999, p. 105.

선악을 모르는 '동심(童心)'과 '진인(眞人)'의 한 쌍에 대립해두었다는 것은 의미심장하다. 그는 선악 개념 이전의 원초적인 젖먹이 아이의 마음(赤子之心), 즉 '진심(眞心)'은 성리학의 도덕적 논리에 의해 훈습되고 왜곡된다고 주장하였다. 그에 따르면 도덕은 사회적 차원에서는 '군자의 치(治)'의 근본 형식이며, 백성이 감성(自然之性)을 통제하는 형식이다.[26]

이런 점에서 그는 양명 좌파의 생각을 극단으로 밀고 간 인물이기는 하나, 그의 공부론에서는 마음속에서 무엇을 털어내고 무엇을 북돋울 것인가에 대한 이론적 틀이 명확하게 제시되어 있다.

반면 허균에서는 이러한 유학적인 공부론이 결여되어 있다. 그러면 허균은 과연 무엇을 생각하며 공부하였을까? 그에게 있어서 '도리(道理)'는 과연 어떤 의미를 지니고 있었으며, '존덕성(尊德性)'의 공부는 진정 존중되었는가? 허균은 스스로 언제나 유자로 자처하였다. 그는 이단으로 의심하는 주위 사람들에게, "선교(仙敎)와 불교 두 가지는 우리 유가에서는 말하지 않는 바요, 나는 마땅히 스스로 성명(誠明)의 학을 다함으로써 치평(治平)의 사업을 실행할 따름이다"[27]라고 그 자신을 변호하였다. 성명의 학을 다한다는 것은 마음의 본체를 환하게 밝힌다는 것이다. 그도 마음을 환하게 밝히는 것의 중요함을 잠언의 형식으로 말한다. 그는 "아, 성성옹(惺惺翁)이여! 눈은 자도 마음은 자지 말라. 눈만 자면 마음은 밝힐 수 있지만 마음까지 자면 음백(陰魄)이 와 덤빈다"[28]라고 하여 마음이 언제나 깨어 있는 상태로 있어야 할 것을 다짐하고 있다.

---

26) 이탁오에 관한 자세한 논의는 李圭成, 『내재의 철학: 황종희』, 이대 출판부, 1995, pp. 219~41 참조.

27) 上同, 第6卷, 「酒吃翁夢記」, "余曰 仙釋二家 吾儒所不道者 吾當自盡誠明之學 以措治平之業而已."

28) 上同, 第14卷, 文部, 「睡箴」.

　그러나 그가 이렇게 마음이 성성(惺惺)하게 깨어 있는 상태를 강조한다고 하여, 그 심리적 상태를 남명과 퇴계의 경(敬)의 상태와 동일시하는 것은 오산이다. 그는 「각헌명(覺軒銘)」에서, "사람이란 오직 한 각성(覺性)일 뿐이다. 각(覺)이란 한 글자로 의심과 사정을 끊을 수 있고, 사악·망념(妄念)을 제거할 수 있으며, 잡란(雜亂)을 순일(純一)하게 할 수 있고, 진상(眞常)을 회복할 수 있다"[29]라고 말하여, 인간은 각(覺)의 상태를 통하여 사물의 본질을 대면할 있다고 주장한다. 그러나 그가 말하고 있는 이 세계의 본질은 결코 유교와 불교의 세계에서 획득될 수 있는 것이 아니었다. 그는 이어지는 명(銘)에서 다음과 같이 읊조리고 있다.

이것을 깨달은 자 신선도 아니요	此覺非仙
이것을 깨달은 자 부처도 아니요	此覺非佛
그렇다고 또한 성인도 아니로되	亦非聖人
오직 마음이 하늘을 마주할 뿐	唯心對越[30]

　마지막 문장의 '대월(對越)'은 '대월상제(對越上帝)'의 줄임말임이 명백하다. 이때 상제가 원시 유가에서의 상제를 의미하는지 아니면, 또 다른 인격적 초월자를 의미하는지의 여부는 이 글만으로는 명백하지 않다. 그러나 틀림없는 사실은 마음이 상제와 접하는 과정에서 유·불·선의 어떠한 사상의 매개도 없이 직접적으로 대면하고 있다는 것이다. 마음이 근원적인 실체와 대면하는 과정에서 필경 겪게 되는 다양한 일상적 체험과 경험의 의미가 사상되어 있다. 이것은 유자로 자임하는 허균으로서는 매우 불안정한 구도이

---

29) 上同, 「覺軒銘」.
30) 『성소부부고』, 卷14, 「覺軒銘」.

다. 성리학적인 문법으로 말하자면, 이일(理一)의 근원적 실체만이
마음 공부의 대상으로 자리할 뿐, 분수(分殊)의 세계에 대한 공부론
이 결여되어 있다. 구체적인 역사와 일상의 세계를 담보하는 분수
의 세계는 유학이 뿌리내린 밭이요, 근거가 된다. 분수의 세계, 즉
구체의 세계는 모든 유가적 가치의 근거가 된다는 점에서 지식의
습득 과정에서 지극히 중시되어야 한다. 분수라는 사닥다리를 통해
도의 세계로 진입할 수 있다. 그러나 허균에게는 이 일상의 세계,
즉 예(禮)의 세계에서 그 모습을 드러내는 분수로서의 진리는 매우
거추장스러운 장애로 이해되었다.

　그는 분수의 세계를 경유하지 않고 곧 바로 상제와 마주하는 '합
일(合一)'의 세계와 마주하고자 하였다. 그는 젊은 시절 한때, 그 경
로를 연단과 신선술에서 찾았다. 그는 송천옹에게 보낸 편지에서,
"젊은 시절에 『포박자(抱朴子)』를 잘못 읽고서 금석을 만든 약을
먹으면 신선이 될 수 있을 것이라 생각하였습니다, 그러나 뒤에 자
양, 해경, 치허 등 여러 진인들의 글을 읽고서는 스스로 실망한 지
오래입니다. 무릇 단약과 같은 유가 합해진 뒤에 진(眞)에 들어갈
수 있는 것이니, 정(精) · 기(氣) · 신(神) 삼보를 어찌 밖에서 구하
겠습니까?"[31]라고 하여 그의 신선에 대한 열망을 토로하고 있다. 신
선에 대한 그의 동경은 문집 곳곳에서 나타난다. 전(傳)의 형식으로
그가 다루는 많은 사람들은 방외인이고 도가의 무리들이다. 「남궁
선생전(南宮先生傳)」을 보면 그가 명백하게 수양법으로서 신선술
에 매료되었음을 알 수 있다. 그는 남궁 선생의 도술과 이적(異蹟)
에 대하여 "그림자나 메아리 같은 실체 벗는 소리"라고 경계를 하면
서도, "몰래 해로운 일을 하지 말며, 귀신이 없다고 말하지 말게. 착

---

31) 上同, 卷20, 「與宋天翁」.

한 일을 행하고 덕을 쌓으며 욕심을 끊고 마음을 단련한다면 상선(上仙)의 극치를 세울 수 있으며, 난새와 학이 며칠 사이에 내려와 맞아줄 것이네"라며 그의 깊은 관심을 드러내고 있다.[32]

그러면 과연 허균은 도가류의 인물인가? 그의 공부론도 신선술이나 도가의 수행법으로 귀착되었는가? 그는 인간적 질서보다는 자연의 질서를 동경하고 자연의 무욕성(無欲性)을 사랑한 것은 틀림없는 사실이다. 그럼에도 불구하고 그의 지식의 근거는 역시 유가에 뿌리박고 있다. 이것은 택당 이식(李植)이 허균을 이야기하면서 "이단의 설은 노불(老佛)에 있는 것이 아니라 유학 안에 있다"[33]라고 평가하는 것에서 함축적으로 드러난다. 허균의 사유 세계는 이렇게 일견 매우 혼란스러운 모습을 보여주고 있다. 유가와 도가의 사상이 혼재되어 있기도 하고, 지극히 세속적임과 동시에 지극히 초세속적인 모습을 동전의 양면처럼 함께 지니고 있다. 그에게는 예교의 세계를 거부하고, 인간 관계를 필연화하려는 모든 도덕적인 규범과 준칙을 거부하는 자유로운 정신이 스며 있다. 그러나 또 다른 한편에서는 왕의 총신으로 마키아벨리즘적인 정치술을 발휘하기도 하고, 권력욕을 노골적으로 드러내는 추악한 유자의 모습도 보여준다.

우리는 그의 사상이 이렇게 혼재된 모습의 이유를 그가 획득한 지식의 성격 속에서 찾을 수 있다. 우리는 종래의 유학의 성격을, 뚜웨이밍의 표현을 빌리자면, 인격적 지식 Personal Knowledge의 개념으로 범주화할 수 있다. 즉 지식과 덕이 함께 결합된 형태로서, 배움의 궁극적 목적이 '성인이 되는 것 To be a Sage'에 있는 지식 체계를 뜻한다. 이러한 지식 체계에서는 소학과 대학의 세계, 도문

---

32) 上同, 第8卷, 「南宮先生傳」.
33) 『澤堂集』, 別集, 卷15, "異端之說 不在於老佛 而在於吾儒."

학과 존덕성의 세계, 형이하자와 형이상자의 세계, 분수와 이일의 세계가 언제나 함께 호흡하여야 한다. 그러나 허균에게 있어서는 이미 이러한 '인격적 지식'은 낡고 거추장스러운 허위 의식으로 파악되고 있었던 것으로 보인다. 그는 '리(理)'로서는 이미 이 세계의 진정한 의미를 담아낼 수 없다고 보았다.

필자의 견해로는, 허균의 지식 체계를 설명할 수 있는 가장 적합한 개념으로는 '미학적 지식 Aesthetic Knowledge'이라는 용례가 적합하리라 본다.[34] 허균은 기본적으로 사이언티스트라기보다는 시인적인 아티스트적 시각으로 지식의 세계를 바라보는 데 익숙하였고, 이것은 그의 공부론에서도 그대로 해당한다. 잠시 그의 말을 들어 보자.

내가 이상의 지침을(讀書十六觀) 베끼고 나서 붓을 던지고 꿈을 꾸었는데, 한 노인이 내 등을 어루만지며, "책을 다 믿으면 책이 이 세상에 없느니만 못하다는 것은 바로 글(文)로 말(詞)을 헤쳐 본뜻을 다 전하지 못하고 말(詞)로 뜻(義)을 헤치는 경우를 위해 한번 말을 굴려보라고 한 말이다" 하였다. 내가 그 노인의 말에 마음이 열려 누구냐고 물었더니, 자칭 斲輪翁이라고 하였다.[35]

위에서 착륜공은 장자에 나오는 수레바퀴 깎는 노인을 의미한다. 비어 있는 곳, 말없는 행간이 더욱 중요하다는 그의 생각은 기존의

---

34) 이 용례는 Ames와 Hall이 유학의 禮와 理를 설명하면서 선택한 '미학적 정합성 Aesthetic Coherence'이라는 개념에 부분적으로 기댄 것이다. 그러나 Ames와 Hall 의 이 개념은 유가를 도가적 관점에서 해석할 때 도출된 개념이므로, 허균의 경우 에는 본문에서와 같이 약간의 차이가 존재한다.

35) 上同, 卷12, 「閒情錄」, 靜業, "老人拊予背曰 盡信書則不如無書 此正謂文害詞 詞害 義處 下一轉語耳 予心開其言問之 自稱斲輪翁 乃覺而志於紙尾 以爲十六觀補."

도덕과 지식의 상징인 책을 의심하는 것으로 진전한다. 그의 이러한 진술은 기존의 성리학적 지식 체계에 대한 매우 은유적인 비평이라고 할 수 있다. 그의 『한정록(閒靜錄)』에 실려 있는 「서헌(書憲)」이라는 대목을 보면 그가 글읽기를 마치 예술의 차원으로 올려놓은 것을 느낄 수 있다. 도(徒), 의(宜), 진(珍), 축(畜), 친(親), 형(刑), 임(臨), 범(範), 적(適), 배(配), 호지(護持), 감계(鑑戒) 등으로 글 읽는 재미와 방법을 열거한 것 중에서 잠시 '적'의 부분을 옮겨보자.

산들바람이 불 때, 맑은 이슬이 내릴 때, 가벼운 배를 탈 때, 높다란 누각에 오를 때, 산비 나릴 때, 溪雲이 피어오를 때, 미인들에게 향을 나눠주는 때, 高士들이 죽림을 방문하는 때, 새가 조용히 우는 때, 꽃이 차갑게 웃는 때, 낚시꾼들이 안개와 물기운을 띠고 서로 맞아주는 때, 늙은 중이 게송을 물을 때, 침상 위에 술독이 놓인 때, 구름 사이에 학이 나는 때, 차를 맛본 뒤에 낙엽을 쓰는 일 〔……〕 등 흥에 맞는 데로 운용하여 神情이 너무 삭막하지 않도록 하여야 한다.[36]

독서에 대한 그의 이러한 태도는 주자의 독서법과 비교하면 '미학적 지식'의 한 형식을 실감나게 보여주고 있다. 주자는 자주 독서를 전쟁에 비유한다. 그는 "글을 볼 때는 바로 가혹한 형리가 법을 엄격히 적용하여 사사로운 감정이 조금도 없이 끝까지 추궁하는 것처럼 해야 한다. 무릇 글에 이해되지 않는 곳이 있으면, 모름지기 목숨 걸고 공부하여 도리가 자신의 것이 되도록 노력해야 비로소 공부를 멈출 수 있다"[37]라고 독려하면서, "대문을 빗장질하고 지게

문을 닫아 걸어 사방을 차단하는 것, 이것이 바로 독서할 때이다"라
고 결의를 다지고 있다. 주자의 이러한 독서법은 말할 것도 없이 배
운 지식이 완전히 체인되어서 덕(德)으로 쌓일 수 있도록 하는 이른
바 '인격적 지식'의 한 형식을 보여준다.

　이른바 '미학적 지식'의 세계에서는 분수(分殊)로서의 하학 공부
가 그다지 중요하지 않다. 또한 지식을 궁리하고, 이치를 따지는 방
식은 그다지 중요한 의미를 지니지 못한다. 그의 '미학적 지식 체
계'의 성격을 간접적으로 드러내주는 기록이 『한정록』의 말미에 이
렇게 실려 있다.

善趣

　鑑賞家. 精舍. 깨끗한 궤. 風日이 맑고 아름운 것. 甁花. 茶. 죽순.
山水 사이. 주인이 뽐내지 않는 것. 〔……〕 울창한 대나무. 考證하는
것. 천하가 無事한 것. 〔……〕 종묘의 제기가 서로 가까이 있는 것.

惡魔

　黃梅雨가 내릴 때. 등불 아래. 술 취한 뒤. 硯池가 응고된 것.
〔……〕 기름이 흠뿍 묻은 손. 〔……〕 쥐가 재채기하는 것. 억지로 해
석하는 것. 그림의 값을 묻는 것. 그림에 손톱 자국을 내는 것.

　우리는 이 문장을 읽으면서 잠시 앞에서 '예교가 어찌 자유로움
을 구속하리오'라고 항변하였던 허균을 떠올릴 필요가 있다. 장중한
종묘 제례가 거행되는 종묘에서, 예가 지니는 의례적 의미보다는

---

37) 『朱子語類』, 「讀書法」(송주복, 『朱子書堂은 어떻게 글을 배웠나』, 청계, 1999, p.
　61 재인용).

“종묘의 제기가 서로 가까이 있는 것”에서 아름다움을 느끼는 그의 감수성이 지식의 형식을 ‘인격적 지식’에서 ‘미학적 지식’으로 변화시켰던 원동력이 되었다. 그러면 과연 그의 이러한 지식 체계의 변모는 어떤 사회적 의미를 지니고 있는 것일까?

Ⅱ. 허균 공부론의 사회사

그러면 허균은 왜 예(禮)와 분수(分殊)의 세계를 버리고, 그만의 미학적 세계로 도피하였는가? 그의 글에는 도학과 성리학의 세계가 지닌 허위적인 정치 의식에 대한 상당히 신랄한 야유가 실려 있다. 그러한 각성이 그가 성리학의 공부론을 버린 주요한 이유로 짐작된다. 그는 당시의 도통론이 허위적인 이데올로기임을 다음과 같이 갈파한다.

얼마 전에 오현을 문묘에 배향하였다. 당시 의논하던 사람들은 “다섯 분 이외에는 배향해서는 안 된다” 했는데, 이것도 매우 가소로운 일이다. 어진 이들이 어떻게 정해진 인원이 있다고 반드시 다섯 분으로만 한정하랴. 만약 그렇다면 뒤에 만약 공자나 안자와 같은 학자가 있을지라도 역시 제사 지낼 수 없다는 것인가? 공자나 안자와 같은 인물의 탄생은 예측할 수 없는 것이다.[38]

이것은 도통론이 결국 정치적 흥정의 대상이라는 지독한 야유다. 성리학의 근간을 이루는 도통론이 정치적 타협의 산물이라는 주장을 날카롭게 개진하고 있는 것이다. 그가 보기에, 지식도 덕도 정치적 흥정의 한 국면인 것이다. 도통론이 일종의 정치적 이데올로기

---

38) 上同, 卷11, 「學論」.

임을 간파하였다. 도통론은 성리학의 공부론이 이념적으로 근거하는 터전이 된다. 그에게 있어 성리학의 수양론이나 공부론은 정치적 명분 이상의 의미를 지니지 못하고 있다. 그는 인간의 선의지에 대한 확신을 가질 수도, 지식과 덕의 조화로운 화해를 실감할 수도 없었던 것으로 보인다.

그는 사림파의 태두라 할 김종직을 '모진자(冒進者)'의 전형으로 간주하고, 마음은커녕, 그 드러난 자취도 살피지 않고 그 명성만을 숭상하여 '대유(大儒)'라고 추켜세우는 세태를 비난하였다.[39] 또한 그는 기존의 유학적 이데올로기가 사회적 차별을 용인하고, 그 불평등을 심화시키는 것에 노골적인 불만을 토로하고 있다. 그의 『홍길동전』은 이러한 그의 의식을 형상화한 것이다. 그는 「유재론(遺才論)」에서. "하늘이 재능을 부여함은 균등한데, 대체로 벼슬하던 집안과 과거 출신으로만 한정하고 있으니 항상 인재가 모자람을 애태움은 당연하리라. 〔……〕 하늘이 낳아주었는데 사람이 그걸 버리니, 이건 하늘을 거역하는 것이다. 하늘을 거역하고 하늘을 빌려 영명할 수 있었던 사람은 없었다. 나라를 다스리는 사람이 하늘을 받들어 하늘의 뜻대로 행한다면 경명(景命)을 또한 맞이할 수 있으리라"고 당시의 왜곡된 지식인 구조를 비판하고 있다.[40] 그러나 허균은 이렇게 기존의 지식 체계를 허물고 배반하는 것에서는 일정한 성공을 하였으나, '덕(德)의 체계'를 해체함으로써 오히려 역사를 끌고 가는 주요한 동력을 상실하였다. 그는 아직도 유효한 '인격적 지식'의 사회적 효용성에 대해 지나치게 과소 평가하였고, 그것을 통한 유가 공동체의 실현에 지나치게 비관적이었다. 그는 외로운 선각자였다. 그는 술회하기를, "당대에는 함께 벗할 사람이 없고 모

---

39) 『성소부부고』, 卷11, 文部 8, 「金宗直論」.
40) 上同, 卷11, 「遺材論」.

두 고인들 가운데 있다. 허자(許子)는 성격이 소탄(所誕)하여 세상과는 잘 맞지 않는다(不與世合). 당시의 무리들이 꾸짖고 떼지어 배척하므로, 아무도 찾아오는 이가 없고 나가도 더불어 뜻에 맞는 이가 없다"[41]라고 토로하고, "나는 세 번이나 태수가 되었으나 임기를 못 채우고 문득 배척받아 쫓겨났다"[42]고 술회하고 있다.

조선의 성리학은 퇴율을 거치면서 사회적 관계의 맥락에서 형성되고 조정되는 도덕 규범을 이미 인간의 보편적 본성으로 해석하는 것에서 성공을 거두고 있었다. 17세기에 들어서면서 유가의 이러한 지식 체계는 이미 각종 향약이나 서원과 같은 사회적 제도 속에서 경화 현상을 보이기 시작한 시기였다. 이러한 시대적 배경 속에서 그는 말년에 들어 마키아벨리즘적인 정치 행태를 드러내고, 위험한 권모술수의 외줄을 타면서 그의 시대를 열고자 하였으나 역부족이었다. 그의 「대학(待鶴)」이라는 시는 그의 이러한 갈망을 가장 잘 드러내준다. 허균이 기다리던 학은 과연 무엇이었을까?

학을 기다려도 학이 오지 않으니	待鶴鶴不至
현상이 있는 건지 없는 건지 원	玄裳疑有無
서호는 아득하다 어떠하더냐	西湖杳何許
내가 바로 옛날의 임포였다오	吾是舊林逋[43]

이런 사실들을 두고 볼 때, 허균은 이미 퇴계가 구축한 중세적 '성학(聖學)'의 지식 체계를 해체하면서 지식과 덕성의 강고한 연결 고리를 깨트리고 있었다. 허균의 이러한 해체 형식은, 후일 다산의

---

41) 上同, 卷6, 「四友齋記」.

42) 上同.

43) 上同, 第1卷, 「待鶴」에서 玄裳은 학의 이칭이고, 林逋는 송나라 때의 隱士이다.

시도와 비교해볼 때, 다분히 감성적이고 개인적인 모습을 띠고 있다. 다산의 경우에는 성리학적 지식 체계의 전반을 문제시하고, 총체적인 변화를 도모하였다는 점에서 허균의 기획과는 비교되는 것이다. 다산의 경우에는 이미 견문지(見聞知)와 덕성지(德性知)를 구분하고자 하는 노력이 보이고 있고,[44] 이기(理氣)라는 보편자적 개념을 가지고 인간의 심성을 움직이는 법칙과 천지간의 삼라만상이 형성되는 자연의 법칙을 동일한 논리선상에서 이해하려는 것이 아니라, 인간의 논리와 자연의 논리를 구분하고자 하는 시도로 볼 수 있다.[45] 그것은 다산의 공부론이, 탈성리학적 해석을 통해 '덕성'에 대한 전혀 새로운 해석 지평을 전개하고 있었던 사실과 함께,[46] 허균과는 구별되는 또 다른 형식의 근대성을 지니게 되는 뚜렷한 징후의 하나이다. 허균은 그의 자유 정신과 천재적 광기로 성리학적 지식 체계의 본래적 모순에 대해 날카로운 비판의 칼날을 겨누었지만, 그것을 극복할 정연한 철학적 대안을 찾는 것에는 실패하였다.

4. 결어

우리는 지금까지의 논의를 통해 또한 조선조에 있어 중세적 지식 체계의 원형이라고 할 수 있는 퇴계의 '인격적 지식,' 즉 지식과 덕성이 결합된 선비적 모형은 조선조 사회가 도덕 중심의 사회로 가

---

44) 졸고, 「茶山 '兒學編' 硏究」, 『茶山學報』 제4집, 1982.

45) 『全書』, 第2集, 7卷, 446, 「論語古今註」, "今之儒者摸撈探索東塗西抹每云萬殊一本復合一理 〔……〕 以一理貫萬物, 於自己普惡毫無所涉."

46) 졸고, 「다산 공부론에 있어서 '덕성'의 문제」, 『다산학』 2호, 다산학술문화재단, 2000 참조.

게 되는 가장 중요한 동인이 되었음을 살펴보았다. 퇴계의 지식 체계에서는 세계의 자연적 질서와 인간의 윤리적 가치가 하나의 동일한 우주적 코드에 의해 움직인다. 그에게 있어 사천(事天)과 궁리(窮理)는 사실상 맞닿아 있다. 경(敬)이라는 일종의 종교적 경건성을 통해 지식과 덕이 함께 만나게 된다. 그러나 이러한 퇴계의 '인격적 지식'은 조선 사회의 변화가 나타나면서 여러 형태로 해체의 과정을 겪게 된다. 그 하나의 방식은 허균 유형의 '미학적 방식'이었다. 허균의 반례(反禮) 정신에는 성리학적 지식 체계가 안고 있는 독선과 위선에 대한 날카로운 비판 정신이 숨어 있으며, 퇴계의 성학(聖學)에 대한 전면적인 배반이 담겨 있다. 그러나 허균의 이러한 실험은 '덕(德)의 체계'를 해체함으로써 오히려 역사를 끌고 가는 주요한 동력을 상실하기도 하였다. 성리학적 지식 체계에 대한 본격적인 해체 작업은 후일 다산의 출현으로 가능하게 되었다. 허균과 다산은 성리학적 지식 체계에 대한 이러한 해체 작업을 통해 우리에게 근대성의 징후를 보여줄 수 있었다. 그러나 그 결과, 지식과 덕성이 분리되어 창백한 지식만을 껴안고 사는 불행한 근대적 지식인을 양산해내게 되었다.

전통적 지식의 지속과 변용
——『소학』과 개화기 수신 교과서 비교 분석

정일균

1. 머리말

일반적으로 교과서는 한 사회의 구성원들이 수용해야 할 보편적 가치와 윤리 및 지식을 대변하고 있는 것으로 이해되곤 한다. 그러나 주지하다시피 지식이 본질적으로 권력과 밀접한 관계를 가진다는 사실이 점차 밝혀짐에 따라, 교육 및 교과서 또한 새로운 각도에서 인식되기 시작하였다. 즉 특정 사회의 교육 일반이나 교과 내용 자체가 불가피하게 그 사회 안팎의 집단적 이해나 계급적 권력 관계를 반영하게 마련이라는 맥락에서 결코 이데올로기적으로 중립적일 수 없으며, 바로 이러한 의미에서 기본적으로 정치적인 성격을 함축한다는 관점이 그것이다(M. Foucault, 1994: 54~60; M. W. Apple, 1985: 제1~3장).

교육과 교과서에 대한 이러한 인식의 전환은 다시금 교육 활동을 전담하는 교육 제도 —— 일반적으로 '학교'가 대표적이다 —— 가 가지는 사회적 성격과 그 기능에 대한 새로운 통찰로 이어졌다. 그리고 이러한 통찰은 한 사회의 교육 제도가 항상 특정한 역사적 · 문화적 맥락 속에 존재하며, 또한 그 사회의 여타 제도들 — 정치적 · 경제적 · 계급적 제도들 — 과 구조적으로 긴밀하고도 상호 규정적인 관계를 유지한다는 사실에 대한 재인식과도 관련된다. 또한 이러한 사실은 교육 제도의 성격을 제대로 파악하기 위해서는 단지 제도 자체의 형식과 내용, 또는 그 안에서 활동하고 있는 개인들에게만 초점을 맞추어서는 안 된다는 것을 함축하기도 하며, 이로써 교육 제도, 특히 학교의 기능에 대한 보다 진전된 이해도 가능하게 된 것으로 보인다(L. Althusser, 1991).

본 논문은 대체로 교육과 교과서에 대한 상기한 바의 관점을 전제하는 가운데 특히 우리나라 전통 사회의 대표적 수신 교과서로서 기능했던 『소학』과 개화기에 발간된 수신 교과서의 내용을 비교 · 분석해봄으로써, 당시 전통적 지식의 지속과 변용의 양상이 구체적으로 어떻게 전개되었으며, 또한 그것이 가진 사회 사상적 함의는 무엇인지에 대하여 간략하게 살펴보고자 한다.

2. 『소학』과 '개화기 수신 교과서'의 구성과 내용

I. 『소학집주』의 구성과 내용

『소학(小學)』은 주희(朱熹)가 제자 유청지(劉淸之)와 함께 고대 중국 — 하(夏) · 은(殷) · 주(周) 삼대 — 의 교육 기관인 '소학'에서의 교육을 재현하고 동몽 교육을 위한 기본 학습서를 제공하기 위한 목적에서 『논어(論語)』『예기(禮記)』와 같은 유교 경전들과 여타 사서(史書) 및 주요 전적들을 참조하여 관련 자료를 수집 · 편찬한 책이다.[1] 주지하다시피 이러한 『소학』은 여말선초에 성리학의 수용과 함께 우리나라에 도입된 이래, 조선 왕조에서는 건국 초부터 교화의 본령으로 인식되어 반드시 이를 먼저 가르친 이후에야 비로소 여타 경전을 가르치게 할 정도로 관학(官學)에서의 핵심적인 기본 교과목으로 중시되었고, 성균관에 입학할 수 있는 자격 시험인 생원시(生員試)와 진사시(進士試)의 경우에도 필수 과목의 하나로 지정되기도 하였다.[2] 또한 이후 16세기부터는 사림파(士林派)에 의하여 개인 수신서로서의 가치가 재발견되면서 널리 보급되기도 하였다.

특히 16세기에 접어들어 성리학에 대한 이해가 심화되고 『소학』 연구가 일층 진전됨에 따라 기존의 『소학』 관련 중국 주해서에 의존하는 상태에서 탈피하여 조선의 독자적인 주해서를 편찬하려는 노력이 나타나기 시작했던바, 곧 이이(李珥)(栗谷: 1536~1584)의 『소학집주(小學集註)』(1579)가 대표적인 사례라 할 수 있다. 즉 『소학집주』는 하사신(何士信)의 『소학집성(小學集成)』, 오눌(吳訥)의 『소학집해(小學集解)』, 진조(陳祚)의 『소학정오(小學正誤)』, 진선(陳選)의 『소학증주(小學增註)』, 정유(程愈)의 『소학집설(小學集說)』과 같은 당시 중국의 대표적인 『소학』 주해서들을 종합하여 그 정수만 뽑아 만든 책으로서,[3] 또한 기존 주해서의 설명이 미진하

---

1) 『小學集註』, 「小學書題」, "古者小學, 敎人以灑掃應對進退之節, 愛親敬長隆師親友之道, 皆所以爲修身齊家治國平天下之本. 〔……〕今其全書, 雖不可見, 而雜出於傳記者亦多, 〔……〕今頗蒐輯, 以爲此書, 授之童蒙, 資其講習, 庶幾有補於風化之萬一云爾."

2) 『太宗實錄』, 卷13, 7年 3月, 「戊寅條」(權近의 「勸學事目」), "小學之書, 切於人倫世道爲甚大. 今之學者, 皆莫之習, 甚不可也. 自今京外敎授官, 須會生徒, 先講此書, 然後方許他書. 其赴生員之試, 欲入大學者, 令成均正錄所, 先考此書通否, 乃許赴試, 永爲恒式"; 『經國大典』, 卷3(『禮典』, 「諸科」), "〔生員覆試〕額數: 一百人. 成均館博士以下官, 同藝文館承文院校書館七品以下官及監察, 講小學家禮〔臨文. 鄕吏, 則又背講四書一經), 錄名, 本曹試取. 〔……〕〔進士覆試〕額數: 同生員覆試."

3) 『小學集註』, 卷1(「立敎」), p. 1a, "建安何士信 集成, 海虞吳訥 集解, 姑蘇陳祚 正誤, 天台陳選 增註, 淳安程愈 集說."

다고 판단되는 경우에는 이이가 직접 'O' 표시를 한 뒤 자신의 견해를 주석의 형태로 병기하기도 하였다. 그리고 이 책은 임진왜란 이후에는 이항복(李恒福)(白沙: 1556~1618)에 의해 출간되면서 조선 『소학』서의 정본으로 정착되기 시작하였고(노관범, 2001: 105), 이후 이양오(李養吾)(호 및 생몰 연대 미상, 영·정조대에 생존했던 인물)에 의해서 다시 『소학집주증해(小學集註增解)』가 편찬됨으로써 조선 『소학』 주해서의 집대성이 이루어졌다고 하겠다. 그러면 이와 같은 『소학집주』의 구성과 내용에 대하여 간략하게 살펴보기로 하자.

1) 『소학집주』의 구성

〈표-1〉　　　　　　　　『소학집주』의 구성과 내용

구성＼내용	편	장	비 고
	「御製小學序」		肅宗(李德成)
	「小學書題」		朱熹
	「小學集註攷訂」		金長生
	「小學題辭」		朱熹
	「小學集註總論」		
	「小學篇目」		
	「小學集註總目」		
卷1	「立教」	• 胎孕之教(제1장)　• 保傅之教(제2~3장)　• 學校君政之教(제4~8장)　• 師弟子之教(제9~13장)	총 13장
卷2	「明倫」	• 明父子之親(제1~39장): 事親之禮, 凡爲人子之禮, 敬親命之禮, 廣愛敬之禮, 諫過之禮, 侍養疾病之禮, 謹身之禮, 祭享大意, 孝親之道, 警不孝 • 明君臣之義(제40~59장): 事君之禮, 爲臣之節 • 明夫婦之別(제60~68장): 婚姻之禮, 男女之別, 去取之義, 寡婦之子 • 明長幼之序(제69~88장): 敬兄之禮, 凡進退應對	총 108장

卷	篇	목차	내용	장수
			灑掃飲食燕射行坐之禮 ·明朋友之交(제89~99장)：輔仁之職, 責善之義, 不可則止, 取友之義, 辭受賓主之儀 ·通論(제100~08장)	
卷3	內篇	「敬身」	·明心術之要(제1~12장)：敬有畏懼之義, 敬乃禮之本·敬之目, 涵養本原而 以敬爲主, 持敬之功, 畏之一字爲切要工夫 ·明威儀之則(제13~33장)：凡人之所以爲人者禮義也, 當勉威儀之敬, 威儀心術交相培養之禮 ·明衣服之制(제34~40장)：旣冠成人乃責以成德, 古人致謹於衣服, 未成人不當加以成人之服, 不可恥惡衣食而忘心德之重 ·明飲食之節(제41~46장)	총 46장
卷4		「稽古」	·立教(제1~4장)：母教, 父教 ·明倫(제5~35장)：父子之親, 君臣之義, 夫婦之別, 長幼之序, 朋友之交 ·敬身(제36~44장)：心術, 威儀, 衣服, 飲食 ·通論(제45~47장)：教以義方(立教), 六順六逆(立教以明倫), 定命(敬身), 敬愼威儀(敬身), 君臣上下至朋友(敬身以明倫)	총 47장
卷5	外篇	「嘉言」	·廣立教(제1~14장)：防驕惰之病根·養良知良能之德性(張子·楊文公之說), 經學念書以致其知·灑掃進退以篤其行(二程子之說), 立志行己之事 ·廣明倫(제15~55장)：父子之親, 君臣之義, 夫婦之別, 長幼之序, 朋友之交 ·廣敬身(제56~91장)：心術之要, 威儀之則, 衣食之制, 讀書爲學與異端之辨	총 91장
卷6		「善行」	·實立教(제1~8장)：家庭之教, 學校之教, 師弟子之教 ·實明倫(제9~53장)：父子之親, 君臣之義, 夫婦之別, 長幼之序, 朋友之交, 通論明倫之義 ·實敬身(제54~81장)：心術之要, 威儀之則, 衣服之制, 飲食之節	총 81장 (內·外篇 총 386장)
		「小學集註跋」 「小學跋」		成渾 李恒福

* '乙亥新刊 春坊藏板'에 준함.

2) 『소학집주』의 내용

첫째, 『소학집주』의 모두에는 「어제소학서(御製小學序)」 「소학서제(小學書題)」 「소학집주고정(小學集註攷訂)」 「소학제사(小學題辭)」 「소학집주총론(小學集註總論)」 「소학편목(小學篇目)」 「소학집주총목(小學集註總目)」이 차례로 실려 있다. 이 가운데서 1) 「어제소학서」는 1694년(肅宗 20)에 병조참지(兵曹參知) 이덕성(李德成)(盤谷: 1655~1704)이 숙종의 교서를 받들어 지은 글로서, 『소학』의 연원, 그 구성과 핵심 내용, 교육적 효용 및 주희에 의한 『소학』의 편찬 경위 등에 대한 조선 왕조의 공식적 견해가, 2) 「소학서제」와 「소학제사」는 주희가 지은 것으로, 고대 중국의 교육 기관인 '소학'에서의 교육 내용, 『소학』의 편찬 경위와 목적, 성리학에서의 심성·수양론의 요체 등이 압축적으로 개진되어 있다는 점에서 주목된다.

둘째, 『소학집주』의 본문은 모두 6편으로 구성되어 있는바, 즉 「입교(立教)」 「명륜(明倫)」 「경신(敬身)」 「계고(稽古)」(이상은 '內篇'), 「가언(嘉言)」 「선행(善行)」(이상은 '外篇')이 그것이다. 이에 그 내용을 개략적으로 살펴보면, 1) 「입교」편은 '소학' 교육의 기본 원칙을 밝힌 것으로, 곧 잉태했을 때의 가르침(胎孕之教)(제1장), 보호하는 사람과 스승의 가르침(保傅之教)(제2~3장), 학교와 정치의 가르침(學校君政之教)(제4~8장), 스승과 제자간의 가르침(師弟子之教)(제9~13장)을 소개하고 있다. 2) 「명륜」편은 부자(父子)·군신(君臣)·부부(夫婦)·장유(長幼)·붕우(朋友)의 윤리를 밝힌 것으로, 그 항목은 (1) 명부자지친(明父子之親)(제1~39장), (2) 명군신지의(明君臣之義)(제40~59장), (3) 명부부지별(明夫婦之別)(제60~68장), (4) 명장유지서(明長幼之序)(제69~88장), (5) 명

붕우지교(明朋友之交)(제89~99장), (6) 통론(通論)(제100~08장)
으로, 3)「경신」편은 심신을 수양하고 이를 소중히 보전하는 원칙
과 방법을 제시하고 있는 것으로서, 그 항목은 (1) 명심술지요(明心
術之要)(제1~12장), (2) 명위의지칙(明威儀之則)(제13~33장), (3)
명의복지제(明衣服之制)(제34~40장), (4) 명음식지절(明飮食之
節)(제41~46장)로, 4)「계고」편은 입교·명륜·경신에 부합되는
역사적 사례들을 춘추 시대 이전의 사료에서 발췌·제시하고 있는
부분으로, 그 항목은 (1) 입교(제1~4장), (2) 명륜(제5~35장), (3)
경신(제36~44장), (4) 통론(제45~47장)으로, 5)「가언」편은 중국
의 한(漢)나라 이래 명현들의 격언과 명가의 가훈을 모은 것으로,
그 항목은 (1) 광입교(廣立敎)(제1~14장), (2) 광명륜(廣明倫)(제
15~55장), (3) 광경신(廣敬身)(제56~91장)으로, 6)「선행」편은
한나라 이래 현자들의 훌륭한 행적을 모은 것으로, 그 항목은 (1)
실입교(實立敎)(제1~8장), (2) 실명륜(實明倫)(제9~53장), (3) 실
경신(實敬身)(제54~81장)으로 각각 구성되어 있다.
  끝으로 『소학집주』의 후미에는 성혼(成渾)(牛溪: 1535~1598)이
지은 「소학집주발(小學集註跋)」과 이항복이 지은 「소학발(小學
跋)」이 첨부되어 있다.

3) 『소학집주』의 내용적 경향과 특징

  이상에서 대략 살펴본 『소학집주』의 내용에서 나타나는 일반적
경향과 특징을 간략하게 정리해보면, 첫째, 『소학집주』가 '삼강오
륜(三綱五倫)'의 실천을 핵심적 근간으로 하는 가운데, '위기지학
(爲己之學)'으로서의 심신의 수양을 강조하고 있는 점이다. 즉 이는
『소학집주』의 전체 내용을 「입교」「명륜」「경신」의 범주로 재분류
하여 그 장수와 백분율을 계산해보면, 총 386장 가운데 「입교」가 39

장으로서 10.1%, 「명륜」이 225장으로 58.3%, 「경신」이 119장으로 30.8%, 기타 통론이 3장으로 0.8%로 나타나고 있는바, 결국 「명륜」과 「경신」의 범주가 약 90%를 점하고 있는 사실에서 잘 드러나고 있다.

둘째, 『소학집주』, '내편'의 내용은 주로 유교 경전에서의 가르침에 근간을 두고 있다는 점이다. 즉 '내편'에서 수집·편찬된 경사자집(經史子集) 제서(諸書)[4]의 비중을 살펴보면, 경전류가 전체의 88.3%를, 그 중에서도 특히 『예기』가 46%를 차지하는 가운데 『논어』 『맹자(孟子)』 『효경(孝經)』 등이 중심을 이루고 있다.

마지막으로, '외편'의 경우 중국 송(宋)나라 사대부의 교육 사상과 방법론이 절대적인 비중을 차지하고 있다는 점을 들 수 있다. 즉 「가언」 편의 경우, 총 91장 가운데 79장이 송나라 학자들의 격언과 가훈으로 이루어져 있어 86.8%를 차지하고 있으며, 「선행」 편의 경우에도 총 81장 가운데 31장이 송나라 유현(儒賢)들의 사례로 구성되어 38.3%에 이르고 있다. 보다 구체적으로는 정호(程顥)와 정이(程頤) 형제, 장재(張載), 사마광(司馬光), 『여씨동몽훈(呂氏童蒙訓)』 『안씨가훈(顔氏家訓)』 등이 대표적으로 거론될 수 있다(李樹健, 1995: 283~86).

II. '개화기 수신 교과서'의 구성과 내용

갑오·을미개혁(1894~95)에서의 교육 제도의 혁신을 계기로 우리나라에서도 본격적으로 신식 학교의 설립과 신교육이 실시되기

---

4) '내편'에서 인용된 경사자집 제서의 종류는 모두 22종으로, 즉 『예기』 『의례(儀禮)』 『논어』 『맹자』 『가어(家語)』 『중용(中庸)』 『효경』 『주례(周禮)』 『대대례(大戴禮)』 『시경(詩經)』 『좌전(左傳)』 『서경(書經)』 『국어(國語)』 『사기(史記)』 『전국책(戰國策)』 『열녀전(烈女傳)』 『고사전(高士傳)』 『순자(荀子)』 『양자(楊子)』 『관자(管子)』 『회남자(淮南子)』 『설원(說苑)』이 그것이다.

84

시작하였다. 물론 갑오개혁 이전에도 이미 1883년에 '원산학사(元山學舍)'와 같은 우리나라 최초의 근대적 민립 학교, 같은 해에 설립된 통리기무아문 소속 영어 학교인 '동문학(同文學)'과 같은 최초의 근대적 관립 학교, 개신교가 교육 사업의 일환으로 설립한 다양한 사설 학교 등의 사례가 없었던 것은 아니지만(愼鏞廈, 2000: 156~57; 서울대학교 교육연구소, 1997: 246~60), 국가적 수준에서 교육 제도의 개혁과 아울러 신교육의 실시가 공식적으로 이루어진 것은 이때가 처음이라고 할 수 있다.

그런데 이러한 신교육의 기본 방향은 1895년 2월에 공포된 국왕의 '교육에 관한 조칙'에서 천명되고 있는바, 특히 교육의 삼대강기(三大綱紀)로서 '덕양(德養)·체양(體養)·지양(智養)'을 강조하는 가운데, 국가적 차원에서의 학교의 광설과 인재의 양성을 약속하였다. 이러한 교육 조칙은 뒤이은 일련의 칙령 반포를 통하여 한성사범학교, 외국어학교, 소학교, 종두의양성소, 무관학교, 법관양성소 등의 신식 학교와 교육 기관을 설립함과 아울러 종래 국립 대학교에 해당하는 성균관에 '성균관 경학과(成均館經學科)'를 설치하는 조치로 이어지기도 하였다(愼鏞廈, 2001: 82~86).

특히 당시 개화파 정부는 전국에 소학교를 널리 설립하고자 하는 의도에서 같은 해 7월에 '소학교령(小學校令)'(칙령 제145호)을 제정·반포하였다. 이에 소학교는 '관립 소학교'(경비를 국고에서 지급하는 소학교), '공립 소학교'(경비를 부 또는 군에서 지급하는 소학교), '사립 소학교'(私人이 설립하는 소학교)의 세 종류로 편제되고, 학제는 모두 '심상과(尋常科)'(3개년 수학)와 '고등과(高等科)'(2개년 또는 3개년 수학)의 두 개 과를 두게 되었다(愼鏞廈, 2001: 84). 그런데 이러한 신교육의 기본 방향은 국왕의 교육 조칙에서 이미 표명된 바대로 '덕양·체양·지양'이 강조되면서도 무엇보다 '덕

양'이 일차적으로 중시되었다. 이러한 교육 방침은 '소학교령'에서
도 기본적으로 관철되고 있는바, 특히 제2장 8조에서 "소학교의 심
상과 교과목은 수신(修身), 독서(讀書), 작문(作文), 습학(習學),
산술(算術), 체조(體操)로 함"이라 하여 이수 교과목 가운데 '수
신'이 일차적으로 거론되고 있음을 살펴볼 수 있다(韓國學文獻硏究
所, 1977a: ⅴ).

또한 같은 해 8월에 공포된 '학부령(學部令)' 제3호인 '소학교 교
칙 대강(敎則大綱)'에서는 신교육에 있어서의 각 교과목의 교수 요
목과 그 내용이 보다 구체적으로 제시되고 있는바, 특히 수신 과목
과 관련해서는 그 제2조에 다음과 같이 명시되어 있다(韓國學文獻
硏究所, 1977a: ⅵ).

修身은 敎育에 關한 詔勅의 旨趣에 基하고 兒童의 良心을 啓導하
야 其 德性을 涵養하며 人道를 實踐하는 方法을 授함을 要旨로 홈.
尋常科에는 孝悌·友愛·禮敬·仁慈·信實·義勇·恭儉 等을 實踐
하는 方法을 授하고, 別로히 尊王愛國하는 士氣를 養함을 務하고 또
臣民으로서 國家에 對하는 責務의 大要를 指示하고 兼하야 廉恥의
重함을 知케 하고 兒童을 誘掖하야 風俗과 品位의 純正에 趣함을 注
意함이 可홈.
女學生은 別로히 貞淑한 美德을 養케 함이 可홈.
修身을 授하는 時에는 近易한 俚諺과 嘉言과 善行 等을 例証하야
勸戒를 示하고, 敎員이 몸소 兒童의 模範이 되야 兒童으로 하여금
浸潤薰染케 함을 要홈.

대략 이상과 같은 수신 과목의 교수 요목과 내용에 의거하여 국
내에서는 주로 애국 계몽 운동기에 걸쳐 다양한 수신 교과서가 발

교과서 발행 주체	서명	발행 연도	저자	체제·판형·구성·문체	비고
政府 (學部)	『夙惠記略』	미상 (1896)	學部	韓紙 韓裝本·四六倍版·總 1卷 1冊·國漢文混用體	
	『普通學校學徒用修身書』	1907년 2월 (1·2·3권) 1908년 3월 (4권)	學部	洋紙 洋裝本·菊版型·總 4卷 4冊·國漢文混用體	인쇄소: 東京 三省堂書店
民間 (個人·私立學校)	『倫理學敎科書』	1906년 6월	申海永	洋紙 洋裝本·菊版型·總 4卷 2冊·國漢文混用體	발행소: 普成中學校 인쇄소: 普成社
	『中等修身敎科書』	1906년 9월	徽文義塾 編輯部 編纂 尹用求 題簽	洋紙 洋裝本·菊版型·總 4卷 2冊·國漢文混用體	(學部檢定敎科書) 발행소: 徽文舘 인쇄소: 徽文舘
	『高等小學修身書』	1907년 8월	徽文義塾 編輯部 編纂	洋紙 洋裝本·菊版型·總 1卷 1冊·國漢文混用體	발행소: 徽文舘 인쇄소: 徽文舘
	『初等修身』	1909년 7월	朴晶東	洋紙 洋裝本·菊版型·總 1卷 1冊·國漢文混用體	(學部檢定敎科書) 발행소: 同文社 인쇄소: 日韓印刷株式會社
	『녀즈 소학 슈신셔』	1909년 2월	盧炳喜	洋紙 洋裝本·菊版型·總 1卷 1冊·한글 專用體	발행소: 博文書舘 인쇄소: 右文舘
〃	『初等倫理學敎科書』	1907년 9월	吳尙 著 安鍾和 譯	洋紙 洋裝本·菊版型·總 1卷 1冊·國漢文混用體	(飜譯書) 발행소: 廣學書舖 인쇄소: 徽文舘

간되기 시작하였다. 이에 국권이 상실되는 해(1910)까지 모두 8종의 수신 교과서가 등장했던 것으로 현재 알려져 있는바, 이에 그 구체적인 사항을 정리해보면 위의 일람표와 같다(韓國學文獻研究所, 1977a; 1977b).

1) 정부(학부) 간행 수신 교과서의 경우

정부(학부)에서 발행한 수신 교과서로는 모두 두 종류가 있는바, 즉 『숙혜기략(夙惠記略)』(1896)[5]과 『보통학교 학도용 수신서』(1907)가 그것이다. 이에 각각의 구성과 내용을 간략히 살펴보면, 첫째, 『숙혜기략』의 경우, 1) 내용으로는 "君子의 敎人홈이 次序ㅣ 有한지라.〔……〕童稚의 學이 뭇당이 先入흔 말로 爲主ᄒᆞ니 날마다 故事를 記ᄒᆞ기를 다못 俗說갓치 ᄒᆞ면 문득 道理를 曉ᄒᆞ야 久久에 成熟ᄒᆞ면 德性이 自然히 進ᄒᆞ다 ᄒᆞ니 이는 다 古人의 小兒를 敎ᄒᆞᄂᆞᆫ 要法이라.〔……〕이에 國漢文을 用ᄒᆞ야 小兒의 夙惠홈〔어려서부터 지혜가 있음: 필자 주〕을 輯ᄒᆞ야 初學의 矜式을 ᄒᆞ니 覽者ㅣ ᄯᅩ흔 可히 써 本흔 바를 知홀지니라"[6]라는 「서문」에서의 문제 의식에 따라, 어려서부터 남다른 총민함과 선행을 보여준 우리나라와 중국의 성인 및 명현들의 고사를 모아 편집·소개하는 것으로 이루어져 있다. 2) 구성에 있어서는 별도의 목차 없이 「서문」과 본문 및 「발문」의 세 부분으로 나누어지는바, 특히 본문의 경우 소개되는 성인과 명현들이 총민함과 탁행(卓行)을 보인 나이에 따라 각각 시생(始生), 칠월(七月), 팔월(八月), 주세(周歲)(생후 만 1년), 삼세(三歲), 사세, 오세(부수세〔附數歲〕), 육세, 칠세, 팔세, 구세, 십세, 십일세, 십이세, 십삼세, 십사세, 십오세, 이하 총각(以下 總角), 이하 십여세(以下 十餘歲), 십육세('십칠세'의 경우, 항목은 빠져 있으나 해당 내용은 실려 있음), 십팔세, 십구세, 이십세, 이하 소년(以下 少

---

5) 이 교과서는 간기(刊記)가 없어 그 정확한 발행 연도는 알 수 없다. 다만 1896년 학부 편집국에서 발행한 『심상소학(尋常小學)』 1권의 말미에 소개된 '학부간(學部刊) 교과서 일람'에서 이 책명이 발견되는 것으로 보아 1896년 학부에서 편찬 발간한 교과서임을 짐작할 수 있다고 한다(韓國學文獻研究所, 1977a: vii).

6) 『夙惠記略』, pp. 1a~2a.

88

年)의 항목으로 나누어져 편성되어 있다.[7]

둘째, 『보통학교 학도용 수신서』의 경우, 1) 구성에 있어서는 총 4권 4책으로 이루어져 있고, 각 권은 차례대로 15과, 14과, 13과로 편성되어 있다. 2) 내용으로는 제1~2권에서는 처음 학교에 입학하는 아동들을 대상으로 사적 생활 세계(학교, 가정, 일가, 이웃 등)에서 요구되는 개인적 윤리 규범(면학, 활발한 기상, 우정, 화목, 정직, 청결, 건강, 신의 등)이 집중적으로 소개되고 있는 반면에, 뒤이은 제3~4권에서는 공적 사회 생활(직업, 공중, 황실, 양리〔良吏〕 등)과 관련된 실천 덕목(독립 자영, 상부상조, 공중 위생, 충량한 신민, 충성스런 관리, 관대, 자선, 박애 등)이 주로 강조되고 있다. 한편 내용상 눈에 띄는 특징으로는 아동들이 교과서의 내용을 이해하기 쉽도록 삽화를 싣고 있는 점과, 우리나라와 중국뿐만 아니라 서양과 일본의 모범적 인물(와싱턴〔미국〕, 프랭클린〔미국〕, 나이팅게일〔영국〕, 존덕〔尊德: 일본〕, 영목〔鈴木: 일본〕 등)에 대한 일화도 함께 소개하고 있는 점을 들 수 있다.

2) 민간(개인 · 사립 학교) 간행 수신 교과서의 경우

민간(개인 · 사립 학교)에서 발행한 수신 교과서로는 모두 다섯 종류가 있는바, 즉 『윤리학 교과서』(1906), 『중등 수신 교과서』(1906), 『고등 소학 수신서』(1907), 『초등 수신』(1909), 『녀ㅈ 소학 슈신셔』(1909)가 그것이다. 이에 각각의 구성과 내용을 간략히 살펴보면, 첫째, 『윤리학 교과서』는 신해영(申海永)이 저술하고 보성중학교(普成中學校)에서 발행한 것으로서, 상기한 바 '소학교 교칙 대강'의 취지에 명실공히 부응하여 발간된 사실상 우리나라 최초의 개화

---

7) 예를 들어 '시생(始生)'의 항목을 보면 "神農氏는 生ᄒ민, 能히 言ᄒ고 五日에 能히 行ᄒ고 七朝에 齒가 具ᄒ니라"라는 식으로 서술되어 있다.

기 수신 교과서라 할 수 있다. 1) 구성은 모두 4권 2책으로 이루어
져 있는데, 이에 대해서는 "本書를 四卷으로써 編成홈은 大凡中學
校修業期限의 四學年을 標準홈"[8]이라고 설명되어 있다. 2) 내용과
관련하여 각 권의 목차를 살펴보면, (1) 제1권의 주제로는 '수신(修
身)ᄒᆞ는 도'를, (2) 제2권의 경우는 '가족의 본무(本務)'와 '친지의
본무'를 소개하고 있으며, (3) 제3권의 경우는 '사회 총론' '사회의
공의(公義)' '사회의 공덕(公德)'의 장으로, (4) 제4권의 경우는 '국
가 총론' '국민의 본무' '애국심' '황실에 대ᄒᆞᆫ 본무' '국제(國際)의
본무' '결론'의 장으로 이루어져 있다.

둘째, 『중등 수신 교과서』는 휘문의숙 편집부에서 편찬하고 휘문
관(徽文舘)에서 발행한 학부 검정 교과서로서, 1) 구성은 총 4권 2
책으로 이루어져 있으며, 특히 제1권의 모두에는 민영휘(閔泳徽)가
쓴 「서(序)」가 실려 있다. 2) 내용과 관련하여 각 권의 목차를 살펴
보면, (1) 제1권의 주제로는 '학생의 주의(注意)' '붕우(朋友)에 대
ᄒᆞ는 주의' '가정의 주의'를, (2) 제2권의 주제로는 '처세의 주의'
'국가에 대ᄒᆞ는 주의' '수덕(修德)에 관ᄒᆞᆫ 주의'를, (3) 제3권의 주
제로는 '자기에 대ᄒᆞᆫ 도' '신체에 대ᄒᆞᆫ 본무' '타인의 대ᄒᆞᆫ 도'를,
(4) 제4권의 주제로는 '가족의 도의(道義)' '공중 및 소속 단체(公
衆及所屬團體)에 대ᄒᆞᆫ 본무' '국가에 대ᄒᆞ는 도' '인류에 대ᄒᆞᆫ 도'
'만유(萬有)에 대ᄒᆞ는 도'를 다루고 있으며, 말미에 '총론'을 부기하
고 있다. 그리고 각 권의 주제를 중심으로 1책(1권 · 2권)과 2책(3
권 · 4권)의 교과 내용을 살펴보면 다루는 주제가 반복되고 있음을
알 수 있는바, 이로써 두 책은 중학교의 저학년용과 고학년용으로
별도 편찬된 것으로 추측된다.

---

8) 『倫理學敎科書』, 「例言」.

셋째, 『고등 소학 수신서』 또한 휘문의숙 편집부에서 편찬하고 휘문관에서 발행한 교과서로서, 1) 구성은 1권 1책으로, 총 120과로 이루어져 있다. 2) 내용과 관련하여 목차를 살펴보면, (1) 우선 제1과에서 제11과까지는 별도의 주제 없이 조선의 대표적인 군주(태조 고황제 · 세종대왕), 국난에서 활약했던 충신 열사들(이순신 · 곽재우 · 김천일 · 임경업)의 언행과 교훈을, (2) 제12과에서 제24과까지는 '가정의 주의'라는 주제하에 가정과 가족 · 조선(祖先) · 친족 · 주인과 비복간의 기본 윤리 및 선현들의 가르침 등을, (3) 제25과에서 제34과까지는 '학교에 대흔 본무'를, (4) 제35과에서 제46과까지는 '인(人)에게 대흔 주의'를, (5) 제47과에서 제63과까지는 '자기의 대흔 주의'를, (6) 제64과에서 제73과까지는 '덕성(德性)에 대흔 주의'를, (7) 제74과에서 제86과까지는 '인격에 대흔 본무'를, (8) 제87과에서 제105과까지는 '수양에 대흔 본무'를, (9) 제106과부터 제119과까지는 '국민에 대흔 주의'를 다루고 있으며, 마지막으로 (10) 제120과에서는 '총론'을 통하여 본 교과서의 편찬 의도를 간략하게 밝히고 있다. 전체적으로 보아, 이 교과서는 대체로 『중등 수신 교과서』의 편찬 목적 및 내용과 궤를 같이하고 있으나, 한편 우리나라 역대 위인들의 사적과 덕목을 광범위하고도 집중적으로 소개하는 특징을 보여주고 있다. 그러면서도 미국 위인들(와싱턴, 프랭클린)의 행적이 극히 예외적으로 언급되고 있음도 흥미로운 점이라 하겠다.

넷째, 『초등 수신』은 초등 교육 학도용으로 박정동(朴晶東)이 저술하고 동문사(同文社)에서 발행한 학부 검정 교과서인데, 대체로 상기한 『고등 소학 수신서』의 내용을 바탕으로 그 일부를 평이하고도 간략하게 축약 · 재구성한 것이다. 1) 구성은 1권 1책으로, 모두 5개의 장으로 편집되어 있다. 2) 내용을 살펴보면, (1) 제1장의 주제는 '신체'로서, 여기서는 몸의 각 기관에 대한 설명, 일상적인 의식주 활동과 관련된 초보적인 주의 사항을, (2) 제2장의 주제는 '윤리'로서, 가까이는 부모·형제에서부터 멀리는 족척(族戚)·붕우에 이르기까지의 기본적 생활 예절이, (3) 제3장의 주제는 '잡저(雜著)'로서, 여기서는 가정 교육에서부터 사회와 공익에 이르는 다양한 사회적 활동과 관련된 기본 예의가, (4) 제4장의 주제는 '가언(嘉言)'으로, 효(孝)·경애(敬愛)·지신(持身)·공부(工夫)와 관련하여 조선 시대의 선현들의 가르침을, (5) 제5장의 주제는 '선행'으로서, 신라에서 조선 시대에 이르는 우리나라의 대표적인 현인들의 구체적인 선행 사례들을 주제별로 간략하게 소개하고 있다. 한편 이 교과서는 아동들이 본문의 내용을 쉽게 이해할 수 있도록 관련 삽화를 싣고 있다.

마지막으로 『녀즈 소학 슈신셔』는 여성 일반의 예절 교육을 위하여 노병희(盧炳喜)가 저술하고 이화학당장 부라이(富羅伊), 진명여학교 학감 여몌예황(余袂禮黃), 양원여학교장 윤고라(尹高羅)가 교열하여 박문서관(博文書舘)에서 발행한 교과서로서, 순수한 한글 전용체로 씌어졌다. 1) 구성은 1권 1책으로, 모두 53과로 이루어져 있다. 2) 내용을 차례대로 살펴보면, '얌전' '존절' '악흔 동모' '녀즈의 배홀 것' '배홀 것(련쇽)' '씻고 닥는 과' '의복' '본분' '어진 부인들' '례절' '안희의 직분' '삼강(三綱)과 오륜(五倫)' '화평' '신부' '어진 안희' '어진 안희(련쇽)' '어리셕은 부인' '어리셕은 부인(련쇽)' '어진 어머니' '어진 어머니(련쇽)' '싀어머니' '하인 부리는 법' '죄에 형벌' '죄에 형벌(련쇽)' '본밧을 일' '본밧을 일(련쇽)' '교ᄉ 공경' '교ᄉ 공경(련쇽)' '시간' '운동' '어룬 공경' '학교' '친구 사괴는 것' '약죠(約條)' '말흐는 것' '게으른 것' '즐거운 것' '가정' '참는 것' '깨끗ᄒ게 홀 것' '손님 딕졉' '편지' '편지(련쇽)'

'용서' '교육' '공부' '학문' '마음' '겸손' '나라'가 그것이다. 이어 마지막 과로 '녀즈 슈신 총론'을 부기하여 전통적인 삼강오륜에 바탕을 둔 여성 교육의 당위성과 이 책의 저술 목적을 간략하게 개진하고 있다. 이에 전체적으로 보아, 본 교과서는 주로 전통적인 부덕에 기반을 둔 '어진 어머니와 아내'의 역할을 일관되게 강조하는 경향을 보여주고 있다.

한편 『초등 윤리학 교과서』는 중국인 오상(吳尙)이 저술하고 안종화(安鍾和)가 역술하여 광학서포(廣學書舖)에서 발행한 교과서로서, 1) 구성은 1권 1책으로, 안종화가 모두에 쓴 「자서(自叙)」와 함께 모두 7장으로 이루어져 있다. 2) 내용과 관련하여 목차를 소개하면, (1) 제1장의 주제로는 '수기(修己)'를, (2) 제2장의 주제로는 '가족'을, (3) 제3장의 주제로는 '사우(師友)'를, (4) 제4장의 주제로는 '타인'을, (5) 제5장의 주제로는 '선군(善羣)'을, (6) 제6장의 주제로는 '지방'을, (7) 제7장의 주제로는 '국가'를 각각 다루고 있다. 대체적으로 이 교과서의 구성과 내용은 여타 교과서의 그것과 별다른 차이나 특징을 보이고 있지 않다. 다만 저자가 중국인이라는 점으로 보아 당시 중국 수신 교과서의 내용과 경향을 파악하는 데에 의미 있는 참고 자료가 되리라 생각된다.

3) 개화기 수신 교과서의 내용 경향과 특징

이상의 논의를 통해서 개화기 수신 교과서의 내용 경향 및 특징과 관련하여 주목되는 사항을 간략하게 정리해보면, 첫째, 당시 수신 교과서의 편찬과 간행이 대체로 민간(개인·사립 학교) 주도로 이루어졌다는 점이다. 즉 정부(학부) 간행 수신 교과서가 2종에 그치는 데 반하여, 민간 간행의 경우는 모두 6종에 이르고 있다.

둘째, 교육을 통한 계몽 운동의 측면에서 볼 때, 정부 간행 수신 교과서보다는 오히려 민간 간행 수신 교과서가 보다 적극적인 역할을 담당하였다는 점이다. 이러한 사실은 1)『윤리학 교과서』『중등 수신 교과서』『고등 소학 수신서』로 대표되는 민간 간행 수신서의 경우, 비록 불완전하나마 '국가'와 '국민' 개념의 제시를 통하여 애국심이나 자주 국권, 자유 민권, 자강 개혁에 대한 민중적 감수성을 진작시키기 위한 노력이 나타나고 있음에 반하여, 2)『숙혜기략』『보통학교 학도용 수신서』와 같은 정부 간행 수신서나『초등 수신』과 같은 학부 검정 교과서의 경우, 전통 윤리에 기반한 전근대적 '신민'의 개념을 보다 강조함으로써 당시의 시대적 조류와 민족적 요구에 오히려 역행하고 있음이 드러난다. 즉 (1)『숙혜기략』은 교육 철학이나 교과 내용의 측면에서 전통적 수신 교과서인『소학』의 수준에도 훨씬 못 미칠 뿐만 아니라, 또한 아동의 '숙혜(夙惠)'(어려서부터 지혜가 있음)만을 기형적으로 강조함으로써 '덕양(德養)'을 지향하는 교육 조칙이나 '소학교 교칙 대강'의 정신과도 매우 동떨어져 있다. (2)『보통학교 학도용 수신서』나『초등 수신』의 경우에도 대체로 전통적 덕목의 실천, 소소한 공중 도덕의 준수, '충량(忠良)한 신민'으로서의 의무만이 강조될 뿐, 당시의 시대적 상황과 관련하여 절실하게 요청되던 애국심이나 근대적 국가 관념, 시민 의식 등을 고무하는 내용은 체계적으로 배제되는 결함을 보이고 있다. 결국 이러한 사실은 당시 조선 정부가 이미 일제와의 3차에 걸친 '한일 협약'을 통하여 자주적 주권을 현저하게 훼손당하고 있었던 정황을 반영하는 것이자, 또한 교육 구국과 관련된 민족적 과업은 오직 독립협회와 만민공동회 운동, 애국 계몽 운동, 대한자강회 등으로 이어지는 민간 애국 단체의 활동에 의존할 수밖에 없었던 구조적 제약성의 결과가 아닌가 한다.

셋째, 여성 교육을 위하여 저술된『녀즈 소학 슈신셔』의 경우에는 이중적 함의를 가지는 것으로 보인다. 즉 이 교과서가 당시 여성 교육의 공식적 출범을 반영하고 있다는 측면에서는 전진적 의미를 가지는 반면에, 그 내용이 전형적인 전통적 '부덕'만을 강조하는 데 그치고 있다는 측면에서는 여전히 시대적 한계성을 보이고 있다 하겠다.

마지막으로 개화기 수신 교과서가 1906년부터 비로소 본격적으로 편찬·발행되기 시작했던 사실도 음미해볼 만하다. 즉 이때는 을미개혁(1895)에서 '덕양(德養)'이 강조되고 '소학교 교칙 대강'을 통하여 소학교 수신 과목의 교수 요목과 내용이 공식적으로 천명된 지 무려 10년이 경과한 시기로서, 이는 곧 그동안 소학교를 중심으로 한 수신 교육이 사실상 내실을 기하지 못하고 있었음을 반증하는 것이라 하겠다. 한편 이러한 사실은 1904년 러일 전쟁 이래 노골화된 일제의 침략으로 국권이 점차 상실되어가던 당시의 시대적 상황 하에서 한국인이 느꼈던 민족적 위기 의식을 반영한 것으로도 볼 수 있을 것이다.

3. 개화기 수신 교과서를 통해 본
전통적 지식의 지속과 변용

상기한 바대로 개화기 수신 교과서는 일단 『숙혜기략』(1896)을 예외로 한다면 모두가 1906년에서 1909년 사이에 집중적으로 간행되었다. 바야흐로 이 시기는 '을사보호조약'(1905)을 기화로 국권이 급격히 상실되어감으로써 엄중한 민족적 위기가 조성되던 기간으로서, 동시에 이러한 위기 상황에 대응하여 민족주의 진영에서의 애국 계몽 운동도 더욱 활발하게 전개되었던 때이기도 하다.

이에 당시 대표적 애국 계몽 사상가로 활약하였던 박은식(朴殷植)(白巖: 1859~1925)의 경우에도 종래 동도서기론(東道西器論)의 입장에서 급격히 탈피하여 '변법적(變法的)' 개화 자강 사상가로 변신하였다(愼鏞廈, 1982: 14). 즉 그는 사회 진화론을 포함한 서구의 계몽 사상을 적극 수용하는 한편 정약용과 박지원을 비롯한 여러 실학자들의 가치를 재발견하는 등의 노력을 통하여 자신의 근대적 세계관을 확고하게 정립하였다. 특히 그는 당시의 시대적 정세와 관련하여 "세계의 인류가 생존 경쟁으로 이기고 지는 시기"(李萬烈 編, 1980: 26)로 진단하면서 "지식과 세력이 우승한 자는 생존하고 지식과 세력이 열악한 자는 멸망을 면치 못하는 것은 당연한 일"(李萬烈 編, 1980: 24)이라고 보아, 곧 제국주의의 침략과 약육강식의 시대로 인식하였다. 결국 이러한 현실 인식하에 그는 상실한 국권을 회복하여 민족의 독립과 생존을 확보하기 위한 '자강(自强)'과 '자력(自力)'을 특히 강조하는 가운데, 그 구체적인 실천 노선으로서 '교육 구국 사상' '실업 구국 사상' '구신 사상(求新思想)'을 제시함으로써 자신의 애국 계몽 사상을 더욱 심화시켜나갔던 것이다.[9] 이로써 박은식은 당시 외세의 침략 앞에서 국권 회복

---

9) 이 무렵 박은식의 애국 계몽 사상은 주로 이 세 가지 요소로 이루어지는데, i) '교육 구국 사상'은 「교육이 흥해야 생존을 얻는다」(1906), 「교육이 흥하기를 힘써 바람(務望興學)」(1906), 「대한 정신의 혈서」(1907), 「사범 양성의 급무」(1907), 「교육학서(教育學序)」(1907), 「부형에게 고함」(1908), 「노동 동포의 야학」(1908), 「우리 동문의 동지들을 축하한다(賀吾同門諸友)」(1908), 「서북 교육계(西北教育界)에 대한 유감」(1909) 등의 논설에, ii) '실업 구국 사상'은 「인민의 생활상 자립이 국가의 자립」(1907), 「누가 내 나라를 구하며 누가 내 민중을 살릴 것인가」(1908), 「물질 개량론(物質改良論)」(1909) 등의 글에, iii) '구신 사상'은 「교육이 흥하기를 힘써 바람(務望興學)」(1906), 「구습 개량론(舊習改良論)」(1907), 「우리 동문의 동지들을 축하한다(賀吾同門諸友)」(1908), 「유교 구신론(儒教求新論)」(1909), 「공부자(孔夫子) 탄신 기념회 강연」(1909), 「일본 양명학회(陽明學會) 주간에게」(1910) 등의 글에 잘 나타나 있다.

을 위한 우리 민족의 역량을 배양하는 데 종합적으로 가장 큰 기여를 했으며, 전국적으로 국민들에게 가장 큰 영향력을 행사한 애국 계몽 사상가·운동가가 되었다고 평가받고 있기도 하다(愼鏞廈, 1982: 22).

한편 독립협회를 계승하고 헌정연구회를 모체로 하여 1906년 4월에 창립된 '대한자강회'의 경우에 있어서도 국권 회복을 위한 실력 양성론을 강력하게 주장하는 가운데, 자강 실현을 위한 3대 방법론으로서 '교육 자강론' '식산 자강론' '정신 자강론'을 제시하였다. 특히 대한자강회는 교육 자강론과 관련하여 1) 문명 교육, 2) 실업 교육, 3) 애국 교육으로 대표되는 신학문을 강조하는 한편(柳永烈, 1997: 124~26), 유교에 바탕을 둔 구학문도 개신·발전시켜 상호 참작하고 보완하는 것이 조국의 근대 문명화와 국민적 단합에 유익하다고 생각하여 '구학위체(舊學爲體)·신학위용(新學爲用)'으로 표현되는 '신구학 절충론(新舊學折衷論)'을 전개함으로써 긍정적 유교 전통의 적극적 포섭과 계승을 모색하기도 하였다(柳永烈, 1997: 162~79).

대체로 개화기의 수신 교과서는 바로 이러한 내외적 정세와 교육 구국 운동의 움직임에 직접적으로 부응하여 구체화된 노력의 한 산물로 이해할 수 있다. 따라서 그 전반적 내용과 관련해서도 이와 같은 외부적 요인이 중요한 영향력을 행사하였으리라 추론된다.

I. 전통적 지식의 지속

그러면 지금부터 개화기 수신 교과서가 전통적 지식, 특히 『소학집주』에서 구현되고 있는 정주 성리학적 세계관과 윤리 의식을 어떠한 측면에서 계승하고 있는가를 간략하게 살펴보기로 하자.

1) '삼강오륜'의 기본적 수용

개화기 수신 교과서의 내용을 전반적으로 통관해볼 때, 그 기본적 정신과 내용적 골간은 여전히 전통적인 '삼강오륜'의 윤리론에 근거하고 있음을 발견할 수 있다. 이를 보다 구체적으로 살펴보면, 우선 정부 간행 수신 교과서의 경우 첫째, 『숙혜기략』의 내용은 대부분 어려서부터 남다른 총명함과 지적 능력을 보인 중국 및 우리나라의 성인과 명현들의 사적을 소개하는 것이 주조를 이루고 있다. 그럼에도 여전히 남다른 효행(3세의 어린이가 부친상을 당하여 아침저녁으로 매우 슬퍼하였고 『효경』을 읽으면서 눈물을 금치 못한 사례, 6세의 어린이가 모친에게 드리기 위하여 대접받은 귤을 가슴에 품고 돌아간 사례, 8세의 어린이가 박대받는 모친을 위하여 부친의 첩을 살해한 사례, 9세의 어린이가 모친상에 심하게 슬퍼하며 통곡하고 몸소 부친을 지극히 보살핀 사례, 15세의 소년이 부친을 대신하여 형벌을 받고 죽기를 자청한 사례 등)이나, 임금에 대한 지극한 충성심(어린이가 나라를 위하여 목숨을 버린 사례, 역모〔逆謀〕에 대한 고변〔告變〕의 사례 등), 보기 드문 형제애의 사례도 동시에 거론되고 있는 점에서 그러하다.

둘째, 『보통학교 학도용 수신서』에서도 부모에 대한 효도, 형제간의 화목, 붕우간의 신의와 우의, "孝子가 父母롤 섬기는 ᄆᆞ음으로써 國君을 섬기면 忠臣이 될지라"[10]고 하여 대한제국의 황실에 대한 충성심 등을 핵심적으로 강조하고 있다.

한편 민간 간행 수신 교과서의 경우에도 첫째, 『윤리학 교과서』에서는 "忠과 孝는 人倫의 大道 ㅣ 니 곳 我韓國敎의 本領이라. 〔······〕兄弟는 友愛로써 相讓ᄒᆞ고 夫婦는 和樂으로써 相助ᄒᆞ고 朋友는 信

---

10) 『普通學校學徒用修身書』, 卷4, p. 19.

義로써 相交홈이 쏘흔 人의 當行홀 道理"[11]라는 전제하에, 1) '가족에 대한 본무'로서 부모, 부부, 형제 자매 등에 대한 전통적 덕목을, 2) '친지에 대한 본무'로서 붕우에 대한 신의 및 부모의 대리자인 교사에 대한 '종순경애(從順敬愛)'의 의무를, 3) '황실에 대한 본무'로서 "皇位는 곳 國家의 生命이시니 〔……〕고로 忠君과 愛國은 其名은 相異흐나 其實은 곳 同一흔 바ㅣ니라"[12] 하여 충군과 애국의 덕목을 역설하고 있다.

둘째, 『중등 수신 교과서』에서도 1) 가정에서의 효도와 우애 및 조선(祖先)과 가계(家系)에 대한 존중을, 2) 붕우와의 신의와 협동 및 예양(禮讓)의 덕목을, 3) 국가와 관련해서는 "國民 된 者는 必, 皇室을 尊崇ᄒ며 其國體를 擁護홈이 實, 國民의 責任이니라. 〔……〕各其, 國君에게 忠홈은, 즉 人民의 義務ㅣ라"[13] 하여 국체(國體)와 충군 등에 대한 주의를 중요하게 거론하고 있다.

셋째, 『고등 소학 수신서』에서도 1) 가정에서의 부모에 대한 효행, 부부간의 위의(威儀)와 화순(和順), 형제 자매간의 우애, 조선에 대한 존경을, 2) 학교에서의 경사(敬師)를, 3) 타인과의 관계에 있어 연장자에 대한 공경, 붕우와의 신의를, 4) 성조(聖朝)와 군부(君父)에 대한 충의 및 국가와 황실에 대한 본무로서 충용한 정신을 집중적으로 제시하고 있다.

넷째, 『초등 수신』의 경우에도 1) 부모에 대한 효도, 형제 자매간의 우애와 공경을, 2) 붕우에 대한 신의와 스승에 대한 공경을, 3) 효와 경애 등을 강조한 '가언' 편 및 천교(踐敎)와 의용(義勇) 등을 강조한 '선행' 편의 내용을 들 수 있다.

---

11) 『倫理學敎科書』, 卷1, p. 2.
12) 『倫理學敎科書』, 卷4, p. 82.
13) 『中等修身敎科書』, 卷2, p. 31.

마지막으로 『녀ᄌ 소학 슈신셔』에서는 1) '뎨십이과 삼강과 오륜'이라는 장을 아예 별도로 두어 "세 가지 벼리와 다섯 가지 륜긔(倫紀)가 잇으니 맛당이 조은 뜻으로 직히어야 하늘에 잇는 영원흔 복(福)과 록(祿)을 즐겁게 누릴지니 〔……〕 이것이 몸을 닥고 집을 가즉이 ᄒᆞ는 근본"[14]임을 강조하고 있을 뿐만 아니라, 2) 마지막 '뎨 오십삼과 녀ᄌ 슈신 총론'의 장에서는 "오륜에 딕ᄒᆞᆫ 도리를 간략히 써 녀ᄌ로 ᄒᆞ여곰 못된 것은 버리고 조은 것은 취ᄒᆞᆫ 한 도음이 되기를 깁이 바라노라"[15]고 하여, 이 교과서의 전체적 대의가 기본적으로 삼강오륜에 기반하고 있음을 분명하게 표명하기도 하였다.

2) '수(修) · 제(齊) · 치(治) · 평(平)'의 학문론적 도식의 계승

개화기 수신 교과서의 내용적 구성 체계를 살펴보면, 단적으로 "吾人臣民된 者ᄂᆞᆫ 各各 家庭에 在ᄒᆞ야 祖와 父母를 供奉ᄒᆞᄂᆞᆫ 바로써 一國에 在ᄒᆞ야 皇帝陛下를 供奉흠이 可ᄒᆞ니 此ᄂᆞᆫ 父母를 事ᄒᆞᄂᆞᆫ 孝로써 君을 事ᄒᆞ면 곳 忠이 되ᄂᆞᆫ 所以니라"[16] 하여 대개 유교 사회의 전통적 학문론의 기본 도식인 '수기(修己)와 치인(治人),' 보다 구체적으로는 '수신(修身)→제가(齊家)→치국(治國)→평천하(平天下)'라는 학문 단계적 질서 감각을 충실하게 계승하고 있음을 알 수 있다. 물론 이러한 질서 감각은 가정의 다스림과 국가의 정치, 사적 생활 윤리와 공적 정치 윤리를 사실상 동일한 맥락에서 인식함을 함축하는 바로서, 또한 '정치란 기본적으로 가정에서부터 이루어진다'는 공자의 사상을 반영하는 것이기도 하다.[17] 나아가 이러

---

14) 『녀ᄌ 소학 슈신셔』, pp. 17~18.
15) 『녀ᄌ 소학 슈신셔』, p. 78.
16) 『倫理學敎科書』, 卷4, p. 78.
17) 『論語集注』, 「爲政」 篇, 21章, "子曰: 書云: '孝乎惟孝, 友于兄弟, 施於有政' 是亦爲政, 奚其爲爲政?"

한 특징은 '위기지학'으로서의 내면적 수양을 특별히 강조하는『소
학집주』의 경우에도 예외가 아니었다.

이를 보다 구체적으로 살펴보면, 우선 정부 간행 수신 교과서인
『보통학교 학도용 수신서』의 경우, 그 내용이 전반적으로 일상적 생
활 세계에서의 기본 예절을 중심으로 이루어져 있다. 그럼에도 여
전히 내용 구성상 1) 제1권과 제2권에서는 수기의 요소로서의 '착
흔 학도' '형제' '일가 화목' '의(誼)됴흔 붕우' 등의 목록이, 2) 제3
권과 제4권에서는 치인의 요소로서의 '예의' '신분과 의복' '타인의
명예' '군자의 경쟁' '관대' '자선' '공사의 구별' 등의 덕목이 집중
적으로 배치되고 있음을 발견할 수 있다. 특히 '황실'의 장에서는
"我等이 皇室의 鴻恩大德을 奉答ᄒ고 陛下의 忠良흔 臣民이 되는
道는 修身齊家에 他道가 업ᄂ니라"[18]라고 주장하고 있을 뿐만 아니
라, 또한 '양리(良吏)'의 장에서는 "官吏는 億兆中에셔 擇ᄒ야 人民
의 儀表를 삼는 바이라. 故로 忠誠, 公平, 勤儉, 廉直으로 宗旨를 삼
아 우흐로 君王을 輔佐ᄒ고 아릭로 庶民을 撫愛흔 後에야 可히 良
吏라 稱홀지라"[19]고 함으로써 상기의 도식을 보다 명시적으로 강
조 · 전제하고 있기도 하다.

한편 민간 간행 수신 교과서에 있어서도 첫째,『윤리학 교과서』의
경우 1) 제1권에서는 '수신ᄒ는 도'로서 근면(勤勉), 자제(自制),
용감(勇敢), 수학(修學), 수덕(修德) 등의 덕목을, 2) 제2권에서는
'가족의 본무'로서 부모, 부부, 형제 자매, 가(家), 친척과 주종에
대한 덕목과 함께 '친지의 본무'로서 붕우와 사제 간의 예의를, 3)
제3권에서는 '사회의 공덕'으로 박애와 공익 등을 거론하면서 "임의
身을 修ᄒ고 家를 齊한 者ㅣ 一步를 更進ᄒ야 社會有用의 實務를 爲

---

18)『普通學校學徒用修身書』, 卷4, p. 21.
19)『普通學校學徒用修身書』, 卷4, pp. 22~23.

ᄒ야 盡力홀 바ㅣ 無치 못홀지니라"[20]라는 견해를, 4) 제4권에서는 '황실에 대ᄒ 본무'로서 "吾人臣民의 當然ᄒ 本務 〔……〕 다만 一身을 修ᄒ고 一家를 齊ᄒ야 其身体를 健康히 ᄒ고 其産業을 安全히 ᄒ야 平素에 忠勇ᄒ 精神을 涵養홈에 在ᄒ니라"[21]고 강조하고 있을 뿐만 아니라, 또한 '국제의 본무'에서는 "恒常 國際公法을 標準ᄒ야 正理와 公道를 遵守하는 〔……〕 國家"[22]의 윤리 등을 다루고 있다.

둘째, 『중등 수신 교과서』에서도 각 권마다 수기와 치인의 요소가 순차적·병렬적으로 배치되는 구성을 보이고 있는바, 대표적으로 제4권의 사례를 살펴보면 1) '가족의 도의,' 2) '공중 및 소속 단체에 대ᄒ 본무,' 3) '국가에 대ᄒᄂ 도,' 4) '인류에 대ᄒ 도,' 5) '만유(萬有)에 대ᄒᄂ 도'의 순서로 그 목차가 구성되어 있다.

셋째, 『고등 소학 수신서』의 경우에도 대체로 1) 수기적 요소로서의 '학교에 대ᄒ 본무' '자기에 대ᄒ 주의' '덕성(德性)에 대ᄒ 주의' '인격에 대ᄒ 본무' '수양에 대ᄒ 본무'와 함께 2) 치인적 요소로서의 '인(人)에게 대ᄒ 주의' '국민에 대ᄒ 주의'를 순차적으로 다루고 있다.

넷째, 『초등 수신』에서도 1) 제1~2장에서 각각 '신체'와 '윤리'라는 주로 수기 중심적 항목을 다루고 있다면, 2) 제3~5장의 '잡저' '가언' '선행'에서는 치인 지향적인 덕목을 집중적으로 소개하고 있다.

마지막으로 『녀ᄌ 소학 슈신셔』의 경우는 전적으로 여성 일반의 가정 안에서의 예절 교육을 위하여 저술된 특수성 때문에 표면적으로는 상기한 바의 일반적 도식과는 관계 없는 듯이 보인다. 그러나

---

20) 『倫理學敎科書』, 卷3, p. 81.
21) 『倫理學敎科書』, 卷4, pp. 83~84.
22) 『倫理學敎科書』, 卷4, p. 90.

이 교과서도 여전히 '어진 안히' '어진 어머니'로 대표되는 전통적 부덕, 즉 수기적 요소를 핵심적으로 강조하고 있다는 맥락에서 본다면 역시 동일한 도식을 전제하고 있는 것으로 보아도 무방할 것이다.

3) '사회 신분' 관념의 온존

우리나라에서 수천 년 지속되었던 사회 신분 제도는 1894년의 갑오개혁을 통하여 공식적으로 폐지되었다. 그리고 이러한 혁명적 조치는 아래로부터의 농민 운동의 흐름과 위로부터의 개화 운동의 흐름이 1894년의 시점에서 합류되어 이루어진 획기적인 역사적 성과로 평가되기도 한다(愼鏞廈, 2001: 105~58). 그럼에도 불구하고 정부 및 민간 간행 수신 교과서의 내용을 살펴보면, 갑오개혁의 조치가 있은 지 이미 10년 이상이 지난 1907년까지도 여전히 과거 신분 제도의 유제 및 관념이 공개적으로 표명·용인되고 있음을 알 수 있다.

이를 보다 구체적으로 살펴보면, 우선 정부 간행 수신 교과서인 『보통학교 학도용 수신서』의 경우, 1) 제2권 '노복(婢僕)'의 장에서는 "貞童의 父母는 極히 慈悲心이 만혼 사름인 故로 婢僕 三人을 慈愛ᄒᆞ야 子息과 굿치 녁이ᄂᆞᆫ도다. 婢僕도 ᄯᅩᄒᆞᆫ 忠誠으로 主人을 爲ᄒᆞ야 主人의 집을 自己의 집과 굿치 싱각하더라. 〔……〕 婢僕이 賤ᄒᆞᆫ 것이 아니라 可憐ᄒᆞᆫ 者이로다. 이것을 싱각지 아니ᄒᆞ고 婢僕을 苦勞히 홈은 ᄀᆞ쟝 惡ᄒᆞᆫ 일"[23]이라 경계하고 있으며, 2) 제3권 '신분과 의복'의 장에서는 "사름은 能히 自己의 身分을 싱각ᄒᆞ야 身分에 相當ᄒᆞᆫ 衣服을 닙음이 可ᄒᆞ도다"[24]라고 훈계하고 있다. 일견 이러한 주

---

23) 『普通學校學徒用修身書』, 卷2, pp. 38~41.
24) 『普通學校學徒用修身書』, 卷3, pp. 7~8.

장들은 각각 온정주의 및 검약과 안분자족의 교훈을 설파하고 있는 듯하다. 그러나 문제는 이를 통하여 국가가 전통적 신분 제도의 잔재를 청산하는 데 앞장서기는커녕 오히려 이를 적극 용인·조장하는 역설적 결과를 낳고 있다는 점일 것이다.

한편 이러한 사정은 민간 간행 수신 교과서에 있어서도 대체로 대동소이하다. 첫째 『윤리학 교과서』의 경우, 특히 제2권 '친척과밋 주종'의 장에서 1) '비복'을 "大抵 身体意志의 自由를 減殺ᄒ야 不得已ᄒᆫ 情勢로 他의 指揮를 甘受俯從"[25]하는 일종의 피고용인으로서, "主人과 居息을 ᄒᆞ의ᄒ고 其命令을 尊奉ᄒ야 家事에 從事ᄒᄂ 者"[26]로 정의하면서, 2) "從順忠實ᄒᆷ은 婢僕의 本務오 報酬와밋 恩慈로 ᄒᆷ은 主人의 本務"로서, 특히 "主人 된 者ᄂ 婢僕에 對ᄒ야 恒常 愛憐의 情을 垂ᄒ야 適當ᄒᆫ 業務를 課ᄒᄂ 外에 際限업시 此를 驅使虐待ᄒ거나 或은 罵詈强迫ᄒᆷ이 不可"[27]함을 강조하는 가운데, 3) "或은 主人을 代ᄒ야 一縷의 生命을 甘心抛棄ᄒᆷ으로 光榮을 삼ᄂ 者도 有ᄒ며〔……〕此ᄂ 畢竟 恩을 感銘ᄒ고 義에 勇奮ᄒᄂ 我邦人 固有美德에 基因ᄒᆫ 바"[28]로 적극 미화하고 있다.

둘째, 『고등 소학 수신서』에서도 '주인과 노복'의 장을 두어 "主人은 婢僕으로 ᄒ야곰 其使役을 苛酷히 ᄒ거나 過失을 苛責치 勿ᄒ고 恒常 善遇愛護ᄒ야 其職業에 樂從ᄒᆷ을 要ᄒᆯ지며〔……〕婢僕은 主人의 名譽를 尊重히 ᄒ야 誹謗을 絶口ᄒ며 主人의 命令을 順從ᄒ야 服務에 盡力"[29]할 것을 강조하고 있다.

마지막으로 『녀ᄌ 소학 슈신셔』의 경우에도 또한 '하인 부리는

<hr>

25) 『倫理學敎科書』, 卷2, p. 88.

26) 『倫理學敎科書』, 卷2, p. 87.

27) 『倫理學敎科書』, 卷2, pp. 87~89.

28) 『倫理學敎科書』, 卷2, p. 91.

29) 『高等小學修身書』, p. 16.

법'이라는 장을 따로 두면서까지 "하인도 쏘한 사람이라. 무슴 일을 식히든지 맛기고, 거쳐범졀(居處凡節)에 더웁게 입히고 배불리 먹이며, 힘에 겨운 일을 식히고 쑤짓지 말 것이요, 쑤짓지 안이 홀 것을 쑤짓지 말라. [……] 조금 쯧과 굿지 못혼 일이 잇으면 일히와 호랑(虎狼)이 굿이 한독(狠毒)ᄒ여 몽동이로 싸리고 송곳으로 찌르고 칼로 졈이고 불로 지지는 것굿이 ᄒ여 압뒤를 도라보지 안타가 실슈ᄒ여 혹 죽이고 후회ᄒᄂ니라. [……] 하인을 부리되 즈식과 굿이 명령ᄒ며 슌ᄒ게 인도ᄒ여 쥬인이나 하인 사이에 흥샹 화평ᄒ기를 쥬쟝ᄒ며, 하인을 부리되 마음으로 복종케 ᄒ는 것이 뎨일 귀ᄒ니라"[30]고 하여, 이구동성으로 반복 훈계하고 있음을 살펴볼 수 있다.

4) '가부장주의적 여성관'의 재생산

『소학집주』가 기본적으로 지향·전제하였던 가족 질서의 요체는 가장 중심의 '가부장제'라고 할 수 있다. 이는 전통적인 '종자법(宗子法)'에 기반을 둔 것으로서, 결국 가족 안에서의 가장은 사실상 '의제적 군주'로서 가족 성원들을 보호하고 다스릴 수 있는 일차적 책임과 권한을 가진 존재로 군림하는 한편 여타 가족 성원들에게는 이러한 가장의 명령에 절대 복종할 것이 요구되었다. 따라서 가족 성원들 간에는 존비장유(尊卑長幼) 간의 구별과 계서(階序)의 유지가 중시되었고, 또한 '효(孝)'와 '경(敬)'이 최고의 덕목으로 부각되기도 하였다. 결국 이러한 가부장제의 기반 위에서 남녀간에도 성차별 사회화와 함께 상이한 사회적 역할 분담이 정착되었던 것이다. 그리고 이러한 전통적 성 차별과 역할 분담의 양상이 대체로 개

---

30) 『녀즈 소학 슈신셔』, pp. 37~38.

화기 수신 교과서에서도 변함 없이 계승·재생산되고 있음을 발견할 수 있다.

이에 그 내용을 보다 구체적으로 살펴보면, 우선 정부 간행 수신 교과서로는 첫째, 『숙혜기략』의 경우 1) 등장하는 수많은 위인 가운데 여성은 한 명도 없는 점, 2) 여성 교육에 대한 감수성이 전혀 발견되지 않는 측면이 주목된다.

둘째, 『보통학교 학도용 수신서』의 경우에도 1) 제4권 '박애(博愛)'와 '동물 대우(動物待遇)'의 장에서 '나이딩겔'(나이팅게일)이라는 영국 여성의 활약상을 소개한 것 이외에는 여성의 교육과 사회 활동에 대한 관심과 언급을 거의 찾아볼 수 없는 점, 2) 교과서에 수록된 삽화마저도 '모친'이 등장하는 경우 외에는 모두 남성 위주로 그린 사실 등이 지적될 수 있겠다. 결국 이러한 사실을 통하여 당시의 정부 간행 수신 교과서가 전통적인 여성 차별과 사회적 역할 분담의 논리를 암묵적이지만 그러나 매우 강고하게 관철·통용시키고 있었음을 간취할 수 있겠다.

한편 민간 간행 수신 교과서의 경우에도 전체적으로 상기한 바의 경향성을 공유하고 있다. 첫째, 『윤리학 교과서』의 경우 1) 제2권 '부부의 본무' 장에서 "世人이 輒稱호대 女도 男과 同혼 人이니 夫婦는 맛당히 同等의 地位에 立호야 同等의 職權을 行흠이 可하다 하니 此는 甚히 沒理혼 者"라는 전제 하에, "男은 骨格이 强大호야 力役에 能堪홀지나 女는 不然호니라. 男은 推理에 長호고 女는 覺力에 長호며 男은 智力에 富호고 女는 感情에 富호며 男은 進取的 性質이오 女는 保守的 性質이라. 故로 保護 勇敢 勞動은 男子의 職務오 輔佐 謙讓 巽順은 女子의 職務"[31]라고 하여, 전형적으로 남성 중

---

31) 『倫理學敎科書』, 卷2, pp. 63~64.

심의 성 차별 사회화와 역할 분담을 강조하고 있을 뿐만 아니라, 2) 제2권 '형제 자매의 본무' 장에서도 "婦女는 本來 体質이 纖弱하고 精神이 쪼흔 婉柔홈으로써 世에 立ㅎ야 事를 處홈을 當ㅎ야는 반다시 男子를 依賴치 아니치 못홀지니"라 하여 여성을 기본적으로 의타적이고 불완전한 사회적 존재로 상정하는 가운데, 심지어는 형제 자매간에도 "兄弟는 姉妹에 對ㅎ야 特別히 保護의 責을 自任홈이 可ㅎ니라"[32]고 하여 여성을 의당 보호받아야 할 약자로 격하시키고 있다.

둘째, "오륜에 딕ㅎ는 도리를 간략히 써 녀즈로 ㅎ여곰 못된 것은 버리고 조은 것은 취ㅎ는 한 도음이 되기를 깁이 바라"[33]는 목적에서 저술된 『녀즈 소학 슈신셔』의 경우에도 1) 여성의 대표적 덕목으로서 '얌전' '존졀' '례졀' '화평' '참는 것' '용셔' '겸손' 등을 일방적으로 강조하는 데서 나타나는 성 차별 사회화의 시도, 2) '녀즈의 배홀 것'(방적과 침션, 음식 손씨), '안희의 직분' '삼강과 오륜' '어진 안희' '어진 어머니' '손님 딕졉' 등으로 상징되는 제한적이고 소극적인 성 역할의 배분 등의 사례를 일차적으로 거론할 수 있을 것이다.

II. 전통적 지식의 변용

이상에서 살펴본 바대로 우리나라의 개화기 수신 교과서는 전통적 지식, 특히 『소학집주』에서 강조된 전통적 지식, 특히 성리학적 세계관과 윤리 의식의 요체를 나름대로 충실하게 계승·재생산하고 있었음을 확인할 수 있었다. 그러나 당시의 수신 교과서는 여기에 그치지 않고, 이미 달라진 역사적 환경과 시대적 요청에 부응하여

---

32) 『倫理學教科書』, 卷2, pp. 74~75.
33) 『녀즈 소학 슈신셔』, p. 78.

전통적 지식을 변용하거나 새로운 지식을 적극 수용하려는 노력 또한 보여주었다. 대체로 이러한 노력은 민간 간행 수신 교과서를 중심으로 이루어졌는데, 물론 이는 당시 '신구학 절충론'을 표방했던 민간 애국 단체의 교육 구국 운동을 반영했던 것으로 추측된다. 즉 이러한 점은 "傳來 良好흔 遺風을 振起ᄒ고 今日 文明흔 新法을 採用ᄒ야 國利民福을 增進케 ᄒ면 我邦의 隆昌홈이 豈 世界列强에 讓ᄒ리오"[34]라는 주장을 단적으로 함축하고 있는 동도서기론의 발상에서 잘 간취할 수 있겠다.

1) '사회 진화론'의 수용

당시의 수신 교과서, 특히 민간 간행 수신 교과서들은 대체로 당시의 시대 정세 및 사회 변동의 추이를 제국주의의 침략과 약육강식의 시대로 인식하였다. 이러한 인식은 곧 서구에서 유입된 '사회 진화론'의 영향을 받은 것으로서, 특히 사회에 대한 인식과 관련하여서는 '야만 사회'와 '문명 사회' 내지는 '미개국'과 '문명국' 간의 이분법에 대한 수용과 아울러 '문명'과 '진보'에 대한 당위적 선망으로 구체화되기도 하였다.

이에 그 대표적인 사례를 들자면, 첫째 『윤리학 교과서』의 경우 1) 당시의 시대 정세와 관련하여 "國際公法은 不正흔 戰爭을 責罰ᄒ는 權力이 無ᄒ고 다만 國家道義心에 一任홈에 不外흔 者ㅣ니라. 自國의 强大홈을 恃ᄒ야 弱小흔 者를 抑壓ᄒ며 自國의 利益을 爲ᄒ야 他邦의 膨脹홈을 妨害홈은 其擧措의 不正홈이 更言홀 바ㅣ 아니나 世界今日의 實際狀況은 아직 腕力을 全依"[35]함으로써 "今日 國際의 道德이 아직 完全치 못"[36]하다고 인식하는 가운데, 2) 문명 사

---

34) 『中等修身教科書』, 卷2, p. 30.
35) 『倫理學教科書』, 卷4, p. 89.

회의 특징이자 사회의 개선과 진보를 뒷받침하는 문화적 자산으로
서 '박애' '자선' '질서' '덕의(德義)' '예양(禮讓)' '예문(禮文)'과
같은 덕목과 함께 '문학과 예술의 발달' '학교의 건설' '양육원과 고
아원의 설립' '법치의 시행' '소유권과 매매 관행의 확립' '입헌 군
주정체(立憲君主政體)' '거주 · 신체 · 신교(信敎) · 언론 · 저서(著
書) · 집회 · 청원(請願)의 자유' 등과 같은 제도의 확충을 강조하면
서, 3) "社會로 ᄒᆞ여곰 益益히 善良完美ᄒᆞᆫ 域에 進就케"[37] 하는 시
대적 과업을 성취하기 위하여 한국인 각자가 결국 서양 '문명국의
신사(紳士)'가 될 것을 요구하고 있다.[38]

둘째, 『중등 수신 교과서』의 경우에도 1) 당시 국제 질서의 현실
에 대하여 "現今 各國이 〔……〕 妄히 他國을 侵犯ᄒᆞ야 其領土를 占
領ᄒᆞ거나 財寶를 掠奪ᄒᆞᄂᆞᆫ 非義의 行動은 各國의 不許ᄒᆞᄂᆞᆫ 바ㅣ라.
然ᄒᆞ나 互相의 利害와 平衡의 權力으로 由ᄒᆞ야 姑今은 萬國의 平和
를 可望키 難ᄒᆞᆫ즉 各與國間에 戰爭이 無ᄒᆞ기 不能ᄒᆞᆯ지라"[39]거나
"今日 競爭時代에 在ᄒᆞ야 〔……〕 武備를 解흠은 到底 免키 難ᄒᆞᆯ지
니라"[40]고 함으로써 본질적으로 침략과 약육강식의 시대로 인식하
고 있으며, 2) "文明社會가 野蠻社會와 異ᄒᆞᆫ 바"[41]로서 '직업의 분
화' '공익의 신사업' '업무의 정리' '예법의 완비' '자유의 보장' '명
예와 인격의 존중' '재산의 보호' '약속과 계약의 중시'와 같은 사회
제도의 완비 및 '지구(持久)의 정신' '심려(深慮)' '결단' '주밀(綢
密)' '근면' '질서' '절검(節儉)' '협력' '자립' '충실' '천약(踐約)'

---

36) 『倫理學敎科書』, 卷4, p. 95.

37) 『倫理學敎科書』, 卷3, p. 18.

38) 『倫理學敎科書』, 卷3, pp. 103~06.

39) 『中等修身敎科書』, 卷4, pp. 39~40.

40) 『中等修身敎科書』, 卷4, p. 36.

41) 『中等修身敎科書』, 卷2, p. 18.

'공공심' '준법의 정신' '자영(自營)' '동정과 자선' '인류애' 등의
덕목을 강조하고 있다.

2) '사회' 개념의 새로운 대두

이미 기술한 바대로 전통적 유교 사회는 일반적으로 '수신→제
가→치국→'평천하'로 이어지는 학문론의 도식과 자아 실현의 구조
를 중시·유지하였다. 이러한 사실은 곧 조선을 포함한 유교 사회
가 대개 국가와 관계되는 '공적 영역'과 가문으로 대표되는 '사적
영역'을 중심으로 구축되었음을 의미하는 동시에, 주로 농업 사회였
다는 사회·경제적 특성 또한 반영하고 있었다. 바로 이러한 맥락
에서 유교 사회에서는 대체로 '수신·제가'의 사적 영역과 '치국·
평천하'의 공적 영역을 매개하는 완충 지대로서의 '사회'에 대한 감
수성과 아울러 그 제도적 발전의 정도가 상대적으로 매우 미약했다
고 하겠다. 물론 이러한 질서 감각의 유지는 『소학집주』의 경우에도
마찬가지였다.

이에 반하여 개화기 수신 교과서의 경우에는 이미 달라진 역사
적·사회적 조건의 변화를 나름대로 적극 수용하여, 당시 본격적으
로 등장하기 시작한 새로운 사적 영역으로서의 '사회' 영역에 대한
적극적 감수성과 아울러 그 중요성을 발견·강조하고 있다. 이러한
사실은 "吾人의 安寧幸福은 細大를 勿論ᄒ고 總히 社會의 直接 或
은 間接으로 與ᄒᄂ 바 恩惠에 不在홈이 無ᄒ지라. 고로 吾人은 社
會에 對ᄒ야 必盡홀 義務가 有ᄒ"[42]다는 관점이나 "生活을 保全ᄒ
며 精神에 滿足히 홈에ᄂ 必 團體의 集合을 要ᄒᄂ니 此를 卽, 社會
라 謂ᄒᄂ니"[43]와 같은 주장에서 단적으로 잘 드러난다.

---

42) 『倫理學敎科書』, 卷3, p. 8.

이에 그 내용을 보다 구체적으로 살펴보면, 우선 정부 간행 수신 교과서인 『보통학교 학도용 수신서』의 경우 1) "一家一村一鄕의 同居ᄒᆞᄂᆞᆫ 者ᄂᆞᆫ 每事를 合心協力홀 必要가 잇도다"[44]라고 하여 일차적으로 아동들에게 사회 생활에 대한 중요성을 환기시키는 가운데, 2) 사회 생활에 필수적인 덕목으로서 '이웃과의 친목과 부조' '타인에 대한 배려' '예용(禮容)과 예의' '붕우와의 신의와 상애(相愛)' '관대' '정직' '규칙과 공중 도덕의 준수' '타인의 명예에 대한 존중' '공명정대한 경쟁' '자선' 등의 덕목을 강조하고 있다.

한편 이러한 입장은 민간 간행 수신 교과서의 경우에도 대체로 비슷하여, 첫째 『윤리학 교과서』에서도 1) '사회'를 "國家와 直接關係가 無ᄒᆞ며 竝히 一定ᄒᆞᆫ 法律制度下에 不在ᄒᆞ고 다만 生存幸福의 利害를 共享ᄒᆞᄂᆞᆫ 人民間에 存在ᄒᆞᆫ 結合體"로서 "此를 組成ᄒᆞᆫ 人民으로서 其生存幸福의 利害를 共享ᄒᆞᄂᆞᆫ 者"[45]로 정의하는 가운데, 2) 이러한 '사회의 공의(公義)'로서 '생명' '재산' '명예'에 대한 본무를 제시하고 있으며, 3) 나아가 '사회의 공덕(公德)'으로서 '박애' '공익' '예양과 예문'의 미덕을 차례로 강조하고 있다.

둘째, 『중등 수신 교과서』의 경우에도 1) '사회'를 "人人이 其住居ᄒᆞᄂᆞᆫ 地의 接近홈을 因ᄒᆞ야 共同의 利害로써 其結合을 鞏固케 ᄒᆞᄂᆞᆫ 者"[46]로 설명하는 가운데, 2) 이러한 사회 및 단체의 성립과 유지를 위한 '질서' '안녕' '정의(正義)와 공도(公道)를 통한 번영' '공직에서의 공사의 구별' '단체원의 각종 의무'라는 미덕을 제시하고 있으며, 3) '타인에 대ᄒᆞᆫ 도'라는 절을 별도로 두어 '타인의 생

---

43) 『中等修身敎科書』, 卷4, p. 10.
44) 『普通學校學徒用修身書』, 卷4, p. 10.
45) 『倫理學敎科書』, 卷3, p. 1.
46) 『中等修身敎科書』, 卷4, p. 10.

명 · 자유 · 명예 · 재산 · 인격 · 감정에 대한 본무'와 함께 '정직' '약
속과 계약의 이행' '애정' '동정' '인혜(仁惠)' '의협(義俠)' 등의 덕
목들을 차례대로 역설하고 있다.

셋째, 『고등 소학 수신서』에서도 1) "人은 家族의 團體로브터 一
般人人의 社會가 有ㅎ야 各種 便益을 受ㅎᄂ니"[47]라는 인식하에,
2) 사회 생활에 있어서 주의할 덕목으로서 '공동력(共同力)' '공익
에의 기여' '타인의 자유 · 명예 · 신체 · 재산에 대한 존중' '애인(愛
人)' '자선' '공중 도덕의 준수'를 특별히 강조하고 있다.

마지막으로 『초등 수신』의 경우도 대동소이하게 1) '사회'에 대해
서는 "人民의 一團體를 謂홈이니 家族의 社會로부터 諸般의 社會가
成立ㅎ야 各種의 利益이 有ㅎ"[48]는 것으로 설명하면서, 2) 사회 생
활에 긴요한 덕목으로서 '공동력' '공익에의 기여' '타인의 명예 ·
재산에 대한 존중' '애인' '자선' '천약(踐約)' '자성(自省)' '시혜
(施惠)' 등을 제시하고 있다.

3) '평등주의적 직업관'의 지향

마지막으로 개화기 수신 교과서에서 발견할 수 있는 새로운 경향
가운데 하나로서 기존 전통 사회에서의 '사(士) · 농(農) · 공(工) ·
상(商)'이라는 '위계적 · 신분적 직업관'을 부정하고 그 대신 '평등
지향적 · 기능주의적 직업관'을 적극 옹호하고 있다는 점이 주목된
다. 이에 그 내용을 간략히 살펴보면, 우선 정부 간행 수신 교과서
인 『보통학교 학도용 수신서』의 경우 "職業의 種類ᄂ 許多흔지라.
사름은 所好와 所長을 따라셔 職業을 擇홀지니 職業에ᄂ 貴賤과 尊
卑의 差別이 업ᄂ니라. 〔……〕 如何흔 職業에던지 克勤克勉ㅎ야 社

---

47) 『高等小學修身書』, p. 25.
48) 『初等修身』, p. 32.

會에 有益케 ᄒ고 國家에 有利케 ᄒ면 그 사름은 尊敬ᄒᆯ 만ᄒᆫ 사름 이라"[49]고 하여, 상기한 바 평등 지향적 · 기능주의적 직업관을 단적 으로 잘 보여주고 있다.

한편 이와 같은 견해는 민간 간행 수신 교과서의 경우에도 대개 공유하고 있는 바로서, 첫째 『중등 수신 교과서』에서도 "凡, 社會에 各種職業이 有홈은 人의 身體에 耳目口鼻 등 諸官이 有홈과 如ᄒ야 其 各部分에 整備를 必要ᄒᄂ니 〔……〕 大抵 如何ᄒᆫ 職業의 種類 를 勿論ᄒ고 其 正當ᄒᆫ 者로 成ᄒᆯ 境遇에ᄂ 其人의 價格이 毫末도 低落될 바ㅣ 無ᄒ거늘 我國은 舊日習俗을 尙袪치 못ᄒ야 或, 職業 의 高下로써 人의 身分價格이 尊卑의 別이 有ᄒᆫ 쥴로 思ᄒ니, 此ᄂ 孤陋ᄒᆫ 習慣이라. 職業種類를 從ᄒ야 社會의 大小差等은 有ᄒ려니 와 其, 人格에 尊卑의 別이 豈有하리요?"[50]라고 하여, 동일한 관점 을 제시하고 있다.

둘째, 『고등 소학 수신서』의 경우에도 "職業은 一身의 生活을 謀 ᄒ며 社會의 公益을 進케 ᄒᄂ 根本이라. 人이 世에 生홈이 此, 責 任이 旣重한즉 士農工商이 各其, 職務에 專心ᄒ야 其, 進步를 可期 ᄒᆯ지나"[51]라고 함으로써 명백히 위계적 · 신분적 직업관과는 거리를 두고 있음을 보여주고 있다.

마지막으로 『초등 수신』에서도 마찬가지로 "職業은 人의 生活上 에 一日이라도 無치 못ᄒᆯ 者이니 士農工商에 何를 服從ᄒ던지 一次 職業의 方向을 定ᄒᆫ 後에ᄂ 輕率히 變改치 말고 一心으로 勤實ᄒ야 困難을 忍耐ᄒ면 天下萬事에 何를 成치 못ᄒ리오"[52]라고 강조함으

---

49) 『普通學校學徒用修身書』, 卷4, pp. 5~6.
50) 『中等修身敎科書』, 卷2, pp. 1~2.
51) 『高等小學修身書』, p. 53.
52) 『初等修身』, pp. 40~41.

로써 상기한 바 평등 지향적 · 기능주의적 직업관을 분명하게 표명하고 있다.

4. 맺음말

이상의 논의를 통하여 볼 때, 우리나라 개화기의 수신 교과서는 당시 제국주의의 침략과 외세의 위협이라는 심각한 민족적 위기에 직면하여 나름대로 민족 자강과 국권 회복을 위하여 분투한 우리 민족의 고뇌와 지혜의 한 산물로 이해할 수 있을 것이다. 그리고 이는 당시 우리 민족의 잠재적 역량을 배양하고 계발하는 데에 지대한 기여를 함으로써 이후 한국 사회의 발전과 독립 운동의 전개에도 주요한 원동력이자 토대로서 기여하였다고 하겠다.

그럼에도 전체적으로 보아 당시의 수신 교과서들은 결코 간과할 수 없는 심각한 내용적 결함과 모순을 내포하고 있었던 점 또한 부인할 수 없을 것이다. 무엇보다 당시의 수신 교과서와 이를 사상적으로 뒷받침했던 조선의 지성계가 전통에 대한 철저하고도 의미 있는 청산, 이를 기반으로 달라진 역사적 조건에 조응하는 새로운 세계관의 주체적 형성, 이러한 세계관과 정합성을 유지하는 새로운 문물 제도의 구상과 실천이라는 지난하지만 그러나 반드시 성취해야 했던 일련의 작업을 생략한 채, 손쉽게 동도서기론적 발상에 의탁하였던 점을 들 수 있을 것이다. 이는 필연적으로 세계관의 혼란과 근대화의 좌절로 이어질 수밖에 없었고, 결국 자신의 정체성을 유지하면서 외래 문물의 이점을 선택적으로 수용하겠다는 그럴듯한 미명 아래에서 어느덧 서구 문명에 대한 깊은 열패감과 맹목적 추종의 심리 구조는 은밀하게 뿌리를 내리기 시작했던 것이다. 한 수신 교과서가 개탄한 바 "通商以來로 我邦人士가 歐米及日本의 文物을 採取홈에 當ㅎ야 長短을 不問ㅎ고 彼國의 事物로써 모다 善타ㅎ고 東洋及我邦의 事物은 모다 陳腐로 歸ㅎ야 맛춤내 我帝國 固有의 德敎ᄭ지 倂히 此를 放棄코져 홈에 至"[53]하였다는 당시의 역설적 현실은 결코 우연이 아니었다 할 것이다.

참고 문헌

1) 문헌 자료

『經國大典』, 『論語集注』, 『小學集註』, 『太宗實錄』.

韓國學文獻研究所(1977a), 『韓國開化期敎科書叢書 9(修身倫理 篇 I)』, 아세아문화사(『夙惠記略』『初等修身』『中等修身敎科書』『高等小學修身書』『普通學校學徒用修身書』).

――――(1977b), 『韓國開化期敎科書叢書 10(修身倫理 篇 II)』, 아세아문화사(『倫理學敎科書』『初等倫理學敎科書』『녀ᄌ 소학 슈신셔』).

2) 저서 및 논문

노관범(2001), 「19세기 후반 淸道 지역 南人學者의 학문과 『小學』의 대중화: 進溪 朴在馨의 『海東續小學』을 중심으로」, 『韓國學報』 제104집.

서울대학교 교육연구소(1997), 『한국 교육사』, 교육과학사.

愼鏞廈(1982), 『朴殷植의 社會思想研究』, 서울대학교 출판부.

---

53) 『倫理學敎科書』, 卷4, p. 106.

愼鏞廈(2000),『韓國近代社會變動史講義』, 지식산업사.

───(2001),『甲午改革과 獨立協會運動의 社會史』, 서울대학교 출판
  부.

柳永烈(1997),『大韓帝國期의 民族運動』, 일조각.

李萬烈 編(1980),『朴殷植』, 한길사.

李樹健(1995),『嶺南學派의 形成과 展開』, 일조각.

Althusser, L.(1991), 김동수 역,『아미엥에서의 주장』, 솔출판사.

Apple, M. W.(1985), 박부권·이혜영 역,『교육과 이데올로기』, 한길
  사.

Foucault, M.(1994), 오생근 역,『감시와 처벌』, 나남출판.

제2부
근대 지식 수용의 식민지적 구조

지식 운동의 근대성과 식민성
—1920~30년대를 중심으로

박명규

1. 머리말

지식은 지식인의 창조적 실천에 의해 얻어지는 문화적 산물이지만 그러한 산출 과정을 규제하는 틀은 특정한 시대적 상황 속에 존재하는 제도적 틀이다. 따라서 지식의 내용과 그 지식이 산출되는 제도 사이에는 일정한 조응 관계가 있게 마련이다. 근대의 여러 사회 제도는 '근대적'이라고 이름할 만한 지식의 헤게모니를 뒷받침하는 특성을 지닌다. 콩트가 진화론적으로 설정했던 지식의 단계별 발달은 근대로의 이행 과정에서 서구가 경험했던 변화를 일반화한 설명 논리였다고 할 수 있다.

서구에서 기원했던 근대 지식 체계는 19세기 후반 동아시아에도 강력하게 전파되고 수용되었다. 흔히 '서세동점'으로 불리던 서구의 강력한 팽창력은 무력과 경제력에 일차적으로 기인한 것이었지만 그 배후에는 서구 지식 체계의 힘이 자리 잡고 있었다. 이 힘의 위세가 알려지면서 비서구 지식인들 사이에서도 '동도서기(東道西

器)'식의 대응이 모색되었던 것인데, 실제로는 서구 지식 체계의 압도적인 규정력 때문에 '동도'를 유지하는 것 자체도 매우 어려웠던 것이 현실이었다. 오히려 비서구 지식인들 스스로 '동도,' 즉 전통적 지식 형태를 폐기시켜야 할 것으로 치부하고 서구 지식 체계의 수용과 확산을 근대화 기획의 핵심 과제로 설정하는 경우가 더 많았다.

그런데 식민지하에서는 이 과정이 더욱 복잡한 성격을 갖게 된다. 식민지 권력이 근대 지식을 지배의 주요한 지적 자원으로 사용하게 됨으로써 민족주의자들의 근대화 기획과 부딪치지 않을 수 없었기 때문이다. 근대 지식의 주체적 수용을 강조하던 민족주의자들로서는 전통적인 '동도'를 극복하는 문제와 함께 근대를 표방한 식민 지배에 대해서도 저항하지 않을 수 없었다. 하지만 이 두 과제를 동시에 해결해줄 지식 체계를 형성하는 일 자체가 매우 힘든 작업이었을 뿐 아니라 각종 제도적 차원의 주도권을 장악한 식민지 권력에 대항하여 지식 생산의 주도권을 피식민지 민족주의자들이 행사하는 것도 거의 불가능했다. 그 결과 전통적인 '동도'를 고수할 수도 없고, 근대적인 지식 체계의 무조건적 수용만을 강조하기도 어려운 딜레마에 빠지는 경우가 많았다. 채터지는 이를 '모방과 정체성 imitation or identity'의 딜레마라고 불렀는데 식민지 상황에 처한 비서구 지식인들에게 이런 곤경은 보편적이었다고 생각된다(Chatterjjee, 1986: 4).

이 글은 이런 쟁점에 기초하여 1920~30년대 한국에서의 독자적 지식 체계 형성을 위한 노력을 검토해보고자 한다. 이 시기는 한국 사회에서 근대적 의미에서의 '학계'라 할 만한 것들이 만들어지기 시작한 시기였고 다양한 매체를 통해 근대 지식이 분과 학문의 형태로 소개되던 시기였다. 동시에 이 시기는 식민 지배가 문화적 차원에서 제도화하면서 지식 체계의 근대성과 식민성의 문제가 긴밀하게 맞물려 상호 영향을 심화시킨 때이기도 하다. 이런 상황에서 지식의 독자성을 표방하는 움직임이 등장하였던 것인데, 이런 움직임의 내용과 의의를 살펴보는 것이 이 글의 목적이다. 구체적으로는 1920년대의 민립 대학 설립 운동과 1930년대의 조선학 정립 운동을 통해 지식의 근대성과 식민성의 쟁점을 살펴볼 것이다.

2. 지식인 재생산 방식의 위기와 대학 설립 운동

식민지하에서 전통적인 지식 및 지식인 재생산 구조는 현저하게 위축되었다. 전통적으로 교육과 지식 생산의 기능을 담당했던 서원과 향교는 공인된 사회 제도로서의 영향력을 완전히 상실하고 '과거'의 전통과 유물로 전락하였다. 전통적인 유교적 사유 체계는 더 이상 현실을 설명하고 판단하는 '지식'으로서가 아니라 문화적 전통과 습속의 차원에서, 다시 말해 민족적 특수성의 차원에서만 관심 대상이 되었다. 하지만 일제는 이를 대체할 근대적인 교육 기관, 특히 고등 교육 제도의 수립에는 전혀 관심을 갖지 않았다. 제한된 범위에서, 낮은 수준의 교육은 식민 통치를 위해 강조되었지만 독자적인 지식 생산이나 지식인 창출을 위한 계획은 거의 없었다.

I. 전문 교육의 실상과 해외 유학

조선총독부는 강제 병합 1년 후인 1911년 8월 23일 제1차 조선교육령을 발포하였는데 이에 따르면, 식민지 교육 체제는 보통 교육과 실업 교육을 우선적으로 한다고 되어 있었다. 특히 '실과주의' '실학주의적 교육' 등이 강조되었는데 그 의미는 '실업에 관한 색채

가 농후한 농업 · 상업' 등의 과목을 가르치고 실습과 실기를 중시하
는 것이었다(정인경, 1999: 170). 한마디로 식민지 조선에서는 이론
이나 지식 자체보다는 실무에 종사하는 데 필요한 기능만을 가르친
다는 것이었다.

이런 교육 원칙에 따라 1911년 10월 10일에 기존의 성균관, 관립
한성사범학교, 관립 한성외국어학교 등 고등 교육 기관이 문을 닫
게 되었고 경성법학교는 경성전수학교로, 경성의학교는 조선총독부
부속 의학강습소로 격하되었다. 성균관은 매우 오랜 역사를 지닌
최고의 지식인 재생산 기관으로서 갑오 개혁 이후에는 근대 지식의
교육도 담당하는 방향으로 전환하고 있었지만 일제는 최고 학부로
서의 성균관을 폐지하고 석전 · 향사의 일만 담당하는 경학원으로
격하시켜(신해순, 2000: 56~57) 단지 '경학'을 연구하는 특수한 기
구로 전락시키고 말았다. 사립 학교에 대해서는 당분간 기존 체제
를 인정하였으나 1915년 '개정 사립 학교 규칙'을 공포하고 통제를
강화했다. 그리하여 이미 '대학부'를 갖추고 있던 기독교계 학교인
숭실학당, 이화학당, 세브란스 등이 모두 '전문 학교'라는 이름조차
박탈당했다(김기석, 1996: 96). 대신 총독부 권력의 통제하에 있는
관립 학교들은 개편하여 관립 전문 학교 체제를 강화했다. 1916년 4
월 1일 공포된 '전문 학교 관제'에 따르면 법률 · 경제를 다루는 경
성전수학교 · 경성의학전문학교 · 경성공업전문학교 등 3개의 관립
전문 학교를 설립하도록 하였다. 이 시기 전문 학교의 성격을 경성
공업전문학교의 사례를 통해 보면, 목표는 '고등의 학술 기예'를 가
르치고 '조선의 공업 발전에 필요한 기술자 및 경영자'를 양성하는
곳으로 표명됨으로써 일단 실과 위주의 교육과는 구분되었다.[1] 하

---

1) 이하 경성고등공업학교에 관한 내용은 정인경(1999)에 주로 의존하였다.

지만 대학의 교육 목표와는 여전히 차이를 갖는 것으로 단순 실기와 고급한 과학 교육의 중간 수준을 염두에 둔 것이라 하겠다.

이런 상황에서 근대 지식인의 형성은 거의 해외 유학에 의존할 수밖에 없었다. 유학을 통한 변신은 이미 한말의 시점에서부터 시작되고 있었다. 전통적인 주자학적 교육을 받은 지식인들도 대체로 해외 유학을 통해 새로운 면모로 변신하는 경우가 많았다. 1890년대에 주자학적 교육을 받았던 인물 가운데서 예컨대 1888년에 태어난 홍명희는 1906년 이후 동경 유학을 했고 1892년에 출생한 이광수도 한학을 수학한 후 1905년 일진회 유학생으로 일본 유학을 경험하였고 이후 1915년에 다시 와세다대학으로 유학하였다. 1894년생인 백남운 역시 엄격한 주자학 교육을 받았지만 1918년 관비 유학생으로 일본 유학을 하게 되었다. 이들은 각기 전통적인 교육을 받았지만 일본으로의 유학을 통해 근대 지식인으로 변모하였고 이후 지식인으로서의 활동을 활발히 전개했다는 공통된 생활 경로를 보여준다.

1910년 12월 최남선이 중심이 되어 조직된 '광문회'는 "천하 만세에 조선사(朝鮮士)의 진면목과 조선인의 진지재(眞才智)가 영원히 은장(隱藏)하고 매몰(埋沒)하려" 하는 상황에서 "조선 고문명과 세계 학계를 위"한다는 것을 표방하여 만들어진 것으로 1910년대 한국의 양산박, 한국의 아카데미아라고 불리기도 했다(김윤식, 1999: 498~500). 설립 취지에서 조선 고문명과 새로운 지식 체계의 공존과 접합이 강조되고 있지만, 실제로 이곳에서 활동했던 사람들은 대부분 일본 유학을 통해 근대 지식을 수용했던 인물들이었다. 예컨대 송진우·현상윤·최두선·이광수·김성수 등 1920년대의 주요 지식인들이 광문회를 매개로 하여 지적 상호 작용을 확대시켜나갔다. 1910년대 후반에는 일본 유학을 통해 신지식을 습득한 층이

두터워지는데 1917년에 유만겸·이범승·백남훈·신익희·이현규·최두선 등이 동경제대·경도제대·와세다대학 등을 졸업하였다. 1918년에는 김우영·양원모·현상윤·김여제·노준영 등이 정치 경제·법학·사학·사회학·영문학 등의 공부를 마쳤다.

1920년대에는 일본 유학생만이 아니라 소수지만 구미 유학생 집단도 나타났다. 고정휴(1999)가 밝힌 바에 따르면 조선사회사정연구회는 원래 태평양문제연구회 조선 지회를 구성한 인물들이 중심이 되어 조선에 관한 구체적인 실상을 제시할 수 있는 자료의 확보를 위해 구성된 것이었다. 조선 지회에 참여한 인물들의 특징을 보면 김기전과 민흥식을 제외하고는 거의 모두 구미 및 일본 유학을 경험한 자들이었다. 특히 당시로서는 드문 구미 지역 유학생들이 다수 포함되어 있었다. 예컨대 구영숙(미국 에모리 대학), 구자옥(미국 조지 윌리엄 대학), 김활란(미국 보스턴 대학), 노정일(미국 컬럼비아 대학), 백상규(미국 브라운 대학), 신흥우(미국 남가주 대학), 안동원(미국 시카고 대학), 윤치호(미국 밴더빌트 대학), 이관용(스위스 취리히 대학), 조병옥(미국 컬럼비아 대학), 조정환(미국 미시건 대학) 등이 포함되어 있었던 것이다. 또한 이들은 대부분 기독교청년회와 직간접적 관계를 맺고 있었고 이승만을 중심으로 하는 미주의 한인들과 연결되어 있었다.

이런 소수의 해외 유학파 지식인들이 확충되고 있었지만 그것이 독자적인 지식 체계의 형성을 가능케 할 정도는 아니었다. 지식인의 수적 열세보다도 더욱 심각한 것은 유학, 특히 일본 유학을 통한 지식인 재생산 과정이 결국은 식민 모국의 지적 헤게모니 속에 편입될 가능성을 강화시킨다는 점이었다. 1922년 2월 3일자 동아일보 사설의 다음과 같은 내용은 이런 의미에서 적절한 지적이었다고 생각된다.

학(學)의 독립은 민족의 영예와 실지 생활에 극중극대한 관계를 유(有)하나니 정치적 예속은 혹 시대의 변천과 대세의 추이에 의해 면할 수 잇스며 경제적 복종이 역(亦) 동일한 관계를 유(有)하되 정신적 예속과 그 학(學)의 굴복에 지(至)하야는 단(單)히 일시적 굴복에 지(止)하지 아니하며 일시적 복종에 휴(休)하지 아니하고 영구히 기반을 탈(脫)하기 난(難)하며 단(單)히 형식적 표면적 속박에 불과한 것이 아니라 핵심골수에까지 구속을 당하나니 〔……〕

1920년대 민립 대학 설립 운동은 이런 상황 속에서 나타난 것이었다.

Ⅱ. 민립 대학 설립 운동과 그 좌절

고등 교육 기관을 설립하려는 민간의 움직임은 19세기 말부터 보이지만 1905년 이용익에 의해 보성전문학교가 설립된 것이 고등 교육 기관의 효시라 할 만하다. 1906년부터 시작된 국채 보상 운동 주도자인 윤치호·류원표·남궁억·양기탁 등은 모금된 돈을 민립 대학 설립 기금으로 하고자 민립대학기성회를 조직한 바 있다. 1906년 평양 숭실학교에 대학부가 설치되고 1910년 4월 이화학당에, 1915년 경신학교에 각각 '대학부'가 설치되었다. 이것은 미국 북장로교 선교사 배위량W. M. Baird이 지속적 교육을 위해 대학부의 설치를 구상하여 장로교와 감리교 선교부가 공동으로 고등 교육을 실시할 것과 평양에 연합 대학을 설립할 것을 추진한 결과였다(김기석, 2000: 83). 처음의 명칭은 'Pyeng Yang Union Christian College'라고 했으며 실제 당시의 한 신문은 평양 숭실학교 대학부를 '평양대학교'라 지칭하기도 했다(대한매일, 1906년 7월 13일자).

이 대학의 설립 과정에는 평양 주변에서 상당한 모금과 후원금이 답지하였다고 한다.

하지만 식민지로 전락하면서 이들은 고등 교육 기관으로 발전하지 못하고 오히려 실무 교육을 담당하는 곳으로 전락했다. 한국의 지식인들은 독자적인 지식 산출과 지식인 양성을 위한 고등 교육 기관의 필요성을 강하게 느끼게 되었고 3·1 운동 이후 교육 진흥 운동을 벌이게 되었다. 3·1 운동 당시 근대 교육을 받은 학생층이 중심 세력으로 활동하였던 경험은 새로운 교육에 대한 관심을 크게 증대시켰다. 1920년 6월 20일 이상재를 회장으로 하여 '조선교육회'가 출범했는데 조선교육회는 취지서에서 "사회의 완전한 발달은 그 사회를 조직한 각 개인의 원만한 발달"이 전제되어야 한다고 주장하고 교육이야말로 이런 개인의 정신 발달에 가장 중요한 급무라고 강조하였다. 이 단체는 일제에게 공인을 받지 못하였지만 이런 정신은 이후 민립 대학 설립 운동으로 연결되었다. 총독부 역시 억압 일변도의 식민 통치 방식을 다소 완화하여 조선인의 욕구를 일정하게 수용하고자 함으로써 변화의 계기가 만들어졌다.[2] 이런 상황에서 민립 대학의 설립을 강하게 주창한 것은 동아일보였는데 1922년 2월 3일자 동아일보 논설은 이와 관련하여 다음과 같이 말하고 있다.

이제 민중 생활의 실제를 고찰하건대 비록 정치적 자유가 有하고 경제적 독립이 存한다 할지라도 그 學에 在하여 독립을 득치 못할 것

---

2) 조선교육령은 1922년 2월 6일 칙령 제19호로 발표되었는데 "전문 교육은 전문학교령에, 대학 교육과 그 예비 교육은 대학령에 의하며 단 이들 칙령 중 문부 대신의 직무는 조선 총독이 이를 행한다. 전문 학교의 설립과 대학 예과의 교육 자격에 관하여는 조선 총독이 정한 바에 따른다"(12조)고 하여 법적으로 대학 설립의 길을 열어놓았다.

갓흐면 그 實은 一靜一動과 일진일퇴에 自由가 無하고 권위가 無할 것이라. [……] 然則 대학 교육에 대하여 특히 民立大學을 제창하는 소이는 무엇인가. 대개 관립 대학과 민립 대학에 在하여는 그 정신에 자연히 차이가 生하나니 官立에 在하야 관료주의가 발호하고 民立에 在하야 民主主義가 발생하는 것은 日本의 실례가 역력히 증명하는 바며 차 진리의 연구는 自由를 절대의 생명으로 하는 것이라.

여기서 두 가지 점에 주목할 필요가 있다. 첫째, 학문의 굴복은 정치적 예속이나 경제적 복종보다도 더욱 위험한 것이어서 학문의 독립 없는 정치적 자유나 경제적 독립은 충분치 못하다는 사고이다. 정신적 독립과 학문 체계의 독자적 발달을 중시하는 사고는 일견 관념적으로 보일 수도 있지만 적어도 이 시기에서는 매우 현실적인 경험에서 우러나오는 것이었다 하겠다. 현실을 설명하고 판단하는 논리 체계의 독자적 형성이 얼마나 중요한지를 깨닫는 과정이었기 때문이다. 둘째, 관립 대학이 아닌 민립 대학이라는 점을 강조하고 있다는 것이다. 특히 식민지하에서의 관립 대학이 식민성에서 본질적으로 자유로울 수 없다는 점을 지적하였던 것이다. 이 경우 관료주의 비판은 물론 일제의 지배라는 식민 통치를 일차적으로 지칭하는 것이겠지만 기본적으로 재정 지원에 입각하여 운영되는 관립 학교 체제 자체에 대한 문제 제기인 점도 사실이다. 실제로 이 시기 일본에서 제국 대학의 정신에 저항하는 민립 대학의 자유, 비판 정신이 강조되었던 만큼 민립 대학 설립 운동에 이와 같은 정신이 작용하였던 것으로 생각된다.

민립 대학 설립 운동은 1922년 11월 23일 발기인 47명이 남대문 식도원에서 조선민립대학기성준비회를 개최하면서 본격화되었다. 민립대학기성준비회는 조선 전도에 "발기인은 1군(郡)에 2인 이상

5인 이내로 선정"한다는 것을 알렸고 1922년 12월부터 각 지방에서는 발기인을 선정하여 중앙에 명단을 통고하였다.[3] 1923년 3월 29일부터 3일 간 열린 민립대학기성회 창립 총회가 서울을 비롯한 전국 170여 군에서 천 명 이상의 발기인을 선정한 가운데 개최되었다. 전국에서 462명의 발기인이 참석한 가운데 열린 발기 총회에서 제1차 사업으로 400만 원을 모금하여 법학부·경제학부·문학부·이학부를 설립하고, 제2차 사업으로는 이외에 공학부·농학부·의학부를 추가하여 총 7개 학부를 설립할 것을 결의하였다. 이를 통해 1920년대 시점에서 대학의 지식 체계는 법·경제·문학·이학·공·농·의학이라는 영역을 중심으로 이해되고 있었음을 알 수 있다. 특히 법·경제·문학·이학이 우선적으로 고려되었던 것은 정치 경제적 현실에 대한 사회과학적인 인식을 절실하게 필요로 하고 있었음을 반영한다.

하지만 민립 대학 설립 운동은 결국 실패하고 말았다. 그 실패와 관련하여 이명화는 지방부 조직에 참여한 사람들이 당시 중요한 인물·사상·단체 등을 망라하지 않았던 점과 함께 일제의 식민지 분할 통치 정책으로 민립 대학 설립 운동 지도부가 운동에서 이탈하여 일제에 의한 식민 통치 운영으로 포섭되면서 대학 설립의 재정 원이며 기반이라 할 수 있는 지방부 조직이 기성 운동에 전혀 역할을 하지 못하였던 것을 들었다. 이명화의 분석에 따르면 지방부를 주도했던 인물은 대부분 지방의 세력가들이라 할 수 있는 지방 유지·군수·면장 들이었는데, 이들은 1920년대 이후 민족적인 성향보다는 일제 식민 체제에 안주하여 일제의 식민 통치에 호응하는 자들로 대체되었고 식민 통치 방향을 실현하는 매개체 역할을 담당

---

3) 민립 대학 설립 운동과 관련해서는 이명화(1991) 참조.

하였다. 유지·면장 들은 자기 고장의 교육(교육회·육영회 조직), 경제(금융·산림·축산·수리 조합, 농회·지주회 등 간부), 사회(교풍회·양풍회 조직) 등 모든 방면에 참여하여 단체를 주도하고, 특히 학교 설립과 총독부 설립 지방 교육회 참여, 교화 단체에서의 활동 등 이른바 문화 운동에 관여하고 있었다(이명화, 1991). 실제 모금 운동에서도 지방 유지들은 기부금 갹출을 약속했지만 그 약속이 지켜지지는 않았다. 오히려 일제 총독부가 주관하는 보통 학교 기성회나 일선 융화의 교육 사업에 열성으로 기부하는 등, 총독부 주관 사업에 참가함으로써 총독부의 교육 정책에 포섭되었다. 이러한 식민지적 성격으로 말미암아 민립 대학 지방부는 전혀 원래 구상했던 기능을 발휘할 수 없었던 것이다.

일제의 주도하에 설립된 경성제국대학은 바로 이 민립 대학 설립 운동에 대한 일제의 대응 결과였다. 일제가 경성제국대학을 설립한 이유로 장세윤(1992)은 네 가지를 들고 있는데 그 첫째가 조선인의 학술 연구가 '민립' 대학에서 이루어져서는 안 된다는 판단이었다.[4] 이와 함께 식민 통치의 효율성을 보다 강화하기 위한 연구 기반의 설립 필요성, 다시 말해 식민 통치에 필요한 각종 조사나 자문을 보다 체계적이고 신속하게 이루어내는 기반으로서 조선에 관립 대학이 필요했다는 점을 들 수 있다. 셋째로는 일제의 대륙 침략을 주장하던 지식인들의 요구에 부응하기 위한 측면으로서 남만주철도회사가 주도한 만선역사지리조사실 같은 어용적인 지식의 산출을 위해 한국 또는 대련에 대학을 세우자는 일본 내 지식인들의 움직임에 대한 반응이란 측면이 있었고 마지막으로 한국인 친일 인맥을 양성할 의도를 들 수 있다고 분석하였다.

---

4) 경성제국대학 설립과 관련한 내용은 주로 장세윤(1992)에 의존하였다.

경성제국대학은 그 설립 목적을 "국가의 수요에 응하는 학술 기예를 교수함과 동시에 그 온오를 고구함을 목적으로 한다"라고 규정하였다(「제국대학령」 1조). 또 2조는 "총장이 조선 총독의 감독을 받아 경성제국대학 일반의 사무를 장악하고 소속 직원을 통독함"이라고 하여 총독부의 대학 통제권을 확실하게 보장하였다. 예과는 '국민 도덕의 충실'을 교육 목표로 설정하였고 일부 입학 권한에 대해서도 총독이 직접 개입할 수 있었다. 1926년 시업식에서 초대 총장이었던 핫토리는 경성제대의 사명에 대하여 다음과 같이 말하였는데 이는 총독부의 권위주의적 통제와 일본 파시즘의 영향력이 강하게 작용하고 있음을 잘 보여준다.

조선의 연구를 행하고 동양 문화 연구의 권성(權成)이 되는 것이 본 대학의 사명이라 믿고, 능히 이 사명을 수행하는 데는 일본 정신(日本精神)을 원동력으로 하고 일신(日新)의 학술(學術)을 이기(利器)로 하여 나아가지 않으면 안 된다. 〔……〕 오늘날은 국제주의의 시대요, 국가주의의 시대가 아니라고 하는 사람이 있으나, 그것은 심히 잘못된 생각이며 〔……〕 본 대학과 같이 국가(國家)가 설립 유지하고 관리하는 대학에서는 적어도 국가의 기초를 동요시키고 국가 존립을 위태롭게 하는 것과 같은 연구는 허용될 만한 것이 아니다. 또 자유를 허락하는 것은 연구로서 실행해야 한다는 것을 알지 않으면 안 된다.

경성제대는 식민지 조선에서 가장 체계적인 고등 교육 기관이었다. 수업 연한은 3년이었고 졸업 학점은 30단위 내외였다고 한다. 전반적으로 교과목은 다양하고 충실한 짜임을 나타내고 있어서 당대 사학 교육과 비교하여 질적으로 높았다는 평가가 가능하다. 이

는 일제가 민립 대학 설립 운동을 매우 심각하게 인식하였고 식민
지배를 위해 고등 교육 기관의 역할이 매우 중요하다는 점을 깨닫
고 있었음을 말한다고 할 수 있다.

3. 근대 지식 체계에서의 딜레마

I. 실력 양성론과 그 한계

일제가 한국을 식민지로 병탄할 무렵 한국의 지식인들은 대부분
서구 지식의 힘을 인정하고 그 수용과 적용의 필요성을 강조하였
다. 이들은 기본적으로 사회 진화론에 기초한 실력 양성론을 받아
들였다. 즉 한국의 실력은 약하고 서구는 강하다는 실력주의, 일본
이 중국보다 강력해질 수 있었던 이유는 서구 지식의 적극적 수용
때문이었다고 보는 문명 개화론을 공통적으로 수용했다. 식민지로
의 전락조차도 지식의 부족, 민지(民智)의 박약함에서 그 원인을 찾
았고 그 극복의 길은 실력 양성을 위한 전민족적 각성에 있다고 보
았기 때문에 지식인들의 계몽적 역할이 강조되었다. 서북학회 · 기
호흥학회 등 많은 수의 단체들이 근대적 지식의 수용을 표방하고
각종 '학회지' 간행을 통해 계몽을 강조하였던 것은 모두 이런 맥락
에서 나타난 현상이었다.

일제의 식민지가 된 이후에도 실력 양성론은 여전히 지식인의 주
요한 사고 유형이었다. 비록 일제가 식민 지배의 정당성을 실력주
의를 내세워 강변하고 있지만, 실력 양성은 궁극적으로 국권 회복
의 기초가 될 수 있으리라는 믿음이 강하게 존재했다. 동경 유학생
이었던 서춘의 다음과 같은 말은 서구적 지식에 경도되었던 식민지
지식인의 실력론의 모습을 잘 보여준다.

약자가 강자에 병탄되는 것은 생물상의 원칙이다. 〔……〕 개인간
에는 정의, 인도, 자유, 평등을 주장할 수 있어도 나라나 단체의 경
우에는 실력이 없으면 하등의 이익을 얻을 수 없다. 요컨대 우리는
우선 실력 양성에 노력하고 뒤에 정의, 인도를 고창해야 한다.

3·1 운동 이후 식민지 정책이 문화 정책으로 바뀐 후 계몽과 각성
을 중시하는 논리는 새로운 전기를 맞게 되었다. 1920년대의 소위
'문화 운동'은 본질상 계몽 운동적 성격이 강한 것으로 각종 매체나
토론회, 교육 활동 등을 통해 전사회의 각성과 변화를 꾀하려는 것
이었다. 동아일보와 조선일보, 『개벽』 등 신문과 잡지가 강력한 지
적 영향력을 행사할 수 있었던 것도 한말의 계몽 운동과 본질적으
로 유사한 것이었다. 다만 이전 시기와 구별되는 것은 한말의 사회
진화론이 분화되지 않은 '서구 문명'의 형태로 수용되었던 것에 비
해 이 시기의 지적 논의들은 보다 분화되고 구체화된 쟁점들을 중
심으로 이루어졌다는 점과 여러 매체들을 통해 지식인들 상호간에
일정한 토론과 비판이 등장할 수 있었다는 사실이다.
　하지만 식민지 하에서의 실력 양성론은 그 자체로 커다란 딜레마
에 부딪히지 않을 수 없었다. 그 이유는 실력 양성이라는 개인적 차
원의 활동과 식민지 체제라는 제도적·국가적 차원의 틀과의 관계
를 제대로 설정하기가 어려웠기 때문이었다. 교육은 개인적인 발전
을 위한 필수적 요소이지만 교육 체제의 변화나 물적 기반의 확충
에는 총독부의 지원이 불가피한 것이었다. 어떤 내용을 가르치고
산출하는가의 문제 역시 고등 교육 기관의 유형이나 성격에서 자유
로울 수 없었다. 경제 활동 역시 실제 자본의 형성이나 생산 과정에
권력의 도움을 필요로 했다. 산업조사회의가 설치될 무렵 동아일

보, 1921년 6월 10일자의 다음과 같은 기사는 총독부에 대한 이런 양면적 태도를 잘 드러내준다.

현대의 산업은 자유로 발달키 난하고 반드시 정치로 사회로 보호 장려를 요하나니 고로 조선의 산업도 또한 정치로 사회로 보호하여야 〔……〕 금차 총독부에서 설치하는 산업조사회도 조선 산업 문제에 대하여 일종의 기회가 아닌 것이 아니니 〔……〕

이광수가 강조했던 실용주의적 태도는 실력 양성론적 사고가 식민 지배를 용인하는 방식으로 변형될 수 있음을 보여주는 것이었다. 그는 1924년 「민족적 경륜」에서 실력을 양성하기 위해서는 "조선 내에서 허하는 범위 내에서"라도 다양한 활동을 전개해야 한다고 주장하였다. 정치적 결사나 산업적 결사, 교육적 결사의 조직화와 이들의 활동을 위해서는 불가피하게 "조선 내에서 허하는 범위," 다시 말해서 총독부의 권력적 통제와 보호를 수용하지 않을 수 없다는 것이었다. 이런 견해는 결국 자치론으로 연결되었고 이후 거대한 비판에 봉착하게 되었다.

이처럼 식민지하에서 실력 양성을 꾀하고자 할 때 그것은 식민 지배의 정당성을 강화시키면서 유연한 통합을 지향하는 운동으로 변질될 가능성이 농후했다. 그렇지 않을 경우조차도 먼 미래에나 가능한 상상의 국가 공동체를 염두에 둔 사회 활동이란 매우 어려운 일일 수밖에 없었다. 교육과 식산이 특히 강조되었던 1920년대의 사회 분위기는 바로 이 맥락과 닿아 있었다. 이런 딜레마는 곧 민족주의 우파의 공통 딜레마였다고 할 수 있다.

II. 실증주의 과학관과 식민지 지식 체계

1920년대에는 '계몽' 일반의 철학적 논의에서 점차 '과학'적인 연구 영역으로 분화되는 현상이 나타났다. 그에 따라 전문성을 본질로 하는 기능적·실증적 지식인층도 나타나게 되었다.

실증성을 핵심으로 하는 과학관이 강력한 힘을 얻게 된 데에는 경성제국대학의 설립이 중요한 계기가 되었다. 경성제대는 설립과 함께 실증주의적인 정신을 '과학적'인 것으로 파악하는 사고, 순수 학문 곧 아카데미즘은 실증적이어야 한다는 규범을 강조하였다. 일제는 한국 지식인들의 민족주의적 태도를 '비실증적'인 것이라고 비판하였고 과학적이기 위해서는 비판적인 태도를 불식시켜야 한다고 강조했다. 일제 식민 관학의 대표적 인물인 사방박(四方博) 주도하에 경성제대 안에 발족된 조선경제연구소에서 표방한 다음과 같은 말은 이런 논리를 잘 드러내준다.

조선 문제에 대해서는 조선·일본·외국에서도 여러 가지 방법이 제기되고 있지만, 델리키트한 명령론, 히스테리컬한 독단론, 센치멘탈한 희망론에 호소하지 않을 때가 없다. 무엇보다도 먼저 사실을 사실로서 관찰하고 조선의 참된 모습을 아는 것이 '조선 문제' 해결의 제일보다. 우리는 끝까지 사실의 위에, 풍부한 사실의 지식 위에 입각한다. 우리들의 이론은 사실의 관찰을 기초로 하고, 이를 전개하는 위에서만 성립할 수 있다. (이수일, 1996: 19)

위의 인용문에 나타나는 "델리키트한 명령론, 히스테리컬한 독단론, 센치멘탈한 희망론"이란 모두가 과학적 엄밀성을 동반하지 못한 계몽주의적 담론을 비꼬는 것에 다름 아니었다. 대신 '사실'에 근거하는 과학을 내세움으로써 조선에 대한 인식의 우월성을 확보하고자 했다. 백남운은 "세간의 소위 통계적 연구라든지 실증주의 연구라는 것은 본질적 이론이 없이 통계적 숫자의 행렬로서만 과학적 의상을 분식하는" 것에 불과하다고 비판한 바 있지만(방기중, 1992: 110), 역사학과 경제학·사회학 등에서 실증주의적 태도는 매우 강력한 힘을 갖고 있었다. 특히 역사학계의 실증주의적 태도는 동경대 국사학과를 중심으로 형성된 일본적 역사관에 대한 무비판적 대응을 옹호함으로써 결과적으로 식민 사관을 방조하는 혐의를 벗어나지 못하였다. 또한 많은 식민지적 정책들이 '실증적' 연구를 표방하면서 추진·강요되었다.

일제는 조선에서의 식민 통치를 위하여 다양한 조사·연구·학술 활동을 수행하였다. 그 가운데서도 특히 역사 인식과 민속 연구가 핵심을 이루었고 '실증성'을 객관성과 정당성의 근거로 삼았다. 일본 근대의 자기 정체성 확립에 중대한 역할을 하였던 동경제대 국사학과는 일본사를 중심으로 하는 '만선사' 개념을 만들어냈고 식민 지배를 정당화하기 위한 '일선 동조론'을 날조하기도 했지만 방법론적으로는 늘 실증주의를 표방하였다. 총독 직할의 독립 관청으로서 식민 사학의 총본산이었던 조선사편수회는 여러 가지 결과물들을 편찬하였는데 일제가 통치 목적상 유리한 것만을 취사 선택하여 채록한 것으로 적지 않은 왜곡을 담은 것이지만 당시 이용될 수 있는 가장 체계적인 '학술적' 형태를 갖추고 있었다. 1923년에는 '조선사 연구회'라는 학회가 재등실(齋藤實) 총독의 발의로 만들어졌는데 이 학회는 '조선사의 연구와 보급'을 내세우고 정무 총감이 총재를 맡은 총감부 휘하의 관변 기구였다. 같은 해에 '조선박물학회'도 결성되었는데 높은 수준의 장비나 전문 지식 없이도 가능한 분야적 특성 때문에 활발하게 가동될 수 있었던 모임 중의 하나였다.

경성제대가 설립된 후 일제의 관학 체제가 본격적으로 가동되었는데 설립 당시부터 식민지 지배라는 정치적 목적과 불가분의 관계를 지녔던 경성제대는 "일본 정신을 원동력으로 조선 문화를 연구하여 동양 문화 연구의 중심으로 한다"는 것을 표방하였다(이수일, 1996: 16). 동경제대 출신의 근대적 연구자들로 하여금 제국주의적 시각에서 조선 연구를 수행하게 하는 과정에서 학회나 연구 조직들도 나타나게 되었다. 1927년 법문학부 안에 "법률 정치 경제에 관한 제과학의 연구와 조선의 사회 제도 및 사회 사정을 조사"할 목적으로 '경성법학회'가 조직되었고 이듬해에는 역사 · 철학 · 문학 등 인문과학 영역이 추가된 '법문학회'로 확대 개편되었다. 한편 사방박이 주도하여 발족한 '조선경제연구소'는 일본사회정책학회의 영향을 받아 실증주의적 방법론을 금과옥조로 하는 본격적인 관학 체계의 산실이었다. 이 연구소의 과제는 국가, 즉 일본 제국주의가 요구하는 정책의 실현을 위해 필요한 지적 기여를 하는 것이었다. 1930년에는 식민 사학 연구자들을 총망라한 본격적 연구 단체로서 청구학회(靑丘學會)가 설립되었는데 경성제대 교수, 조선사 편수 회원 및 총독부 관리 등 식민 통치 기구의 학자와 관리가 총동원된 당대 최대 규모의 학회로 이후 10년 동안 일제의 식민 사학 학회를 대표하게 된다.

역사학과 함께 일본 판 오리엔탈리즘을 확립하는 데 있어서 민속과 관습에 대한 조사도 매우 중요한 부분을 이루었다. 조선총독부가 주관이 되어 각종 구관 제도 조사(舊慣制度調査)가 이루어졌고, 또 1916년부터 5개년 계획으로 추진된 고적 조사 사업은 식민 사학의 정립 시도와 함께 한국사의 자주적 발전을 부정하는 논리를 뒷받침하는 데 활용되었다. 이런 조사 활동에 관계한 일본인 학자들은 대부분 동경제국대학이나 경도제국대학을 졸업한 자들로 조선의 전통과 민속을 폄하하고 그 정체성을 강조하는 소위 '관학

(官學) 아카데미즘'을 정립하는 데 심혈을 기울였다. 1932년에는 조선민속학회가 만들어졌는데 일제의 식민 정책과 밀접하게 연관된 방식의 민속 조사가 추진되면서 일본 판 오리엔탈리즘의 논리가 전개되는 틀이 되었다. 장철수는 이 시기의 민속 조사 결과를 유형화하여 사회 민속 · 경제 민속 · 의료 민속 · 언어 민속 · 의례 민속 · 연희 민속 · 신앙 민속 · 예술 민속으로 정리한 바 있다(장철수, 1998: 33~42).

일제는 조선 연구의 필요성을 인정하면서도 실증주의 방법론을 견지함으로써 식민 지배에 대한 비판적 지식 체계가 나타나지 않도록 통제하였다. 동경제대 국사학과를 중심으로 하는 관학파 역사학은 조선사 정체론을 '실증적'으로 증명하고자 노력하였고 경성제대 교수들이 중심이 된 '조선경제연구소'에서는 독립에 대한 요구와 민족적 저항을 '실증'의 이름으로 억압하려 했던 것이다. 일본의 관학자들은 "사실을 사실로서 관찰하고 조선의 있는 그대로의 모습을 아는 것이 조선 문제 해결의 제일보"라고 주장하였는데, 이들의 실증주의 강조는 정체성론과 밀접하게 연관되어 있었을 뿐 아니라 현실적으로 제국주의 지배 체제를 옹호하는 이데올로기로 기능했던 것이다(방기중, 1992: 91).

4. 조선학 운동의 의의와 한계

1. 조선 학계의 형성

민립 대학 설립 운동 추진자들이 주장하였던 '학(學)의 독립'은 이루어지지 못하였지만 1930년대에 접어들어서는 조선의 '학계'라고 이름할 만한 공간이 형성되기 시작한다. "1933년 이후 몇 년 간은 학문관과 조선 인식의 방법을 서로 달리하는 각 학문적 조류가 정립되는 한국 근현대 학술사의 발흥기였다"(방기중, 1992: 114). 유학을 통해 근대 지식을 수용한 지식인들이 양적으로 성장한 데다 1924년 경성제대가 설립되면서 학술 활동의 공간이 상대적으로 확장된 것이 조선학의 성립을 촉진시킨 배경이 되었다. 식민 정책학을 강조하는 공식적 공간의 다른 한편에서 이에 대항하는 새로운 학술 영역들을 개척하려는 노력들이 나타나기 시작한 것이다.

1925년에 창립된 '조선사정조사연구회'라는 모임은 아마도 한국 사회에서 '조사 연구'라는 말을 최초로 사용한 단체가 아닐까 생각되는데, 이 단체는 "복잡한 실제 운동을 떠나서 현하 조선의 사회 사정을 과학적으로 조사 연구하여 널리 사회에 소개하며 때로는 그 필요한 재료를 수요자에게 제공코자 함"을 주된 활동 목표로 삼았다(고정휴, 1991: 310). 이를 위해 법제·재정·금융·교육·상업·교통·공업·농업 등의 모든 분야에 대한 학술적인 연구를 진행하였다. 또한 박문규를 비롯한 경성제대 출신의 지식인들도 "실증성·객관성의 추구는 관학 대 반관학이라는 사상 대결에서 그 정당성을 확보하는 필수적 조건이었을 뿐 아니라 당시 조선 사회의 현실 자체가 절실하게 요구하고 있던 바"였다고 보고 실증적 학문의 추구에 진력했다(이수일, 1996: 32). 유진오·이종수 등이 주도하여 1931년에 결성했던 조선사회사정연구소는 그 목적을 표명하는 글에서 다음과 같이 말하였다.

조선의 각 방면에 관한 충분한 자료의 수집은 정히 초미의 급임으로 정치 경제 법률 노동 운동 농민 운동 종교 교육 문화 등 각 부문에 관하야 실증적 통계적 조사를 하며 아울러 내외의 이론을 토구(討究)하야 그 성과를 대중 앞에 제공하고자 한다. (이수일, 1996: 33)

　백남운 역시 실증의 진정한 의미를 다음과 같이 논파하면서 실증의 과학성을 확보하려 했다.

　　세간에는 과학적 이론과 실증주의를 혼동하는 신사 제군이 많다. 그들의 과학은 증거품의 수집을 생명으로 삼고 있지만 조선 사학계에 대해 자칫하면 반역시될 이러한 중대한 사론을 제창하는 필자에게 있어서는 더욱더 그들이 좋아하는 증거품을 제시해야 할 의무감에 묶여 있는 것이다. 그러나 이 증거품은 이미 구염된 전체의 구체성을 추상화시키기 위한 예증이지 결코 이 증거품만을 가지고 비로소 생산 조직의 구체성이 실증되는 것이 아니라는 것을 명백히 단언하여둔다. (방기중, 1992: 108~09)

　경성제국대학의 설립은 제한된 형태이지만 한국의 지식인들에게 고등 교육의 기회를 주었다. 또한 동경제대 또는 경도제대에서 수학·연구한 교수진들에 의해 근대적 대학 교육이 본격적으로 이루어졌다. 국어학자였던 이희승은 경성제국대학에 진학하기 위하여 엄청난 노력을 했고 그 진학의 꿈을 이루었을 때 "뛸 듯이 기뻐했다"고 회고하였다(이희승, 1996). 실제로 조선의 언어와 문학에 대한 연구는 1930년 '조선어문학회'의 창립을 계기로 독립된 학문으로 계통적 출발을 개시하게 된다(최원식, 1999: 374). 김태준·김재철·조윤제·이희승·이재욱 등이 중심이 되어 창립된 이 학회는 실증주의를 기초로 한 본격적 국문학 연구의 출발점이었다. 이들의 연구는 장르사로 전문화되어 여러 권의 연구서들이 1930년대를 통해 출간되었다. 예컨대 김태준의 『조선 한문학사』(1931), 『조선 소설사』(1933), 조윤제의 『조선 시가 사강』(1937), 김재철의 『조선 연극사』(1939) 등의 연구서가 그것이다. 임화는 1930년대 중반 한국 신문학의 통사를 체계화하는 작업을 시작하였다. 1931년에는 장지영·이병기·권덕규·이상춘·신명균·김윤경·최두선 등 당시 사립 학교 교사들이 중심이 되어 조직했던 조선어연구회가 조선어학회로 개칭되면서 이극로·정익섭·최현배 등의 주도하에 조선어 연구를 본격적으로 추진하는 학술적 추진체로 발전하였다(이희승, 1996: 120). 1934년 5월에는 이병도를 중심으로 일본 대학이나 경성제대 출신의 인문과학 연구자들이 모여 진단학회를 창립하였다. 일본인 중심의 조선 연구에 대응하면서 "광범한 의미의 조선 문화 연구를 목적"으로 했다는 이 학회의 발기인은 고유섭·김두헌·김상기·김윤경·김태준·김효경·이병기·이병도·이상백·이선근·이윤재·이은상·이재욱·이희승·문일평·박문규·백낙준·손진태·송석하·신석호·조윤제·최현배·홍순혁 등이었다. 진단학회는 당시 일본 사학계의 실증적인 연구 방법을 적극적으로 수용함으로써 역사 연구의 객관성과 엄밀성을 높이는 데 기여했다.

1926년 일본 마르크스주의 경제학자 삼택녹지조(三宅鹿之助)의 영향 아래 만들어졌던 마르크스주의 연구 서클 '경제연구회'는 박문규·이강국·최용달 등 마르크스주의 지식인의 활동 공간으로 자리 잡았다. 유진오·배상하 등은 이 모임에 힘입어 『신흥』이라는 반관학 학술지를 간행하였는데 그 창간호에서 주장한바, 즉 "확호한 진리-과학적 근거에서 울어나오는 행동의 지표"를 추구하려는 의도를 표방하였다. 여기서 말하는 과학적 근거는 마르크스주의였는데 이들의 활동이 이후 '조선사회사정연구소'의 결성으로 연결되었고 해방 후 조선공산당의 이론진을 이루었던 '성대파'의 모체가 되었다(이수일, 1996: 30). 또한 조선인들의 학술 조직으로 중요한 의미를 가지는 '조선경제학회'가 1933년 6월 9일에 창립되었다. 이것은 경제에 관한 연구와 조사 활동을 목적으로 한 연구 조직으로서, 전문학교 교수, 신문 및 잡지의 경제 평론가 등 27명을 발기인으로 하여 창립되었다(방기중, 1992: 113). 이들에 의해 사회주의적인 반관학의 노력이 적극적으로 추진되었다.

의학부의 경우는, 서양 의학의 수용이라는 면에서 매우 큰 비중을 점하였다. 의학부는 1926년 개설되었고 조선총독부 의원이 1928년에 이 학교 부속 병원으로 이관되었다. 경성의학전문학교에서는 임상 의사를 양성하였고 경성제대 의학부에서는 의학 연구에 주력하는, 진료 · 교육 · 연구가 종합된 기능을 중시하였다. 따라서 해부학 · 생물학 · 약물학 · 병리학 · 미생물학 등 기초 의학 및 각종 의학 교육, 그리고 의학사 · 사회의학 · 의심리학 등이 강의될 정도로 세분화되었다. 그러나 의학 부문에서는 서양식으로 이루어진 세브란스의전과 상당한 경쟁 관계에 있었던 것도 사실이었다. 또 전통적인 한의학이 철저하게 무시 · 해체된 것도 식민지 의학 교육의 한 특성이었다고 할 것이다.

한편 조선공업전문학교에서 과학 기술 교육을 받은 사람들 중 일부는 1930년대 과학 운동에 적극적으로 참여하였다. 요업과 출신인 김용권, 염직과 출신인 현득영, 건축과 출신인 박길룡 등이 그들이다. 김용권은 동문인 이준열 · 최의창 · 김안기 등과 함께 1922년 발명학회 설립을 주도하고 1924년 10월 창립 총회를 개최하였다. 이 학회는 "공업적 지식의 보급과 발명적 정신의 향상"을 목표로 내걸었고 전문 기술자들의 지식을 적극 사회적으로 활용하는 역할을 담당하였다. 이것은 발명이나 과학 기술을 강조하는 전문적인 집단이 형성될 수 있을 만큼 일정한 양적 팽창이 이루어졌음을 말한다. 이들은 1933년 과학지식보급회를 결성하고 과학 운동을 추진하기도 했다. 전민중으로 하여금 '모든 미신적 관념 내지 비과학적 생활에

서 과학적 관념 내지 과학적 생활로'라는 슬로건을 내걸고 매년 과
학 주간을 설정하거나 기념 행사를 벌이기도 했다.

II. 조선학의 정립 시도

이런 학계의 발달과 함께 1933년 후반부터 소위 '조선학 운동'이
전개되었다. 이 운동은 일제의 관학에서 나타나는 조선 멸시의 관
점을 비판하면서 학문에 있어서 특수주의와 보편주의를 결합시켜보
려는 노력의 소산이었다(김경일, 1997). 근대적 사상을 추구하되 그
것이 일제의 논리와 구별될 수 있기 위한 특수한 준거가 절실하게
요구되었고 '조선'이라는 특수성, 그 전통에 대한 관심이 부각되었
던 것이다. 이를 위해 다산 정약용의 사상에 주목하면서 조선의 전
통과 문화적 특수성에 대한 학문적 탐구가 강조되었다.

조선 연구를 표방한 이 학술 운동의 진영에는 다양한 흐름이 공
존했다. 가장 명시적이고 적극적으로 이 운동을 강조한 그룹은 안
재홍 · 정인보 · 문일평 등 비타협적 민족주의자들로 민족적 정체성
을 강조하면서 특수성에 주목하려는 자들이었다. 조선 역사의 다채
로움과 그 정신 문화적 본질을 지적한 이들은 문화주의적인 입장에
서 민족적 과제에 대응하려 한 집단이었다. 최남선의 불함 문화론
이나 단군 사상론, 이광수의 조선 민족성론 등은 과도하게 조선적
특수성에 집착함으로써 조선적인 것을 본질화 · 박제화하는 경향을
띠었다. 마르크스주의자들 가운데서도 비판적 조선학의 필요성을
강조한 사람들이 있었는데 백남운이 대표적이었고 신남철 · 홍명
희 · 김태준 등도 같은 입장을 표명하였다. 이외에도 자연과학 영역
에서 석주명은 '조선적 과학'을 강조한 바 있고 기독교 지식인으로
서 김교신은 '조선적' 기독교를 강조하였다. 문인이었던 김사량도
조선 '신문화'의 짧은 역사를 지적하면서 당시의 현상을 "과거의 전

통을 보다 엄밀히 음미하고 나아가 그것을 정당하게 계승하여 점차 독자적인 조선 문화를 수립하려는 단계"에 있다고 보았다(안우식, 2000: 31). 따라서 언어·문학·역사·민속·철학·종교 등 전반에서 일어나던 '조선학'에 깊은 관심을 보였다.

조선학의 의의나 학문적 성격과 관련하여 안재홍은 "조선의 후진적 특수성을 주체적으로 극복하고 세계 속의 조선을 알기 위한 조선 고유의 문화 특수 경향의 탐구"를 지향한다고 말하였다. 그가 보는 조선적 특수성이란 "남들에게서 통닫이적·몰비판적 모조(模造)를 가져옴을 허치 않는, 유일인 일도성(一度性)의 그리고 또 국제적 연관성에서 귀납된 일원적 다양성의 지역적 적응 형태로서의 독자의 특수성을 가지게 되는 것"이라고 주장하였다(김경일, 1997: 93). 그는 "국제화의 도정이 가속 촉급하리라고 인식하면 할수록 조선적인 또 민족적인 것의 탐구·조성·선양·순화"는 중요하다고 강조하였다. 조선학이 강조하는 바의 조선적인 것의 추구는 문학의 영역에서도 강조되었는데 예컨대 임화는 조선 문학에 대하여 다음과 같이 말한 바 있다.

조선 문학은 우리의 독특한 생의 방법의 소산이다. 사람들은 객관적으로는 같은 세계에 살고 있으면서도 주관적으로는 다른 환경을 체험한다. 이 체험이 소위 '우리들만의 현실'이며 이 현실 속에서 전혀 새로운 인간이 형성되어 그들 인간 속에서 또 새로운 사고 방법이나 독특한 감정의 양식이 태어난다

최원식은 국문학 연구가 하나의 독립된 학으로 계통적 출발을 개시한 것을 '조선어문학회'가 창립된 1930년이었다고 보면서도 이에 앞서 활동했던 '국학파'의 존재에 주목하고 있는데(최원식, 1999:

374) 그가 국학파로 간주하는 인물인 안확 · 신채호 · 정인보 · 문일
평 · 최남선 · 권상로 등은 모두가 조선학과 밀접한 관련을 맺은 자
들이었다. 이들은 모두 실학파의 국학적 경향을 계승하면서 본격적
인 국문학 연구의 출발을 준비한 자들이라 할 수 있다. 전통적 고증
학을 방법론으로 하면서 강렬한 민족주의적 지향을 보이는데, "형
(形)이 멸망한 시대에 형(形)의 회복을 열망하는 표상으로서 혼
(魂)을 강조하는" 지향성을 특징으로 하였다. 1930년 조선어문학회
가 창립될 때에는 김태준 · 김재철 · 조윤제 · 이희승 · 이재욱 등이
중심이 되었는데 최원식에 따르면 이들에 의해 국문학 연구의 과학
화는 한층 진전되었지만 동시에 국학파에게서 보이던 민족주의적
지향은 상당히 약화되었다(최원식, 1999: 377). 하지만 대체로 1930
년대는 열악함 속에서도 국문학사, 각 장르사, 한국 문학사, 현대
문학사의 통사 체계를 수립하는 작업이 이루어지고 한국 문학 유산
의 전체적 윤곽이 잡힌 시기였다.

　이런 조선학의 움직임에 대하여 사회주의 지식인들은 대체로 비
판적이었다. 예컨대 이청원은 조선학에 대하여 '유교 훈화적인, 정
책적인, 반봉건적'인 것이라고 보았다. 운동과 사상 진영에서 좌우
의 대립이 심화되면서 사회주의 진영에서는 민족적인 것에 대한 탐
구 자체를 국수주의와 동일시하는 계급주의적 편향이 나타났는데,
이런 관점에서는 문화주의적인 민족 정체성론이나 조선학 운동 자
체가 모두 부르주아적인 타협론 내지 몰계급적 논의에 불과한 것으
로 치부되었던 것이다. 하지만 일부 마르크스주의자들, 특히 과학
적 분석에 관심을 가진 지식인들 가운데에는 조선학의 의의를 강조
한 자들도 적지 않다. 백남운은 신채호나 최남선에게서 보이는
단군 조선론을 '환상적 단군론'이라고 비판하면서 '관념적 특수 문
화사'의 문제점을 비판하였지만 '외래 사상'에 좌우되는 인식 기반

의 허약성을 극복하기 위해서는 조선학이 '역사 인식의 사상적 근거'에까지 더욱 철저하게 파고들어야 한다고 주장하였다. 백남운의 다음과 같은 시각은 이론과 실제, 보편성과 특수성에 대한 중요한 언급으로 다가온다.

> 인식 이론의 실제 문제는 세계사적 일반성과 개별적 특수성과의 모순 대립을 여하히 해결하느냐 하는 점에 귀착되는 것이며, 특히 민족 급(及) 문화의 특수성에 관한 문제는 역사과학이나 역사적 세계관이 봉착하는 가장 큰 난관처럼 베이는 것이다. 그러나 우리는 특수성에 관한 문제는 일반성의 발전을 통하야서만 해결할 것이고 일반성에 관한 문제는 특수적 현실을 통하야 더욱 충분하게 이해할 수 있으므로 오인에게는 특수성에 대한 난관도 없고 곤란도 없는 것이다. (방기중, 1992: 133에서 재인용)

이 시기 조선학은 한국의 근대 과학적 인식이 어떤 형태로 과학적 엄밀성, 세계사적 보편성, 그리고 민족적 특수성을 결합할 수 있을지에 대한 본격적인 쟁점을 제공한 것이었다고 볼 수 있다. 그것은 한말 이래 사회 진화론의 형태로 수용되면서 무비판적으로 과학과 동일시되었던 실증주의의 한계를 지적함과 동시에 보편성만이 강조됨으로써 또 다른 서구주의의 특성을 드러내던 마르크스주의의 문제도 넘어설 수 있는 기회를 제공하였다. 그러나 배성룡이 1935년의 한 글에서 "전문 이상의 학교 졸업과 취직의 중간에서 많은 청년들이 고통하고 번민함"을 지적하였던 바와 같이(『중앙』 3-4) 이런 지식을 수용한 지식인들의 사회 활동의 영역은 무척 좁고 피폐했다. 게다가 1930년대 중반 이래의 파시즘의 강화는 정신의 황폐화, 파시즘적 예속을 더욱 심화시켰다.

지식인과 정신계에 대한 일제 파시즘의 영향은 한마디로 천황 이데올로기를 정점으로 모든 지적인 자율성을 파괴시키는 것이었다. 이런 파시즘적 정신 통제는 식민지 조선에서 더욱 심했다. 언어와 이름이 억압되었고 정신의 완전한 변조가 강요되었다. 김달수는 그의 장편 소설 『현해탄』에서 일제 말기 지식인이 갈 수 있었던 길은 "고개를 쳐들고 앞으로 나아갈 것이냐, 눈을 감고 절망에 빠져버릴 것이냐, 굽신거리며 타협하고 항복하고 배반할" 것이냐의 세 가지가 있었을 뿐이라고 지적하였다. 해외에 있는 자들은 그 여건이 다소 달랐겠지만 국내에 있는 지식인들에게는 피할 수 없는 상황이었고, 대부분의 지식인들이 변절과 굴절의 길을 걷게 되었다. 이런 좌절의 정신 상태를 김사량은 "도시 인텔리의 습성인 무사안일을 꾀하는 데서 급급했던 태도와 양심의 날개 그 어두운 그림자 밑에서 언제까지나 살그머니 숨어 지내려 하는, 움켜쥐면 금방 부서질 정도로 연약한 유리 구슬과 같은 정신"이라고 표현하였다(안우식, 2000: 20~21). 1936년 제령 16호에 의해 '조선사상범보호령'이 시행되었고 몇 년 후에는 비전향 민족주의자 및 공산주의자에 대하여 '예비구금령'이 시행되었다. '사상보국'이라는 미명하에 지식인들은 굴종의 길을 강요당했던 것이다. 이런 정신적 억압 앞에서 조선학이 독자성을 유지할 가능성은 극히 희박하게 되었다.

5. 결론

전통-근대의 양분법적 사고에 근거한 계몽적 사고로 자신의 정체성을 구축하였던 근대 지식인들은 식민성과 근대성의 중첩에서 기인하는 새로운 상황에 대응하기가 쉽지 않았다. 계몽의 담론이 약속하는 개인적 성취와 사회적 진보의 꿈은 식민지의 현실 속에서 허망하게 부정되었을 뿐 아니라 식민지 권력이 근대성을 전유하는 상황에 부딪혔던 것이다. 이런 상황에서 조선의 과거, 전통의 의미는 무엇이어야 할 것인가를 둘러싼 딜레마를 겪게 되었다. 자신의 존재를 부정하는 외부의 '보편'에 대한 주체적 대응을 강조해야 할 것인가, 아니면 근대의 적극적 수용을 지향할 것인가가 주요한 과제로 대두되었다.

사이드는 제국주의 지배의 본질은 그 지배를 정당한 것으로 인식케 만드는 지식 권력의 효과에 있다고 보았다. 강상중은 식민정책학의 오리엔탈리즘적 특성으로서 일본 이외의 아시아를 '야만'으로 표상하고 그들에 대한 '문명화의 사명'을 정당화하는 이유로 두 가지를 꼽았다. 그는 이를 '고토오와 시라토리의 만남'이라고 표현하기도 했는데(강상중, 1997: 118) 먼저 정체성론·타율성론과 직결되는 '야만'적 시각은 특히 조선에 대한 일본인의 의식의 근간을 이루는 것으로 탈아론적 사고에 입각한 일본인들이 아시아를 바라보는 시각을 가리킨다. 한국인은 변화를 추동할 힘이 없고 나약한 민족성과 나태함이 지배하고 있으며 일본 민족이야말로 이 나태한 조선 민족을 문명화시키는 의무와 능력을 갖춘 존재라는 논리가 식민지 관학 체제에 의해 지속적으로 재생산되고 교육되었다.

이런 점에서 민립 대학 수립 운동이나 '조선학' 정립 운동이 갖는 중요한 의의는 충분히 인정될 수 있다. 그것은 '학의 독립' 없이는 진정한 독립이 불가능하다는 인식 위에서 나타난 운동으로서 지식의 독립을 중요한 과제로 설정한 중요한 활동이었다. 하지만 지식의 생산은 다시 그 자체가 정치나 제도의 독립 없이는 매우 어려운 것이었다. 지식의 독립이란 동도서기론적 절충이나 실력 양성론적 사고를 뛰어넘지 않으면 안 되는 일이었고 또 제도적으로 지식인

양성 기구의 독자성이 확보되어야 하는 일이기도 했다. 따라서 민립 대학 수립 운동이나 조선학 정립 운동이 의도했던 바는 궁극적으로 사회 정치적 탈식민화를 실현한 이후에까지도 여전히 남는 과제가 아닐 수 없다. 조선학 운동은 그 성취를 통해서라기보다는 오히려 그 실패와 좌절의 경험을 통해 여전히 지식 영역에서의 탈식민화 과제의 소중함을 말해주고 있다고 할 것이다.

참고 문헌

1) 자료

『대한매일신보』, 『황성신문』, 『서우』, 동아일보.
『국역 면암집』, 민족문화추진회.

2) 회고록

이희승(1996), 『딸깍바리 선비의 일생: 일석 이희승 회고록』, 창작과비
　　　평사.

3) 저서와 논문

강상중(1997), 이경덕/임성모 옮김, 『오리엔탈리즘을 넘어서』, 이산.
강영주(1999), 『벽초 홍명희 연구』, 창작과비평사.
고정휴(1991), 「태평양문제연구회 조선 지회와 조선사정연구회」, 『역
　　　사와 현실』 6, pp. 282~326.
김경일(1997), 「좌절된 중용: 일제하 지식 형성에서의 보편주의와 특
　　　수주의」, 『사회와 역사』 51, 한국사회사학회, pp. 75~107.
김기석(1996), 「개화기의 신식 고등 교육」, 이기백 편, 『한국사 시민 강

좌』 제18집.

김기석(2000), 「최초의 근대 대학: 숭실대학」, 대학사연구회, 『전환의 시대 대학은 무엇인가』, 한길사.

김용섭(1985), 「황현의 농민 전쟁 수습책」, 『역사와 인간의 대응』, 한울.

김윤식(1999), 『이광수와 그의 시대』(개정 증보판), 솔.

대학사연구회(2000), 『전환의 시대 대학은 무엇인가』, 한길사.

박걸순(1992), 「일제하 일인의 조선사 연구 학회와 역사(고려사) 왜곡」, 『한국 독립 운동사 연구』 제6집, pp. 297~346.

박성래(1998), 「개화기의 과학 수용」, 김영식·김근배 엮음, 『근현대 한국 사회의 과학』, 창작과비평사.

박찬승(1992), 『한국 근대 정치 사상사 연구』, 역사비평사.

박현수(1998), 「일제의 식민지 조사 기구와 조사자」, 『정신 문화 연구』 21권 3호, pp. 3~30.

방기중(1992), 『한국 근현대 사상사 연구』, 역사비평사.

신용하(1987), 『박은식의 사회 사상 연구』, 서울대학교 출판부.

신해순(2000), 「전통 시대 최고학부 성균관의 역사」, 대학사연구회, 『전환의 시대 대학은 무엇인가』, 한길사.

안우식(2000), 『김사량 연구』, 문학과지성사.

유승무(2000), 「처사 신분 집단과 성리학적 민본주의」, 『동양 사회 사상』 제3집, 동양사회사상학회.

이계학(2000), 「대인지학의 교육학적 함의: 전통 교육의 담론 구조로서의 대인지학」, 『정신 문화 연구』 23권 3호.

이명화(1991), 「민립 대학 설립 운동의 배경과 성격」, 『한국 독립 운동사 연구』 5, pp. 23~62.

이성무(1996), 「조선의 성균관과 서원」, 이기백 편, 『한국사 시민 강좌』 제18집.

이수일(1996), 「일제하 박문규의 현실 인식과 경제 사상 연구」, 『역사 문제 연구』 창간호, pp. 13~66.

이우성(1995), 『실시학사산고』, 창작과비평사.

임형택(2000), 『실사구시의 한국학』, 창작과비평사.

장세윤(1992), 「일제의 경성제국대학 설립과 운영」, 『한국 독립 운동사 연구』 제6집, pp. 347~408.

장철수(1998), 「조선총독부 민속 조사 자료의 성격과 내용」, 『정신 문화 연구』 21권 3호, pp. 31~54.

정옥자(1997), 「새로운 지식인상」, 『전통과 현대』 창간호.

정인경(1999), 「경성고등공업학교의 설립과 운영」, 김영식·김근배 엮음, 『근현대 한국 사회의 과학』, 창작과비평사.

정일균(1999), 『다산 경학 사상 연구』, 일지사.

최원식(1999), 『한국 근대 문학을 찾아서』, 인하대학교 출판부.

Chatterjjee, Partha(1986), *Nationalist Thought and the Colonial World*, University of Minnesota Press.

식민지 시기 도일 유학생과 근대 지식의 수용

박찬승

1. 머리말

식민지 시기 해외 유학생은 근대 지식, 다른 말로 표현하면 서구 문화 수용의 매개자였다. 당시 한 유학생은 스스로 "유학생은 문화 수입의 매개자"[1]라고 말하였다. 외국 유학생 가운데 가장 많은 비중을 차지한 것은 물론 일본 유학생이었다. 그리고 일본 유학생 가운데 가장 많은 수를 차지한 것은 '동경 유학생'이었다. 당시 한 유학생은 "동양에 있어서 서양 문화 수입의 근원이 된 동경(東京)의 학술계는 모든 점으로 보아 빈약한 조선 학술계와 사상계에 지도적 역할을 하는 곳으로도 충분히 볼 수가 있는 것"이라 하여,[2] 동경을 동양의 서양 문화 수입 창구로 보고 있었다.

유학생들은 자신들이 조선에 근대 문화를 건설할 선구자의 역할을 해야 한다고 생각하였다. 따라서 그들은 동경에서 서양 문화와

---

1) SC생, 「新渡學生諸君에게(1)」, 『學之光』 20호, 1920. 6, p. 23.
2) 朱泰植, 「學之光의 역사적 사명」, 『學之光』 제29호, 1930. 4.

근대 지식을 섭렵하고 이를 소화하여, 궁극적으로는 조선 사회에서 신문화를 건설하는 데 활용해야 한다고 보았다. 그러나 조선의 현실은 서양이나 일본의 현실과는 너무 달랐다. 당시 유학생들은 "동경은 우리의 공상의 천국이요, 서울은 현실의 지옥이로구려"라고 생각하였다.[3] 서구의 자본주의 근대 사회에서 산출된 각종 지식과 문화는 식민지 조선의 현실과는 너무나 거리가 멀었다. 따라서 이들 유학생은 지식과 현실의 거리에 대해 고민하지 않을 수 없었다. 학생들은 여기서 자신들이 습득한 근대 지식이 우선은 민족의 독립과 해방에 기여하는 것이 되어야 한다고 생각하였다. 결국 그들의 지식 수용의 입장은 학문적 태도보다는 실용적 태도가 강하였던 것이다.

본 논문에서는 1) 식민지 시기 도일 유학생의 학업 태도는 어떠하였는지, 2) 학교 수업, 독서, 강연 등의 그들의 지식 수용의 통로는 어떠하였는지, 3) 결론적으로 그들의 근대 지식, 서구 문화 수용의 입장은 어떠하였는지를 차례로 살펴보기로 한다.[4]

2. 유학생들의 학업 태도 변화

1910년대 유학생들은 한말과는 다소 다른 학업 태도를 보여주고 있었다. 이에 대해 안확(安廓)은 개항 이후의 유학생사를 뒤돌아보면서, 광무 시대의 유학생은 소위 망명객들이 허영심에 가득 차 자

---

3) 안재홍, 「학생 시대의 회고」, 『신동아』 2, 1935. 4, p. 150.

4) 참고로 도일 유학생 숫자의 변화 추이나 민족 운동 참여에 대해서는 박찬승, 「식민지 시기 도일 유학과 유학생의 민족 운동」, 『아시아의 근대화와 대학의 역할』, 한림대 아시아문화연구소, 2000을 참조할 것.

칭 영웅호걸이라 하면서 호언장담이나 늘어놓던 이들이고, 융희 시대의 유학생은 광무 시대 유학생의 영향이 남아 소위 대정치가 혹은 대수완가라 자칭하면서 유학생 단체들의 결속을 방해하였으며 졸업장을 관직에 들어가는 입장표로 삼고 돌아가는 이들이었다고 비판하였다. 하지만 그는 1910년대의 유학생들은 이와는 다르다고 주장하였다. 그는 "학술의 진보는 전자(前者)보다 현(賢)하거니와 그 덕의품행(德義品行)이 실로 괄목상대"할 만하다면서, 그 특징을 1) 영어 공부열이 성하게 일어나 문명의 원천을 찾고, 학술의 진리를 탐구함에 정력을 다하며, 2) 역사를 탐구하여 자기의 장처(長處)를 발휘코자 하여 위인들의 언행 등을 깊이 살피며, 3) 씀씀이를 검소히하여 고학생을 지원하기도 하며, 단체를 만들고 협동을 도모하여 상호 구조하는 미풍이 만들어졌다는 등으로 들었다.[5]

필자 미상의 「일본 유학생사」라는 글은 일본 유학사를 크게 세 시기로 나누어보고 있다. 제1기에 해당하는 광무 8년 이전의 유학생들은 마치 우물 안의 개구리가 갑자기 세상에 나온 것과 같아 본국 역사를 알지 못하여 자신이 없는 가운데 외국 문명에 미혹하여 안으로는 자비심(自卑心)이 있고 밖으로는 외구심(畏懼心)이 있어 이들이 권력을 잡자 안으로는 미개한 인민을 압박하고 밖으로는 두려운 마음이 있어 때리면 맞고 달라면 주었다고 비판하였다. 그러면서도 그들은 풍월에 '자유'라는 말은 들어 입만 열면 자유를 외워 부모도 불경하고 장유(長幼)도 분간치 아니하니 퇴륜패도(頹倫敗道)의 행동이 많았고, 주관적 학업에 대해서는 조금도 힘쓰지 않고 속히 귀국하여 관직을 얻는 일에만 관심이 있었을 뿐이라고 비판하였다. 제2기에 해당하는 러일 전쟁 이후에는 유학생들의 사조에 상

---

5) 안확, 「今日留學生은 何如」, 『학지광』 4호, pp. 12~14.

당한 변화가 있어 사업심도 있고, 자신력도 생겨서 면학의 분위기도 조금 일어났다고 보았다. 하지만 내면을 들여다보면 5학회가 일어나 교육을 진흥코자 하는 바람에 허영심이 일어나고 공연히 분쟁만을 야기하였다고 비판하였다. 제3기에 해당하는 1910년대의 유학생 사조는 이전과는 매우 달라졌다고 이 글은 주장하였다. 즉 우선 실력주의로 열심히 공부하는 자가 많고, 또 진실한 정신을 수양하는 분위기가 유행할 뿐만 아니라 상부상조하는 뜻을 숭상하고 있다고 지적하였다. 하지만 다른 한편으로는 소설과 철학에 취미를 가진 이들이 많아 문약(文弱)에 흐르는 폐단이 있는데, 이는 학리(學理)를 깊이 연구함과 시세의 영향으로 일어난 것으로도 볼 수 있으나, 일본의 사조(思潮)에 동화된 것으로 보아야 할 것이라고 지적하였다.[6]

검산촌인(檢山村人)이라는 필명이 쓴 「오제(吾儕)의 장래 문제」라는 글도 일본 유학생사를 어학주의(語學主義) 시대, 부동주의(浮動主義) 시대, 실력주의(實力主義) 시대, 귀일주의(歸一主義)의 4기로 나누어 설명하였다. 이 글은 어학주의 시대에 유학생들은 어학을 주(主)로 삼고 문명은 종(從)으로 삼아 어학보다 중요한 문명의 수입을 놓쳤으며, 부동주의 시대에는 영웅호걸이라 자처하는 이들이 문명의 진수는 알지 못하고 물질 문명에 눈이 멀어 방향을 잃고 허영심에만 빠져 있다가 귀국하여서는 아무런 일도 하지 못하는 경향을 보였다고 비판하였다. 그러나 1910년 이후에는 실력주의 시대에 들어와 제반 학술 지식에 관한 내용을 연구하여 정치·법률·농학·상공학 기타 학문을 공부하니 유학생들은 장차 조선에서 문명 개발의 동량들이 될 것이라고 기대감을 표시하였다. 이 글은 앞

---

6) 필자 미상, 「日本留學生史」, 『학지광』 6호, pp. 15~16.

으로의 시대는 귀일주의 시대가 되어야 한다면서 민족의 심리상 통일을 기하고 국민 교육을 위해 매진하는 방향으로 유학생들의 사조가 귀일되어야 할 것을 기대하였다.[7] 『학지광』의 편집인도 1910년대 후반 유학생들의 사조를 "호언장담이 없어지고 근대 과학적 정신이 발흥"하고 있으며, "개개 분리가 없어지고 통일적 사상이 발흥"하고 있다고 설명하였다.[8]

이는 당시 일본 학생층의 동향과도 일치하는 것이었다. 일본 학생들도 명치기에서 대정기로 들어오면서 영웅형(英雄型)에서 범인형(凡人型)으로 바뀌고 있었고, 이는 다른 한편에서는 근대적인 인텔리겐치아의 출현을 의미하는 것이기도 했다. 이는 명치기의 대학생들이 주로 구 무사의 자제, 부유한 호농층의 자제가 압도적으로 많았던 것에 비해서 대정기의 대학생들 가운데에는 도시의 상업가, 지식층의 자제들의 비중이 크게 늘어난 것과도 관련이 있었다.[9] 1910년대 이후 일본에 건너간 조선인 유학생들도 대한제국기의 양반 관료층 자제들의 관비 유학생, 황실 유학생과는 신분상이나 경제적으로 많은 차이가 있었을 것이다.

1910년대 한 유학생은 인류간의 치열한 생존 경쟁에서는 지력(智力)이 승패를 좌우하게 될 것이라면서 "옛날의 역사는 인류 생존 경쟁에 우승 열패를 증명하나니 언제든지 우자(優者)는 지자(知者)요, 열자(劣者)는 무지자(無知者)가 될 것이며, 지자(知者)가 강자요, 무지자(無知者)는 약자(弱者)가 될 뿐"이라고 지적하였다. 그는 "금일 20세기 인류의 생존 경쟁은 강렬한 도(度)도 높고, 무대도 넓다. 경쟁의 목적물은 주점(主點)이 경제적 이익이오, 경쟁의 수단

---

7) 檜山村人, 「吾儕의 將來問題」, 『학지광』 6호, pp. 32~34.
8) 편집인, 「留學生의 成績을 드러 父兄의게 告하노라」, 『학지광』 10호, pp. 6~10.
9) 唐澤富太郎, 『學生の歷史』, 創文社, 1955, pp. 160~63.

은 유일 지식(知識)이라, 금고(今古)를 물론하고 지식이 생존 경쟁의 우승 열패를 지배하며 좌우함은 다시 논술할 것이 없을 것"이라고 말하였다. 즉 생존 경쟁, 우승 열패의 세계에서 승자가 되기 위해서는 지식을 가진 강자가 되어야 한다는 것, 이것이 1910년대부터 1920년대 초까지 유학생들의 생각이었다.[10] 즉 근대 지식은 실력 양성의 무기로서 의미가 있었던 것이다.

그러나 1920년대 중반 이후 유학생들의 생각은 크게 달라졌다. 그들의 교육과 지식에 대한 생각이 크게 달라진 것이다. 그것은 마르크시즘의 수용에 따른 것이었다. 한 유학생은 다음과 같이 말하였다.

자본가 계급의 조직적 착취, 기성학자의 의식적 반동, 무산자 계급의 극도의 실업과 유리가 모든 사회적 결함이 사회상의 호재료이며, 이 같은 호재료의 모순적 현상을 진화시키며, 전화시키며, 미화시키자는 양심을 속이지 않은 곳에 학문을 연구할 가치와 학문의 진리가 포함되어 있다.[11]

자본주의의 모순을 연구하는 데에 학문의 가치와 진리가 있다는 것이었다. 생존 경쟁에서 승자가 되기 위해 지식을 얻어야 된다는 데에서, 이제는 자본주의의 모순을 파헤치기 위해 지식이 필요하다는 주장으로 바뀐 것이다.

또 다른 학생은 아예 학교와 학교 교육 자체를 다음과 같이 비판한다. 즉 "현대 부르조아 사회에 있어서의 교육 기관은 철두철미 지배 계급인 부르조아지의 사상적 지배 기관임에 그 존재 의의를 가

---

10) 金孝錫, 「나의 경애하는 유학생 여러분의게」, 『학지광』 10호, pp. 10~11.
11) 朱泰植, 앞의 글.

지고 있다"는 것이다. 그럼에도 불구하고 '교육은 신성하다'는 말을 하는 것은 "부르조아지 대변자의 난광적(亂狂的) 절규(絶叫)"에 지나지 않는다는 주장이었다.[12]

학교가 부르주아지의 사상적 지배 기관이라고 한다면 학생들은 어떻게 해야 할 것인가. 이에 대해 그들은 다음과 같이 답한다.

> 우리 학생층은 어떠한 태도로 나아갈 것인가. 학생은 학생층으로서의 역사적 임무가 있을 것이다. 부르조아 학교 내에 있어서 日日의 學課를 암송하는 것이 우리 학생의 현재에 있어서의 임무가 아니다. 유산자 사회과학을 신흥 과학의 무기로 철저히 비판하는 동시에 나아가서는 직접 사회 운동에까지 나아가지 않으면 안 된다. 우리의 무기는 어디까지든지 신흥 과학이다. 이 과학으로써만 조선의 현실을 정당하게 파악할 수 있는 것이며 자기 자신의 역사적 임무를 깨달을 수 있는 것이다.[13]

즉 학교 교육을 암송할 것이 아니라, 신흥 과학으로써 유산자 사회과학을 비판하는 것이 학생들에게 주어진 일이라는 것이다. 그리고 더 나아가서는 직접 사회 운동에까지 나아가야 한다고 이 글은 주장하였다. 이러한 논리를 정리한 것이 아래의 글이다.

> 자본주의 자체의 모순의 격렬화는 곧 사회적 불안을 심각하게 하며, 그는 국내적으로는 항구적 공황, 실업의 심화, 산업적 예비군의 격증, 지배 및 독점에의 경향, 대금융 자본의 독재, 과두 재벌의 정

---

12) 一波, 「사회과학과 학생층」, 『신흥과학』 제2권 제1호, 1929. 7, p. 15.

13) 鄭致彦, 「학생과 현실 문제」, 『신흥과학』 제2권 제1호, 1929. 7, p. 58. 이 글의 집필 시기는 1928년 6월 5일이다.

치적 지배, 프롤레타리아트의 ○○○○적 변혁을 위한 생사적 투쟁, 농민의 극도의 빈궁화 및 농촌의 사회화에의 경향, 국제적으로는 전쟁의 위기, 식민지 및 반식민지의 반제국주의적 해방 운동, 소비에트 러시아의 사회주의적 건설의 노력, 국제적 백색 테로의 블록 결성의 제경향 등등의 일 연쇄적 모순의 사회 현상은 학생층으로 하여금 그 예민한 감성으로 하여금 현실 사회에 대한 관심을 일으키게 하지 않고는 안 되는 것이다. 따라서 학생층은 이러한 사회적 제모순 현상의 구명을 욕망하며 그 구명욕을 만족케 하는 것이 결코 그들의 일상 배우는 부르조아지 어용 교수의 학문이 아니고 그는 실로 사회과학으로서의 맑스주의이며, 레닌주의인 것을 그들은 예민하게 인식하게 되며 그를 파악하게 되는 것이다. 여기에 학생층의 사회과학에 대한 관심의 사회적 근거가 있으며 이 학생층의 사회과학 운동이 따라 그 실천 과정에 있어 그 역사적 필연성에 있어 자본주의 사회의 전면적 계급 투쟁에 즉 프롤레타리아트 해방 운동에 이론적으로 실천적으로 합류되는 곳에 사회적 의의가 극히 중요성을 띰으로써 존재하지 않으면 안 될 것이다.[14]

이들에게 학교와 학교 교육은 더 이상 지식 수용의 통로로서의 의미를 갖지 못하게 되었다. 자본주의 사회의 모순을 분석하는 무기로서, 그리고 계급 운동의 무기로서의 마르크스주의의 학습만이 그들에게는 지식 수용의 의미가 있는 것이었다. 하지만 당시 유학생들 모두가 이들과 같은 생각은 아니었다. 아직도 많은 수의 학생들은 1910년대 초반까지의 학생들이 가졌던 생각, 즉 생존 경쟁의 세상에서 승자가 되기 위해서는 실력을 길러야 한다는 것, 그리고

---

14) 一波, 「사회과학과 학생층」, 『신흥과학』 제2권 제1호, 1929. 7, p. 18.

그 실력은 지식을 쌓는 데 있다는 생각을 여전히 갖고 있었다.

3. 근대 지식 수용의 통로

I. 학교 교육과 전공

유학생들의 지식 수용 과정에서 가장 중요한 것은 역시 학교 수업이었을 것이다. 따라서 그들이 어떤 과목을 배웠는가 하는 문제가 매우 중요하다. 위에서 본 것처럼 유학생은 대학 혹은 전문 학교 학생만이 아니라 중학교·고등학교 등 중등 학교 학생도 많았다. 이를 당시 일본의 교육 제도의 변천과 관련하여 살펴보기로 한다.[15]

중학교에 대해 살펴보면, 1886년 4월 '중학교령'이 공포되었는데, 이때는 중학교를 심상 중학교와 고등 중학교로 나누어 전자를 소학교 교육을 완성하는 보통 교육 기관으로, 후자를 전문 교육 및 대학 예비 교육 기관으로 하였다. 심상 중학교의 교과로는 윤리·국어 및 한문·제1외국어·제2외국어·농업·지리·역사·수학·박물·물리·화학·습자·도화·창가·체조 등이 있었으며, 제2외국어와 농업 대신 상업과 공업을 두는 경우도 있었다. 고등 중학교는 대학 예과로의 예비 교육 및 법·의·공·문·리·농업·상업의 전문 교육을 행하려고 설치되었는데, 대학 예과의 성격이 농후하였다.

중학교령은 1899년 개정되고, 또 새로이 '실업학교령'과 '고등여학교령'이 제정 공포되었다. 중학교는 고등 보통 교육 기관으로서 국어 및 한문·외국어·수학·박물·물리 및 화학·법제·경제 등

---

15) 이하 일본 교육 제도의 변화에 대해서는 다음의 책을 참조. 石川松太郎, 『日本教育史』, 玉川大學出版部, 1987.

을 가르쳤다. 반면 고등 여학교도 역시 고등 보통 교육 기관이었지만, 박물·물리 및 화학·외국어는 교양 수준으로 가르치기 위해 수업 시간을 줄였다. 대신 가사·재봉·음악에 많은 시간을 할애하였다. 즉 현모양처 교육 기관이었던 것이다. 실업 학교는 공업·농업·상업 등 수업 연한 3년 과정으로서, 공업은 고등 소학교 졸업을 입학 자격으로 하였고, 농업·상업은 심상 소학교 졸업을 입학 자격으로 하였다. 교육 내용은 독서산(讀書算)을 기본으로 하고 실업 과목을 가르치는 것으로 중등 교육이라고 보기 어려웠다.

고등 중학교는 1894년 '고등학교령'의 공포에 의해 새로이 고등학교로 개편되었다. 고등학교는 전문 학과를 가르쳤으며, 제국 대학 입학 지망자를 위한 예비 교육을 행하는 곳이었다. 고등학교에는 법학부·의학부·공학부를 두고 대학 예과를 설치하였는데, 대학 예과는 뒤에 전문 학교로 개편되었다. 1918년에는 '고등학교령'이 개정 공포되어 심상과 4년, 고등과 3년의 7년제로 하고, 학과는 문과와 이과로 대별하였다. 고등학교의 제국 대학 예과로서의 성격이 계속되었다. 1910년대 고등학교는 전국적으로 8개밖에 없었다.

대학의 경우 동경대학은 1877년 개교하였다. 동경대학은 법학·이학·문학의 3학부와 의학부로 출발하였으며(뒤에 공학부 추가), 예비 학교를 부설하여 이를 졸업하는 학생들에게 법·이·문학부 입학 자격을 주었다. 1873년 문부성은 '학제'에 전문 학교 규정을 추가하여 1870년대 후반 전문 학교가 크게 증가하였다. 1884년에는 관립 4, 공립 49, 사립 50개교였으며, 의학·수학·법학·농업·상업 등의 학과가 있었으며, 특히 의학이 많았다.

1886년에는 '제국대학령'이 공포되었다. 제국 대학은 '국가의 수요에 응하는 학술 기예를 교수하고 그 온오를 고구한다'는 목적하에 창설되었다. 따라서 제국 대학은 교육 기관 외에도 연구 기관으로서의 기능을 함께 갖게 되었으며, 국가주의적 성격을 명확히하고 있었다. 제국 대학은 법과·의과·공과·문과·이과의 각 분과 대학과 대학원으로 구성되었고, 1890년 농과를 추가하였다. 법과 대학 학장은 총장을 겸무하였으며, 졸업생은 사법관 임용에서 특권을 부여받는 등 독점적인 관료 공급 기관이 되었다.

제국 대학은 1897년 경도제국대학, 1907년 동북제국대학, 1911년 구주제국대학이 신설되었다. 1903년에는 '전문학교령'이 공포되어 법규상의 보장을 확실히 하였는데, 의학·법률·경제·상과가 많았다. 1918년에는 '대학령'이 공포되어 종래의 분과 대학 제도를 폐지하고 학부를 주체로 하여 종합 대학을 만드는 것을 원칙으로 하였다. 이와 함께 1학부만의 단과 대학도 허가하여 의학·공업·상업 등의 전문 대학 승격의 길을 열었다. 수업 연한은 3년(의학부만 4년 이상)으로 하고, 2년 내지 3년의 대학 예과를 병설하도록 하였다. 그 결과 많은 전문 대학이 대학으로 승격되거나 신설되었다.

참고로 1910년에서 1940년 사이의 고등학교 이상의 학교 숫자는 〈표-1〉과 같다.

〈표-1〉　　　　　고등학교 이상 학교의 양적 변화

	대학	고등학교	전문 학교	실업 전문 학교	고등 사범교 기타 중등 교원 양성소	사범 학교
1910년	3	8	60	17	8	80
1920년	16	15	74	27	9	94
1930년	46	32	111	51	24	105
1940년	46	32	121	73	12	103

자료: 石川松太郎, 『日本敎育史』, 玉川大學出版部, 1987, p. 200.

이상의 학교 개편과 관련하여 중등 학교에 유학한 학생들의 경우, 어떤 과목을 배웠을 것인가를 대체로 짐작할 수 있다. 중등 학교의 경우 국어 및 한문·외국어·수학·박물·물리 및 화학·법제·경제 등을 주로 배웠는데, 이는 보통 교육의 완성, 또는 대학 진학을 위한 예비 수업으로서의 의미를 지닌 것이었다.

그러면 대학에 진학한 이들은 어떤 교육을 받았을까. 이는 그들의 전공과 관련이 있을 것이다. 이제 유학생들이 대학(전문 학교 포함)에서 어떤 전공들을 이수했는지 살펴보자.

1910년대의 경우, 전문 학교 이상 재학생들의 전공 분야는 〈표-2〉에서 보듯이 법정·경제·사회과 전공에 집중되어 있고, 이공계나 농림계의 전공은 극히 적었다. 전공에서의 법경 제일주의는 그들의 관료 지향적인 성격, 또는 정치 지향적인 성격이 여전히 강하였음을 보여주는 것이다.

〈표-2〉　　　　　　　1910년대 유학생의 전공 상황

이수 학과	학생 수	%
법정·경제·사회과	308	68.0
상과	31	6.8
문과	39	8.6
사범과	14	3.2
예술과	6	1.3
이공과	15	3.3
농림과	7	1.5
의과	33	7.3
계	453	100

자료: 『재일본 조선 학생 상황』(1920), pp. 16~17.

한편 1930년 고등 교육 기관에 재학 중인 학생의 전공을 〈표-3〉에서 살펴보면 법학이 30.7%, 경제학이 13.3%, 상학이 9.9%, 문학이 19.9%, 이공학이 6.3%, 농림 · 수산학이 6.8%, 의 · 약학이 4.7%, 사범계가 4.4%, 예술이 2.6%, 가정이 1.4%였다.[16] 법학 · 경제학 · 상학 · 문학의 비율이 높은 것은 여전하였다. 다만 이공학과 의학 등의 비율이 다소 높아졌다고 할 수 있다.

〈표-3〉　　　　　　　　1930년 유학생의 전공 상황

전공 분야	학생 수	%
법학	667	30.7
경제학	290	13.3
상학	215	9.9
문학	433	19.9
이공학	138	6.3
농림 · 수산학	148	6.8
의 · 약학	103	4.7
사범	95	4.4
예술	56	2.6
가정	30	1.4
계	2,175	100.0

자료 : 조선교육회 장학부, 『재일본 조선 학생 상황조』.

1930년대를 1910년대의 상황과 비교해보면 법학과 경제학 전공자의 비중은 상대적으로 많이 줄어든 모습을 보이고 있다. 반면에 이공학 · 농림수산학 · 의약학 · 사범계 등의 전공 비중은 다소간 늘어난 모습을 보여주고 있다. 그만큼 관료 내지 정치 지향적인 성향

---

16) 조선교육회 장학부, 『재일본 조선 학생 상황조』, 1930년 판.

이 약화되고, 실용적인 학문에 대한 관심이 높아졌다는 표시일 것이다.

도일 유학생들의 전공을 도미 유학생들과 비교해보자. 1925년 현재 도미 유학생 가운데 대학생의 전공 상황을 보면 다음 〈표-4〉와 같다. 이에 따르면 도미 유학생들의 전공 가운데에는 의학·교육학·신학·상과·경제학·공학 등이 많았음을 알 수 있다. 도미 유학생들의 전공이 이같이 나타난 것은 1) 그들이 선교사들의 도움을 받아 유학하면서, 학교나 병원 등에서 일할 것을 약속한 경우가 많았다는 것, 2) 미국 사회의 실용주의적인 학풍 등에 영향을 받았다는 것 등을 그 배경으로 들 수 있을 것이다.

〈표-4〉　　　　　도미 유학생의 전공 상황(1924년까지)

학과	의학	교육	상과	신학	경제	공학	문과	화학	직조	미술	정치	영어	농과	생물
人數	17	16	13	13	11	11	9	7	5	5	4	4	4	3
학과	역사	역사	철학	사회	음악	수학	법학	천문	심리	체육	가정	군사	중학	총계
人數	3	3	3	3	3	2	1	1	1	1	1	1	21	163

자료: 『우라키』 1호, p. 160.
비고: 이 가운데에는 조사하지 못한 이가 상당수 있었다고 한다.

한편 일본의 각 대학을 졸업한 이들 가운데 일부는 귀국 후 학문의 길을 걸어갔다. 그리고 그들은 결과적으로 각 분과별로 한국의 근대 학문을 개창한 이들이 되었다. 인문학 분야의 문학·철학·사학, 사회과학 분야의 정치학·경제학·사회학이 그러하였다. 그 밖에 자연과학·공학·의학 분야도 대부분 마찬가지였다. 그외에도 언론계·교육계 등에서 종사하면서 해당 분야의 개척자가 된 이들도 많았다.

와세다대학의 인문 사회 분야의 전공자 가운데 학계·교육계·

언론계 · 문화계 · 정계 등에서 활동한 이들만을 들어보면 다음과
같다(괄호 안은 전공 분야, 졸업 연도).

安在鴻(專政, 1914), 金性洙(大政, 1914), 申錫雨(專政, 1915), 鮮
于全(大商, 1915), 金綴洙(專政, 1916), 張德洙(大政, 1916), 白南薰
(大政, 1917), 金良洙(大政, 1917), 申翼熙(大政, 1917), 崔斗善(大
哲, 1917), 金明植(專政, 1918), 梁源模(大政, 1918), 玄相允(大史,
1918), 金輿濟(大英文, 1918), 朴勝喆(大史社, 1920), 尹致英(專法,
1923), 高永煥(大政, 1924), 金祐鎭(大英文, 1924), 金泳植(大政,
1925), 溫樂中(高師, 1926), 李相伯(大社哲, 1927), 孫晉泰(大史,
1927), 趙憲泳(高師, 1927), 鄭寅燮(大英文, 1929), 全瑩弼(專法,
1929), 金庠基(大史, 1931), 李軒求(大佛文, 1931), 金光燮(大英文,
1932), 金聲近(大史, 1933), 黃順元(大英文, 1939)[17]

Ⅱ. 독서

유학생들의 새로운 지식과 사상의 수용에서 학교 수업 다음으로
중요한 것은 독서였을 것이다. 어떤 경우에는 학교 수업보다 더 커
다란 영향을 학생들에게 주었을 것이다. 그리고 그들의 독서 경향
은 당시 일본의 지식계 · 사상계의 영향을 크게 받았을 것이며, 각
시대에 따라 그 경향은 크게 달라졌을 것이다. 학생들의 독서는 당
연히 자신들의 전공 분야의 독서와 교양을 위한 독서로 나누어졌을
것이다. 이제 각 시대별로 독서의 경향을 살펴보기로 하자.

1910년대 유학생들이 자신의 독서 경향을 표현한 글들을 보면 다
음과 같다.

---

17) 早稻田大學 우리동창회 편, 『韓國留學生運動史: 早稻田大學 우리 同窓會 70年
史』, 1976의 회원 명부 참조.

〔방과 후 하숙에 돌아와 저녁을 먹고: 인용자〕 책상을 향하야 마주 앉으니 똑닥똑닥 돌아가는 시침이 하오 여덟 점을 가리킨다. 학교에서 배워온 과정 책을 이것저것 몇 번씩 읽어보고 이제까지 전기 등에 부신 눈을 한 십 분 동안 쉰 뒤에 워쓰워드의 시집이며 에머슨의 논문이며, 뚜르게네프의 소설이며 오이켄, 베르그송의 철학 등을 빼어들고 인생의 내적 생활이 어쩌니 외적 생활이 어쩌니 하는 논란과 생의 요구가 없으면 자아의 창조가 없고 철저한 생의 각오가 없으면 자아의 창조가 없고 철저한 생의 각오가 없으면 철저한 예술이 없다든가 새 생명은 새 주의에 있다든가 하는 문제에 고개를 끄덕끄덕하면서 〔……〕[18]

현대 사람들은 어떻게 생활할까가 큰 문제로다. 어떻게 살아야 잘 살까. 어떤 생활이 가장 바른 생활이냐. 이것이 현대인의 머리를 아프게 하는 문제로다. 曰 톨스토이의 인도주의, 曰 니이체의 초인주의, 曰 스틸나의 개인주의, 曰 졸라의 자연주의, 曰 오이켄의 신이상주의 하야 사상이 제가끔 다르고 주의도 허다히 많아 현대의 청년은 어찌할 바를 모르며 몹시 번민을 당한다.[19]

사상계로 보더라도 현대는 극히 혼란한 시대외다. 오이켄이 나고 베르그송이 났으나 천하는 결코 양자의 어느 하나에게도 돌아가지 아니하였습니다. 아직도 幾多의 칸트와 피히테와 톨스토이가 나겠지요.[20]

---

18) 동경에서 小星(현상윤의 필명임),「東京留學生生活」,『青春』2호(1914. 10), p. 113.
19) 田榮澤,「全的 生活論」,『학지광』12호, p. 16.
20) 이광수,「우리의 이상」,『학지광』14호, 1917. 12, p. 4.

현금 서양에 유행하는 모든 사상——초인생주의, 인도주의, 허무주의, 자연주의, 로만쓰주의, 데가단주의, 향락주의, 개인주의, 사회주의, 낙관주의, 염세주의, 기타 헤일 수 없이 많은 모든 사조들을 지배하는 자는 누구냐 하면 문학자——넓은 의미의——들이오. 창조한 자역시 문학자들이오. 이제 박멸하고 개조할 자도 다 문학자들이오.[21]

위에서 보는 것처럼 당시 유학생들은 일반적으로 문학과 철학에 관심을 갖고 관련 서적들을 읽었는데, 문학의 경우, 낭만주의와 자연주의 계통의 작품들을 주로 읽었고, 철학의 경우 오이켄, 베르그송의 신이상주의 계통의 책을 주로 읽었다. 일본에서는 청일 전쟁 이후, 즉 1900년 이후 사상과 문예 방면에서 개인주의·자연주의·낭만주의·니힐리즘 등이 크게 풍미하였다. 이는 러일 전쟁 이후, 1910년대까지도 계속되었다. 이러한 경향은 당시 유학생들의 독서 경향에도 그대로 나타났다.

문학에 대해 먼저 살피면, 1910년대 유학생들의 문학에 대한 관심은 그들이 학우회 기관지인 『학지광』에 번역한 외국 문학 작품들에서도 잘 나타난다. 이를 열거하면, 러시아 안드레프의 「외국인」(6호), 체호프의 「사진첩」(10호), 미하일 알치바세프의 「밤」(주요한 역, 18호) 등이 있었다.

벽초 홍명희는 1906년부터 1910년까지 동경에 유학하였는데, 유학 생활 중 그는 독서가로서 이름을 날렸다고 한다. 이때 그가 주로 읽은 책은 문학 서적들이었다. 그는 특히 도스토에프스키, 톨스토이 등 러시아 작품들을 좋아했으며, 영국의 낭만주의 시인 바이런의 작품도 애독하였다. 또 일본 작가 가운데 소설가 나쓰메 소세키

---

21) 金東仁, 「소설에 대한 조선 사람들의 이상을」, 『학지광』 18호, p. 46.

(夏目漱石)의 작품도 열심히 읽었으며, 그 밖에 시마자키 도손(島崎藤村), 다야마 가타이(田山花袋), 도쿠도미 로카(德富蘆花), 마야마 세이카(眞山靑果), 마사무네 하쿠조(正宗白鳥) 등 일본 자연주의 계열 작가들의 작품도 즐겨 읽었다.[22] 한편 장덕수의 경우, 그가 쓴 「의지(意志)의 약동」이라는 글을 보면, 에머슨의 「자연 Nature」「역사 History」와 브라우닝 Browning의 「정신 Soul」, 괴테의 『파우스트』 등의 책 가운데 일부를 인용하고 있는 것을 볼 수 있다.[23]

학생들은 앞서 본 것처럼 철학에 대해서도 깊은 관심이 있었다. 현상윤은 「강력주의와 조선 청년」이라는 글에서 니체의 권력 만능주의, 몽테스키외의 강권의 절대 가치 창도 등을 언급하면서 힘을 가져야 한다는 것, 그리고 이를 위해 실력을 길러야 한다는 것을 주장하였다.[24] 그 역시 오이켄, 베르그송, 니체, 몽테스키외 등 폭넓은 독서를 하고 있었던 것이다.

추송생이라는 필명의 유학생은 「오인(吾人)의 이상(理想)」이라는 글에서 인생의 참된 요구는 무엇인가를 논하였다. 여기서 그는 "오이켄 교수 말하되 '인심의 진(眞) 요구는 기계적 생활이 아닌 목적적 생활, 종속적 생활이 아닌 독립적 생활, 필지적(必至的) 생활이 아닌 자유적 생활, 피상적 생활이 아닌 내면적 생활, 분열적 생활이 아닌 통일적 생활, 현실적 생활이 아닌 영원적 생활, 고립적 생활이 아닌 보편적 생활, 말초적 생활이 아닌 중심적 생활이니 이것들은 우리 인생이 진실로 열렬히 욕구하는 진생활(眞生活)이라' 하였으니 철인(哲人)의 달관(達觀)이라 하겠도다"라고 하여 오이켄

----

22) 강영주, 『벽초 홍명희 연구』, 창작과비평사, 1999, pp. 42~45.

23) 장덕수, 「의지의 약동」, 『학지광』 5호, pp. 42~44.

24) 현상윤, 「강력주의와 조선 청년」, 『학지광』 6호, p. 44.

의 영향력이 매우 컸음을 보여주고 있다.[25]

이같이 유학생들이 문학과 철학에 심취하는 경향을 보이자, 일부
에서는 아래와 같은 비판의 목소리도 있었다.

소설 철학적 취미를 좇아 文弱에 흐르는 폐가 행함은 현금 학생의
약점이라. 이는 학리를 추구함과 시세의 영향으로 그러한 풍조가 생
긴 듯하나 나의 관찰로 말하면 이 나라의 사조에 동화가 된 줄로 믿
노니〔……〕자기를 反求하여 활발한 정신과 모험의 행동을 힘쓰지
않으면 大博士가 되어도 노벨상을 얻는다 하여도 근본적 문제에 대
하여는 이익됨이 거의 없고 도리어 害點이 되리니 어찌 자각하지 않
으리오.[26]

현상윤은 "〔유학생 가운데에는: 인용자〕연애 문학이 어쩌니 연극
문제가 어쩌니 하여, 진지한 취미와 견확(堅確)한 관찰도 결여한 피
상적 예술관을 허장(虛張)하여 본업인 법률, 공업은 낙제의 성적이
로되 내직(內職)의 연극 견습, 활동 사진관 출석에나 급제하였으면
족하다 하는 청년"들이 있다고 하여,[27] 전공을 소홀히하고 문학과
연극 등에 빠진 학생들을 비판하기도 하였다. 그러나 철학을 전공
하던 최두선은 사람의 심리 상태를 지(知)와 정의(情意)로 이분한
다면 문학은 지(知)를 주는 것은 아니지만, 정의(情意)를 느끼게 하
는 것이며, 사람들은 이를 통해 생명을 감득(感得)할 수 있는 것이
라면서 지식의 섭취만으로 인간의 심리 상태가 만족할 수는 없는

---

25) 秋松生,「吾人의 理想」,『학지광』 6호, p. 59.

26) 필자 미상,「일본 유학생사」,『학지광』 6호, p. 16.

27) 현상윤,「구하는 바 청년이 그 누구냐: 유학생 여러분 형제의게」,『학지광』 3호,
 p. 4.

것이라고 문학의 가치를 옹호하였다.[28]

유학생들의 독서 수준은 어떠하였을까. 그들은 과연 당시 서양의 문학이나 철학 서적들을 충분히 이해할 수 있었을까. 이에 대해서는 "독서가도 없는 바 아니지오만은 그들은 독서가라기보다 취서가(醉書家)라 함이 온당할 듯하외다. 문학서를 보면 문학서에 취하고, 철학서를 보면 철학서에 취합니다. 즉 글을 흡수치 못하고 글에 흡수되어 자기는 자연 묵살되고 글만 독립하게 됩니다. 독서 만 권에 촌공(寸功)도 없음도 이 까닭이지요"라는 말이 당시의 사정을 말해준다.[29]

한편 1910년대 이후의 유학생들의 새로운 풍조는 '영어열'이었다. 즉 대부분의 학생들이 영어 공부에 열중한 것이다. 한 유학생은 이를 다음과 같이 비판하였다.

전일의 유학생은 술이나 마시고 돈이나 썼으면 당장에 영웅이 될 줄로 알더니 금일의 유학생은 다른 것은 제쳐놓고 영어만 하였으면 당장에 신사는 갈 데 없다 생각하나이다. 술과 돈이 변하여 영어로 되고 영웅이 변하여 신사로 되었을 뿐이외다. 〔……〕 동서고금을 물론하고 학술 연구의 第1要途는 문자, 언어가 아니오 오직 학력이라 하겠나이다. 우리 유학생은 이 학력──第一에 있어야 할 학력은 운연(雲煙)에 부치고 문자 언어에만 전심하여 영어, 원서를 한껏 몽상하나이다.[30]

학문을 위해서는 영어만이 아니라 독서를 통한 지식이 필요함에

---

28) 崔斗善, 「文學의 意義에 관하야」, 『학지광』 3호, pp. 26~28.
29) 桂麟常, 「舊殼을 버셔요(2)」, 『학지광』 19호, pp. 42~43.
30) 위와 같음.

도 불구하고, 지식은 없이 영어 공부에만 열중하는 학생들을 비판하는 것이었다. 그리고 그 영어 공부조차도 사실은 매우 부실한 것이었다. 한 학생은 "금일 학문이라 칭하는 것은 거개 서양 학문이라. 고로 학문 사상을 근본적으로 연구하자면 불가불 서양어의 일종, 혹은 2, 3종은 배워야 할 것이라. 타국인은 유시(幼時)로부터 힘 안 들이고 배운 자국어로 실지 있는 학문, 내용 있는 지식을 배우는 동안에 우리는 먼저 외어(外語)를 배우기에 6, 7년의 귀한 세월을 허비하게 되니 실로 가련한 경우라 할 것이다. 〔……〕 우리는 각각의 전문(專門)코저 하는 학문 기능이 무엇임을 막론하고 먼저 충분히 어학의 준비가 있어야 할 것이라. 그런데 우리 유학생 중에 영어를 배우기 시작해보지 않은 사람은 없으련만 이것을 배워 성공한 사람은 십지(十指)에도 차지 못하니 어찌 한심치 아니하리요"라고 하여,[31] 꾸준히 영어 공부를 하는 학생들조차도 사실은 매우 드문 형편임을 지적하였다.

위에서 살펴본 것은 대체로 1910년대 유학생들의 독서 경향이었다. 1920년대에 들어서면서 독서 경향은 크게 바뀐다. 당시 학생들은 서양 철학을 크게 주지주의와 신이상주의로 나누어보고 있었다. 여기서 주지주의(혹은 실증주의) 철학이란 19세기 이후 자연과학이 날로 발전함에 따라 우주의 모든 현상, 즉 자연계, 정신을 자연과학적 방식으로써 설명하려는 것을 가리킨다. 그 대표자는 프랑스의 콩트, 영국의 밀, 스펜서, 독일의 마르크스, 엥겔스 등이라고 보았다. 반면에 신이상주의 철학은 여러 학파가 있지만 그 가운데 가장 유명한 것은 신칸트 학파, 즉 마르브리히 학파, 서남 학파(빈델반트, 리케르트), 그리고 오이켄, 베르그송이 그 대표자라고

---

31) SC생, 「新渡學生諸君에게」, 『학지광』 20호, pp. 30~31.

보았다.[32] 1910년대 학생들은 이 가운데 주로 신이상주의와 주지주의의 스펜서 등 실증주의에 경도되어 있었다. 그러나 1920년대에 들어서면서 이제 학생들은 마르크스, 엥겔스 등 이른바 마르크시즘에 본격적으로 관심을 갖기 시작하였다. 이는 당시 일본 사상계의 흐름, 한국 민족 운동계의 흐름과 밀접한 관련이 있었다. 여기서는 전자만을 살펴보기로 한다.

1910년대 말 제1차 세계 대전이 끝날 즈음에 일어난 러시아 혁명은 전쟁 종료 후 다른 세계 사조와 함께 일본 사상계에 큰 변화를 가져왔다. 계리언(堺利彥), 산천균(山川均), 하상조(河上肇), 타카바타케 모노유키, 길야작조(吉野作造), 대산욱부(大山郁夫), 대삼영(大杉榮), 장곡천여시한(長谷川如是閑), 평림초지보(平林初之輔), 촌송정준(村松正俊), 삼호진남(森戶辰男) 등의 사회주의·민본주의 등을 들고 나오면서 이른바 대정 데모크라시 시대를 연 것이었다. 대삼영은 생디칼리슴, 하상조·타카바타케 모노유키 등은 마르크시즘, 삼호진남 등은 아나키즘을 제창하였으며, 길야작조·대산욱부는 민본주의를 제창하였다. 1919~20년은 대정 데모크라시의 전성 시대였으며, 이 운동은 요컨대 인간 해방 운동이라고 부를 수 있는 것으로, 인간 생활에서의 자유·평등·해방을 주장하는 것이었다. 이러한 사상적 동향은 일본 학생들에게 큰 영향을 주었고, 조선인 유학생들에게도 큰 영향을 주었다.[33] 길야작조(동경대학 정치학 교수)는 1916년부터 『중앙공론(中央公論)』 등에 논문을 실어 국가의 주권 활동의 기본적 목표는 정치상 인민에 있으며, 정치의 목적은 일반 민중의 행복에 있다는 '민본주의'를 제창하기 시작하였다. 그는 일반 민중을 소수 특권 계급과 대비시키면서 일반 민중을

---

32) 이시목, 「주지주의에 대한 신이상주의의 반동」, 『학지광』 27호, 1926. 5.
33) 唐澤富太郎, 앞의 책, p. 161.

위한 정치가 필요하며, 이를 위해 언론의 자유와 선거권의 확대가 필요하다고 주장하였다. 한편 하상조(경도대학 경제학 교수)는 1916년 대판조일신문에 『빈핍물어(貧乏物語)』를 연재하고, 이를 다음해 책으로 출판하였다. 그는 이 책에서 자본주의의 발전에도 불구하고 왜 다수의 사람들이 가난에서 벗어나지 못하고 있는가 하는 문제를 분석함으로써 '가난'의 문제를 경제학에 끌어들였다.[34] 이 같은 사조의 변천은 조선인 유학생들에게도 데모크라시와 공산주의에 대한 관심을 갖게 하기에 충분하였다. 1920년대 초까지만 해도 아직은 주로 데모크라시의 문제, 즉 부르주아적 자유 민주주의에 대한 관심이 더 많았다고 할 수 있다. 하지만 3·1 운동에 대한 자본주의 열강의 무관심, 특히 미국 등의 냉담한 태도에 실망한 학생들은 새로운 대안으로서 공산주의와 러시아에 관심을 갖기 시작했다. 이미 3·1 운동 이전부터 일부 학생들은 일본에서 서서히 유행하고 있던 사회주의에 관심을 갖고 있었고, 이들은 3·1 운동 직후부터 국내에 들어와 사회주의 운동을 시작하였다.

일부 유학생들은 1920년 1월 고학생동우회를 조직하였다. 그리고 박열·김사국·조봉암·정태성 등 무정부주의자와 사회주의자들은 1921년 11월 흑도회(黑濤會)를 결성하였다. 이들 가운데 사회주의자들은 1922년 2월 초 경성에 돌아와 조선일보 지상에 '전조선 노동자 제군에 격함'이라는 소위 동우회 선언을 발표하여, 조선의 민족 운동은 민족주의에서 사회주의로 전환해야 한다고 주장하였다. 한편 흑도회는 무정부주의자와 사회주의자간의 대립이 격화되어 결국 해산되고 말았다. 박열 등 무정부주의자들은 1923년 1월 풍뢰회(風雷會)를 조직하였고(뒤에 黑友會로 개칭), 김약수·안광천(安光

---

34) 鹿野政直, 『近代日本思想案內』, 암파문고, 1999, pp. 161~65.

泉)·이여성·김종범 등의 사회주의자들은 북성회(北星會)를 조직
하였다.[35]

　이후 북성회는 안광천·하필원(河弼源)·백무(白武)·이헌(李
憲)·이여성(李如星) 등 새 회원을 맞아 사회주의 연구를 계속하였
다. 그리고 기관지로서『척후대(斥候隊)』를 발간하기도 하였다. 그
러나 북성회는 1925년 1월 다시 일월회로 개편되었다. 이는 북성회
계가 1924년 국내에 들어와 북풍회를 만들어 화요파와 함께 하나의
파벌을 형성하여 서울청년회계와 대립한 데 대한 비판이 제기된 것
과 관련이 있었다. 이제 파벌 배격을 주장하는 신진 사회주의 학생
들은 '사회주의에 대한 학리 연구'를 표방하면서 기관지로서『사상
운동』을 발간하였다.[36] 일월회의 간부였던 안광천·하필원·김삼
봉 등은 1926, 27년경 귀국하여 정우회에 가담, 유명한 정우회 선
언을 통해 신간회 결성의 계기를 만들었다. 그리고 그들은 1927, 28
년 제3, 4차 조선공산당의 핵심으로 등장하여 이른바 ML파를 형성
하였다.

　일월회 회원들이 대거 귀국하여 ML파를 형성하자, 동경에 남아
있던 사회주의 계열의 학생들은 1926년 11월 동경신흥과학연구회를
만들었다. 신흥과학연구회는 잡지『신흥 과학』을 발간하면서 사회
주의 학생 운동의 이론을 정립하여 이를 선전하고자 하였다. 이들
은『신흥 과학』을 일본 유학생만이 아니라 조선에 있는 학생들에게
까지 발송하여 영향력을 확대하고자 하였다. 또 이들 사회주의 계
열의 학생들은 1928, 29년에 고려공산청년회일본부(책임 비서 印貞
植)에 가입하여 신흥과학연구회 플랙션(이병호·김강·서인식), 동
경조선유학생학우회 플랙션(박노박·김강·강춘순) 등으로 활동하

---

35) 金正明 편,『朝鮮獨立運動』4 (공산주의 운동 편), p. 932.
36) 위와 같음.

다가 검거되기도 하였다.

이처럼 1920년대 중반 유학생들은 마르크스주의 학습을 위한 각종 연구회를 만들었다. 그러면 이들은 대체로 어떤 책을 학습하였을까. 1920년대 중반 일월회는 국내 각지에서 사상 단체가 만들어지자 기관지 『사상 운동』을 통해서 '신흥 과학' 학습을 위한 서적 목록을 소개하였다. 이들 서적은 당시 일본에서 출판된 것들이었고, 아마도 이는 이들 일월회 회원들의 학습 목록이지 않았을까 여겨진다. 이를 살펴보면 일반적 이론, 유물 사관 연구, 경제학, 제국주의론, 농촌 문제, 사회사, 경제사, 조합 및 정당사, 러시아 연구, 부인 문제 등의 주제로 나누어 각 주제별로 주요 서적 목록들을 제시하고 있다. 그 안에는 마르크스, 엥겔스, 레닌, 크로포트킨의 저작과 계리언, 하상조, 산천균, 좌야학(佐野學) 등 일본 마르크시스트들의 저작도 포함되어 있다.[37]

또 같은 책에는 「레닌이즘의 ABC」라는 베라 쿤의 글 번역문이 있는데, 여기에는 자본주의 · 제국주의 · 자본주의에서 사회주의에로 추이하는 원동력, 식민지 해방 운동, 자본주의의 국제적 모순, 혁명의 이론, 프롤레타리아트의 독재, 프롤레타리아 ○○○○(혁명 전술?), 각 당 인터내셔널 및 각국의 공산당 조직 등의 목록이 소개되어 있다. 이는 본격적인 레닌이즘을 연구하기 위한 소개서였다고 할 수 있다.[38]

참고로 당시 일본 사회주의 계열 학생들의 독서 목록을 살펴보자. 1924년경 동경대학의 신인회(新人會)의 각 연구반에서는 마르크스주의 입문서인 보르하르트 Borchard의 『인민의 마르크스 *The People's Marx*』나 19세기 독일의 사회주의 철학자 요제프 디츠겐

---

37) 『思想運動』 제2권 제3호, 1925. 10, pp. 40~42.
38) 같은 책, pp. 36~39.

Joseph Dietzgen의 저작들을 공통으로 읽었다고 한다. 1925년 7월 제2차 학련 대회(學連大會)까지는 코민테른에서 지정한 것으로 통일되어 있지 않았고, 마르크스, 엥겔스, 레닌의 고전적 저작이나 소비에트의 마르크스주의자에 의한 몇 책의 입문서·해설서가 중심이 되었던 것이다. 그러나 1925년 7월을 계기로 소비에트의 공산주의가 유일한 정통 사상이 되었고, 신인 회원들은 연구회 내부에서는 사회 민주주의, 무정부주의, 수정파 사회주의 등에 관심을 가질 수 없었다. 이후 신인회나 다른 학련(學連) 가맹 조직에서 가장 널리 읽힌 공산주의 입문서는 부하린과 플레오브라젠스키 Preobrazhensky의 『공산주의의 ABC』였다. 이 책은 당국으로부터 위험시되었기 때문에 밀수입되어 영어·독일어로 읽혔다. 이 입문서에 이어 초심자들이 읽는 책은 마르크스의 『공산당 선언』, 엥겔스의 『공상에서 과학으로의 사회주의의 발전』, 마르크스의 『임금, 가격 및 이윤』, 레닌의 『자본주의의 최고 단계로서의 제국주의』와 『국가와 혁명』이었다. 1924년까지 이들 책은 모두 일본어로 번역되었다. 1925년부터 이들 텍스트 외에 스탈린의 『레닌주의의 기초』가 추가되었으며, 이들 고전적 입문서와 함께 부하린의 『사적 유물론』 등이 읽혔다. 그리고 1926년 학생 운동에 큰 영향을 미친 공산주의 이론가 복본화부(福本和夫)가 등장하면서 그의 저서나 잡지 『마르크스주의』에 발표된 그의 논문이 연구회의 정규 텍스트에 포함되었다. 또 복본의 영향으로 1925년 이전에는 일본에서는 거의 읽히지 않았던 레닌의 『무엇을 할 것인가』와 같은 고전적 저작이 새로이 중시되었다고 한다. 복본이 마르크스주의 고전의 철저한 연구를 강조하자 마침 갓 번역된 타카바타케 모노유키의 『자본론』과 하상조의 입문서가 본격적으로 읽히기 시작했다. 그리고 소수이긴 했지만 레닌 이후의 이론가들, 즉 루카치, 로자 룩셈부르크 등의 저작을 읽는 학생들도 있었다.[39] 신인회의 연구 목록은 앞서 본『사상 운동』에 실린 텍스트의 목록과 큰 차이가 없었다. 1925년 이후의 신인회의 텍스트 목록은 일월회가 제시한 「레닌이즘의 ABC」에 실린 목록들과 거의 일치하는 것이었다.

III. 강연

학생들이 지식과 사상을 수용하는 또 하나의 통로는 강연이었다. 이는 흔히 '연설' '웅변' '유세' 등으로 불리기도 했다. 일찍이 1895년 일본에 건너간 관비 유학생들은 경응의숙에 설립된 연설 회관에서 후쿠자와 유기치에게 강연을 통해 '근대 문명'에 대한 기초적인 교육을 받았다. 1870년대 이래 일본에서는 '연설'이 크게 유행하였고, 교토의 동지사대학은 연설을 정규 과목에 넣어 학생들에게 연설을 할 수 있는 능력을 키워주고자 했다.[40]

러일 전쟁으로 일본이 명실상부한 제국주의 국가가 되자 대륙 진출의 주역이 되고자 하는 정치 지망생들이 크게 늘었고, 이는 '웅변열의 부활'을 가져왔다. 특히 1910년 야간청치(野間淸治)가 강담사에서『웅변』이라는 잡지를 창간하면서 웅변열은 폭발적으로 증가하였다. 전문 학교와 사립 대학에서는 앞을 다투어 변론부가 만들어졌고, 대항 시합 등이 벌어졌다. 그리고 웅변열은 청년층에게 크게 파고들어 도시 농촌을 막론하고 대유행을 보이게 되었다. 학교 안에서는 각종 연설 대회가 열렸고, 외부에서 유명 인사를 초빙하여 연설회를 열기도 하였다. 또 대정기에 들어서 동경대학의 신인회

---

39) 이상 신인회의 독서 텍스트에 대해서는 H. Smith, *Japan's First Student Radicals*(松尾尊兌·森史子 譯, 『新人會の硏究: 日本學生運動の源流』, 동경대학 출판부, 1978), pp. 119~22을 참조하였다.

40) 唐澤富太郎, 앞의 책, p. 36. '연설'은 후쿠자와 유기치가 영어의 speech를 번역하여 만든 말이었다.

소속 학생들은 '유세'라 하여 전국을 순회하면서 연설회를 열었으며, 이는 고등학생들을 자극하여 각 고등학교에 사회과학연구회가 만들어지는 계기가 되기도 했다.[41]

조선인 유학생들 또한 이 같은 풍조에서 예외가 아니었다. 1913년 조직된 동경유학생학우회는 웅변회를 동경 간다(神田)에 있는 유학생기독교청년회관에서 개최하였으며, 명사 초청 연설회도 자주 개최하였다. 다음 〈표-12〉에서 보듯이 웅변회는 학우회 외에도 각 대학 동창회 등에서도 개최하였으며, 이는 1920년대 초까지 이어지고 있었다.

그리고 주목할 것은 명사 초청 강연회에 민본주의의 제창자로서 당시 대정 데모크라시 시대를 이끌어가던 요시노 사쿠조(吉野作造)가 모두 세 차례나 초청되었다는 점이다. 그것은 그가 식민지 조선 문제에 그만큼 관심이 많았고, 또 동정적이었기 때문일 것이다. 길야작조는 3·1 운동에도 동정적이었으며, 1919년 조선에서 최소한 자치제가 실시되어야 한다고 주장하는 글을 썼다.[42] 대산욱부도 1회 초청되었으며, 내촌감삼(內村鑑三)은 기독교청년회에 의해 수차례 초청되었다. 이로 미루어볼 때 당시 유학생들에 대한 이들의 영향은 무시할 수 없는 것이었다.

---

41) 唐澤富次郎, 앞의 책, pp. 152~54.
42) 吉野作造, 「朝鮮統治の改革に關する最小限度の要求」, 『中央公論』, 1919년 9월호.

178

구분	일시
학생들의 웅변회	• 학우회 웅변회, 1914. 1. 9. • 졸업생 웅변회, 1914. 4. 8. • 와세다대학 우리 동창회 연합 웅변회, 1914. 3. 26(주제: 徹底鏡. 풍운아, 출발점, 국가와 인민, 청년에 대한 요구, 자아 실현의 제문제). • 경응대학동창회 주최 강연회, 1917. 2. 11(명치대 윤기로, 중앙대 이춘숙, 고등사범 유영호, 청산신학대학 김영섭, 曹大의 김정해, 專大의 한만희, 경응대의 변희용, 早大의 민병세), 1918. 2. 11. • 학우회 주최로 동경 및 경도 학우 연합 웅변회, 1917. 12. 29. • 학우회 편집부 주최 졸업생 웅변회, 1918. 3. 23. • 학우회 변론부 주최 대웅변회, 1920. 5. 4. • 학우회 변론부 주최 대웅변회, 1920. 11. 23. • 경응대 동창회 주최 웅변회, 1920. 11. 2. • 학우회 변론부 주최 대웅변회, 1921. 4. 8.
명사 연설회	• 명사 강연회, 1914. 2. 8. • 조선학회 공개 강연회(장덕수·노익근·현상윤), 1917. 2. 9. • 유학생기독교청년회, 吉野作造 초청 강연회, 1917. 2. 3. • 기독교청년회 春令會, 內村鑑三·小松武治·李如漢·吉野作造 초청 강연회, 1917. 3. 30~4. 4. • 기독교청년회 교육부 주최, 철학 박사 元田作之進(9. 29), 와세다대학 교수, 大山郁夫(10. 27), 이광수(10. 27), 신학 박사 深梶之助(11. 10) 초청 강연회 개최. • 조선학회 보고 강연회(현상윤의 「조선인으로 본 구주 대전」), 1917. 12. 22. • 기독교청년회 교육부 주최 강연회(吉野作造, 「戰後警

鐘」, 성공회 감독 세슬, 「구주 대전과 기독교」, 꾀르, 「근
대 위인」, 하쀼섬멀, 「교육의 의의」), 1918. 1. 19, 2. 9.
• 조선학회 주최 강연회(金鍾弼 · 金俊淵 · 白南薰),
1920. 11. 13.
• 광주 학생 사건 비판 연설회, 1929. 12. 14. |
| 국내 강연회 | 학우회 강연단 조직, 조선 순회 강연회, 1920년 여름. |

자료:『학지광』, 각 호의 「우리 소식」 참조.

IV. 기타: 답사와 여행

수업 · 독서, 그리고 강연 외에도 학생들은 현지 답사나 여행을
통해서도 지식을 얻을 수 있다고 생각하였다. 한 유학생은 다음과
같이 답사와 여행의 중요성을 강조하였다.

우리의 지식을 수양하는 방법은 다만 책상 앞에서 서적을 섭렵하
는 것뿐만 아니라 사회의 眞相을 실지로 탐사함도 우리의 지식을 수
양하는 바라 할지로다. 고로 우리는 일본에 있으면 일본을 잘 연구하
며, 동경에 留하면 동경을 잘 연구하여야만 하리로다. 수십 성상 동
안 수만 인이 오고 가고 하였지만 참으로 일본을 해석한 자 몇 사람
이리오. 일본의 북방으로부터 남방까지 답사한 자 몇 사람이리오. 그
러나 우리는 맹목적 여행은 많이 원하는 바 아니로다. 〔……〕 평야
와 산골짜기, 도회와 향촌, 往古와 현대, 남자와 여자, 부호와 빈민,
표면과 이면 등의 일본을 해석한 자 몇 사람이리오. 〔……〕 묻노니
제군이여, 동경의 가장 번화한 곳은 아니 본 자 없겠지만, 빈민굴을
일차라도 들여다본 자는 몇 사람이나 되나뇨.[43]

---

43) ㅅㅊ生, 「나와 글방」, 『학지광』 4호, p. 32.

그리하여 그는 "우리의 휴일에는 가급적 단체 여행과 도보행회 (徒步行會) 등을 조직하여 이들 취미를 장려함이 가할 것"이라고 주장하였다. 김준연의 경우에는 『하지광』에 요코스카와 교토를 여행한 기행문을 실어 당시 일부 유학생들이 이 같은 여행을 실지로 했음을 보여준다.[44]

또 학생들은 학회 설립 등을 통해 지식을 습득하려 하기도 하였다. 예를 들어 1915년 11월에는 조선학회를 설립하였는데(간사 金度演), 그 목적은 "신학문의 빛으로 조선 사정을 연구"한다는 것이었다. 여기에는 이광수·노익근·장덕수 등이 참여하여 각각 연구를 발표하였다고 한다.[45] 그러나 조선학회는 졸업생들이 귀국 또는 상해로 감으로써 이렇다 할 활동은 보이지 못한 채 흐지부지 되었다.[46]

이후 1929년 11월 동경에서 조선학회가 재창립되었다. 그러나 다음 달 열린 학우회 정기 대회에서 조선학회는 일대 문제가 되어 회원들은 조선학회를 박멸할 것인가, 아니면 조선학회의 금후 행동을 감시할 것인가의 논쟁이 벌어질 정도였으며, 결국 학우회가 이를 감시하는 것으로 낙착이 되었다고 한다.[47] 이 같은 논쟁이 벌어진 것은 당시 학우회가 마르크시즘 계통의 학생들에 의해 주도되고, 조선학회는 민족주의 계열의 학생들에 의해 주도되었기 때문인 것으로 보인다.

---

44) 金俊淵, 「旅行雜感」, 『학지광』 19호, pp. 140~44.
45) 「우리 소식」, 『학지광』 10호, p. 58.
46) 『日本植民地敎育政策史料集』 51(하), 龍溪書舍, p. 122.
47) 황규섭, 「학지광 갱생의 의의」, 『학지광』 29호.

4. 근대 지식 수용의 자세
― 맺음말을 대신하여

20세기 초 근대 지식과 근대 문화는 결국 서양의 지식과 문화를
의미하였다. 당시 유학생들은 이 같은 근대 지식과 근대 문화의 수
용 문제를 놓고 '적극적 수용론'과 '절충적 수용론'으로 의견이 나
뉘어 있었다. 한 유학생은 "근래에는 사회 개량에 노력하는 이에게
'제 것 보존'과 '남의 것 수입'의 두 주견(主見)이 있다"면서, "나는
감히 '남의 것 수입'이 제1순서"가 되어야 한다고 주장한다고 하였
다. 그 까닭은 "신(新)을 알아야 구(舊)됨을 알 것이오, 타(他)를
알아야 아(我)의 여하함을 잘 아는 것과 같이 '남의 것 수입'은 문
명을 증진하는 표본을 만드는 것과 같은 동시에, 자타(自他) 문명의
정도를 비교하는 척도"가 되기 때문이라는 것이다. 그는 일부에서
서양 문화의 수용이 득보다는 해가 된다고 주장하는 것에 대해 "'남
의 것 수입'이라 함은 남의 단(短)한 것을 수입함이 아니오, 남의 장
(長)한 것 ― 문명을 수입함이니, 수입에 반드시 해(害)가 수반한다
함도 공론(空論)"에 불과한 것이라고 비판하였다. 결국 그는 "수입
을 먼저 장려하여야 자존자만하는 보수(保守)가 적게 되고, 향상 진
보(進步)하는 경향이 강할 것이며, 더욱 관중(貫重)한 문제가 되는
것은 제 것만 가지고 향상 발전하는 것보다 남의 것을 비교하여 향
상 발전하는 시간이 배나 빠를 것"이라고 주장하였다. 그는 일부에
서 동서 문화의 타협이니, '제 것 보존'이 더 중요하느니 하는 주장
에 대해 "오늘 일은 사회의 진보가 문제가 아니오, 사회의 생명 문
제이니 순서를 등한히 보고, 시간을 망각하는 것은 사회의 생명을
등한히 보거나 망각하는 것과 일반이 아닐까 하오. 우선 사회의 생

명과 활력을 유지"한 "연후라야 어시호 참작이니, 타협이니 '제 것
보존'이니 하는 주장이 훤자(喧藉)하고 실행이 있을 것"이라고 주장
하였다.[48] 즉 조선 사회의 생명과 활력을 유지하기 위해 서양 문화
를 먼저 수용하고, 다음에 동서 문화의 타협이나 우리 문화의 보존
을 말하자는 것이었다.

　당시 유학생들 가운데에는 기독교 신자들도 상당수 있었고, 이들
은 동경의 조선기독교청년회(YMCA)를 중심으로 활동하고 있었
다.[49] 한 유학생은 다음과 같이 유교와 불교를 비판하고 기독교의
수용을 주장하였다.

　　유교는 이조 시대의 요구에 응한 자이라. 부형이여, 熟思深量할진
　대 금일에 과연 고려의 불교와 이조의 유교가 우리의 부패한 정신계
　를 부활케 할 능력이 있는가. 余는 이에 대하여 긍정키 불능한 바이
　라. 然則 금일 우리의 歸依할 바 宗敎는 과연 무엇인고. 항상 자비
　의 능력이 풍부하시며 약한 자를 강하게 하시는 우리 主 耶蘇 基督
　이외에는 다시 없으리로다.[50]

　또 전영택은 "효도의 사상, 남존 여비 사상, 문벌·양반 사상, 조
상 숭배법, 한문과 구서당을 파괴할 것을 주장하고, 이를 위해 파괴
적 시인, 파괴적 문사, 파괴적 사상, 파괴적 교육가, 파괴적 부인이
필요하다"고 주장하였다.[51] 구래의 문화에 대한 파괴를 강조하고 있

---

48) 崔承九, 「불만과 요구」, 『학지광』 6호, pp. 77~78.

49) 1920년 당시 조선기독교청년회의 간부는 회장에 미국인 목사 졸 겐슨, 부회장에
　　김준연, 간사에 백남훈, 부간사에 김낙영, 위원에 임종순·변희용·유억겸 등이
　　었다(경무국, 「在京朝鮮人に關する團體調」, 『日本植民地敎育政策史料集』 51〔下〕,
　　龍溪書舍, p. 122).

50) 眉湖生, 「謹告我半島父兄」, 『학지광』 3호, p. 10.

없던 것이다.

이광수도 낡은 관습의 타파를 주장하는 등 구질서 파괴를 강력히 주장하기도 하였다. 그는 조선의 "조혼, 강제 결혼, 불합리한 관혼상제의 제례, 관존 민비, 남존 여비, 자녀를 자기의 소유물로 아는 것, 부귀한 자의 직업이 없는 것, 모든 미신, 양반 상놈의 계급 사상, 비경제적·비위생적인 가옥, 의복 제도 등"을 '악습속(惡習俗)'이라 칭하고, "우리를 괴롭게 하고 망하게 한 것과 같이 우리 자손을 괴롭게 하고 망하게 할" 것이라고 비난하였다. 그는 "모든 이 악습속을 우리 손으로 때려 부수지 않으면 언제 누구를 기다리겠습니까"라고 강조하였다.[52]

하지만 이광수의 경우는 애매하였다. 그는 "서양인은 서양 문명만이 문명의 전체로 알아오다가 인도와 지나에 근원을 발한 동양 문명에 상당한 가치를 인정하여 쇼펜하우어, 베르그송 이래로 동양 사상을 서양 문명에 가입하려는 경향이 현저하게 되었다. 그런데 서양인의 두뇌는 과거 5세기 간의 과로에 피로하여 동서 문화 융합의 대사명은 차라리 우리 동양인의 손에 있을지도 모른다"고 하여, 앞으로는 동양인에 의해 문명이 주도될 수도 있다고 말하였다. 그는 "조선 민족도 이 기회를 타서 한번 세계 문화 사상에 일대 활약을 시도하여야 할 것"이라면서, "(현금 조선인은) 만일 이대로 가면 정신적으로 멸망하는 지경에 이를 것이외다. 이에 우리는 새로운 민족적 이상을 정할 필요가 있으니 그것은 신문화의 산출이라 한다. 그것이 동서 문화의 융합일지, 독특한 신문화일지, 정신적일지, 물질적일지 모르거니와 아무러나 세계 문화에 위치를 획득함으로써 우리의 민족적 이상을 삼아야 할 것이외다"라고 주장하였다.[53] 이광

---

51) 田榮澤, 「구습의 파괴와 신도덕의 건설」, 『학지광』 13호, pp. 50∼55.
52) 이광수, 「졸업생 제군에게 들이는 懇告」, 『학지광』 13호, p. 7.

수는 아직 조선 신문화 건설의 방향을 뚜렷이 잡지 못하고 있음을 볼 수 있다.

1910년대와 1920년대의 이광수의 주장은 주로 전통적인 가족주의를 비판하면서 '가족에서의 개인의 독립'을 강조하는 수준에 그치고 있었다. 그는 아직 개인주의나 자유주의와 같은 서양 철학에 대해서는 충분한 이해를 갖지 못하였으며, 오히려 개인주의와 자유주의에 대해서는 비판적인 입장에 있었다. 그는 1920년대 이후에는 개인보다는 공동체 혹은 단체 등을 강조하였다. 결국 1930년대 들어 그는 서구식의 개인주의를 비판하고, 집단주의·전체주의, 그리고 마침내는 파시즘을 찬양하기에 이르렀다.

한편 유학생들 가운데 상당수는 이른바 '전반(全般) 서구화식의 서구 문화 수용론'에 대해 비판적이었다. 예를 들어 문희천은 "전자(前者)에 일 논설을 독(讀)하여보니 동양에 고유한 주의를 배척하고 태서(泰西) 양인(洋人)의 광막(廣漠)한 이상을 자기가 후계적으로 주장하였더라. 〔……〕 과연 이와 같으면 오인등(吾人等)의 사상과 생활은 즉 자살적 사상과 생활이 아닌가"라고 하여, 서양의 사상과 생활을 무조건 수용하자는 주장에 대해 비판하였다. 그는 "동서고금의 선지적(先知的) 사상과 대각적(大覺的) 생활을 인용하야 자아의 심혈로 동화시키고 자아의 양식으로 보충시키면 나는 거수하여 찬성"할 것이라면서 동서고금의 절충을 주장하였다. 그는 "아(我) 단군(檀君)의 신성(神聖)하신 대종교(大倧敎)로 기초를 쌓고 공자 철학(孔子哲學)의 선미(善美)한 도덕(道德)으로 장벽(牆壁)을 만들고, 기독(基督)의 박애한 희생으로 동량(棟樑)을 올리되 자아(自我)라는 포인트에 연결하여 일루세사(一縷細絲)로 만매주옥

<hr>

53) 이광수, 「우리의 이상」, 『학지광』 14호, pp. 5~6, 8.

(萬枚珠玉)을 연쇄함과 같이 통일적·초월적으로 자아의 사상과 자아의 생활을 창조하기를 요구하는 동시에 재삼 말하노니 자아의 중심 생명을 몰각지 아니함이 반도 특색의 생활이라 하노라"고 하여,[54] 단군-공자-예수의 사상을 통합하여 우리의 사상과 생활을 창조해야 한다고 주장하고 있었던 것이다. 조소앙의 이른바 '육성교(六聖敎)' 주장도 비슷한 맥락이었다.

이 같은 주장은 안확의 경우 더욱 체계적으로 나타난다. 그는 "갑신년 개혁의 거사가 실로 호기라 할지나 저들이 내국 인사의 시세(時勢)를 알지 못하고 다만 모국적(某國的) 안목(眼目)으로 일을 도모하다가 필경 낭패로 돌아갔으며 〔……〕 근일 귀국한 유학생들이 낙망하고 세상을 등짐도 기실은 조선인사적 상식을 알지 못한 바라. 그가 조선 사정은 알지 못하고 다만 서양 지식으로 책상 위에서 여러 생각을 하다가 그 실행에 미쳐서는 내지 사정에 부합하지 아니하니 필경 그들은 어찌할 바를 몰라 낙심하고 포기함이니라"이라 하여, 갑신 개화파나 오늘날의 유학생들이 조선의 실정은 잘 알지 못하고 일본적 관점과 서양 지식만을 갖고 조선 문제를 해결하려 하니 결국은 좌절할 수밖에 없다고 지적하였다. 따라서 그는 "제자(諸子)가 21세기 지식을 갖고 있을지라도 조선에 대하여는 그 형세를 따라서 15, 16세기적 정책을 시행한 후 점진을 도모치 않으면 불가하니라. 고로 제자(諸子)가 세계적 상식을 배우는 동시에 조선인사적 상식을 닦아서 절장보단(折長補短)의 수단, 인과이도(因果以導)의 계산을 쓰기를 힘씀이 가하니라. 오호라 무식한 유학생이 공연히 동포를 타매하여 왈(曰) 조선인은 야만, 조선인은 몽매라 하니, 어찌 그같이 우준(愚蠢)하뇨. 식자우환이라 함이 실로 여기 두

---

54) 文義天, 「我學友思想界를 論함」, 『학지광』 4호, pp. 21~22.

고 마친 말이로다"라고 하여, 점진적 개화를 주장하였던 것이다.[55]

　서구 지식의 수용을 둘러싼 '적극적 수용론'과 '절충적 수용론'의 갈등은 조선의 신문화를 어떤 방향에서 건설할 것인가에 초점이 있었다. 앞서 본 '적극적 수용론'은 자아에 대한 비판에서 출발하였지만, 자칫 자기 멸시, 자기 비하와 무조건적인 서구 문화 추종으로 이어질 위험성이 있었다. 그리고 조선의 현실과는 동떨어진 비현실적인 주장들로 이어질 가능성이 컸다. 여기서 '절충적 수용론'이 나왔다. 절충적 수용론은 조선의 현실에 기초한 신문화 건설을 주장하는 것이었다. 안확은 이 같은 입장에서 한국의 역사·언어 등 한국 문화에 대한 연구를 전개하였다. 백남운·손진태도 그러한 길을 걸어간 이들이었다. 하지만 그와 같은 사례는 드물었다. 다수의 유학생들은 서구 문화와 한국 문화, 두 가지 모두에 대해 피상적인 이해밖에 갖고 있지 못했다. 이광수가 그 대표적인 경우였다. 그들은 자기 문화에 대한 자신감과 이에 기초한 신문화 건설의 방향 감각을 가질 수 없었다. 따라서 그들의 다수는 서구 문화나 일본 문화에 대한 무조건적인 추종의 길을 걸어갔다. 1910, 20년대에는 서구 문화의 추종, 그리고 1930년대 후반 이후에는 일본주의 내지 파시즘 추종의 길을 걸어간 것이다.

---

55) 안확, 「2千年 留學의 缺點과 今日의 覺悟」, 『학지광』 5호, p. 31.

1920~40년대의 대학 제도와 학문 체계
——경성제대의 '조선어문학과'를 중심으로

이준식

1. 머리말

일제의 강점이 우리 민족의 끊임없는 저항에도 불구하고 지속될 수 있었던 데는 군대·경찰·사법 기관 등의 억압적 국가 기구가 크게 작용하고 있었다. 그러나 다른 한편으로 식민지 지배 체제의 유지를 가능하게 한 또 다른 기반은 교육 기관, 대중 매체, 종교 기구 등의 이데올로기 국가 기구였고, 그러한 기구를 통해 유포된 식민지 지배 이데올로기였다. 일제는 강점 초기부터 다양한 통로를 통해 식민지 지배를 정당화하는 이데올로기를 창출하고 유포시키는 데 전력을 기울였다. 그것은 대체로 '근대'라는 외피를 쓰고 있었다. 이 글은 그 가운데서도 앞의 제도적 틀 가운데 핵심을 이루는 대학을 통해 수용되고 다시 그 틀 안에서 재생산된 '근대 학문'의 내용 및 영향을 경성제국대학(이하 '경성제대'로 씀)의 '문학과 조선 어학 및 조선 문학 전공'(이하 '조선어문학과'로 씀)을 중심으로 살펴보려는 것이다.

근대 학문의 뿌리를 어디에서 찾을 것인가 하는 문제는 한국의 인문·사회과학자를 괴롭히는 어려운 문제 가운데 하나이다. 논자에 따라서는 조선 후기의 실학과 같은, 한국 사회 내부의 전통에서 그 답을 찾기도 한다. 그러나 한국 사회가 스스로 힘에 의해 근대 사회로 이행하는 데 실패한 이후 근대 학문 체계가 형성되는 데 외부에서의 영향이 크게 작용했음은 부인할 수 없는 사실이다. 특히 일제의 식민지 지배 아래 놓여 있던 35년 동안은 더욱 그러했다. 문제는 외부에서 받아들인 새로운 학문을 바탕으로 사회 현실을 설명하고 사회가 더 나은 방향으로 나아갈 수 있도록 노력했는가 아니면 식민지 지배 체제에 매몰되어 근대 학문을 무비판적으로 수용하는 데 그쳤는가 하는 데 있을 것이다.

이 글에서 필자가 주목하려는 것은 경성제대 안에 하나의 분과 학문으로 제도화된 '조선어문학과' 안에서 '조선 어학'을 가르치고 배운 교수와 학생들이 갖고 있던 언어관, 언어 연구 방법론 등이다. 최근 국내 연구자들에 의해 경성제대의 설립 과정 및 성격에 대한 연구가 진전되었고[1] 일본에서는 일본의 근대 언어학자들에 의해 이루어진 일본어 및 조선어 연구의 의미가 활발하게 논의되고 있다.[2] 이 발표는 이들 연구 성과를 바탕으로 경성제대의 '조선어문학과'가 갖는 성격을 밝히고자 한다.

---

1) 장세윤(1992), 鄭圭永(1995), 정규영(1997; 1999), 정선이(1997) 등을 볼 것.
2) ましこ·ひでのり(1997), 三ッ井崇(1999), 石剛(1994), 石川遼子(1997), 安田敏郎(1997; 1999a; 1999b), イ·ヨンスク(1996), 長志珠繪(1998), 川村湊(1999) 등을 볼 것.

2. 제국 대학과 언어학

일본 제국 대학의 원형은 한때 일본의 유일한 대학이던 도쿄제국
대학(이하 도쿄제대)이었다. 일본 제국주의의 법적 토대인 '대일본
제국헌법'이 발포된 것이 1889년인데 그에 앞서 제정된 '제국대학
령'에 의해 기존의 도쿄대학이 도쿄제대로 바뀐 것은 1886년이었다.
일본 제국의 헌법이 발포되기 전에 도쿄제대가 설립되었다는 것은
제국 대학이 일본에서 근대 국가의 형성과 국민의 창출, 그리고 제
국주의의 성립과 발전에 핵심적인 부분을 차지하고 있었음을 상징
하는 것이었다.

실제로 '제국대학령'에는 "제국 대학은 국가의 수요에 응하는 학
술 기예를 교수함과 동시에 그 온오를 고구함을 목적으로 한다"고
규정되어 있었다. 여기서 학술 기예란 학문 연구를 가리킨다. 그런데
'제국대학령'에는 학문 연구의 기반인 합리주의라는 보편주의적 가
치가 '국가의 수요'라는 이름 아래 국가의 목적 또는 국가주의 가치
에 비해 부차적이거나 그것에 종속되는 것으로 규정되어 있었던 것
이다(寺崎昌男·成田克矢 編, 1979). 여기서 '국가의 수요에 응한
다'고 하는 규정은 한편으로는 국가의 목적에 상치하는 학문의 연구
나 교육은 허락하지 않는다고 하는 통제의 의미를 갖지만 다른 한편
으로는 국가의 목적에 합치하는 것이라면 정책적으로 장려한다는 적
극적 의미도 갖는 것이었다(世界敎育史硏究會 編, 1978).

제국 대학에 대한 국가의 지원은 여러 측면에서 이루어졌다. 그
가운데 특히 두 가지가 주목된다. 그 하나는 일본 제국의 엘리트인
졸업생에 대한 특권의 부여다. 보기를 들면 법학부 졸업자에게는
고등 문관 시험의 1차 시험을 면제함으로써 고급 관료로 진출할 수

있는 길을 열어주었으며, 문학부 졸업자에게는 무시험 검정에 의해 학교 교원[3]이 될 수 있도록 했다. 다른 하나는 사회의 수요나 학생의 지망 성향과는 무관하게 국가의 정책상 필요한 학문 분야는 제국 대학의 학과로 설치하고 '강좌제'라는 이름 아래 연구와 교육의 지속이 가능하도록 하는 제도적 장치를 마련하였다.[4] 1918년까지만 해도 일본의 대학은 도쿄제대 등 다섯 개의 제국 대학뿐이었다. 제국 대학 밑에는 '전문학교령'의 규정을 받는, 상업·공업 등 여러 분야의 전문 학교가 있었지만 이들 전문 학교는 해당 분야의 실무자를 양성하는 기구에 지나지 않았다. 일본 정부는 제국 대학 이외의 대학 설립을 원천적으로 가로막고 있었다. 그런 가운데 제1차 세계 대전 기간에 일본 경제가 급속하게 발전함에 따라 고등 교육에 대한 수요가 늘어나자 일본의 대학 체제를 개편하려는 움직임이 가시화되었다. 그리하여 1918년 '대학령'에 의해 제국 대학 이외의 대학 설립이 가능해짐에 따라 제국 대학에 의한 최고 교육의 독점 체제는 붕괴되었다. 그렇다고 해서 하루아침에 대학이 국가로부터 자율성을 획득한 것은 아니었다. 대학령에는 "대학은 국가가 필요로 하는 학술의 이론 및 응용을 교수함과 동시에 그 온오를 고구함을 목적으로 하고 아울러 인격의 도야 및 국가 사상의 함양에 유의"해야 한다고 규정되어 있었다. 곧 이전의 '제국대학령'에는 없던 '국가 사상의 함양'이라는 부분이 추가된 데서도 알 수 있듯이 대학은 일본 특유의 국가 사상으로 충만해야만 비로소 참된 제국의 대학이 될 수 있었던 것이다.

이러한 의미에서 볼 때 제국 대학은 처음부터 권력에 예속된 측

---

3) 교원은 대학 교수, 전문 학교 교유, 중등 학교 교사를 모두 포괄한다.

4) 극단적으로는 수강하는 학생이 전혀 없어도 '강좌'의 책임을 맡은 교수의 지위는 안정적으로 유지되었다.

면을 강하게 갖고 있었다. 이러한 국가 권력의 필요에 의해 제국 대학 안에 설치된 학과 가운데 하나가 언어학과였다.[5] 당시 일본 언어학 자체가 근대 국가의 형성 및 제국주의로의 발전과 밀접한 관계를 갖고 있었으며 따라서 '관학 아카데미즘'(김용섭, 1966)의 성격을 띠고 있었다. 이를 잘 보여주는 것이 일본 언어학·국어학의 아버지라고 불린 우에다(上田萬年)였다.[6] 우에다는 도쿄제대 언어학과 교수로 국어 연구실의 창시자였으며 문부성 전문학무국장, 신궁황학관장(神宮皇學館長)[7]을 역임한 바 있었다.

우에다가 '일본 제국'의 형성과 관련해 중요한 역할을 수행한 대학, 정부, 국가 신도의 세 영역에서 핵심적인 위치를 차지하는 데 바탕이 된 것은 독일 유학이었다. 우에다는 당시 유럽에서 유행하고 있던 비교언어학 등 최신 언어학의 학문 체계를 수입함으로써 일본 언어학·국어학의 이론과 방법론을 확립했다. 우에다는 국가의 구성 요소로 인종·역사와 함께 언어를 중시하는 한편 방법론적으로는 당시 서구에서 유행하던 언어학의 흐름에 기대 과학적 원리와 법칙성을 강조했다.[8] 특히 독일에 유학하는 동안 보불 전쟁 이후 빠른 속도로 발전하고 있던 독일의 언어 통일 운동에 깊은 감명을 받아 근대 국가의 형성과 발전에 언어의 개량 및 통일이 절대적인

---

5) 언어학과는 도쿄제대가 설립될 때부터 박언학과(博言學科)라는 이름으로 문학부의 네 학과 가운데 하나로 설치되었다. 박언학과는 1890년에 언어학과로 바뀌었다 (寺崎昌男·成田克矢 編, 1979: 33).

6) 우에다를 중심으로 한 도쿄제대 언어학 아카데미의 성격에 대해서는 イ·ヨンスク (1996)를 볼 것.

7) 신궁황학관은 '황학'을 연구하고 신사 종사자들을 육성하기 위해 1882년에 설치된 관립 학교인데 문부성 관할이던 다른 대학과는 달리 메이지 유신 이후 '천황제'를 절대화하는 이데올로기로 등장한 국가 신도(國家神道)의 주무 기관이던 내무성의 관할 아래 있었다.

8) 보기를 들어 국어학이 언어학 등 다른 인문·사회과학과 마찬가지로 하나의 과학임을 강조하고 있는 上田萬年(1908)을 볼 것.

과제라는 점을 인식하고 귀국 후 애국 운동으로서의 언어 운동에 전력을 기울였다. 우에다는 서구의 최신 이론과 정치적 영향력을 배경으로 많은 우수한 연구자들을 육성했고 이들과 함께 일본 언어학을 주도했다.

우에다를 중심으로 한 도쿄제대의 언어학은 국내적으로는 표준어의 설정, 언문 일치, 표음 문자 채용, 일본의 고유 언어인 가나의 개정, 방언의 박멸[9] 등을 통한 '국어'의 통일을 지향했다. 그리고 대외적으로는 일본 제국주의의 대외 침략에 발맞추어 비교언어학의 방법론을 바탕으로 한 언어 계통론을 통해 '국어'의 대외 진출을 적극적으로 옹호했다.

여기서 우에다가 도쿄제대 교수로서 배출한 제자들이 '일본 제국 판도' 안의 여러 식민지 언어를 지역별로 나누어 전공해 일본의 '국어' 이데올로기를 재생산하는 데 결정적인 역할을 했다는 데 주목할 필요가 있다. 실제로 가네자와(金澤庄三郎)는 조선어, 긴다이치(金田一京助)는 아이누어, 이나미(伊波普猷)는 오키나와어, 후지오카(藤岡勝二)는 만주어와 몽고어, 고토(後藤朝太郎)는 중국어로 나누어 일본 제국의 판도에 이미 포함된 지역 및 일본 제국주의의 진출 대상으로 간주되던 지역의 언어를 하나씩 맡아서 집중적으로 연구하였다(川村溱, 1999).

이들의 관심은 비교언어학에 입각해 일본어와 다른 언어와의 계통 관계를 밝히는 데 있었다. 특히 조선을 맡은 가네자와는 나중에 일본 언어학계 주류에서 비과학적이라는 이유로 비판을 받기는 하지만 일제의 조선 침략이 본격화되던 시기에 일본어와 조선어의 언어 동계론을 주장하고 나아가서는 그것을 바탕으로 일본과 조선이

---

9) 특히 초점이 된 것은 근대 국가 수립 이후 일본 제국의 내부 식민지로 편입된 오키나와와 홋카이도의 방언이었다.

역사적으로 한 뿌리였다고 보는 '일선 동조론(日鮮同祖論)'[10]을 주
장하는 등 일제의 조선 침략을 정당화하는 이데올로그의 역할을 하
고 있었다(金澤庄三郎, 1910; 1929). 한편 도쿄제대 동양사학과의
교수로 우에다의 동료인 시라토리(白鳥庫吉)도 노일 전쟁(1904) 전
까지는 고대 조선어와 일본어의 비교 연구를 통해 두 언어가 같은
계통이라는 결론을 내리고 이를 바탕으로 '일선 동조론'을 주장한
바 있었다(小熊英二, 1995; 石川遼子, 1997).[11] 제국 대학을 중심으
로 한 일본 언어학은 국가의 언어 정책에 관여하고 있다는 차원뿐
만 아니라 학문으로서의 이론, 방법, 대상 설정, 실천적 목적의 차
원에서도 처음부터 정치적인 것이었다. 특히 우에다 등이 일본의
대외 침략이 고조되던 시기에 일본어에 대한 학문적 분석을 모두
일본어의 우수성을 선전하는 것으로 전락시켜버린 것이나, 일본어
의 통일에 과도하게 집착함으로써 방언을 사회악으로까지 생각하는
사고 방식을 확대해 식민지 언어의 말살 내지는 '국어'로의 동화를
주장한 것 등에서 일본 언어학의 정치적 성격을 읽을 수 있다.

그런 가운데서도 국어의 통일이나 대외 진출을 추진할 때 일본
언어학이 항상 전면에 내세운 것은 '과학'이었다. 일본 언어학이 내
포하고 있던 정치적 의도는 과학주의 곧 과학적 방법에 기초한 귀
납적 결론의 강조로 치장되어 있었다. 여기서 과학주의란 불규칙하
고 혼란스러운 것처럼 보이는 현상이더라도 그 이면에는 일반적인

---

10) 이론적인 측면에서 언어를 인종론의 중요한 요소로 간주한 대표적인 인물은 가네
자와의 스승인 우에다였다(上田萬年, 1975).

11) '일선 동조론'은 일제가 조선을 강제로 병합한 1910년을 전후해 정치 상황이 바뀜
에 따라 점차 그 힘을 잃게 되었다. 시라토리의 경우 '일선 동조론' 대신에 만선
사관(滿鮮史觀)을 주장했다. 그러나 가네자와는 '일선 동조론'을 끝까지 고수했
다. 일본 '국사학' 안에서 '일선 동조론'이 대두하고 쇠퇴하는 과정에 대해서는 小
路田泰直(1997), 가네자와의 '일선 동조론'에 대해서는 石川遼子(1997), 三ッ井崇
(1999)을 볼 것.

194

규칙이 있으며 인간은 이성을 통해 그 규칙을 인식할 수 있다는 생각, 오직 과학적으로 입증된 지식만이 지식으로서의 가치를 갖는다는 생각을 가리킨다. 물론 '과학적'이라고 하는 것의 모태는 서구 근대 과학이었다. 이러한 의미에서 우에다 등에 의해 과학으로 수용된 일본 언어학도 결국에는 서구의 오리엔탈리즘이 반영된 것이었다. 과학, 과학적 중립성 · 객관성이라는 이름 아래 이루어진, 우월한 서양과 열등한 동양, 또는 우월한 일본과 열등한 일본 제국의 식민지 사이의 구별에는 관찰의 주체와 대상 사이에 현실적으로 존재하는 지배와 피지배의 힘 관계를 은폐하는 의도가 작용하고 있었던 것이다(鈴木廣光, 1993).

3. 경성제대의 설립과 '조선어문학과'의 개설

일제 강점기에 정식으로 인가된 대학은 경성제대 하나뿐이었다. 그런 의미에서 경성제대는 일제 강점기의 유일한 대학이었다.[12] 1910년대까지만 하더라도 일제는 식민지 조선에 고등 교육 기관은 필요하지 않다는 입장을 견지하고 있었다(정재철, 1995). 그런데 갑자기 대학 그것도 제국 대학이 식민지 조선에서 설립된 배경은 무엇일까? 기존의 연구를 통해 조선 민중의 각성으로 인한 위기의 타개책으로서의 조선총독부의 정책 전환, 친일 관료 육성의 필요성, '대학령'에 의한 일본 국내에서의 제국 대학 독점 체제 붕괴, 민립

---

12) 그러나 이미 19세기 후반부터 대학이라는 이름의 고등 교육 기관이 설립되었거나 설립을 추진하려는 움직임이 나타나고 있었다. 아울러 비록 국망 이후 일제의 고등 교육 억압 정책에 따라 인가를 받지 못했다고 하더라도 실질적으로는 대학 수준의 교육이 이루어지고 있었다.

대학 설립 운동과 해외 유학생 격증 등으로 나타난 조선인의 높은 교육열 등이 배경으로 지적되었다(장세윤, 1992; 鄭圭永, 1995; 정규영, 1997; 정선이, 1997; 馬越徹, 2001).

물론 이러한 요인들은 경성제대가 설립되는 배경으로 크게 작용했다. 그렇지만 '대학령'에 의해 일반 대학의 설립이 가능해진 상황에서도 굳이 제국 대학이 설립된 데는 또 다른 중요한 요인이 있었다고 생각된다. 그것은 3·1 운동과 그 이후 민족 운동의 흐름에서 드러났듯이 조선인 사이에 반제·반일 사상이 고조되는 상황을 제압하고 식민지 지배를 학문적으로 정당화하는 이론 체계를 수립하는 것이 일제 당국의 급선무로 대두되고 있었다는 사실이다(김용섭, 1966). 일제는 관학 아카데미즘의 본산으로서의 도쿄제대가 한 것과 같은 역할을 식민지 조선에서 할, 식민지 지배 이데올로기 기구로서의 제국 대학을 절실하게 필요로 하고 있었던 것이다. 조선총독부 학무 과장이던 마쓰무라(松村松盛)의 다음과 같은 회고는 이 점을 이해하는 데 시사적이다.

경성제국대학의 설립시 동경에 갔을 때 구보다(久保田讓)[13] 추밀원 고문관에게 호출되어 대학 설립에 관해 여러 이야기를 나누었던바, 그는 조선에는 법과 대학이 필요 없지 않은가, 오히려 그보다는 농과 대학 같은 것이 필요하지 않은가 하는 질문을 했다. 그러나 당시 조선에는 민립 대학 설치 운동이 상당히 맹렬해 기부금 모집을 시작했고 미국 선교사들도 사립 대학을 설립할 계획을 갖고 있었다. 이들 대학은 주로 법률, 정치, 경제 등의 연구를 목적으로 하는 관계로 만일 관립의 법과 대학을 세우지 않으면 조선에서 법률, 정치, 경제

---

13) 구보다는 추밀원에서 '경성제국대학에 관한 건'을 논의할 때 심사위원장이었다 (馬越徹, 2001).

등의 최고 교육은 이들 사학에 맡겨야 하는데, 당시 민족 운동을 볼
때 이는 심히 위험한 것이라고 답변해 이해를 얻은 일도 있다. (貴田
忠衛, 1936: 200)

마쓰무라의 이 회고는 종래에 법학과 개설의 이유를 설명하는 것
으로 이해되어왔다. 그런데 이 회고에서 더 중요한 것은 법학과 문
제에 대해서는 일본 정부와 조선총독부 사이에 의견의 대립이 있었
지만 법문학부의 다른 학과(곧 철학 · 사학 · 문학) 개설에 대해서는
일본 정부와 조선총독부 사이에 이미 합의가 이루어지고 있었음을 시
사한다는 점이다. 도쿄제대에서 그랬던 것처럼 경성제대에서도 문과
계열 학과의 설치는 정책적인 차원에서 추진되고 있었던 것이다.

여기서 1920년 1월 도쿄제대 교수인 우에다, 시라토리, 핫토리(服
部宇之吉: 철학) 등이 연명으로 경성에 대학을 세울 것을 내용으로
하는 건백서(建白書)를 정부에 제출한 바 있다는 사실에 주목할 필
요가 있다. 핫토리가 이후 경성제대의 초대 총장으로 경성제대 설
립의 주역이 되는가 하면 이들의 전공인 철학 · 사학 · 문학과가 처
음부터 경성제대 안에 개설되고 이들의 제자들이 대거 경성제대의
교수로 부임한 것[14]으로 보아 건백서와 경성제대의 설립 사이에 상
당한 정도의 연관성이 있음을 짐작할 수 있다. 그런데 이 건백서의
목적에 대해 시라토리는 "식민지에서 문화를 연구하는 동시에 식민
지 사람들을 문화에 접촉시켜 융화를 꾀하는 데 있다"(京城帝國大
學創立五十周年記念誌編輯委員會, 1974: 4)고 했다. 곧 '역사 · 철
학 · 문학' 분야에서의 문화 연구가 식민지에 새로 세워질 대학의 목
적이라고 본 것이다.

---

14) '조선어문학과'의 오쿠라(小倉進平)는 우에다의 제자였고, 사학과의 오다(小田省
吾), 이마니시(今西龍), 스에마쓰(末松保和) 등은 시라토리의 제자였다.

실제로 경성제대가 설립되는 과정에서 조선총독부 관계자들과 경성제대의 교수들은 조선 문화 나아가 동양 문화 연구의 중심으로서의 새로운 제국 대학의 위상을 강조하고는 했다. 보기를 들면 조선총독부 정무 총감인 유아사(湯淺倉平)는 "경성에 설치된 제대에는 특히 조선 문학, 조선 역사에 관한 한 일본 국내에 있는 다른 대학보다 다른 점이 있다는 것을 주의해주기 바란다. 〔……〕 경성제대는 이런 분야에 관해 각별히 연구해 동양 문화에 공헌할 것으로 생각한다"고 언급했으며 경성제대 철학과 교수인 아베(安部能成)는 "이 대학〔경성제대〕은 동양 연구를 표방했고 이 점에 주력할 것이다. 〔……〕 이 대학은 중국에 가깝고 대륙과 철도 교통이 발달되어 있어 일본보다 유럽에 연륙된 점으로 보아서도 조선의 지방 대학에 그치지 않고 국제 진출의 센터로 만들고 싶다"고 언급했다(이충우, 1980: 106~07). 그리고 총장인 핫토리는 1926년 5월 1일 개학식에서 "본 대학은 조선에 있기 때문에 당연히 가져야 할 특색이 있다고 생각한다. 〔……〕 한편으로는 지나〔支那: 중국〕와의 관계 또 한편으로는 내지〔內地: 일본〕와의 관계로 널리 여러 방면에 걸쳐 조선의 연구를 행하고 동양 문화 연구의 권위가 되는 것이 본 대학의 사명이라 믿고 능히 이 사명을 수행하는 데는 일본 정신을 원동력으로 하고 일신(日新)의 학술을 무기로 하여 나아가지 않으면 안 된다"는 점을 강조했다(大野謙一, 1936: 144~47).

경성제대의 모델인 도쿄제대의 문학부가 일본 근대 국가의 발전과 제국주의의 진출을 뒷받침하는 역할을 했듯이 경성제대도 근대 대학 제도의 틀 안에서 그리고 '조선 문화 또는 동양 문화' 연구라는 이름 아래 대륙 침략을 위한 정보를 제공하거나 식민지 지배 이데올로기를 재생산하는 역할을 맡도록 규정된 것이다.[15] 이를 위해 일제는 경성제대가 설립될 때부터 유일한 문과 계열 학부인 법문학부 안에 법학과 · 정치학과(곧 법학과로 통합됨), 철학과(철학 · 철학사, 윤리학, 심리학, 종교학 · 종교사, 미학 · 미술사, 교육학, 중국 철학, 사회학 전공), 사학과('국사학,' 조선 사학, 동양 사학 전공), 문학과('국어학 · 국문학,' 조선 어학 · 조선 문학, 중국어 · 중국 문학, 영어 · 영문학 전공)를 개설했다.[16] '조선어문학과'는 이러한 맥락에서 법문학부 문학과의 한 전공으로 개설된 것이다. 그리고 '조선어문학과'의 교수로는 조선 문학을 담당하는 다카하시(高橋亨)[17]와 조선 어학을 담당하는 오쿠라(小倉進平)가 부임했다. 이 밖에도 친일 유림인 정만조(鄭萬朝)와 어윤적(魚允迪)이 강사로 출강했지만 이들은 주로 한문학 과목을 맡았다. '조선어문학과'에서 조선 어학과 조선 문학을 강의하는 교수가 모두 일본인이었으며 조선인은 강사나 조수[18]에 불과했다는 사실은 대학을 중심으로 한 근대 학문의 세계를 일본인이 독점하고 있었으며 조선인들은 그 핵심에서 배제되고 있었음을 보여준다. 비교적 민족 차별이 없다고 이야기되는 제국 대학 안에서도 종주국과 식민지 사이의 간극은 존재하고 있었다. 일제는 제국 대학이라는 장치를 통해 조선인 엘리트를 제국주의의 지배 체제 안으로 끌어들이려고 했으나 그것은 제한된 포섭에 불과했던 것이다.

---

15) 실제로 경성제대의 교수들이 수행한 대부분의 연구는 이 범주에 드는 것이었다. 일제는 경성제대가 이러한 역할을 하는 데 필요한 지원을 아끼지 않았다. 조선어 연구에만 국한시켜보더라도 규장각 문서를 경성제대 도서관으로 이관한 것이라든지 '조선어문학과'의 오쿠라가 행한 방언 조사에 대해 행정 당국과 학교를 통해 지원한 것 등을 들 수 있다.

16) 경성제대의 전공 구성에 대해서는 小田省吾(1924), 平井三男(1926)을 볼 것.

17) 다카하시는 도쿄제대 한문과를 졸업한 뒤 조선총독부 관리로 있으면서 조선 유학에 관심을 갖게 되어 유학사와 사상사를 전공했다(이형성 편역, 2001).

18) '조선어문학과' 졸업생인 조윤제(趙潤濟)와 방종현(方鍾鉉)이 대학원에 재학하면서 조수를 지냈다.

4. '조선어문학과' 교수와 학생들의 조선어관

I. 일본인 교수들의 언어학

경성제대에는 조선어 연구와 연관된 여러 일본인 언어학자가 교수로 재직했지만 그 가운데서도 관학 아카데미즘의 재생산과 관련해 중요한 역할을 한 것은 '조선 어학' 강의 책임을 맡고 있던 오쿠라였다. 오쿠라는 도쿄제대 언어학과와 대학원 재학 중 우에다와 가네자와 밑에서 언어학을 공부하고 1911년 조선에 건너와 조선총독부 관리가 되었다. 경성제대 교수로 부임하기 전에 이미『조선 어학사(朝鮮語學史)』(1920),『국어와 조선어를 위해(國語及朝鮮語のため)』(1920),『국어 및 조선어 발음 개설(國語及朝鮮語發音概說)』(1923),『남부 조선의 방언(南部朝鮮の方言)』(1924) 등을 발표하고『향가 및 이두 연구(鄕歌及び吏讀の研究)』를 탈고하는 등 활발한 연구 활동을 통해 조선어 연구자로서의 위상을 확고하게 하고 있었다. 오쿠라는 1924년 유럽으로 유학을 떠났고 1926년 귀국하자마자 경성제대의 교수가 되었다. 1933년에는 도쿄제대 교수가 되었으며 1943년 정년 퇴임할 때까지 경성제대 교수를 겸임했다(이숭녕, 1982: 安田敏郎, 1999b).

오쿠라가 조선어에 관심을 갖기 시작한 것은 도쿄제대 대학원에 재학하고 있을 무렵이었다. 그렇다면 원래 일본어를 전공한(河野六郎, 1975) 오쿠라가 조선어를 연구하기 위해 조선총독부의 관리로 부임하게 된 이유는 무엇이었을까? 두 가지를 생각할 수 있을 것이다.

먼저 앞에서 언급했듯이 우에다의 제자들이 동아시아 각 지역의 언어를 분담해 집중적으로 연구하고 있었는데 오쿠라는 가네자와와 함께 조선어를 맡은 것으로 보인다. 한편 오쿠라의 도쿄제대 제자이자 나중에 경성제대 '조선어문학과' 교수가 되는 고노(河野六郎)의 회고에 따르면 오쿠라가 조선어 연구를 선택하게 된 데는 가네자와와 시라토리의 권유가 작용했다고 한다(河野六郎, 1975). 그런데 가네자와와 시라토리는 당시 일본어와 조선어의 동계론 나아가 '일선 동조론'을 주장하던 대표적 인물이었다. 따라서 가네자와와 시라토리가 오쿠라에게 조선어 연구를 권유한 데는 결국 일본어와 조선어의 동계론 나아가 '일선 동조론'을 입증하라는 의미가 담겨 있었을 것이다.

실제로 오쿠라의 조선어 연구는 이러한 두 가지 측면에 의해 크게 규정되었다. 오쿠라 자신에 따르면 "조선어 연구의 동기는 조선어란 어떤 언어인가, 조선어란 어떤 구조를 갖고 있는가, 주위의 언어에 대해 어떤 관계를 갖는가를 밝히고 싶다는 염원에서 출발한 것이다. 그것을 위해 나는 먼저 첫째, 금일에 이르기까지 조선어 연구의 역사를 아는 것이 절대로 필요하다는 것을 믿었고, 둘째, 조선어 자체의 역사를 분명히하는 것이 필요하다고 생각했고, 셋째, 조선어의 다른 언어에 대한 위치 관계를 연구하는 것이 필요하다고 느꼈다"고 한다(小倉進平, 1936). 곧 오쿠라는 조선어의 역사와 계통을 밝히는 것을 조선어 연구의 1차적 과제로 설정하고 있었던 것이다. 실제 그의 저작 목록(京都大學文學部國語學國文學硏究室編, 1975)을 보면 대부분의 연구가 역사와 방언 분야에 집중되어 있음을 알 수 있다. 오쿠라의 관심은 조선어의 현재 상황(맞춤법의 통일, 표준어의 제정 등)을 밝히고 미래상을 설정하는 데 있었던 것이 아니라 과거의 역사를 탐구해[19] 조선어와 일본어의 계통 관계를 밝

---

19) 오쿠라에 따르면 "언어의 역사적 연구를 무시한 어론(語論)은 흡사 사상 누각을 구축하는 것과 마찬가지로 근거가 매우 박약해 하등의 과학적 가치를 인정할 수가 없다"(小倉進平, 1929a)라는 것이다. 오쿠라가 방언 연구를 중시한 것도 결국

히는 데 있었던 것이다. 이와 관련해 오쿠라가 이미 학계에서 소수
파로 몰리던 가네자와의 '일선 동조론'에 대해 "언어학은 인종론·
민족론에 대한 유력한 증명자이지만 최후의 결정자는 아니다"(小倉
進平, 1929b)라고 지적함으로써 가네자와에 대해 일정한 거리를 유
지하면서도 언어학상의 동계론에 대해서는 반대하지 않았다는 사실
에 주목할 필요가 있다. 실제로 오쿠라의 조선어 연구는 조선어의
역사와 계통을 밝히는 데 중점을 두었다는 점에서 볼 때 가네자와
의 동계론에서 큰 영향을 받았다고 할 수 있다. 이러한 오쿠라의 관
심 안에 조선 민족의 전통이라든가 민족 정신이라는 요소가 포섭될
가능성은 전혀 없었다.

　한편 조선어 연구의 방법론과 관련해 오쿠라의 연구는 철저하게
실증주의 방법론을 따르는 것이었다. 방대한 오쿠라의 저작 가운데
언어관, 언어 이론 및 방법론에 대해 체계적으로 언급한 부분은 거
의 눈에 띄지 않는다. 곧 그는 자료의 수집, 사실의 나열 그 자체를
무엇보다도 중시했던 것이다. 이는 언어를 현실 사회와 무관한 대
상으로 놓고 연구하는 것이며 언어와 민족 또는 언어와 국가 사이
에서 발생하는 문제를 논의에서 배제하는 것이었다. 언어학은 주어
진 언어 자료를 과학적으로 다루는 데 그쳐야지 언어의 현실적 개
조에 관여해서는 안 된다는 이런 생각은 언어 연구자가 언어 현실
의 문제에 실천적으로 개입하려는 노력을 비과학적이라고 배척하는
것으로 이어진다.

　실제로 오쿠라가 경성제대에서 조선어 연구에 매진하고 있는 동
안 경성제대 밖에서는 조선인 연구자들이 몇 개의 단체를 만들어
나름대로 활동을 벌이고 있었다. 그 가운데 대표적인 것이 바로 조

<hr>

은 역사에 대한 관심과 이어지는 것이었다.

선어학회(전신은 조선어연구회)였다(이준식, 1994: 1996). 조선어학회의 회원들은 한글을 민족 정신, 민족 문화의 상징으로 보고 한글의 연구, 정리 및 통일, 보급을 주요 내용으로 하는 한글 운동을 벌이고 있었다.

그런데 오쿠라는 당시의 한글 운동에 대해 비교적 냉담한 자세를 갖고 있었던 것으로 보인다. 오쿠라가 한글 운동에 대해 언급한 것은 한 차례뿐이었다. "관청의 여러 조사 기관과 별개로 1931년 1월 조선인 민간측에 조선어학회가 창립되어 회원 상호가 열심히 연구한 결과 1933년 조선어 철자법 통일안을 결정 발표했다. 본안의 요는 표준어를 발음대로 표기하고, 철자법을 어법에 합치시키는 것을 원칙으로 하는 것이다"(小倉進平, 1940: 142~43)라는 짧은 언급이 그것이다. 여기에는 '열심히 연구한 결과'라는 표현을 제외하고는 아무런 주관적 평가도 들어 있지 않다. 단지 사실에 대한 짧은 '객관적' 서술만이 있을 뿐이다. 그런데 바로 그 앞에는 조선총독부가 제정한 철자법에 대한 긴 설명이 있다. 곧 오쿠라는 조선어학회를 중심으로 한 조선인들의 한글 운동에 대해 일제의 언어 정책과 관련해 큰 의미를 부여할 수 없다는 태도를 견지하고 있었던 것이다. 오쿠라의 실증주의 언어관은 결과적으로 당시 조선인들의 연구가 갖는 사회 참여적 성격을 비과학적인 것처럼 보이게 만들었다.

오쿠라 외에 경성제대에서 '조선 어학'을 전공한 학생들에게 큰 영향을 미친 것은 1927년부터 언어학 강좌의 책임을 맡고 있던 고바야시(小林英夫)였다.[20] 오쿠라가 언어 자료의 수집과 정리에 치

---

20) 이 밖에도 고노가 있었지만 그가 '조선어문학과' 교수가 되는 것이 1940년대 이후라는 점을 감안해 논의에서 제외했다. 한편 '국어학' 강좌를 맡고 있던 토키에다(時枝誠記)도 전시 체제 아래에서 '국어'와 조선어의 관계를 어떻게 설정할 것인가 하는 문제에 대해 여러 편의 중요한 글을 발표했지만 현재로서는 토키에다와 조선인 학생들 사이의 연관성이 발견되지 않기 때문에 역시 논의에서 제외했다.

중한 데 비해 고바야시는 언어학의 일반 이론과 과학적 문법을 지향하고 있었다(小林英夫, 1932; 1936). 특히 고바야시는 당시 세계 언어학계의 새로운 주목을 받고 있던 소쉬르 F. de Saussure의 『일반 언어학 강의』를 1928년에 일본어로 번역[21]하는 등 프랑스의 언어학 흐름에 정통했다.

우에다에서 잘 드러나듯이 고바야시 이전의 일본 언어학은 언어의 규범성, 언어학의 실천성을 강조하는 독일 언어학에 기울어 있었다. 그런데 고바야시가 소쉬르의 책을 번역한 것을 계기로 일본 언어학계에서는 언어를 자연 현상과 마찬가지로 민족이나 문화와는 분리된 연구 대상으로 취급해야 한다고 보는 소쉬르 언어학이 유행하기 시작했다(石剛, 1993).

과학으로서의 언어학을 강조하는 것은 일본 언어학의 오랜 전통이었지만 고바야시를 통해 소쉬르의 언어학이 수용되면서 철저하게 가치(실천)와 과학을 분리하는 경향이 대두했다. 여기에는 언어 문제와 관련해서는 우에다 등의 주도 아래 '국어'의 통일 운동이 일단락되고 정치적으로는 일본의 국가주의가 더욱 강화되는 상황이 크게 작용하고 있었다. 인문·사회과학의 모든 분야에서 실증주의가 한층 발달하고 이에 비례해 학문의 비판적 자율성이 부정되는 가운데(방기중, 1992: 89~90) 언어학에서는 소쉬르 언어학이 각광을 받게 된 것이다. 물론 소쉬르 언어학은 식민지에 대한 지배를 공고화하고 더 나아가 제국의 판도를 확대하고 있던 일제의 의도에 부합하는 것이었다. 왜냐하면 "언어는 말하기의 사회적 측면이기 때문에 개인을 초월하고 개인의 밖에 있는 것이므로 개인이 이를 수정하거나 창조할 수 없다. 언어는 공동체 구성원들이 승인한 계약의

---

21) 이 책의 외국어 번역판은 일본에서 가장 먼저 나왔다고 한다.

형태로 존재한다"(Saussure, 1966: 14)고 본 데서도 알 수 있듯이 소
쉬르 언어학은 식민지 종주국의 언어 정책에 대한 식민지 민중의
저항 가능성을 이론적으로 부정하고 있기 때문이다.

II. '조선어문학과' 학생들의 조선어관

'조선어문학과'의 학생들이 적었기 때문에[22] 어학·문학을 불문
하고 강의를 들었다는 사실을 감안할 때 대체로 '조선어문학과'의
학생들은 오쿠라의 강의[23]를 들었을 것으로 보인다. 경성제대 '조선
어문학과'를 졸업한 조선인 학생 및 졸업 논문 제목은 다음과 같
다.[24]

1929년 졸업　조윤제
1930년 졸업　이희승
1931년 졸업　김재철(金在喆:「조선 고대 연극 개관」)
　　　　　　　이재욱(李在郁:「영남 민요의 연구」)
1933년 졸업　이숭녕(李崇寧:「조선어의 히아시스 현상에 대해」)
1934년 졸업　방종현(「ㆆ 자음에 대해」)

---

22) 조용만의 회고에 따르면 "경성제대의 특색은 조선 사학과와 조선 문학과가 있는
　　것이어서 다른 대학에 없는 이 학과로 많은 학생이 몰릴 줄 알았는데 사실은 학생
　　이 별로 없었다"고 한다(조용만, 1988: 29).
23) 오쿠라는 1년에 두 개 내지 세 개의 강좌를 개설했는데 강좌의 제목은 '조선 어학
　　사, 언문의 역사적 연구, 조선어 강독 연습, 조선 어학 개론, 어학상으로 본 조선
　　어 및 국어 그리고 기타 언어, 조선의 한자음, 모음 조화, 고서 언해 및 조선어 방
　　언의 연구, 조선어의 계통, 조선어의 계통(속), 고서 언해 해설 등이다. 오쿠라의
　　주요 관심사인 조선어의 역사·방언·계통에 관련된 과목이 주를 이루고 있다.
24) 京城帝國大學(1941);『靑丘學叢』4호(1931), p. 186; 11호(1933), p. 176; 15호
　　(1934), p. 210; 19호(1935), p. 208; 23호(1936), p. 174; 27호(1937), p. 145 등
　　을 볼 것.

1935년 졸업　윤응선(尹應善:「점필재〔占畢齋〕와 문도의 도학
　　　　　　　및 문학에 대해」)
　　　　　　정학모(鄭鶴模:「주요 시조의 작가에 대해」)
1936년 졸업　김형규(金亨奎:「조선어에서 소유 종속을 나타내는
　　　　　　　조사」)
　　　　　　구자균(具滋均:「이서 시인을 중심으로 본 근대 위
　　　　　　　항 문학」)
　　　　　　신원우(申源雨:「박연암 연구」)
　　　　　　손낙범(孫洛範:「이목은에 대해」)
　　　　　　정형용(鄭亨容:「조선 고대 소설의 분류 및 중국
　　　　　　　소설의 수입과 그 영향」)
　　　　　　이달호(李耋浩, 일명 李凡洙:「경서언해의 토에 대해」)
1937년 졸업　최시학(崔時鸎:「허균에 대해」)
1938년 졸업　김사엽(金思燁), 오영진(吳泳鎭), 이재수(李在秀)
1939년 졸업　고정옥(高晶玉)
1940년 졸업　신구현(申龜鉉)

　　20명의 조선인 학생 가운데 어학 관련 졸업 논문을 쓴 5명(이희
승 · 이숭녕 · 방종현 · 김형규 · 이달호)은 물론이고 나머지 학생들도
오쿠라의 영향에서 자유롭지는 않았을 것이다.[25] 여기서 흥미로운

---

25) '조선어문학과'의 학생이 적었기 때문에 대부분의 수업은 1~2명의 학생을 대상으
　　로 세미나식으로 진행되었다. 특히 학생들 사이에서 실력 있는 교수로 평가되던
　　오쿠라의 경우 학생들에게 미친 영향은 절대적이었을 것이다. 조선사를 전공한
　　신석호의 회고에 따르면 "나는 조선 사학 전공이었지만 조선 문학 강의를 빼놓지
　　않고 들었다. 〔……〕 오쿠라 교수는 우리나라 사람도 해내지 못한 향가를 터득한
　　위대한 학자였다"(이충우, 1980: 110)고 한다. 한편 문학 전공인 조윤제도 "小倉
　　박사와 土田杏村 씨 사이에 향가의 형식에 대하여 긴 논쟁이 있었다. 〔……〕 그때

것은 '조선어문학과' 졸업자 가운데 중앙고보 출신인 이희승이나 일
본에서 중학교(濟覽中)를 나온 방종현을 제외하고는 모두 공립 학
교 출신이었다는 사실이다. 실제로 조윤제·이재욱·윤응선·김사
엽은 대구고보, 김재철·정학모·정형용은 경성제일고보, 고정옥·
손낙범·구자균은 경성제이고보, 신원우·이재수·신구현·이달호
는 청주고보, 김형규는 원산중, 최시학은 경성고보, 오영진은 평양
고보 출신이었다(이충우, 1980). 경성제대의 조선인 학생들 가운데
공립 학교 출신이 차지하는 비율이 높았다는 사실을 감안하더라도
'조선어문학과' 학생 가운데는 상대적으로 공립 학교 출신이 더 많
았던 것이다.

그런데 당시 공립 학교의 교육이 일본어로 이루어지고 있었다는
것을 감안할 때 조선인 학생들의 조선어에 대한 관심은 처음부터
제한되어 있었고[26] 그만큼 일본인 교수들의 영향을 받아 조선어를
인식했을 가능성이 크다고 생각된다. 이미 국망이 된 이후 성장기
를 보낸 이들에게 일본이란 근대 자체였다. 더욱이 치열한 경성제
대의 입학 시험을 통과하기 위해서는 고도의 일본어 능력이 요구되
었다. 왜냐하면 시험 과목으로 일본어와 일본 역사가 공통적으로
부가되었기 때문이다. 일본어를 모국어로 한 일본인 학생들과의 경
쟁에서 이겨 경성제대에 입학했다는 것은 초·중등 교육을 통해 이
미 일정한 정도로 일본어가 생리화되어 있었다는 것을 의미한다.
물론 경성제대의 교육도 일본어로 이루어졌다. 일본어는 대학 안에

나는 소창 박사와 한 연구실에 있으면서 그들의 논쟁에 대하여 무한한 흥미를 가
지고 내다보았고 또 그것으로 인하여 자극도 받아 우리나라 시가의 연구는 내가
하여야 하겠다는 결심을 하게 되었다"(조윤제, 1964)고 회고한 바 있다.

26) 법학과 출신인 이항녕에 따르면 "관립 학교를 다녔던 우리들은 국사나 국어에 대
해서는 까막눈이나 다를 바 없었다. 일본 역사와 일본말만 배워왔기 때문이다"라
고 한다(주간시민사 편집국 편, 1977: 86).

서 근대를 경험할 수 있는 유일한 언어 수단이었다.

나아가 조선인 학생들이 남긴 회고담을 통해 유추해볼 때 이들은 일본인 교수들의 학문적 업적에 대해 상당히 긍정적인 평가를 하고 있었다.[27] 조선인 학생들은 일본인 교수들이 과학·법칙·체계 등을 내세워 가르치는 서구의 근대 학문에 매료되었다.[28] 당시 일본 고등 교육 체계에서 핵심적 위치를 차지하고 있던 도쿄제대의 언어학과와 직접 연결된 경성제대의 '조선어문학과'라는 제도적 틀 안에서 어학자로서의 체계적 훈련을 받은 조선인 학생들의 '조선 어학' 연구는 크게 두 가지 방향으로 진행되었다. 그 하나는 연구의 이론적·방법론적 틀과 관련해 과학적·실증적 접근 방식을 강조하는 한편 사회적 실천에 대해서는 일정한 거리를 유지하는 것이었고, 다른 하나는 연구 대상과 관련해 역사와 방언을 중시하는 것이었다.

먼저 전자와 관련해 일찍부터 가장 분명하게 자신의 입장을 드러낸 것은 이희승이었다. 이희승이 경성제대를 졸업하고 발표한 여러 글 가운데 두 구절만 인용해보기로 하자.

대개 과학적 연구라는 것은 개개의 사실을 조사·음미하는 것으로부터 전체에 대한 완전한 체계적 지식에 도달하지 않으면 안 된다. 〔……〕 개개의 사실을 비교하여 그 사이에 공통되는 점과 차이나는

---

27) 영문학을 전공한 채관석에 따르면 "처음에는 식민지 교육을 시키는 터에 무슨 신통한 교수가 있겠느냐고 생각했다. 또 새로 부임해 오는 교수들의 나이가 젊기 때문에 속으로 깔본 것도 사실이다. 그러나 그들이 대단한 실력자라는 것을 곧 알게 되었다. 그들은 동경제대를 나온 뒤 구미 선진국에 가서 2~3년씩 연구를 했다"(이충우, 1980: 108)는 것이다.

28) 경성제대 법문학부 교수들은 모두 도쿄제대 출신으로 경성제대 부임 직전 또는 부임 후에 2~3년 동안 서구에 유학한 경험을 갖고 있었다(朝鮮人事興信錄編纂部編, 1935). 이러한 의미에서 이들은 최첨단의 서구 근대 학문으로 무장한, 도쿄제대 관학 아카데미즘의 적자였던 셈이다.

점을 발견하는 것이 가장 중요하다. 언어의 연구도 이와 같은 방식으로 나아가서 그 최고 이론이라든지 근본 원리를 세우고 이 원리를 기본으로 하여 종합적으로 전체의 체계를 조직하지 않으면 안 되리라 생각한다. (이희승, 1938)

신어(新語)를 제출하는 진의를 살피건대, 그 태도가 결코 과학적이 아니요, 정실 개념에 얽매인 까닭이라 생각한다. 〔……〕 언어 연구는 과학적이어야 한다. 일부러 자아 의식을 고취하기 위하여 외래어를 구축한다는 것은 철학자, 문호, 사상가, 정치가 들의 할 운동이요, 결코 언어를 연구 정리한다는 과학자의 할 영분은 아니다. (이희승, 1933)

첫번째 인용문에서 알 수 있듯이 이희승은 언어 연구에서 개개 사실의 수집, 수집된 사실의 비교, 그리고 궁극적으로는 이론에 입각한 체계화가 중요하다고 보았다. 이것이 과학적 언어 연구의 핵심이라는 것이다. 연구의 출발점으로 사실의 수집과 비교를 강조한다는 점에서는 이희승이 추구한 과학적 연구가 오쿠라의 그것과 크게 다르지 않음을 알 수 있다. 그러면서도 이희승은 과학적 연구의 최종 목표로 이론적 체계화를 지향하고 있었다.

이희승은 "조선 어학의 연구는 일반 언어학의 원리와 법칙을 가지고 하지 않으면 안 된다. 부질없이 조선어 자체만 천착한다면 결국 우물 안 개구리의 망단에 빠지는 일이 많을 것이다"(이희승, 1938)라고 보았다. 여기서 말하는 일반 언어학이 소쉬르의『일반 언어학 강의』를 의식했다는 사실을 짐작하기란 어려운 일이 아니다. 실제로 이희승은 언어 연구의 주요 분야를 '통시적 또는 수직적 연구, 공시적 또는 수평적 연구, 비교적 연구, 보조적 연구'로 나눈 바 있는데(이희승, 1938) 여기서 통시적 연구·공시적 연구란 소쉬르가 말하는 통시태·공시태와 같은 것이었다. 따라서 이희승이 고바야시를 통해 소개된 소쉬르의 언어학을 적극적으로 받아들이고 있었음을 알 수 있다.

이러한 인식은 그 자체로서는 보편 타당한 것으로 보인다. 그렇다면 다시 이론적 체계화 또는 일반 언어학의 원리는 궁극적으로 무엇을 지향하는 것일까? 그 답은 앞의 두번째 인용문을 통해 유추할 수 있다. 과학은 과학일 뿐 철학도 사상도 정치도 운동도 아니라는 것이 이희승의 생각이었다. 곧 과학적 연구는 연구에 그치는 것일 뿐 그 이상은 아니라는 것이다. 바로 이 점에서 이희승이 오쿠라 뿐만 아니라 소쉬르 언어학에서도 영향을 받고 있었음을 알 수 있다. 이와 관련해 이희승이 해방 이후 한 대담에서 일제 강점기의 한글 운동을 회고하는 가운데 민족 운동의 일환으로서의 언어 연구의 의의를 부정적으로 보면서 그 대안으로 프랑스의 언어학을 따라 학문으로서의 언어 연구를 해야 할 것을 주장하는 데서도 소쉬르의 영향력을 짐작할 수 있다(이희승·이기문, 1969).

이와 같이 이희승은 오쿠라 언어학과 소쉬르 언어학의 영향 아래 언어학이 주어진 언어 자료를 다루기만 해야지 언어의 개조에 관여해서는 안 된다는 생각을 갖게 된 것이다. 이러한 생각은 이희승의 후배인 이숭녕에게서도 나타나고 있었다. 특히 이숭녕에서 주목되는 것은 고바야시의 영향을 직접 언급하고 있다는 것이다. 이숭녕은 고바야시에 대해 다음과 같이 회고한 바 있다.

나는 대학에서 정말 좋은 스승을 만났다. 그는 언어학의 고바야시 조교수인데 나이 30도 못 되는 날카로운 소장 학자였다. 우연한 기회에 나를 연구실로 불러 환담한 것이 다시 없는 사제의 인연을 맺게

되었다. 고바야시는 나에게 조선 어학을 연구하겠다고 하던데 외국
어를 몇 개나 구사할 줄 아느냐고 물었다. 영어와 독어라고 대답하자
그는 얼굴이 이상해지더니 냅다 쏘아붙였다. "그러면 불어는 모른다
는 말이지. 아니 대학에서 영어, 독어가 공부에 드는 줄 아나! 그것
은 대학의 상식이야. 불어를 모르거든 조선 어학자가 될 생각은 처음
부터 그만두게나." 고바야시의 이 같은 충고는 내 마음 깊숙이 아로
새겨져 내 일생을 지배했다. (이충우, 1980: 198~99).

이숭녕이 고바야시를 '좋은 스승'으로 회고하는 가장 중요한 이
유는 서구의 최신 언어학 이론에 접할 기회를 얻었다는 데 있었다.
그런데 고바야시가 특히 강조한 것은 '불어를 모르면 조선 어학을
할 수 없다'는 점이었다. 여기서 말하는 불어란 소쉬르의 언어학이
었을 것이다. 곧 이숭녕은 고바야시를 통해 소쉬르의 언어학에 심
취하게 된 것이다.[29] 이는 이숭녕이 경성제대를 졸업한 뒤에 발표한
글에서 "자료의 축적, 구체적 예시의 나열, 발달의 인과를 설명하지
못하는 사실의 관찰 등은 음운 변화의 연구에 있어서 하등의 결론
을 주지 못하는 것이다. 우리는 법칙의 정립을 최대의 목표로 하지
않으면 안 될 것이다"(이숭녕, 1939: 2~3)라고 언급한 데서도 잘 드
러난다. 이숭녕은 자신의 전공 분야인 음운론 연구에서는 오쿠라를
통해 배운 비교역사언어학의 방법을 활용하면서도(고영근, 1985),
방법론의 측면에서는 고바야시를 통해 배운 소쉬르를 지향하고 있
었던 것이다.

---

29) 이와 관련해 허웅은 "그[이숭녕]는 대학 다닐 때부터 남달리 일반 언어학에 취미
를 가지고서 여러 가지 외국어 공부를 하는 데 힘을 기울였다. 그 당시 경성제대
에는 일본 언어학자 고바야시가 교수로 와 있을 때이어서 그는 고바야시에게 일
반 언어학의 지도를 받았다"(허웅, 1979: 435)고 지적한 바 있다.

  그러나 이희승의 경우와 마찬가지로 오쿠라나 고바야시의 영향이 가장 두드러지게 나타나는 부분은 언어와 관련된 사회적 실천에 대한 부정적 인식이었다. 이와 관련해 해방 후에 발표한 글에서 이숭녕은 조선어학회를 중심으로 한 한글 운동에 대해 "비과학적 쇼비니즘"으로 평가한 바 있다(이숭녕, 1954). 이숭녕에 따르면 "민족과 언어가 본질적으로 불가분의 관계에 있는 것은 아니다. 〔……〕 개인의 언어를 제약하고 지배하고 있는 것은 민족이 아니라 그 주위의 언어 사회"라고 한다. 곧 언어란 민족이나 문화와는 분리된 독자적 세계로서의 언어 사회의 지배를 받는 것이기 때문에 언어학(자)의 임무는 언어 사회를 지배하는 법칙을 있는 그대로 밝히는 것이지 민족의 발전을 위한 또는 문화의 진보를 위한 방향을 제시하는 데 있지 않다는 것이다. 이러한 생각은 결국 언어를 사용하는 사람들의 주체적 의지나 능력보다는 추상적인 언어 사회에 대한 개인의 복종, 언어의 고정성을 중시하는 것으로 이어진다. 일제에 의한 식민지 지배라는 상황과 관련시킨다면 일제의 언어 정책에 대해 '민족'이라는 이름을 내세워 저항하는 것도 비과학적 언어 인식의 산물이라는 것이다.

  이희승과 이숭녕의 경우에서 알 수 있듯이 '조선어문학과'의 졸업생들이 견지하고 있던 언어관은 결국 오쿠라처럼 역사와 방언을 중심으로, 그리고 소쉬르 언어학이 강조하는 이론적 체계화를 지향하면서 조선어를 연구하되 조선어의 현재와 미래를 둘러싸고 벌어지던 현실적 움직임 곧 한글 운동에 대해서는 소극적 입장을 견지하는 것으로 귀결되었다.

  '조선어문학과' 졸업생들에게는 학교에 남아서 계속 공부하거나 관립의 사범 학교나 중등 학교 교원이 되는 길이 열려 있었다. 경성제대의 졸업장은 안정된 직장을 보증하는 것이었다. 역으로 이를 계속 유지하기 위해서는 현실에 대한 고민을 피할 수밖에 없었다. 이러한 맥락에서 전주사범학교 교유로 부임한 김형규가 1939년에 필화 사건[30]에 연루되어 학교를 그만두게 된 것은 경성제대 졸업생들의 현실적 위치를 보여주는 것이었다(허웅, 1979).

경성제대에서 근대 학문의 세례를 받은 '조선어문학과' 졸업생 가운데 이희승과 방종현을 제외하고는 당시 대표적인 한글 운동 단체이던 조선어학회와 조직적으로 연결된 사람이 별로 없었다는 것은 이와 무관하지 않다(이준식, 1996). 오히려 1931년 1월 조선어학회가 출범하자 같은 해 6월 조윤제·이희승·이숭녕·방종현 등은 따로 조선어문학회를 창립했다. 이들은 조선어학회가 민족주의를 바탕으로 연구와 실천의 결합을 지향하는 데 대해 거부감을 가지고 있었던 것으로 보인다. 조선어문학회는 기본적으로 연구만을 지향했다. 보기를 들면 '조선어문학과' 졸업생 가운데 가장 민족적 성향이 강한 것으로 알려진 조윤제조차 나중에 "민족 독립 운동의 일환으로서 민족 정신을 고취하기 위하여 국문학을 연구하였다는 것은 한 관념이었고 실제 연구하는 데 있어서는 국문학을 위한 학문 연구에 열중하여나갔다"(조윤제, 1964)고 고백할 정도로 이들은 '연구를 위한 연구'를 지향하고 있었다. 이들에게 대학은 학문하는 곳이었고 다시 학문의 세계는 사회적 실천과는 구분되는 것이었다. 다시 조윤제의 말을 빌리면 "학자의 연구는 학문 그 자체에 가치와 목적을 가지고 있고 〔……〕 (활용을) 목적으로 하는 것은 아니"(조윤

---

30) 김형규는 1939년 5월 14일자와 16일자 조선일보에 「조선어의 과거와 미래」라는 글을 기고했다. 이 글의 요지는 조선어 연구에서 '과거의 역사를 밝히는 것이 급선무'임을 주장한 데 있다. 그런데 이러한 주장을 펴면서 조선과 중국의 역사에서 소수 지배층인 이민족의 언어가 시간이 지나면서 소멸한 데 비해 다수인 피지배자의 언어는 살아남은 사례가 있었음을 지적한 부분이 당시 일제의 언어 정책에 대한 비판으로 간주되어 필화 사건이 된 것으로 보인다.

제, 1932)라는 것이었다. 이러한 의미에서 오쿠라가 조선어를 연구하면서 견지한 실증적 언어학, 고바야시를 통해 수용된 소쉬르 언어학이 강조하는 과학과 실천의 분리는 이들에게서도 그대로 나타나고 있었던 것이다. 이들이 사회적 실천과는 일정하게 거리를 유지하고 있던 진단학회나 조선음성학회 등에는 대거 회원으로 참여했다는 사실이나 이숭녕이 조선어학회에서 간행하던 『한글』에는 몇 차례 '학문적' 글을 기고하면서도 조선어학회의 맞춤법 제정이나 표준어 사정에는 전혀 관여하지 않은 사실도 이러한 맥락에서 이해할 수 있다.

5. 맺음말

한국 사회가 스스로 힘에 의해 근대 사회로 이행하는 데 실패한 이후 근대적 학문 체계가 형성되는 데는 외부에서의 영향이 크게 작용했다. 경성제대에 설치된 여러 학과의 학문도 기본적으로 일제에 의해 이식된 것이었다. 전통 학문의 근대 학문으로의 계승 발전이라는 측면에서 볼 때 경성제대는 완전히 이질적인 것이었다. 법문학부 교수 가운데 단 한 명의 조선인 교수도 없었다든지 법문학부에서 공식적으로 발간하던 논문집에 조선인이 쓴 논문이 단 한 편밖에 게재되지 않았다는 사실은 경성제대 자체가 조선인을 배제한 채 일본인 연구자들 중심으로 짜인 일종의 성역이었음을 단적으로 보여준다. 그 안에서 근대 학문이라는 이름 아래 이루어진 연구는 기본적으로 일제의 식민지 지배를 합리화하고 정당화하기 위한 것이었다. '관학 아카데미즘'의 본산인 도쿄제대가 일본 제국주의를 정당화하는 이데올로기를 생산하는 역할을 수행한 것과 마찬가지로 경성제대 자체도 식민지 조선에서 식민지 지배 이데올로기를 재생산하는 역할을 담당하는 이데올로기 기구로서의 성격을 갖고 있었던 것이다.

　이러한 상황은 이 글에서 다룬 '조선어문학과'의 경우에도 마찬가지였다. '조선어문학과'의 조선인 학생들이 배운 조선어란 일본 제국주의의 지배 대상으로서의 조선 민족의 언어에 지나지 않았으며 일본인 교수들을 통해 접한 언어학도 '과학'이라는 이름 아래 피억압 민족의 언어 현실을 변화시키기 위한 의식적 개입을 부정적으로 보는 것에 지나지 않았다. 나아가 정만조 등 당대의 유수한 친일 학자들이 '조선어문학과'의 강사로 강의를 맡기는 했지만 교수는 되지 못했으며 도쿄제대를 통해 이식된 근대 언어학의 훈련을 받은 '조선어문학과' 졸업생들도 기껏해야 전문 학교에 자리를 잡았을 뿐 제국 대학의 교수는 되지 못했다.[31] 이는 결국 이 시기 경성제대를 정점으로 짜인 대학 제도와 학문 체계가 언어학 분야에서도 예외 없이 식민지적 속성을 드러내고 있었음을 의미하는 것이다. 그럼에도 불구하고 '조선어문학과'의 졸업생들은 도쿄제대에서 제국주의 언어학의 정수를 배운 오쿠라, 고바야시 등을 통해 경성제대에 소개된 '과학적' 언어학을 학문의 진리라고 믿었고 그러한 믿음을 바탕으로 연구를 위한 연구로서의 조선어 연구에 매진했던 것이다.

---

31) '조선어문학과'를 졸업한 조선인 학생들이 대학 교수가 된 것은 해방 이후였다. 이들은 서울대학교 문리대 국어국문학과(조윤제 · 이희승 · 이숭녕 · 방종현 · 정형용)와 사범대학 국어교육과(정학모 · 손낙범 · 김형규), 그리고 지방 국립 대학의 교수가 되어 수많은 후진을 양성했고 한국의 언어 정책에도 큰 영향력을 행사했다.

참고 문헌

고영근(1985), 『국어학 연구사: 흐름과 동향』, 학연사.

김용섭(1966), 「일본 한국에 있어서의 한국사 서술」, 『역사학보』 31, pp. 128~47.

馬越徹(2001), 한용진 옮김, 『한국 근대 대학의 성립과 전개』, 교육과학사.

방기중(1992), 『한국 근현대 사상사 연구』, 역사비평사.

이숭녕(1939), 『조선어 이화 작용에 대하여」, 『진단학보』 11권, pp. 1~42.

―――(1954), 「민족 및 문화와 문화 사회」, 김민수 외 편, 『국어와 민족 문화』, 집문당, 1984, pp. 46~50.

―――(1982), 『혁신 국어학사』, 박영사.

이준식(1994), 「외솔과 조선어학회의 한글 운동」, 『현상과 인식』 18권 3호, pp. 39~66.

―――(1996), 「일제 침략기 한글 운동 연구」, 한국사회사연구회 논문집 제49집, 『사회 변동과 성·민족·계급』, 문학과지성사, pp. 49~82.

이충우(1980), 『경성제국대학』, 다락원.

이형성 편역(2001), 『다카하시 도루의 조선 유학사』, 예문서원.

이희승(1933), 「신어 남조 문제」, 『조선 어학 논고』, 을유문화사, 1947, pp. 251~72(이 글은 원래 『조선어 문학 회보』 6호에 실린 것이다).

―――(1938), 「조선 어학의 방법론 서설」, 동아일보, 1938년 8월 9일자~14일자.

이희승·이기문(1969), 「대담: 국어의 부흥」, 『월간중앙』, 1969년 7월
　　　호, pp. 228~41.
장세윤(1992), 「일제의 경성제국대학 설립과 운영」, 『한국 독립 운동사
　　　연구』 6집, pp. 347~408.
정규영(1997), 「경성제국대학의 설립 과정」, 『청주교육대학교 논문집』
　　　35집, pp. 127~63.
──────(1999), 「콜로니얼리즘과 학문의 정치학」, 『교육사학 연구』 9집,
　　　pp. 21~36.
정선이(1997), 「경성제국대학의 성격 연구」, 연세대학교 박사 학위 논
　　　문.
정재철(1995), 「한국에서의 일제 식민지주의 고등 교육 정책사 연구」,
　　　『중앙교육사학회 논문집』 창간호, pp. 3~34.
조동걸(1995), 「1930~40년대의 국학과 민족주의」, 『인문과학 연구』
　　　(동덕여대), 창간호, pp. 125~42.
조용만(1988), 『30년대의 문화 예술인들』, 범양사 출판부.
조윤제(1932), 「학자의 생활은 모순에서 모순에」, 조선일보, 1932년 12
　　　월 9일자.
──────(1964), 『도남잡지』, 을유문화사.
주간시민사 편집국 편(1977), 『명사 교유록』 제1권, 주간시민사 출판국.
허　웅(1979), 「국어학의 학보」, 『우리말과 글에 쏟아진 사랑』, 문성출
　　　판사, pp. 425~40.

京都大學文學部國語學國文學研究室　編(1975), 『小倉進平博士著作集』
　　　一~四, 京都大學國文學會.
京城帝國大學(1941), 『京城帝國大學一覽 昭和十六年』, 京城帝國大學.
京城帝國大學創立五十周年記念誌編輯委員會(1974), 『紺碧遙かに』, 京城帝國大學同窓會.

貴田忠衛(1936), 『朝鮮統治の回顧と批判』, 朝鮮新聞社.

金澤庄三郎(1910), 『日韓兩國語同系論』, 三省堂.

───(1929), 『日鮮同祖論』, 刀江書院.

大野謙一(1936), 『朝鮮敎育問題管見』, 朝鮮敎育會.

ましこ・ひでのり(1997), 『イデオロギ: としての日本』, 三元社.

寺崎昌男・成田克矢 編(1979), 『學校の歷史 第4卷 大學の歷史』, 第一
　　法規出版株式會社.

三ッ井崇(1999), 「日本語朝鮮同系論の政治性をめぐる諸樣相」, 『朝鮮
　　史硏究會論文集』 37집, pp. 133~69.

上田萬年(1908), 『國語學叢話』, 博文館.

───(1975), 『言語學』(新村出 筆錄), 敎育出版.

石　剛(1993), 『植民地支配と日本語』, 三元社.

石純姬(1999), 「植民地支配下の朝鮮における言語の‘近代化’と‘ナショ
　　ナリズム’」, 『植民地敎育史硏究年報』, Vol. 2, pp. 115~28.

石川遼子(1997), 「‘地’と‘民’と‘話’の相剋」, 『朝鮮史硏究會論文集』 35
　　집, pp. 79~116.

世界敎育史硏究會 編(1978), 『世界敎育史大系 26: 大學史 1』, 講談社.

小路田泰直(1997), 『日本史の思想: アシア主義と日本主義の相剋』, 柏
　　書房.

小林英夫(1932), 「一般文法成立の可能性について(その序說)」, 京城帝
　　國大學法文學會 編, 『言語・文學論纂』, 刀江書院, pp.
　　99~189.

───(1936), 「言語學における目的論」, 『京城帝國大學創立十周年記
　　念論文集: 文學 篇』, 大阪屋號書店, pp. 251~97.

小熊英二(1995), 『單一民族神話の起源』, 新曜社.

小田省吾(1924),「京城帝國大學豫科開設に就て」(팜플렛).

小倉進平(1929a),『鄕歌及び吏讀の硏究』, 京城帝國大學.

─────(1929b),「金澤博士 著,『日鮮同祖論』」, 京城日報, 1929년 5월 19일자.

─────(1936),「鄕歌・吏讀の問題を繞りて」,『史學雜誌』47편 5호, pp. 77~95.

─────(1940),『增訂補註 朝鮮語學史』, 刀江書院, 1964.

安田敏郎(1997),『帝國日本の言語編制』, 世織書房.

─────(1999a),『'國語'と'方言'のあいだ』, 人文書院.

─────(1999b),『言語の構築』, 三元社.

鈴木廣光(1993),「日本語系統論・方言周圈論・オリエンタリズム」,『現代思想』, 1993년 7월호, pp. 209~17.

イ・ヨンスク(1996),『國語という思想』, 岩波書店.

長志珠繪(1998),『近代日本とナショナリズム』, 吉川弘文館.

鄭圭永(1995),「京城帝國大學に見る戰前日本の高等敎育と國家」, 東京大學 博士學位論文.

朝鮮人事興信錄編纂部 編(1935),『朝鮮人事興信錄』, 朝鮮新聞社.

川村湊(1999),「近代日本に於ける帝國意識」, 北川勝彦・平川雅博 編,『帝國意識の解剖學』, 世界思想社, pp. 167~94.

平井三男(1926),「京城帝國大學の規模組織と其の特色」,『朝鮮』, 1926년 4월호, pp. 41~44.

河野六郎(1975),「小倉進平先生と朝鮮語學」, 京都大學文學部國語學國文學硏究室 編,『小倉進平博士著作集』四, 京都大學國文學會, pp. 1~7.

Saussure, F. de(1966), *Course in General Linguistic*, McGraw-Hill.

제3부

근대화와 지식인

1950년대의 근대화론과 지식인
—경제 개발론을 중심으로

박태균

1. 머리말

1950년대는 암흑의 시기로 인식되고 있다. 앞으로는 해방 정국의 역동성에 치이고, 뒤로는 1960년대 이후 '화려한' 경제 발전과 '근대화론'에 의해 가려져 있다. 전쟁으로 인한 피해, 전쟁의 상처를 치유하기 위한 노력이 이루어지기보다는 독재 권력에 의해 억눌렸던 시기, 보릿고개와 절량 농가의 시대, 미국의 원조와 천박한 외국 문화의 수입 등 부정적 이미지는 1950년대를 뒤덮고 있다. 최근 1960년대의 경제 성장에 대한 배경으로서 1950년대를 다시 조명해보고자 하는 연구들이 있지만, 하나의 배경으로서 상정되어 있을 뿐 1950년대의 시대상에 대한 본격적인 조명이라고는 할 수 없다.

그러나 역으로 1950년대는 현대사에서 중요한 앞뒤 시기에 의해 포위되어 있기 때문에 더욱 의미를 가진다. 또한 전쟁 이후 본격적으로 자본주의적 구조가 전개되었다는 측면에서도 시대적 의미를 가지고 있다. 즉 1945년 이후 전개된 역동적인 시대적 흐름이 1950

년 이후 한국 사회에 미친 영향, 그리고 전쟁 이후 본격화된 남한 사회의 자본주의적 발전이 가지는 성격 등은 1950년대 한국 사회에 대한 분석의 중요성을 잘 보여준다.

1950년대를 경제 개발의 기원으로 보는 연구들은 대체로 두 가지의 논점에서 이루어져왔다. 첫째로 1950년대 이승만 정부의 정책이 1960년대 경제 개발의 발판이 되었다는 점이다(Woo, 1991; Haggard, Kim and Moon, 1991; 공제욱, 1993; 이제민, 1998; 최배근, 1997). 1950년대의 경제 정책이 비록 성장 우선의 정책은 아니었지만, 1960년대 수출 주도형 성장으로의 전환을 뒷받침할 수 있는 수입 대체형 발전 전략이었다는 평가이다. 둘째로 1950년대 말 미국의 대한 정책 변화가 한국 경제 개발의 기원이 되었다는 평가이다(李鍾元, 1995; Macdonald, 1992).

이러한 연구 성과들은 대체로 겉으로 드러난 정책이나 사회 구조에 대한 분석에 그치고 있을 뿐 실제 당시 한국 사회를 이끌어갔던 동력으로서 사람들의 '생각'을 밝혀내지는 못하고 있다.[1] 케인스가 지적하고 있듯이 '사람의 생각은 그것이 긍정적이든, 긍정적이지 않든 간에 사회 경제적인 구조보다 더 중요한 역할을 한다.' 본 논문에서는 거시적인 역사 분석보다는 역사를 만들고 이끌어갔던 '기관 institution'에 초점을 맞춘 연구에 보다 가까운 분석을 시도하고자 한다(Goldstein and Keohane, 1993; Weir and Skocpol, 1985). 그러나 1950년대가 '대한민국'이라는 국가가 형성된 지 얼마 되지 않았던 상황이었기 때문에 '기관' 자체보다는 기관을 구성하고 있는 '사람'들, 또는 그들이 모여 있는 '그룹' 자체를 하나의 '기관'으로 설정하

---

1) 일례로 조선 건국에 중요한 역할을 담당했던 정도전이나 조선 후기 정조, 그리고 실학자들의 경제 사상에 대한 연구는 조선 시대의 사회상을 밝히는 데 중요한 역할을 한다(한영우, 1973; 정옥자, 1988).

였다.

본 논문에서는 1950년대 활발하게 활동하였던 지식인들과 그들의 논의에 대해 살펴보고자 한다. 지식인들의 논의는 1950년대 상황을 보여줄 수 있는 중요한 지표가 될 수 있다. 특히 본 논문에서 초점을 맞추고자 하는 부분은 경제 개발론과 관련된 부분이다.[2] 1945년 이후 우리 민족의 과제였던 '근대 민족 국가의 건설'이 한국 전쟁으로 인하여 연기된 상황에서 1950년대에 전개된 경제 개발론은 해방 정국과 경제 개발의 시대 사이에 위치한 1950년대 우리 사회의 상황과 전망을 잘 보여줄 수 있을 것이다. 또한 이들이 1960년대 이후 한국의 경제 정책 결정 과정, 그리고 사회적으로 확산된 경제 개발 담론 형성에 적극적인 역할을 하였다는 사실을 고려한다면, 이들의 경제 개발론에 대한 분석은 1960년대 경제 개발의 성격을 밝히는 하나의 계기를 마련할 것이다.[3]

2. 민간 주도형의 경제 개발론

I. 사상계 그룹

1950년대를 통해 가장 두드러지게 나타나는 경제 개발 계획론은

---

2) 기존의 연구에서는 주로 1950년대 지식인들의 세계관, 그리고 친미적인 성향에 초점이 맞추어졌다(남궁곤, 1991; 임대식, 1998). 이러한 연구는 기존의 1950년대에 대한 인식을 뒷받침하는 연구가 될 수는 있지만, 시대 상황을 새롭게 조명하기에는 부족한 면이 없지 않다

3) 본 논문에서는 경제 정책의 세세한 부분을 모두 살펴보지는 않을 것이다. 환율, 금리, 안정화 정책 등에 대한 논의는 1955년과 1960년의 『사상계』에 잘 나타난다(편집부a, 1957; 조동필, 1955; 이동욱, 1955; 성창환, 1955; 김용갑 외, 1960; 부완혁, 1960). 김동욱은 안정 정책을 중심으로 이 시기의 경제 정책에 대한 논쟁을 정리하였다(김동욱, 1994).

'민간 주도형'(또는 자유 시장형 laissez-faire) 경제 개발론이다. 자유 시장형 경제 개발론은 경제 계획의 필요성은 인정하지만, 계획은 자유 시장 체제를 보조하여 활성화시키는 역할을 해야 한다는 것이었다. 즉 정부의 역할을 최소화하면서 자유 시장에 기초한 개인 기업이 경제 계획의 동력이 되어야 한다는 입장에서 전개된 경제 개발론이었다.

1950년대를 통하여 이승만 정권의 반공 이데올로기는 극에 달하였다. 한국 전쟁을 통해 강화된 반공 이데올로기는 공산주의뿐만 아니라 사회 민주주의마저도 공산주의로 몰아 탄압하는 극단적으로 억압된 분위기를 만들어냈다. 한국뿐만 아니라 중국·일본 등에서 자유 시장형 경제론이 전통적으로 발전되지 않았음에도 불구하고, 1950년대의 사회 분위기 속에서 민간 주도형 경제 개발론이 주류를 형성하였다.[4] 그러나 식민지 시기와 해방 직후 자유 방임형 경제 이론은 크게 주목받지 못하였다. 식민지적인 상황에서 민족 해방 운동의 수단으로 사회주의·공산주의의 길을 택했던 지식인들이 많았기 때문에 자유 시장형 경제 이론은 많은 비판을 받았다. 서북 지역 출신이면서 기독교 계열의 영향을 받은 인사들 중 미국에 유학한 사람들과 이광수와 동아일보 계열을 중심으로 하는 인사들 사이에서 자유 시장형 경제 개발론의 여지가 남아 있을 따름이었다.[5] 대학의 경제학과 안에서도 일본인 교수들과 식민지 시기 말기에 활동하

---

4) 흥미로운 점은 민간 주도형 경제 개발론이 두 가지 상반된 분위기 속에서 진행되었다는 점이다. 하나는 반공 이데올로기하에서 자유 시장 이념을 제외한 다른 이데올로기들이 억압되었다는 점이고, 다른 하나는 이승만 정부의 강력한 경제 통제에 저항하는 수단으로서 자유 시장 이념이 이용되었다는 점이다.
5) 동아일보 계열의 대표적인 논자인 송진우는 서구의 자유주의적 사상의 중요성을 강조했고, 장덕수는 미국과 영국 유학을 통해 「마르크스의 국가 관념 비판」을 박사 학위 논문으로 준비했다(송진우, 1931; 1932; 이경남, 1981).

226

기 시작한 성창환·고승제를 제외하고는 홍성하·배성룡·이관구 등이 자유주의적 경제 이론에 밝은 경제학자들이었다. 자유 시장형의 경제 개발론에 근거한 식민지 시기 대표적인 움직임은 동아일보 계열이 중심이 되어 1922년 시작된 '물산 장려 운동'이었다. 그러나 물산 장려 운동은 실패하였고, 주도자들 중 일부가 자치 운동을 전개하거나 친일파로 전락하였다.

해방 직후 역시 식민지 시기와 마찬가지로 사회주의적인 조류가 우세를 보이는 가운데 자유 방임적인 경제 이론은 고승제·조기준·홍우·성창환·조동필 등에 의해서 명맥을 유지할 따름이었다(이기준, 1993: 202~03). 그러나 이러한 분위기는 한국 전쟁으로 인해 변화하였다. 사회주의 성향의 경제학자들뿐만 아니라 민족주의 계열의 경제학자들이 월북·납북·사망하면서 1950년대에는 자유 방임적인 경제 이론이 대세를 차지하게 되었다. 물론 이는 전술한 바와 같이 1950년대를 통한 외국 서적의 수입과 외국 유학, 연수 등이 중요한 계기가 되었다.

대표적인 그룹은 『사상계』를 중심으로 하는 그룹이었다. 『사상계』는 1950년대와 1960년대 지식인들 사이에서 선풍적인 인기를 끌었던 잡지로 당시 지식계의 다양한 필진과 내용으로 여론 선도자 opinion leader의 역할을 했다(서중석, 1997). 『사상계』는 편집장이자 사장인 장준하가 민주당 정권에 참여했던 4·19를 전후한 시기에 전성기를 맞이하였고(유경환, 1995: 275), 1960년대에는 박정희 정권에 맞서는 야당지로서의 역할을 했다. 1950년대를 통해 서구와 미국의 사상에 대한 글을 많이 실었던[6] 『사상계』의 편집 위원에는

---

6) 『사상계』에서 1950년대에 출판한 단행본 중에 『공산주의의 이론과 실제』『미국과 세계』『미국사』 등이 있었다. 또한 『사상』과 『사상계』에는 미국 공보원이 용지를 싼값으로 제공하였다(장준하, 1963: 280~81, 245~47).

반공주의적이면서도 철저한 자유주의적 입장에서 독재에 반대하는 인사들이 많았다.[7] 경제 정책 및 경제 개발론과 관련해서는 성창환(고려대 교수), 김영철(홍익대 강사), 이정환(『사상계』 편집 위원, 연세대 교수), 이동욱(『사상계』 편집 위원, 동국대 교수), 고승제(서울대 교수), 황병준(서울신문 논설 위원) 등이 주요한 논자로 『사상계』에 참여하였다.[8] 이들은 일본이나 서독·인도의 경제 부흥 과정에서 나타난 정부의 경제 논리 개입의 중요성을 인정하면서도 개인 기업에 기초한 경제 개발론을 주장하였다. 즉 정부가 계획을 입안하여 경제 개발 계획을 추진하지만, 추진하는 과정에서의 주체는 개인 기업이어야 하며, 정부의 활동도 이들 기업들의 효율성을 최대한도로 높일 수 있도록 보조하는 역할이어야 한다는 것이다. 개인 기업 중에서도 중소 규모의 기업을 중심으로 한 경제 개발 계획의 필요성이 강조되었다.

특히 『사상계』 그룹의 핵심적인 주장은 경제 민주화의 측면과 외자의 적극적인 이용이었다. 전자의 관점에서 가장 문제가 된 부분은 정부 통제의 완화와 자유 경쟁적인 기업 풍토의 조성이었다. 1954년의 헌법 내 경제 조항의 개정에도 불구하고 1950년대에는 대다수 국영 기업들이 부실하게 운영되고 있었으며, 정부의 금융 통제에 의한 특혜 대출은 산업 부흥과는 다른 방향으로 이루어졌다.[9]

---

7) 1950년대 중반 이후 엄요섭·홍이섭·전택부·안병욱·신상초·강봉식·김준엽 등이 편집 위원으로 활동하였으며, 자유주의적 지식인을 대표하는 인물의 한 사람인 함석헌 목사가 『사상계』의 주요 필진으로 활약하였다(장준하, 1963: 289~90, 304~19).

8) 성창환 교수와의 인터뷰, 1998년 8월 18일, 서울 공항 터미널 커피숍에서.

9) 「위기에 봉착한 기간 산업」, 1956년 7월 26일자; 「누가 금융의 부패를 조장할까」, 1956년 8월 11일자; 「합경기획분위서 관영 사업에 83억 방출 결정」, 1956년 9월 16일자(이상 경향신문).

따라서 자유 시장형 경제 개발론자들은 적산 기업과 국영 기업의 민영화, 특히 은행의 자유화를 강력하게 주장하였다. 아울러 자본 주의적인 논리에 근거한 자유 경쟁적인 풍토를 만들어내고 이를 경제 계획의 골자로 만들어야 함을 강조하였다.

후자의 측면에서 볼 때, 1957년 이후 미국의 대외 원조가 감소하면서 외자의 이용을 둘러싼 논쟁이 대두되었는데, 다른 경제 개발론자들이 외자에 의존한 한국 경제 구조의 문제점을 비판한 데 비하여, 『사상계』 그룹은 외자의 효율적 이용을 강조하였다. 따라서 이들은 1950년대의 원조 물자의 특혜적·파행적 운영을 비판하고, 적극적으로 외자를 받아들일 것을 강조하였다(이정환, 1959; 김영철, 1958; 성창환, 1960). 일부 논자는 외자 수용을 통해 중소 기업의 육성과 이를 통한 수출 주도형 경제 개발론을 주장하기도 하였다(임정택, 1958; 고승제, 1960; 이동욱, 1960; 황병준, 1961). 이들은 또한 경제 성장을 통한 내부 공급의 증가가 인플레의 앙등을 막을 수 있기 때문에 경제 발전 기간 동안 어느 정도의 인플레는 허용해야 한다는 입장을 강조하였다(성창환, 1955).

또 하나 주목되는 점은 『사상계』 그룹이 1950년대 주요 경제 현안이었던 환율 문제와 관련하여 활발한 논의를 전개했다는 점이다. 대체로 이들은 미국의 입장과 동일하게 시장 경제의 논리에 환율을 맡겨 환화의 과대 평가를 막고 환율을 현실화해야 한다고 주장하였다. 환율의 현실화는 시장 경제 논리의 강조, 수출 주도형 발전 전략과도 깊이 관련되는 문제이다(이동욱, 1955; 1957). 1960년 민주당 정권하에서 환율 현실화가 논의될 때에는 수입과 수출에 대한 이중 환율제와 시장 원리를 중심으로 하는 단일 환율제로 견해가 나뉘지만(김용갑 외, 1960), 대체적으로 현실적인 환화의 가치를 인정해야 한다는 점에서는 공통된 견해를 가지고 있었다.[10]

Ⅱ. 민주당 신파: 김영선과 주요한

『사상계』그룹과 함께 민간 주도형 경제 개발론을 이끌었던 그룹은 민주당 신파의 김영선과 주요한이었다. 김영선은 1955년 민주당 창당시 신파로 합류하였고, 가톨릭 계열의 야당지였던 경향신문의 논설 위원으로 활동하였다. 주요한은 1950년대『사상계』와 함께 지식인 사이에서 영향력이 컸던『새벽』을 발행하였고, 경향신문 논설 위원으로 활동하면서 1957년 민주당에 입당, 1958년 제4대 국회 의원에 당선되었다. 두 사람은 모두 민주당의 경제 정책을 대변하는 인물로 민주당 정부가 들어선 이후 경제 부처 장관(재무부·부흥부·상공부)을 역임하였다.

김영선과 주요한은 민간 기업이 주도하는 경제 개발 계획이 실시되어야 함을 강조하였고, 국가 자본주의 내지 사회주의적인 발전 방식은 '비능률적이고 부패를 조장'할 것이기 때문에 반대하였다(주요한, 1954a; 김영선, 1958; 1960). 이들은 1954년 사회주의적 내용을 포함하고 있던 제헌 헌법의 경제 조항 개헌에 적극 찬성하였다(김영선, 1953; 주요한, 1954b). 이들이 논설 위원으로 활동했던 경향신문은 외원의 효율적 사용, 관영 기업의 부실 운영에 대한 비판, 중소 기업 중심의 자유 시장 경제, 환율의 현실화 등을 주장하였다.[11] 민주당 신파의 경제 개발론이 가장 잘 반영된 것은 민주당의 경제 정책이었다.[12] 민주당의 전신으로 구파가 참여하였던 한민

---

10) 이상구(서울대 상대 교수)는 환율의 현실화가 단기적으로 국가의 혼란을 가져올 염려가 있기 때문에 현실화에 반대하는 입장을 취하였다(이상구, 1957).

11) 「경제 사태를 직시하자」, 1956년 11월 5일자; 「자금난으로 마비 상태에 함입」, 1957년 3월 8일자; 「적정 환율 책정과 세제 개혁 긴요」, 1957년 3월 9일자; 「경제 위기 문제로 논전」, 1957년 3월 11일자; 「경제 실태를 착각하지 말라」, 1957년 4월 1일자; 「경제 발전의 전환」, 1957년 10월 21일자.

당과 민주국민당은 '중요 산업의 국영 또는 통제 관리'를 경제 정책으로 천명하였고(이기하, 1961: 61, 251), 구파의 대표적 인물이었던 조병옥은 자유 방임을 배격하면서 국가의 간섭을 용인하는 소위 '신민주주의'를 주장하였지만(조병옥, 1959: 83~111), 신파가 주도한 민주당의 경제 정책은 자유 경제 체제를 강조하는 내용이 주를 이루었다. 민주당의 3대 당면 정책에는 '자유 경제 체제의 확립에 입각한 경제적 부흥,' 정강에는 '자유 경제 원칙하에 생산을 증강,' 1958년의 제4대 총선 선거 공약에는 '정부 기업체의 민영화' 등이 경제 정책으로 제시되었다(이기하, 1961: 251; 이기택, 1987: 50, 73).

김영선과 주요한은 모두 민주당 신파 소속이며, 경향신문에서 활동하였고, 민주당 정부의 경제 부처 장관을 역임했다는 공통점을 가지고 있지만, 주요한은 김영선보다 자유주의적 경제 체제에 상대적으로 더 적극적인 입장이었다. 주요한은 모든 경제 부문에 있어서 정부의 개입에 부정적인 입장이었으며, 특히 1940년대와 1950년대의 제정당 사회 단체들이 주장하고 있었던 분배 정의의 실현, 즉 '수탈 없는 경제 체제'에 대해서 반대하는 입장이었다(서중석, 1994: 131~32). 그는 생산량이 절대적으로 부족한 상태에서 분배보다는 생산에 집중해야 하며, "지금 고루 나누면 전부 바가지 차고 나가는 것"이라고 주장하였다(주요한, 1957). 주요한은 또한 『사상계』 그룹과 마찬가지로 외국의 원조를 통한 자본 축적의 필요성을 강조하였으며, 미국의 원조를 적극적으로 수용해야 한다는 입장이었다(주요한, 1954c: 199~200).[13] 주요한의 경제 개발론 중 또 하나

---

12) 주요한은 『사상계』 그룹의 일원이었던 이동욱과 함께 1957년 민주당의 경제 정책을 입안하였다(요한기념사업회 편, 1982: 85).

13) 주요한은 한국과 미국의 백우드 협정을 '민간 자유 기업'의 원칙에서 적극 환영하였다(주요한, 1954d: 336~38).

주목되는 점은 부분적으로 중소 기업보다는 대기업 중심의 경제 개발의 필요성을 제기했다는 점이다. 1954년 이승만 정부에서 기간 산업을 대기업을 제외한 몇 개 중소 기업의 합작을 통해 불하하려고 했을 때, 주요한은 "일개 기업체를 다수 기업가의 합작하에 둔다는 것은 이상적으로는 가능하나 현실적으로는 그 발전을 저해"한다는 입장을 밝히면서, 중소 기업에 대한 지원은 "자유 경쟁에 의한 적자 생존을 원칙으로 하는 자유 경제 체제와 배치되는 정책"이라고 비판하였다(주요한, 1954e: 333~35).[14] 주요한의 대기업에 대한 옹호는 자유주의 경제 이론에 충실한 것이었지만, 중소 기업 중심의 산업화 방안을 내용으로 하는 『사상계』그룹의 주장이나 민주당의 공식적인 정책과는 배치되는 것이었다.

주요한이 김영선에 비해 자유주의적 경제 사상을 더 강조한 것은 그의 활동 경력에서 비롯된 것으로 보인다. 그는 1920년대 초 '민족 개조론'을 주장한 이광수와 함께 활동하였으며, '물산 장려 운동'을 주도했던 동아일보에서 기자로 활약하였다. 이후 조병옥과 함께 조선일보에서 기자로 있다가 1935년 이후 박흥식의 화신연쇄점에서 일했고, 수양동우회(修養同友會) 사건 이후 친일 활동을 하기도 했다. 해방 직후에는 대한상공회의소의 설립에 관여하는 등 개인 사업에 종사하다가 1950년대 이후 흥사단과 새문안교회를 기반으로 민주당에서 활동하였다. 식민지 시기 고등 문관 시험에 합격하고 전라남도 진도 군수를 지낸 김영선과 비교할 때, 이광수와 안창호의 실력 양성, 프로테스탄티즘에 영향을 받은 주요한이 자유주의적 경제 사상에 보다 근접해 있음을 알 수 있다. 서구적 의미의 근대화와 서양적 사고 방식에 근거한 '정신 개조'가 경제 발전을 위한 필

---

14) 김영선 역시 국가의 개입을 반대하는 입장에서 재벌을 옹호하는 논지를 펼쳤다(신도성, 1956).

수적인 요소임을 강조하였다는 점 역시 주요한의 사상에서 나타난 특징이었다(주요한, 1958: 204; 주요한, 1966: 255~56). 주요한에게 있어서 한국 역사상 근대 산업화의 시작은 서구 정신을 적극적으로 수용하고자 한 18세기 말의 북학파와 19세기 말의 갑신정변이었다 (주요한, 1967: 223~35).

이상과 같은 자유 시장형 경제 개발론을 주장한 학자들 사이에는 자유 시장 경제를 기초로 한다는 것을 제외하고는 많은 편차가 나타나는데, 이것은 이들의 다양한 교육적 배경에 연유하는 것으로 보인다. 식민지 시기 관료 출신이었던 김영선(경성대학 법문학부 졸업, 고등 문관 시험 행정과 합격, 전라남도 진도 군수)을 비롯하여 경성제국대학 법문학부 출신인 부완혁, 도쿄상과대학(이하 '동경상대'로 약칭) 출신인 이정환, 교토제국대학(이하 '경도제대'로 약칭) 경제학부 출신인 성창환, 릿쿄대학 경제학부 출신인 고승제, 주오대학 출신인 홍성하, 와세다대학 정치경제학부 출신인 이동욱 등 자유 시장형 경제 개발론자들은 다양한 대학 출신들이었다. 대체로 이들은 식민지 시기 사회주의적인 경향의 교수들이 대학에서 쫓겨난 후, 그리고 케인스적 경제 사상이 막 도입되던 시기에 경제 교육을 받았고, 일부는 해방 이후 미국에 연수·유학한 경험이 있었기 때문에 다양한 자유 시장 중심의 경제 사상을 받아들일 수 있었다 (고승제, 1979: 44~45).[15]

---

15) 케인스 경제학이 국내에 처음으로 소개된 것은 1938년이었다. 동아일보, 1938년 8월 3일~7일자.

3. 국가 주도형의 경제 개발론

　1950년대의 또 하나의 중요한 경제 개발론의 유형은 '국가 주도
형 Guieded Capitalism' 경제 개발론이었다. 국가 주도형 경제 개발
론을 주장한 대표적인 경제학자는 5·16 쿠데타 이후 군사 정부에 경
제 고문으로 참여하였던 박희범과 최문환 · 박동앙이었다. 이창렬과
주석균 역시 1950년대 후반 이후에는 관권의 개입에 반대하는 자유
경제 체제의 중요성을 강조하였지만, 1950년대 중반까지는 국가 주
도형 경제 개발론을 주장하였다.[16] 국가 주도형 경제 개발론자들은
경제 개발의 과정에 국가가 강력하게 개입해야 하며 이것이 효율적
인 경제 성장을 가능하게 할 것이라고 강조하였다. 이들은 중요 산
업의 경우 정부가 소유하거나 운영하는 방식을 선호한다는 점에서
'민간 주도형' 경제 개발론과 차이를 보인다.

　국가 주도형 경제 개발론자들은 양적인 성장보다는 산업 구조의
문제에 초점을 맞추었다. 최문환과 이창렬은 초기에 넉시 R. Nurkse
의 '균형 성장론'을 받아들여 수입 대체와 농업 발전을 통한 국내
시장 성장의 필요성을 강조하였다(이창렬, 1959; 최문환, 1958b;
1960).[17] 이들은 또한 미르달G. Myrdal과 프레비쉬R. Prebisch도 적
극적으로 수용하였다. 이집트의 나세르 혁명을 전후하여 나온 미르

---

16) 주석균과 이창렬은 1956년 주석균의 주도하에 설립된 한국농업문제연구회를 통
　해 가까운 관계를 유지하였고, 변형윤을 비롯한 경제학계의 진보적 인사들과 친
　분 관계를 유지하면서 군사 정부 초기 이후 정부의 경제 정책에 적극적으로 가담
　하지 않았다. 주석균의 「산업 경제 정책의 올바른 자세」(『비지네스』, 1964년 5월
　호)는 외국의 원조를 자본 축적의 원천으로 삼고자 하는 자유 방임형 경제 개발론
　자들을 비판한 대표적인 글이다.
17) 국가 주도형 경제 개발론의 대표적인 논자의 하나인 박희범은 사회 구조적 변화
　에 균형 성장론이 적합하지 않다는 비판을 제기하였다(박희범, 1961b).

달의 이론은 독립적인 국가 경제의 발전을 강조하면서 '경제적 민족주의'와 '내포적 공업화intensive industrialization'를 강조하는 입장이었다(Myrdal, 1957; Hunt, 1989: 44~45; 이순형, 1968: 53~57). 프레비쉬의 이론은 남미의 수입 대체 산업화 전략을 이끌어낸 경제 개발론으로, 종속 이론에 토대를 두고 구미 열강으로부터의 종속된 경제적인 구조를 개혁하는 방안을 제시한 입장이었다.[18] 구조주의 역시 경제적 민족주의의 내용을 담고 있었다(Oman and Wignaraja, 1991: 137~39).

'국가 주도형' 경제 발전론을 주장하는 논자들의 글 속에는 경제적 민족주의를 강조하는 내용이 자주 등장하였다. 박희범은 '아랍에 낫세르주의'가 있다면 '한국에는 한국주의가 있다'고 강조하였으며(박희범, 1968: 64~65), 최문환은 "그들[구미]의 과제가 곧 우리의 과제가 아니다"라고 표현하였다(최문환, 1955). 이들은 구미 열강으로부터의 경제적 자립을 위하여 수입 대체 산업화의 과정을 통한 내포적 공업화=경제적 민족주의=내향적 공업화 inward-looking industrialization를 '한국주의'의 경제 발전 전략으로 강조하였다(이창렬, 1958; 박희범, 1968: 72~93; 최문환, 1966a). 이 경향의 경제학자들에게 있어서 소위 '근대화'는 구미식의 사회로 나아감이 아니라 고유의 민족 문화와 구미 합리주의의 적절한 결합을 의미하는 것이었다.[19] '국가 주도형' 경제 개발론자들은 민간 주도형 경제

---

18) Raul Prebisch의 이론은 1950년대의 마르크스적인 경제 개발론을 추진하였던 Paul Baran의 영향을 받았다(김대환, 1991: 13~14).

19) 박희범은 후진국의 발전에서 선진국형 발전 모델에 대비되는 독특한 발전 모델이 필요하다고 보았다. 즉 '중상주의→산업 자본주의→독점 자본주의→수정 자본주의'로의 발전 경로를 걸어왔던 선진국형 모델에 비하여 후진국들은 '중농주의→보호주의→삼민주의(하나의 이념형)→후진국형 혼합 경제 체제'로의 발전 모델이 이상적이라고 제시하였다(박희범, 1968: 286).

개발론자들과는 달리 외국의 원조를 통한 자본 축적에 부정적인 입장을 가지고 있었다(박희범, 1961b). 이들은 내자의 동원을 통한 민족 자본의 형성이 경제 발전을 위한 가장 중요한 방안이라고 주장하였다. 이들이 주장한 내포적 산업화의 핵심은 내자의 동원이었다. 산업 구조의 개편을 통한 균형적 산업 발전은 민족 자본 형성의 기초가 되는 것이며, 특히 농업과 관련된 공업의 보호 육성을 통한 민족 자본의 육성을 중요한 과제로 설정하였다(박동앙, 1955; 이창렬, 1958; 박희범, 1968; 최문환, 1966a).

외자에 대한 반감과 함께 국가 주도형 경제 개발론자들의 경제 개발론에서 나타나는 공통된 특징은 거대 기업의 국유 또는 국영을 강조하였다는 점이다. 이들은 무상 원조와 정부불, 그리고 귀속 재산의 불하를 통해 성장한 재벌 기업을 한국 경제의 가장 큰 문제점의 하나라고 지적하면서, 국가 자본을 통한 국유·국영 기업과 중소 기업의 진흥이 경제 개발 과정의 소유 방식이 되어야 한다고 전망하였다(최문환, 1958b; 박희범, 1968: 45~47, 104~05, 109). 이것은 국가 주도형 경제 개발론자들이 산업 구조의 개편뿐만 아니라 소유 관계를 포함한 산업 체제 전체의 개편을 경제 개발 계획의 목적으로 삼고 있었다는 점을 의미한다.

박희범은 국가 주도형 경제 개발의 필요성에서 한 걸음 더 나아가 정부의 개입과 경제 개발의 효율성이라는 측면에서 독일식의 파시즘이 한국 경제에 유효한 방법이 될 수 있다고 주장했다.

> 파시즘의 경제 체제는 그 능률에 있어서 확실히 수정 자본주의의 그것보다 우수하였다. 〔……〕 독재자에 의해 영도되지 않는 한 수정 자본주의처럼 평화적으로 경제 문제를 해결할 수 있는 메커니즘을 가지고 있었다. (박희범, 1968: 263)

박희범은 파시즘을 "내포적 성장형으로 전환하지 않을 수 없었던 과정에서 발생한 선진국의 경제 체제"로 "수정 자본주의와 파시즘은 쌍생아"로 규정하였다. 그는 파시즘 경제 구조가 소유와 경영을 민간에게 맡기는 대신 자원의 분배에 대해서는 국가가 강력하게 통제를 가하며, 유통 기구를 국가의 통제 구조하에 두어 전반적인 경제 구조의 혁명이 아닌 개혁을 추진한 것으로 이해하였다. 아울러 '산업 공사'나 '산업 공단'을 행정적으로 통솔하는 부서에 부수상의 자격을 부여함으로써 국가 경제의 일원적 통제에 의한 효율성이 강조된다는 점에 주목하였다.[20] 국가 사회주의에 대한 긍정적인 입장은 '한국주의'로 대표되는 민족주의에 대한 강조, 재벌에 대한 부정적인 인식과도 연결된다. 한국주의는 서구의 파시스트들이 일반적으로 강조하는 '조국 Fatherland'의 개념과 유사하며 국수주의적인 입장을 강하게 내포하는 것이었다.[21] 재벌에 대한 부정적 인식 역시 독일과 일본의 국가 사회주의자들이 초기에 취했던 대(對) 재벌 정책과 유사하다(Jones, 1949: 16, 36, 45; Johnson, 1982: 151; Guerin, 1994: 77~95).

'국가 주도형' 경제 개발론을 주장한 경제학자들의 경력을 보면 공통의 교육적 배경을 가지고 있었다는 사실이 주목된다. 이 계열의 경제학자들은 1945년 이후에 대학에서 교육을 받은 경험을 가지고 있다. 최문환만이 1940년 와세다대학을 졸업한 유일한 경우이

---

20) 박희범의 경제 발전론은 일부 연구자들에 의해 '내포적 공업화론'으로 규정되고 있다(기미야, 1991; 홍석률, 1999). 그러나 '내포적 공업화'라는 용어는 자의적으로 정의될 수 있는 한계가 있다.

21) 이탈리아의 무솔리니가 "우리의 믿음은 민족이다. 우리의 믿음은 민족의 위대함이다!"라고 했던 것과 같이 파시즘에서 민족은 중요한 이데올로기로서 작용하였다(Guerin, 1994: 63~68).

고, 박희범(1947년 서울대 상대 전문부 졸업), 이창렬(1946년 경성대 법문학부 졸업), 박동앙(1950년 서울대 상대 졸업)은 해방 이후 대학을 졸업했다.

공통적인 교육적 경험을 설명하기 위해서는 1945년 해방 직후의 대학 상황에 주목해야 한다. 해방 직후 각 대학의 경제학과는 거의 사회주의 계열의 경제학자들에 의해서 주도되었다. 최호진·홍우·고승제·김두희·성창환 등[22] 넓은 의미에서 자유주의 경제학에 관심을 가지고 있었던 경제학자를 제외하고 해방 직후 경제학과에는 식민지 시기부터 사회주의 경제학에 관심을 가진 교수들이 거의 등용되었다(이기준, 1983: 201~04). 1946년 이후 연세대 경제학과는 가장 유명한 사회주의 경제학자였던 백남운과 이순탁이 교수로 자리 잡고 있었다. 경성대학 경제학과에서 자유주의 경제학에 관심을 가지고 있었던 유일한 경제학자였던 최호진 역시 해방 직후에는 백남운과 함께 활동하였다.[23] 해방 직후의 혼란한 상황에서 학과 수업이 충실히 이루어지기 어려웠지만, 사회주의적 경향의 교수들이 학

---

22) 1945년 이후 최호진은 일반 경제 이론과 경제사 관련 책을 저술하였으며, 홍우는 1948년 『상업 정책』과 『경제 정책』, 고승제는 『경제학 입문』을 저술하였다. 김두희는 케인스의 책을 번역(『경제학의 범위와 방법 *Scope and Method of Political Economy*』)하였고 한춘섭은 『사회주의·공산주의·무정부주의』라는 책을 번역하였다(이기준, 1983: 202~03).

23) 최호진은 민간 주도형과 국가 주도형을 절충하는 입장이었던 것으로 판단된다. 그는 경제 계획과 민족주의적인 입장을 강하게 고수하였다는 점에서 후자에 가까웠지만, 강력한 국가의 개입 속에서도 민간 주도의 경제 체제를 강조하였다는 점에서 전자의 입장과 유사한 견해를 가지고 있었다. 전자와 관련해서는 「전환기에 처한 한국 경제」, 한국일보, 1959년 1월 1~2일자: 「민간 기업 육성에 대한 제언」, 『증권월보』, 1959년 4월호: 「한국의 농업과 공업과의 균형 문제」, 『국회보』, 1960년 5월호 참조. 후자와 관련해서는 「경제 체제」, 『사상계』, 1958년 9월호: 「긴급한 외환 문제 해결」, 『주간춘추』, 1960년 제5호: 「내가 바라는 5개년 계획」, 『새사회』, 1961년 2월호: 「한미 경협 조인과 한국 경제」, 서울신문, 1961년 2월 19일자 (이상 『한국 경제의 제문제』 수록) 참조.

생들에게 미친 영향은 적지 않은 것이었다.[24] 국가 주도형 경제 개발론은 후술할 사회 민주주의형 경제 개발론과 내용적으로 유사한 측면이 많다. 재벌에 대한 반감, 정부의 경제 질서에 대한 강력한 개입, 중요 산업의 국유화와 농업 구조 개편에 대한 강조 등은 국가 주도형 경제 개발론과 사회 민주주의형 경제 개발론의 공통점이었다. 그러나 국가 주도형 경제 개발론자와 사회 민주주의형 경제 개발론자들 사이에 공통점만 있는 것은 아니다. 사회 민주주의형 경제 개발론자들은 국가 주도형 경제 개발론자들에 비해 상대적으로 분배 정의의 실현, 곧 '수탈 없는 경제 체제'를 주요한 목표로 강조하였으며, 국가 주도형 경제 개발론이 경제적 민족주의를 강조한 반면 사회 민주주의형 경제 개발론자들은 민족 통일을 경제 개발을 위한 가장 중요한 변수로 설정했다. 통일에 대한 고려는 국가 주도형 경제 개발론자들과 사회 민주주의형 경제 개발론자들을 구별하는 가장 큰 차이점이 되었다. 국가 주도형 경제 개발론자들이 5·16 쿠데타 이후 '선건설 후통일'을 주장하는 군사 정부의 경제 정책 입안 과정에 적극 참여했던 것은 바로 이러한 차이에서 연유하는 것이었다.

4. 사회 민주주의형 경제 개발론

I. 진보당의 '수탈 없는 경제 체제'

'사회 민주주의형'의 경제 개발론에 관심을 가지고 있었던 사람들은 주로 혁신계 세력으로, 이들은 정치적으로는 중립주의, 경제

---

24) 변형윤 인터뷰, 1999년 11월 5일, 서울경제연구소 사무실에서.

적으로는 서구의 민주 사회주의를 경제 개발 계획의 이상적인 모델로 생각하고 있었다. 반공을 국시로 하는 대한민국 정부의 반공법의 칼날 속에서도 이들의 영향력은 적지 않았다. 특히 1950년대와 1960년대를 통해 학생 운동·청년 운동을 비롯한 사회 운동에 영향을 미쳤다.

1950년대에 '사회주의형' 경제 개발론의 입장을 잘 보여주는 것이 '사회 민주주의적'인 입장에 근거한 진보당의 경제 정책이다. 진보당의 사회 민주주의적인 지향은 '자본주의의 자기 수정적 경향'과, 식민지 후진국의 '민족적 자주 독립'과 '국내 건설 촉진'을 위한 노력을 1950년대의 주요한 세계 정세로 인식하였다는 사실에서 출발하였다. 이것은 곧 '사회적 민주주의 노선'을 의미하는 것이며, '광범한 근로 대중을 사회적 기반으로 하는 진보적·지도적 정치 세력'이 주도가 되어야 함을 강조하였다(진보당, 1956a).

진보당은 '사회 민주주의'를 당의 이념으로 채택하였고, 자유 경제 체제를 전면적으로 부인하지는 않으면서 국가가 주도하는 '계획된 경제 체제의 필요성'을 강조하였다. 진보당의 경제 정책의 핵심은 민족 경제를 건설하고 부패한 경제 구조를 개편한다는 것이었다. 즉 "급속한 템포로 대대적인 경제 건설을 촉진하여 사회적 생산력을 크게 제고하는 한편 사회적 생산물의 공정한 분배에 의하여 사회적 정의를 옳게 실천"한다는 기본 원칙에서 출발하였다.

우리는 낡은 자유 민주주의 또는 개인적 민주주의를 폐기, 지양하고 분연과감히 새로운 민주주의, 즉 사회적 민주주의에로 옮아서지 않으면 아니 된다. 사회적 민주주의는 평등적 민주주의이며 동시에 계획적 민주주의이다. 자유 민주주의는 소수인의 자유를 의미할 뿐이었지만 이십세기의 사회적 민주주의는 모든 사람 즉 다수인의 자

유를 의미하며, 따라서 그것은 모든 사람의 자유와 평등의 실천적 구
현을 위한 평등적 민주주의이다. 그리고 사회적 민주주의는 동시에
계획과 통제의 제원칙에 입각하는 계획적 민주주의이다. 계획과 통
제는 자본주의 경제에 있어서의 모순과 무정부성을 극복, 지양하기
위해서 〔……〕 불가결한 것이다. 우리는 계획과 통제를 자유에의 대
립물로서 속단, 오인하여서는 안 된다. (진보당, 1956b)

　진보당에서 주장하는 소위 '사회적 민주주의'의 핵심은 자본주의
경제 질서의 모순과 무정부성을 지양하기 위하여 경제에 대한 계획
과 통제 정책을 적절하게 배합한다는 것이다. 그리고 이를 위한 구
체적인 방법으로 교통·체신·운수·은행 등 중요 산업 부문과 거
대한 기업체를 국유화하며, 국가 자본과 외국 원조에 의해 필요한
산업 부문을 신설하고 이를 국유화 또는 국영화할 것을 주장하였
다. 그러나 모든 산업 부문을 국유화하자는 것은 아니었고 중소 산
업에 대해서는 적절한 국가적 지도와 원조를 통한 보호·육성을 주
장하였다.
　'정책'에 제시된 내용에 비하여 자유 시장 경제 체제를 강조하고
있는 '계획성 있는 경제 체제' 역시 진보당의 경제 정책을 담고 있
는 중요한 글이다(윤길중, 1957). 이 글에서도 국가의 역할을 강조
하면서 국가를 "자유와 계획을 현명하게 결합하는 자유제 계획 경
제"의 핵으로 설정하였다. 아울러 독점 대기업에 대한 국유·국영
형태, 대기업에 대한 공공 소유 형태, 소비재·생산재 생산 부문과
중소 기업에 대한 사적 소유 형태를 병존해야 할 3가지 소유 형태
로 제시하였다.[25] 진보당의 경제 정책에서 눈에 띄는 또 하나의 특

---

25) 민간 소유를 부정하는 것은 아니지만, 생산 수단의 소유 문제를 경제 정책의 중요
　　한 기준으로 제시했다는 점은 이론적으로 공산주의적 경제 이론과 그 맥을 같이

징은 농업 부문의 정책에 치중하였다는 점이다. 이는 진보당의 당수였던 조봉암이 농림부 장관을 역임했던 경력(박태균, 1995: 146~78)[26]과 관련되는 것이었으며, 다른 한편으로는 기층 대중의 생존권 문제에 대한 문제 제기이기도 했다. 진보당의 '정책'을 보면 '농업의 문제' '협동조합 조직화의 문제' '농업 정책' 등 세 부분에 걸쳐 농업에 관한 문제를 제시하고 있다. 토지의 개인 소유를 인정한다는 점과 함께 협동조합의 중요성을 강조한 것은 진보당 정책의 사회 민주주의적 성격을 잘 보여주는 것이다.

진보당의 경제 정책이 '공산주의적 계획 경제'를 지지하지 않은 것은 분명하다.[27] 김성주 사건 당시 기소장에서 1952년 조봉암과 고정훈이 자유 경제 제도를 버리고 계획 경제를 수립해야 한다고 주장했다는 부분이 나타나기도 하지만(서중석, 1999: 68)[28] 조봉암이 직접적으로 공산주의적인 계획 경제를 주장한 적은 없다. 이러한 진보당의 정책에 대해서 "당시 한국 사회에서 처벌받지 않고 표현

하고 있다. 다른 한편으로 진보당의 이러한 경제 정책은 공산주의 국가의 초기 사회주의 단계에서 설정하고 있는 경제 정책과 유사한 면이 있다. 중국이나 북한의 경우 경제 개혁의 진행은 생산 수단의 소유 문제에 가장 초점이 맞추어져 있었으며, 초기 사회주의 경제 건설의 단계에서는 중소 기업이나 민족 기업에 한하여 민간 소유의 형태를 부정하지 않았다. 진보당의 경제 정책이 이러한 공산주의에서의 과도기적인 단계를 설정한 것은 아니지만, 내용상으로는 유사성을 지닌다.

26) 조봉암은 농림부 장관에서 물러난 이후 국회에서 농업 정책에 비중을 두어 활동하였고, 1949년부터 1951년까지 농민 조직으로 '한국농민회의'의 설립 운동을 전개하였다.

27) 진보당 안의 다양한 성격의 구성원을 고려할 때 진보당이 어떤 특정한 이념적 지향을 가지고 있었다고 규정할 수는 없다. 진보당에는 주로 민족자주연맹·민주주의독립전선에 참여했던 사람들이 참여하였지만, 한독당 출신과 조봉암과의 개인적인 인연으로 참여한 인사들, 소수의 한민당·대한노총·건국동맹·조선노동당 출신 등 다양한 사람들이 참여하였다(박태균, 1995: 308의 〈표-2〉).

28) 서중석은 이 글에서 진보당의 노선을 사회 민주주의보다는 진보주의로 평가하였다.

할 수 있는 진보적인 견해의 극한값"이라는 평가도 있다(한승주, 1983: 82).

진보당이 내세운 '계획성 있는 경제 체제'는 그 실체가 모호할 뿐만 아니라 당시의 상황에서 공산주의적인 계획으로 평가받을 수 있는 소지가 컸다. 실제로 진보당 관계자들이 당시의 상황을 고려하여 보다 온건한 표현을 사용했을 가능성도 배제할 수 없다.

II. 4·19 이후 혁신 운동 세력

4·19 혁명 이후에는 적극적으로 '사회 민주주의형' 경제 개발론이 표출되었다.[29] 핵심적인 내용은 외부와 독립된 자주적인 경제 성장을 이룩해야 한다는 것과 중요 산업의 국유화였다. 4·19 이후 혁신 세력들의 주장은 1950년대 진보당의 주장보다 조금 더 강한 사회주의적 정책을 담고 있다. 민족일보에는 '계획 경제 체제'를 통한 경제 개발의 필요성을 직접적으로 주장하는 사설이 실리기도 하였다(민족일보, 1961년 4월 22일자 사설). 이러한 경향은 4·19 이후 공개적인 무대에 등장한 혁신 세력들과 상대적으로 열린 공간에 의해 가능했다.

이들의 경제 정책을 잘 보여주는 글은 당시 사회대중당의 선전위원장이었던 유병묵의 「사회대중당의 산업 국유화 정책」(유병묵, 1960)이다.[30] "보수와 혁신을 구분하는 준척은 사회주의 정책의 채

---

29) 『사상계』, 1961년 3월호에서 '자유 경제냐? 계획 경제냐?'를 특집으로 실었던 것은 4·19 이후 계획 경제에 대한 광범위한 논의가 표출된 상황에서 자유 방임주의적 경제 질서를 동의하는 사람들의 위기감을 반영한 것이었다. 여기에 글을 실은 사람 중 이창렬과 박희범을 제외한 성창환·김두희·이동욱·고승제 등은 모두 '자유 시장형' 경제 개발론자들이었다.

30) 유병묵은 7·29 총선 이후 최근우·최백근 등과 함께 사회당에 참여하였다. 유한종 인터뷰, 1994년 10월 16일, YMCA 커피숍에서. 사회당은 당시 혁신 정당 중 가

택 여부에 달려 있다"는 글로 시작되는 이 글에서 유병묵은 마르크
스주의나 공산주의 이념과는 다른 '한국적 사회주의' 노선을 표방하
였다.

유병묵은 산업 국유화는 혁신 세력뿐만 아니라 보수 세력도 주장
하였지만, 산업 국유화가 '자주성 있는 경제 구조'와 '민주 사회주
의'의 위에서 이룩될 때만이 진정한 의미를 지닐 수 있다고 주장하
였다. 이 글에서도 역시 자유 시장 경제 원칙을 부정하지는 않았지
만, '사회주의형적' 사회를 건설하는 것을 목적으로 하는 만큼 국가
사회주의에서 주장하는 '중요 산업의 국유화'와는 차이를 보인다.
유병묵은 부정 축재 재산의 몰수 후 국유 또는 국영을 실시하고, 기
타의 기업은 "민족적 양심을 지니는 양심적 자본가에게 정당한 가
격에 의하여 불하할 것"을 방법으로 제시하였다. 공업화의 방식에
서는 경공업보다는 중공업 중심의 경제 개발 방식을 선호하여 소련
이나 중국에서의 경제 개발 방식과 유사한 성격을 띠고 있다.[31]
4·19 혁명 이후 혁신 세력 경제 개발론의 또 다른 특징은 경제 개발
의 과정에서 통일을 염두에 두고 있었다는 점과 일본과의 관계 정
상화에 따라 일본 경제에 예속될 가능성을 경계하고 있었다는 점이
다. 민주당 정권에 이르러 대부분의 경제학자나 관료들이 일본과의

장 좌파적인 정당으로 평가되었다. 반면에 진보당에 참여한 인사들이 가장 많이
참여하였던 사회대중당과 통일사회당은 사회 민주주의를 계속 견지하였다. 따라
서 유병묵의 글이 당시 모든 혁신 세력의 경제 사상을 그대로 반영한다고 할 수는
없다.

31) 미 국무성의 문서에 따르면 근로인민당에서 활동했던 최근우와 유병묵은 '농업인
민공사 agritulural communes'를 주장하였다. 사회혁신당의 고정훈은 '지도받는 민
주주의 guided democracy'를 주장하였으며 이것은 특히 경제 분야에서 강력한 전
제주의적 정부를 의미하는 것이었다(NA Leonard L. Bacon to FE Mr. Parsons,
March 2, 1961, NND 959269, Box 5, RG 59, NA). 고정훈은 미 군정 시기 통역관,
한국 전쟁 시기 육군 정보 장교로 일한 경력을 가지고 있다(홍준호, 1989: 29).

관계 정상화가 급속한 경제 성장을 위하여 필요한 것임을 인정한 반면, 사회주의형 경제 개발론자들은 통일 문제에 초점을 맞추었다. 경공업이 중심인 남한과 자원이 풍부하고 중공업이 발전한 북한의 통일은 외국의 경제 침투를 막고 자립적 경제 건설의 주요한 기초를 제공할 수 있으리라는 것이었다.[32] 혁신 세력들은 김용중의 '중립화 통일론'에 대해서도 자립 경제를 목표로 하는 경제 개발의 관점에서 평가하였다(민족일보, 1961년 2월 20일자). 이러한 영향 때문에 1961년 3월 1일 대구에서 개최된 3·1절 기념 행사에서는 '실업자여, 일터는 통일에 있다'는 구호와 피켓이 등장하기도 했다.

식민지 시기 이래 공산주의자나 민주 사회주의자 모두 민족주의적인 입장을 가지고 있었던 사실의 연장선상에서 진보당이나 4·19 혁명 시기의 혁신 세력의 민족주의적 입장을 해명할 수 있다. '민족 자주'적인 입장은 해방 직후부터 이 시기에 이르기까지 민주 사회주의적 입장을 가진 인사들과 공산주의적 입장을 가진 인사들을 묶어주는 중요한 역할을 하였다.

일반적으로 '사회주의형' 경제 개발론은 식민지 시기부터 큰 영향을 미치고 있었으며, 두터운 경제학자 층을 확보하였다. 경성대학이나 경성고상같이 한국에 위치한 공립 학교의 경우 교수들 중 대부분이 동경대학이나 동경고상 출신의 일본인이었고, 이재유 사건에 연루되었던 경성제대 법문학부 교수인 미야케를 제외하고는 사회주의적 경향을 가진 교수는 거의 없었다.[33] 그러나 국내 사립

---

32) 도예종, 「경제적으로 본 통일의 필연성」, 1961년 1월 22~24일자; 「토론: 일본 경제 시찰단 입국 시비」, 1961년 1월 23~25일자; 「통일 경제 없이 경제 자립 없다」, 1961년 1월 11일자; 「남북의 경제 교류만이 곤경의 타개책이다」, 1961년 3월 26일자(이상 영남일보).

33) 『조선총독부 경성고등상업학교』, 소화 17년 3월; 『경성고등상업학교 일람』, 소화 5년 8월; 『동경상과대학 일람』, 소화 15년. 미야케(三宅) 교수는 조선공산당 재건

전문 학교의 경우 사정이 이와는 크게 달랐다. 특히 교토대학을 졸업한 이순탁 · 윤행중 · 노동규, 동경고상을 졸업한 백남운, 게이오 대학을 졸업한 박문규 등은 국내의 각 사립 대학에 교수 또는 강사로 출강하고 있었을 뿐만 아니라 경제 전문 서적들을 저술하여 당시 학계에 많은 영향을 미치고 있었다(이기준, 1983: 193~201; 이기준, 1990: 2~3; 홍성찬, 1997). 일례로 윤행중은 "국가의 주체적 계획성"에 따른 "사적 소유 관계의 제거"를 통해 "금융 기관의 국유화, 중요 산업 부문의 국유화, 약체 기업의 강제 결합, 소비 인구의 조직화, 노동자의 관리" 등을 통한 사회주의형 경제 개발론을 주장하였다(윤행중, 1948: 31). 해방 직후에는 사회주의적인 인사들뿐만 아니라 자유주의적인 인사들까지도 계획 경제 체제를 선호하였다(설의식, 1947: 8).

비록 대부분의 사회주의 경제학자들이 한국 전쟁을 전후하여 월북하거나 납북되었지만, 사회주의 경제학의 영향은 1950년대 학생들과 지식인 사이에 계속 남아 있었다.[34] 이승만 정권하에서 이순탁은 초대 기획처 장관이었으며, 그의 가까운 동료였던 박건웅은 초대 농림부 장관이었던 전 공산주의자 조봉암과 매우 가까운 사이였다. 또한 조봉암이 농림부 장관으로 재직할 때 김찬 · 임원근 · 인정식 등 식민지 시기 유명한 공산주의자들이 『농림일보』의 사장과 편집국장으로, 사회 민주주의적 경향을 견지하였던 강진국과 강정택이 농림부 차관과 농지국장으로 농림부에 함께 참여하고 있었다(박태균, 1995: 166).[35] 비록 이순탁과 조봉암은 1949년 해임되었지만,

---

운동 사건 중 가장 큰 사건이었던 이재유 사건에 연루되었다. 그는 경성제대 조교였던 정태식을 통해 이재유와 만나 조선의 공산주의 운동에 대해 토론을 벌였다(김창순 · 김준엽, 1986: 346~54; 김경일, 1993: 102~15).

34) 백남운이나 이순탁과 함께 활동한 인물 중 한국 전쟁 이후까지 남한에서 활동한 인물로는 김계숙 · 안동혁 · 최호진 · 박종홍 · 조동필 · 최문환 · 김상겸 등이 있었다.

이들과 함께 일했던 사람들은 한국 전쟁 이후까지 남한에서 계속 활동하였다. 특히 조봉암의 1949년부터 1951년 농촌 조직 활동, 1952년과 1956년 대통령 선거 출마, 1956년 말 진보당 조직 등을 통해 사회주의적 경향의 인물들이 계속 활동할 수 있는 공간이 확보되었다. 진보당 외에도 민주혁신당과 재건근로인민당은 1950년대 혁신계 인사들의 활동 공간이 되었다.[36] 1950년대에는 또한 대학 안에서 합법·비합법적인 서클이나 학회가 조직되었다. 대체로 이 조직들은 사회 민주주의적인 방향을 제시하고 있었는데, 서울대학 정치학과의 '신진회,' 법학과의 '신조회,' 사회학과의 '후진사회연구회,' 경제학과의 '경우회'와 '사경회' 등과 고려대학의 '협진회' 등이 대표적인 조직이었다(박태순·김동춘, 1991: 158~72). 이들은 사회 민주주의나 수정 자본주의와 관련된 세미나와 발표회·강연회 등을 개최하였으며(동아일보, 1957년 12월 5일자; 『대학신문』, 1958년 4월 21일, 28일자; 『대학신문』, 1958년 9월 15일, 11월 17일자), 특히 노동자들의 문제에 관심을 가졌다. 이러한 분위기 속에서 1957년 세칭 '유근일 필화 사건'이 발생하기도 하였다.

'사회주의형' 경제 개발론은 1961년 5·16 쿠데타 이후 철퇴를 맞으면서 비합법 운동으로 전환하였다. 1968년의 통일혁명당과 1979년의 남조선민족해방전선준비위원회는 4·19 시기 '사회주의형' 경제 개발론을 주장했던 청년들의 일부가 주도한 비합법 조직이었다. 특기할 만한 점은 이들의 '사회주의형' 경제 개발론이 1960년 이전

---

35) 차균희와의 인터뷰: 강진국은 식민지 시기 이래로 농업협동조합 운동을 강조하는 입장이었지만, 중요 산업의 국유화를 비롯한 국가 계획 경제론자로 활동하였다(방기중, 1993).

36) 민주혁신당은 한민당 출신인 서상일에 의해 조직되었고, 재건근로인민당은 민주주의민족전선과 근로인민당에 참여하였던 장건상이 주도하였다(박태균, 1995: 264).

에 비하여 북한의 경제 계획을 긍정적으로 평가하는 경향을 보였다
는 점이다(편집부b, 1988; 대검찰청 공안부, 1981).

5. 맺음말

이상에서 1950년대 지식인 사이에서 이루어진 한국의 경제 개발
과 관련된 논의를 살펴보았다. 1950년대에는 한편으로는 반공 이데
올로기가 사회 운영의 원리로 작동하였고, 다른 한편으로는 역설적
으로 경제 체제를 강력하게 통제하고 있는 이승만 정부에 대한 반
대의 논리로서, 민간 주도형 경제 개발론이 주류적인 흐름으로 자
리 잡고 있었다. 본 논문에서 본격적으로 분석하지는 않았지만,
1950년대 초반까지도 국가 주도형 경제 개발론을 주장하였던 이창
렬과 주석균이 1950년대 중반 이후 자유 경제의 필요성을 강하게
제기한 것도 후자의 측면 때문이었다. 따라서 1950년대 후반에 입
안된 산업개발위원회의 경제 개발 3개년 계획에는 민간 주도형 경
제 개발론이 어느 정도 반영되었다(박태균, 2000: 151~55).

그러나 국가 주도형 경제 개발론의 영향 역시 무시할 수 없는 것
이었다. 3개년 계획에서부터 군사 정부의 1962년 경제 개발 계획 5
개년 계획에 이르기까지 정부가 계획을 입안하고 이것을 주도해야
한다는 내용은 계획안의 중요한 축을 이루고 있다. 1950년대 후반
부터 1962년 사이에 점차적으로 정부 주도의 필요성이 강조되었다.
또한 국가 주도 경제 개발론자들이 적극적으로 주장했던 ‘균형 성
장론’과 ‘내포적 공업화론’은 경제 개발 과정에 적극적으로 받아들
여진 것은 아니지만, 1960년대를 통해 경제 개발의 주요한 담론으
로서 지속적인 생명력을 가진다.

〈표-1〉　　　　　1950년대 경제 개발론의 차이와 특징

	민간 주도형	국가 주도형	사회 민주주의형
국가의 역할	최소화	유통 과정과 금융 체제에 대한 국가의 통제	혼합형
투자의 주체	개인 기업과 외국의 원조 자본	산업개발위원회	—
주요 산업의 소유 문제	민간 소유, 적산 불하	중요 산업의 국유화 또는 국영화	
재벌	—	해체 또는 국유화	
투자의 순위	경공업(때로는 노동 집약적)	중공업과 사회 간접 자본	
환율 문제	현실적인 환율 개정 환율의 자유화	—	
분배 구조	성장 이후에 분배	—	공정한 분배는 경제 성장 목적의 하나로 설정
산업 개발 전략	산업화	수입 대체 산업화	자립적 경제 구조의 확립
산업 건설과 통일 문제	—		경제 성장의 가장 중요한 조건이자 방법
농업 문제	—		농업의 발전을 강조
선호하는 경제 개발 이론	자유 방임적 경제 이론	균형 성장론, 구조주의, 경제적 민족주의	사회 민주주의
공통점	경제 계획의 필요성, 국가 주도의 필요성, 실업 문제에 대한 강조, 산업화의 필요성, 사회 간접 자본의 필요성		
주요한 인물들과 그룹	사상계 그룹 민주당 신파	박희범·최문환·이창렬 (주석균·박동앙)	진보당 4·19 이후 혁신 정당

물론 이러한 경향을 국가 주도형 경제 개발론자들의 영향으로만 볼 수는 없다. 전통적으로 한국인들이 가지고 있는 국가 주도형에 대한 친근감이 민간 주도형, 또는 자유 시장형 경제 이론을 제기하면서도 국가가 경제 계획을 주도해야 한다는 필요성을 제기하는 기본적 배경이 될 것이다.[37] 전통 시대부터 계속되어온 국가 주도의 개혁 정책, 식민지 시기 총독부 주도의 경제 정책, 해방 직후 대부분의 정치 세력들이 이념에 관계 없이 주장한 국가 주도의 경제 정책 등은 이러한 분위기를 만드는 데 중요한 역할을 했을 것이다(박태균, 2001: 529~44). 조소앙이 '한국독립당 당강'에서 이야기했던 것처럼 한국인의 '관습적·심리적인 부분'은 경제사상사에 큰 영향을 줄 수밖에 없는 것이었다.

1950년대 지식인들의 경제 개발론에 대한 인식은 1960년대에도 계속해서 발전하였으며, 경제 정책과 경제 개발 계획에 반영되었다. 물론 1960년대 이후 경제 정책에는 미국의 자문과 영향력이 많이 개입되었다. 그럼에도 불구하고 '한국식'이라는 모델은 결국 1950년대 이후 계속된 지식인들의 논의, 그리고 그들의 정책 결정 과정에의 참여 속에서 나타날 수 있었던 것이다.

실제적으로 1959년 이후 입안된 경제 개발 계획에는 위에서 논의한 경제 개발론들이 다양한 형태로 나타났다. 특히 앞의 〈표-1〉에서 경제 개발론의 공통점으로 지적된 국가 주도의 필요성, 실업 문제에 대한 강조, 산업화의 필요성, 사회 간접 자본의 필요성 등은 1950년대 후반 이후 1960년대 초에 이르기까지 3개의 정권이 공통적으로 지적하고 있는 경제 정책이자 경제 개발 계획의 핵심적인

---

37) 박정희 정부의 경제 자문 위원으로 참여했던 한 경제학자는 1970년대 초반까지도 '왠지' 국가 주도의 경제 개발 계획을 주장해야 한다는 분위기가 강했고, 자신 또한 그러한 견해를 견지할 수밖에 없었다고 밝히고 있다(이기준, 1990).

내용이 되었다. 결국 1950년대의 모습은 '기관' 또는 '사람'의 생각 속에서 다시 한번 정리될 수 있으며, 그러한 생각들은 1960년대의 사회를 만들고, 이끌어나가는 동력이 되었던 것이다. 물론 어느 세력이 경제 정책의 주도권을 잡는가에 따라 강조점이 다르게 나타나기도 하지만, 이것은 차후의 분석 과제로 미루도록 하겠다.

마지막으로 한 가지 지적하고 싶은 것은 현대 한국 사회의 지성사에 나타나는 파시스트적 경향이다. 본 논문에서 살펴본 것과 같이 파시스트적인 경향은 때로는 사회주의적 경향과 비슷한 내용을 포함하고 있으며, 서로 교차 · 대립하면서 전개되었다. 출발점 또한 국가 사회주의와 사회주의가 혼합되어 있는 형태를 보이고 있다. 이 부분을 기존의 연구에서는 '내포적 산업화론'으로 규정하고 있지만, 그 이념적 뿌리가 파시스트에 있을 가능성이 있다. 앞으로 한국 현대 지성사의 연구에서 이 부분에 대한 보다 세밀한 고찰이 요구된다.

참고 문헌

경향신문.

고승제(1960), 「전환기에 선 한국 경제의 전망과 과제」, 『사상계』, 1960년 2월호.

─── (1979), 『경제학자의 회고』, 경연사.

공제욱(1993), 『1950년대 한국의 자본가 연구』, 백산서당.

기미야 다다시(1991), 「한국의 내포적 공업화 전략의 좌절」, 고려대학교 박사 학위 논문.

김경일(1993), 『이재유 연구』, 창작과비평사.

김대환(1991), 『경제 발전론』, 한국방송통신대학.

김동욱(1994), 「1940~50년대 한국의 인플레이션과 안정화 정책」, 연세대학교 경제학과 박사 학위 논문.

김영선(1953), 「經濟復興의 理論序說」, 『사상계』, 1953년 12월호.

———(1958), 「計劃經濟와 獨裁」, 『사상계』, 1958년 1월호.

———(1960), 「經濟開發三個年計劃案 分析」, 『사상계』, 1960년 4월호.

김영철(1958), 「외자 도입 문제」, 『사상계』, 1958년 4월호.

김용갑 외(1960), 「환율 현실화와 내일의 한국 경제」, 『사상계』, 1960년 11월호.

김창순 · 김준엽(1986), 『한국 공산주의 운동사』 5, 청계연구소.

남궁곤(1991), 「1950년대 지식인들의 냉전 의식: 사상계에 나타난 국제 질서관을 중심으로」, 『1950년대 한국 사회와 4·19 혁명』, 태암, pp. 126~46.

대검찰청 공안부(1981), 『좌익 사건 실록』 제12권.

박동앙(1955), 「韓國經濟와 米作農」, 『사상계』, 1955년 3월호.

박태균(1995), 『조봉암 연구』, 창작과비평사.

———(2000), 「1956~64년 한국 경제 개발 계획의 성립 과정」, 서울대학교 국사학과 박사 학위 논문.

———(2001), 「8·15 직후 신국가 건설을 위한 정책 대안의 성격과 특징: 경제 정책을 중심으로」, 『인본주의 참여 문화 전통과 21세기 한국 사회: 남북한 사회 문화 변동과 21세기 한국인상(1)』, 교육인적자원부, pp. 515~50.

박태순 · 김동춘(1991), 『1960년대의 사회 운동』, 까치.

박희범(1961a), 「印度의 經濟計劃」, 『사상계』, 1961년 6월호.

———(1961b), 「後進國에 있어서의 經濟計劃」, 『사상계』, 1961년 3월호.

———(1968), 『韓國經濟成長論』, 고려대학교 출판부.

방기중(1993), 「해방 정국기 중간파 노선의 경제 사상」, 『최호진 박사 강단 50주년 기념 논문집』, 박영사, pp. 159~94.

부완혁(1960), 「경제 원조의 반성: 방식과 운영의 합리화를 위하여」, 『사상계』, 1960년 7월호.

서중석(1994), 「민주당·민주당 정부의 정치 이념」, 『한국 정치의 지배 이데올로기와 대항 이데올로기』, 역사비평사.

———(1997), 「분단 체제 타파에 몸 던진 장준하」, 『역사비평』, 1997년 가을호, pp. 62~85.

———(1999), 「조봉암의 사회 민주주의와 제3의 길」, 『역사비평』, 1999년 여름호, pp. 81~112.

설의식(1947), 『임정 수립 대강』, 새한민보사(『한국 현대사 자료 총서』 13, 돌베개 수록).

성창환(1955), 「물가, 환율, 금리(상)(중)(하)」, 『사상계』, 1955년 10·11·12월호.

———(1960), 「저개발 지역의 자본 형성과 외국 원조」, 『사상계』, 1960년 11월호.

송진우(1931), 「世界大勢와 朝鮮의 將來」, 『東光』, 1931년 6월호.

———(1932), 「自由權과 生存權」, 『三千里』, 1932년 4월호.

신도성(1956), 「與黨이냐 野黨이냐(2)」, 한국일보, 1956년 1월 25일자.

요한기념사업회 편(1982), 『주요한 문집: 새벽』 I, 상미문화사.

유경환(1995), 「『사상계』 15년 소사」, 장준하추모문집간행위원회 편, 『민족혼·민주혼·자유혼: 장준하의 생애와 사상』.

유병묵(1960), 「사회대중당의 산업 국유화 정책」, 『사상계』, 1960년 10월호.

윤길중(1957), 「계획성 있는 경제 체제」, 『중앙정치』, 1957년 12월호(권대복 편, 『진보당』, 지양사, 1985, pp. 118~32 수록).

윤행중(1948), 『민주 경제론』, 을유문화사.

이경남(1981), 『雪山 張德洙』, 동아일보사.

이기준(1983), 『교육: 한국 경제학 발달사』, 일조각.

───(1990), 『일학일생』, 일조각.

이기택(1987), 『한국 야당사』, 백산서당.

이기하(1961), 『한국 정당 발달사』, 의회정치사.

이동욱(1955), 「외환율과 물가」, 『사상계』, 1955년 3월호.

───(1957), 「소위 '경제 안정책'의 의점」, 『산업경제』, 1957년 5월
　　호.

───(1960), 「한일 악수의 필요성」, 『사상계』, 1960년 11월호.

이상구(1957), 「환율 개정 문제」, 『사상계』, 1957년 7월호.

이순형(1968), 『경제 계획의 이론: 한국 경제를 중심으로』, 법문사.

이정환(1959), 「미국의 외원 정책 변경과 한국의 경제 성장 문제」, 『사
　　상계』, 1959년 12월호.

이제민(1998), 「후발 산업화의 역사적 유형과 한국의 경제 발전」, 『경
　　제사학』 제26호, pp. 71~93.

李鍾元(1995), 『東アジア冷戰と韓米日關係』, 東京大學出版會.

이창렬(1958), 「失業問題」, 『사상계』, 1958년 9월호.

───(1959), 「印度 五個年經濟計劃」, 『사상계』, 1961년 6월호.

임대식(1998), 「1950년대 미국의 교육 원조와 친미 엘리트의 형성」,
　　『1950년대 미국의 교육 원조와 친미 엘리트의 형성』, 역사비평
　　사, pp. 128~85.

임정택(1958), 「무역과 국제 수지」, 『사상계』, 1958년 9월호.

장준하(1963), 「브니엘」(『민족주의자의 길』 수록).

정옥자(1988), 『조선 후기 문화 운동사』, 일조각.

조동필(1955), 「신외환 정책의 전망과 유지책」, 『재정』, 1955년 10월호.

조병옥(1959), 『민주주의와 나』, 영신문화사.

주요한(1954a), 「政治·經濟再建의 基本問題」(『자유의 구름다리』, 문
　　　선사, 1956 수록).

─────(1954b), 「經濟改憲案」, 동아일보(『새벽』 I, 요한기념사업회,
　　　1982 수록).

─────(1954c), 「껍질을 깨뜨리는 순간」, 『새벽』(『새벽』 I 수록).

─────(1954d), 「經濟再建과 證券市場」(『새벽』 I 수록).

─────(1954e), 「自由經濟와 管理經濟」(『새벽』 I 수록).

─────(1957), 「아이디어가 資本이다」, 『새벽』(『새벽』 I 수록).

─────(1958), 「껍질을 깨뜨리는 순간」(『새벽』 I 수록).

─────(1966), 「近代人 性格과 그 苦悶」, 대한일보(『새벽』 I 수록).

─────(1967), 「韓國의 近代化 過程」, 대한일보(『새벽』 I, 수록).

진보당(1956a), '강령 전문'(권대복 편, 『진보당』, 지양사, 1985, pp.
　　　16~36 수록).

─────(1956b), '정책'(권대복 편, 『진보당』, 지양사, 1985, pp. 37~54
　　　수록).

최문환(1955), 「新古典學派의 生成 展開」, 『상대평론』 제9호, 1955년 7
　　　월(『최문환 전집』, 서울대학교 출판부, 1977 수록).

─────(1958a), 「民族主義의 諸問題」, 대학신문, 1958년 11월 3일자
　　　(『최문환 전집』 수록).

─────(1958b), 「後進國經濟의 停滯性과 開發의 問題」, 『文理大學報』
　　　제6권 제1호(『최문환 전집』 수록).

─────(1960), 「物價安定과 失業對策」(『최문환 전집』 수록).

─────(1966a), 「挑戰과 應戰의 論理」, 『政經研究』, 1966년 5월호(『최
　　　문환 전집』 수록).

─────(1966b), 「經濟獨占化의 論理와 倫理」, 『政經研究』, 1966년 11

월호(『최문환 전집』 수록).

최배근(1997), 「한국 경제 성장의 역사적 인식」, 『경제사학』 제22호, pp. 195~219.

편집부a(1957), 「물가 안정과 실업 대책: 나의 구체적 방안과 논리적 근거」, 『사상계』, 1957년 7월호.

편집부b(1988), 『통일혁명당』, 나라사랑.

한승주(1983), 『제2공화국과 한국의 민주주의』, 종로서적.

한영우(1973), 『정도전 사상의 연구』, 서울대학교 한국문화연구소.

홍석률(1999), 「1960년대 지성계의 동향: 산업화의 근대화론의 대두와 지식인 사회의 변동」, 『1960년대 사회 변화 연구: 1963~70』(한국 현대사의 재인식 9), 백산서당, pp. 191~256.

홍성찬(1997), 「한국 근현대 이순탁의 정치 경제 사상 연구」, 『역사 문제 연구』 창간호, 역사비평사, pp. 119~46.

홍준호(1989), 「전 민주사회당수 고정훈씨 별세: 혁신 정당 외길 43년」, 육사7기특별동기생회 편, 『노병의 추억: 육사 7기 특별 임관 40주년 기념 특집』.

황병준(1961), 「한국 중소 기업의 고민」, 『사상계』, 1961년 6월호.

Cole, D. and Lyman, P.(1971), *Korean Development*, Cambridge: Harvard University Press.

Goldstein, J. and Keohane, R.(1993), *Ideas and Foreign Policy: Beliefs, Institutions, and Political Change*, Ithaca: Cornell University Press.

Guerin, D.(1994), *Fascism and Big Business*, Sixth Printing, NY: Pathfinder.

Haggard. S, Kim, Byun-Kook and Moon, Chung-In(1991), "The

Transition to Export-led Growth in South Korea: 1954~66," *The Journal of Asian Studies*, Vol. 50, No. 4.

Hunt, D.(1989), *Economic Theories of Development: An Analysis of Competing Paradigms*, London: Harvester Wheatsheaf.

Johnson, C.(1982), *MITI and the Japanese Miracle: The Growth of Industrial Policy 1925~1975*, Stanford: Stanford University Press.

Jones, F. C.(1949), *Manchuria Since 1931*, London: RIIA, Oxford Inov. Press.

Macdonald, D.(1992), *U. S.-Korean Relations from Liberation to Self-Reliance: The Twenty Year Record*, San Francisco: Westview Press.

Myrdal, G.(1957) *Economic Theory and Under-Developed Regions*, London: G. Duckworth.

Oman, C. and Wignaraja, G.(1991), *The Postwar Evolution of Development Thinking*, OECD Development Centre: MacMillan Academic and Professional LTD.

Weir, M. and Skocpol, T.(1985), State Structures and the Possibilities for Keynesian Responses to the Great Depression in Sweden, Britain and the United States, edited by Evans, P. and Skocpol, T., *Bringing the State Back In*, New York: Cambridge University Press.

Woo Jung-en(1991), *Race to the Swift: State and Finance in Korean Industrialization*, New York: Columbia University Press.

1960년대 지식인과 이념의 분화

임대식

1. 머리말

후진국에서 흔히 나타나는 양상이지만 한국에서도 지식인(대학생 포함)과 군부의 역할이 지대했다. 이러한 양상은 민주화 진전의 획기인 1987년 이전까지 그러했다. 군부는 30여 년 간을 통치하며 산업화를 중심으로 한 근대화를 주도했다. 이미 1959년 콜론 보고서는 군부의 집권 가능성을 예고했고 박정희 등은 4·19 이전부터 쿠데타를 시도했다. 크레퍼 사건에서 보듯이 미 정보 기관 일각에서도 장면 정권을 대체하는 쿠데타를 공작하고 있었다. 한편 지식인들이 주도하여 이승만 정권을 붕괴시켰다. 이후 지식인들은 정권에 참여하거나 반독재 민주화 전선에 참여했다. 이 글은 이들 지식인들의 생각과 삶을 통해 당시를 살펴보고자 하는 의도하에 작성되었다.

본 글의 주 분석 대상 시기는 1960년대이다. 1960년대는 4·19, 5·16, 경제 개발, 한일 회담, 3선 개헌을 거쳐 1970년 전태일의 분신으로 종결되었다. 1960년의 4·19, 1970년의 전태일 분신, 1980년

의 광주 항쟁, 1987년의 6, 7월 항쟁은 각각 이후 상당 기간 죄책
감과 인식의 근원이었다. 1960년대는 지배 이념으로 성장주의가
정립되는 과정이고 한편 저항 이념으로 민족·민주·민중주의가
정립되는 과정이다. 해방 직후부터 1950년대가 반공 국가의 형식
적 틀이 마련된 시기라면 1960년대는 그 물적 기반이 마련되는 시
기이며 이후의 이념적 지형과 대립 구도의 기본 지형이 형성되는
시기였다.

1960년대의 이러한 격동의 과정에 지식인들이 적극 참여했고 다
양한 이념적 분화가 나타났다. 지식인이라면 여론 주도층으로서의
다양한 집단이 포괄될 수 있겠지만 이 글에서는 대학 교수, 언론인,
대학생을 중심으로 고찰하고자 한다. 이 중에서도 서울 소재 대학
의 명망 있는 교수 혹은 논객들을 주로 살피게 될 것이다. 1960년
대 당시 대중들의 소식원(정보원) 중 신문이 차지하는 비중은 컸
다.[1] 특히 신문의 여론 형성력은 절대적이었다. 1960년대 후반에 신
문이 편집인에서 경영진의 손으로 넘어가기 전까지 논설 위원들과
편집진의 발언권이 강했는데 특히 논설 위원들의 대다수는 대부분
교수들이었다. 또 각 대학의 대학 신문들도 학내의 여론 형성에 주
요한 역할을 했다. 그런데 그 대학 신문의 주요 필진들 역시 그들이
었다. 당시 『사상계』 등 잡지의 편집 위원 진용과 필자들 역시 그들
이었다. 결국 서울 시내 소재 대학의 인문사회과학 전공의 일부 명
망 있는 교수 혹은 논객들의 영향력이 절대적이었다. 그러나 이들
지식인들을 개별적으로 자세히 분석할 여유가 없으므로 매체별 경

---

1) 공보부 조사국, 『전국 홍보 선전 매개체 실태 조사 총평』, 1961, p. 114. 소식을 얻
   는 곳과 신문 구독률 등에 대해서는 4·19와 5·16 직후의 정부 기관과 언론의 여론
   조사 결과를 참조. 국무원 사무처, 『제1회 국민 여론 조사 결과 보고서(1960년 11
   월 실시)』; 공보부, 『제2회 국민 여론 조사 결과 보고서(1961년 8월 실시)』; 『서울
   시민 여론 조사(1961년 6월)』.

향성을 통해 대체적 추세를 살피고자 한다.

2. 각종 이념의 합종연횡

1980년대 이후 산업화와 민주화가 일정하게 진전되면서 탈근대적 인식이 유행하거나 평화 · 생태 · 여성 등 다양한 가치들이 주목받고 있지만 지난 한 세기 동안 대부분의 한국 사람들은 근대화를 당면 과제로 설정했다. 다만 근대화의 실제상을 어떻게 파악하고 또 어떠한 방도로 근대를 이룰 것인가의 차이가 있었을 뿐이다. 근대화의 주요한 가치 중 어느 가치를 중심으로 근대화를 파악하고 근대화를 추구하느냐에 따라 차이를 보였던 것이다.

근대화의 주요한 가치들을 도식화해서 정리하자면 다음 4가지로 나눌 수 있다. 근대화를 민족 국가의 형성(민족주의), 민주화(민주주의), 산업화(성장주의), 평등화(평등주의)라고 임의적으로 정리하고 논의를 전개하고자 한다. 근대화를 자본주의적 근대화로 국한하면 평등화는 제외된다. 하지만 역사적으로 자본주의 체제가 사회주의와 경쟁하는 과정에서 평등의 가치를 방기할 수 없었다. 더구나 사회주의 혁명의 역사 역시 근대화 실험의 한 형태였다는 점에서 평등화도 근대화에 포함시켰다. 여기서 필자가 사용하는 '근대화'라는 개념은 성장을 중심으로 한 협의의 근대화론과는 개념을 달리하는 것임은 물론이다.[2]

---

2) 근대화에는 자본주의적 근대화와 사회주의적 근대화가 있었다. 사회주의적 근대화를 추구한 바의 핵심은 평등이다. 자본주의와 사회주의의 핵심적 가치는 전자가 자유라면 후자는 평등이다. 다만 사회주의는 자유 민주주의와 대비되는 인민 민주주의를 통해 민주주의를 추구했으며 시장과 대비되는 계획을 통해 산업화를 추구했다는 차이도 있다. 두 체제는 치열하게 경쟁하면서 서로에게 배우며 자기를 갱

그러나 이들 이념은 순수한 형태로 존립할 수 없었다. 한국의 경우 특히 그러했다. 한국의 경우 후진국 일반의 모순에다 분단으로 모순의 중첩성이 더했고 국가 권력의 탄압 강도도 심했다. 이에 따라 지식인들은 어떤 특정의 가치를 오로지 혹은 시종일관 추구할 수 없었고, 심지어 다양한 이념이 모순되게 결합되는 양상을 보이기도 했다. 또 생각과 삶이 불일치하는 경우가 적지 않다. 그래서 지성사를 살필 때는 글만이 아니라 실제 삶도 고려해야 한다. 이러한 사정으로 지성사를 연구하기란 지극히 곤란하다. 이러한 곤란에도 불구하고 일정한 경향성을 발견하려는 시도를 포기할 수 없다. 그 경향성을 살피기 위한 방안으로 전형적인 이념들을 우선 추출해 보고자 한다. 이 이념들이 각 시기마다 혹은 개인마다 합종연횡을 거듭하여 지성사를 이루었다.

I. 반공주의

기존의 주류적인 한국 근현대사 인식에 따르면 식민지 시기에는 반일, 해방 이후 시기는 반공이 시대 과제 혹은 국시였다. 식민지 시기는 반일의 시대였고 해방 후 시기는 반공의 시대였다고 할 수 있다. 그런데 반일과 반공은 안티테제이다. 그래서 논리적으로 본다면 반일과 반공은 연대에 더 개방적이다. 즉 민족 해방(광복 · 독립)과 반공을 위해 다양한 이념과 세력이 차이를 떠나 연대할 여지가 있었다. 그러나 역사적 현실에서 그러한 연대가 현실화되었던가. 민족 해방 운동의 과정에서 그나마 추구되었던 민족 연합 전선

신했다. 자본주의 체제하에서도 사회주의적 가치, 즉 평등이란 가치가 주요한 가치로 부각되었다. 그런데 최근 카운터파트였던 공산권이 붕괴된 국면에서 신자유주의가 부상하면서 평등의 가치는 홀시되고 있다. 이러한 사정들로 사회주의의 가치인 평등화를 주요한 가치로 추가했다. 또 근대가 갖는 해방성과 아울러 억압성을 주목하기도 하지만 그 억압성은 부차적인 것이므로 일단 논외로 한다.

은 해방 후 냉전 체제하에서 분단과 전쟁을 거치면서 해체되어 남한에서는 반공 연대가 주도권을 장악했고 반공이 국시가 되었다. 그러나 반공 연대는 중간파는 물론 우파인 김구 계열조차 배제하였다. 그것은 연대라고 하기에는 너무나 단순한 이념적 스펙트럼을 포괄했고 한국 전쟁을 계기로 그 스펙트럼은 더욱 단순화되었다. 논리적으로만 보면 안티테제로서의 반공주의는 다양성과 연대를 인정하는 것이지만 실제로는 전혀 그렇지 않았던 것이다.

한국적 지배 이데올로기로서의 반공주의란 무엇인가. 반공주의란 탈근대주의와 마찬가지로 이념이라 하기 어려운 측면이 있다. 탈근대주의는 근대를 비판하고 극복하자는 것이지 대안을 제시하지는 않는다. 반공주의 역시 공산주의를 반대하는 것이지 적극적 대안을 제시하고 있는 것은 아니다. 다만 냉전 시기에 반공이라는 것은 곧 자본주의 체제를 선택하는 것이며 특히 남한에서는 국가보안법의 규정과 실제 적용을 감안하면 북한을 부정하고 남한을 선택한다는 것이다. 또 혈맹이자 반공 전선의 중심축인 미국에 대한 비판도 용납하지 않는다. 한국적인 반공주의는 친미와도 불가분의 연계를 갖는다.

한국적 반공주의가 지배 이념 혹은 최고의 이념으로 작동해왔던 것은 엄연한 사실이지만 그것은 보편적인 가치들 중 어떤 특정 가치를 중심적으로 추구하는 것이 아니므로 독자적 사상이나 이념으로 보기 어렵다. 반공주의는 안티테제로서 여러 사상이 복잡하게 결합된 형태로 강력하게 작동한다. 한국의 반공주의는 아와 비아를 가르는 전선, 생과 사를 가르는 생명선과 관련된 절대 신앙의 대상이지 특정 사상이 아니었던 측면이 강하다. 더구나 한국적 반공주의는 시기별로 그 강조점이 달라져왔으며, 반공주의를 정당화하기 위해 각종 이념이 동원되었다. 대체로 1950년대에는 자유 민주주의가 강조되었고 1960년대 이후에는 성장주의가 강조되었다. 심지어 반공주의와 가장 대립적인 민족주의와 민중주의도 동원되었다. 최근 들어 남한의 경제 성장과 북한의 빈곤이 대비되면서 성장주의가 반공주의의 핵심을 이루게 되었다. 한국적 반공주의는 반공-친미-반북-성장-독재와 긴밀한 연관을 갖지만 그 형태와 중심은 일정하게 변해왔다. 또 결정적·배타적·현실적인 이념이지만 안티 차원을 넘어 긍정적·독자적 이념으로 설정하기 어렵다. 따라서 반공주의를 이념형적인 사상으로 설정하기 어렵다. 지배 이데올로기로서의 반공주의가 독자적 이념으로 설정되기 어렵듯이 반독재 민주화의 이념 역시 그러하다.

II. 민족주의

근대 국민 국가 형성 과정에서 대체로 민족을 중심으로 국민 국가를 이루게 된다. 그런데 우리의 경우 종속과 분단이란 상황으로 인해 독립되고 통일된 국민 국가를 이루지 못했다. 민족주의는 기본적으로 보수적인 이념이지만 종속과 분단이란 상황에서 한국적 민족주의는 진보적 성격을 강하고 지니고 있었다. 한국인에게 배타적 민족주의가 강하다고 하지만 한국 현대사에서 민족주의적 지식인을 발견하기란 어렵다. 권력이나 지식인들의 대부분이 민족 단위를 중시하고 민족이란 담론을 사용했지만 그들을 모두 민족주의적이라고 칭할 수는 없다. 한국적 상황에서 민족주의의 핵심은 자주와 통일이란 가치이므로 민족주의와 친미-반공은 양립하기 어렵기 때문이다. 그래서 대부분의 민족주의는 문화적 민족주의 혹은 반일 민족주의로 왜소화되어 나타났다.

남북 협상 단계의 김구와 김규식의 노선, 장준하와 문익환의 마지막 노선이 민족주의를 대표한다. 이들은 각자 다른 사상과 역정을 거쳐 마지막에는 민족을 최고의 가치로 설정하는 민족주의자가 되었다. 이러한 민족주의는 북한을 적이 아니라 민족의 일부로 인정한다는 것만으로도 반공 체제를 가장 위협하는 존재였기 때문에 극심한 탄압을 받았다. 바로 이 민족주의 노선 때문에 김구는 암살당했고 장준하는 의문사했던 것이다. 민족주의는 반공 체제의 이완과 강화에 조응하여 부상과 잠복을 되풀이했다.

장준하와 문익환이 민주주의자에서 민족주의자로 거듭난 것은 1970년대 이후이다. 1960년대는 4·19 직후의 혁신계와 급진적 대학생들, 통혁당 등의 좌파들이 민족주의를 가장 적극적으로 대변하고 있었다. 혁신계의 『민족일보』와 통혁당의 『청맥』[3] 등이 대표적인 매체였다. 기본적으로 민주주의적 성격의 『창작과비평』이 민족 문학론으로 전환하면서 민족주의적 성격을 동반했고, 기본적으로 성장주의적인 성격의 『세대』가 황용주 필화 사건으로 민족주의적 경향이 거세되기 전까지 민족주의적 성격을 동반했다.[4]

Ⅲ. (자유) 민주주의

근대 이래 한국 지식인들의 대다수는 근대화를 민주주의로 이해하는 경향을 보였는데 이들을 민주주의 분파로 칭할 수 있을 것이다. 해방 후 1950년대는 그러한 경향이 특히 강했다. '자유도 없고

---

3) 청맥은 6·3 운동 이후 계엄이 해제된(7월 31일) 직후인 8월 1일자로 창간호가 발간되었다. 김질락은 청맥의 성격을 다음과 같이 말했다. "청맥의 정치 노선이 순수한 민족주의적인 것처럼 철저히 위장하고 어느 잡지보다 앞장서서 조국 근대화를 부르짖었다. 때문에 일부 식자들간에는 청맥이 여당의 끄나풀이라는 등의 잠꼬대 같은 낭설이 떠돌기도 했다"(김질락, 『어느 지식인의 죽음』, 행림출판, 1991, p. 105).
4) 『세대』는 제호에서도 알 수 있듯이 군정기에 벌어졌던 세대 교체 논쟁의 문제 의식을 띠고 있었다. 황용주 필화 사건은 김형욱과 김준연 등 극우 반공 세력이 박정희의 애매모호한 반공성을 견제하기 위한 공작의 일환이었다. 김형욱, 『김형욱 회고록 제2부』(아침), 1985, pp. 142~44.

가짜 민주주의'인 북한의 인민 민주주의에 대비되는 개념으로 자유 민주주의가 정식화되어 반공주의의 다른 표현으로서 널리 사용되었다.[5]

민주주의자들은 식민지 시기부터 반공적이었고 서구식 민주주의 특히 미국식 민주주의를 이상적인 것으로 간주했고 또 서북 세력 및 기독교와 깊은 관련을 가지고 있었다. 그들은 분단과 전쟁의 과정에서 더욱 반공화되었으며 미 군정기와 1950년대에는 미국의 신뢰를 받는 존재였다. 이러한 사정으로 민주주의자들은 기본적으로 친미-반공적 경향을 가지고 있었다.

현대사에서 진정한 자유주의자와 민주주의자를 찾기란 어렵다. 그들은 독재는 물론 자유·민주·인권을 억압하는 국가보안법과 민간인 학살과 전향 제도에 대해 비판하지 못했다. 대부분의 민주주의자들은 반공주의에 포섭되었고, 일부는 독재 대 민주의 대립 구도 속에서 민주 진영에 가담했고 그 주도권을 장악했다. 그들은 친미-반공적 본질과 종교적 배경으로 반공주의의 화살을 피할 수 있었기 때문에 민주화 운동의 우산이 되고 대부가 되었다.

민주화에 앞장선 민주주의자들이 가장 전형적인 민주주의자였다. 그러나 한편 그들은 이단적인 민주주의자들이기도 했다. 그들은 친미-반공-성장-독재 체제하에서 민주 외에 민족과 평등이란 가치를 적극 인정하는 경향이 있었다. 『사상계』『기독교 사상』『대화』『창작과비평』『문학과지성』『씨알의소리』 등의 매체는 민주주의적 경

---

5) 자유 민주주의는 자유주의와 민주주의가 결합된 것이다. 양자가 어떤 과정을 거쳐 자유 민주주의Liberal Democracy로 결합되고 언제 일반화되었는지는 본격적으로 추구되어야 할 문제이다. 다만 한국에서는 1950년대 초에 사용 사례를 극히 일부나마 확인할 수 있고 1950년대 말부터 일반화된다. 1950년대의 양당인 자유당과 민주당, 일본의 집권당인 자민당의 당명에서도 이러한 용어 사용을 살필 수 있다.

향을 대표했다. 그러나 반독재 민주화 전선에 섰던 이들마저 친미-
반공적 경향으로 인해 반공주의의 위력 앞에서 동요했고 대부분은
반공주의자로 전락했다. 선우휘·신상초·양호민·이호철·송복
등이 그러한 경우이다. 이에 비해 함석헌·김재준·김성식 등은 민
주주의자로서의 본질을 유지했다.

IV. 성장주의

근대화는 기아와 질병의 고통을 덜어주었다. 자본주의적 근대화
와 사회주의적 근대화는 각각 시장 경제와 계획 경제를 중심으로
산업화를 추구했다. 자본주의적 근대화가 경쟁에서 성공한 것은 민
주주의와 함께 산업화, 즉 생산력에서의 우위 때문이었다. 한국의
산업화는 시장 경제를 중심으로 하면서도 국가 주도하의 계획 경제
적 성격이 강했다. 국가는 미국 원조와 차관이라는 해외 자본의 존
재로 인해 국내의 주요 집단에게 상대적 독자성을 발휘할 수 있었
다. 경제기획원을 중심으로 한 경제 개발 계획의 추진 과정은 국가
중심의 계획 경제적 측면을 잘 보여주고 있다. 산업화를 중심 가치
로 설정하는 이들 분파를 성장주의라 할 수 있을 것이다.

성장주의자들은 경제적으로 성장 자립하지 않고서는 민주주의,
독립, 통일, 민주주의도 없다고 했다. 성장주의자들에게 산업화는
곧 공업화였다. 그들은 선성장 후분배, 선경제 후통일이라는 논리
를 내세웠다. 자본과 기술 등 산업화의 기반이 결여된 상황에서 외
국 자본과 기술 도입과 재벌과 특정 지역 중심의 불균등 발전 전략
을 택했다. 이에 따라 대외적 종속은 심화되는 한편 기층 민중의 저
항은 억압했다. 또 민주화가 산업화보다 선행되고 우선되어야 한다
는 논리는 한국적 상황하에서는 비현실적인 것으로 치부했다. 산업
화 없는 민주주의란 불가능하다는 것이다. 3선 개헌과 유신 체제 구

축 나아가 신군부 집권 시기의 반민주적 행위조차 산업화를 위해서
는 불가피했다는 것이다. 이러한 성장 우선 논리에 정당성을 부가
하기 위해 민족주의적 담론을 동원하기도 했다. 서구적 민주주의와
구별되는 한국적 민주주의를 주창하는 하면, '조국 근대화' '민족
중흥' 등의 민족주의적 조어들을 동원했다. 심지어 충효의 이데올로
기까지 동원했다. 경제 성장을 위해 졸속으로 한일 국교 정상화를
추진했고 월남 파병을 감행했다. 심지어 계속 성장을 위한 비상 체
제=유신 체제를 구축하기 위한 7·4 공동 성명 혹은 군사비 부담을
덜고 자주 국방을 위한 핵개발 시도 등과 같이 반공-친미라는 반공
주의의 핵심 고리들에 균열을 감행하기도 했다. 성장주의는 기본적
으로 반공주의에 근거한 것이지만 극단적 성장주의자들은 반공주의
까지도 파열시켰고 또 필요한 어떠한 가치도 임의적으로 동원했다.
박정희의 절대적인 성장주의가 친미 반공주의와 긴장을 유발하면서
그는 최후를 맞았다.

　박정희를 위시하여 개발 연대에 참여했던 지식인들과 테크노크라
트들이 대표적인 성장주의자들이었다. 최근 성장주의자들은 북한의
경제 위기와 남한의 경제 성장을 대비적으로 평가하며 반공의 본질
이 (자유) 민주주의가 아니라 성장주의라고 주장하기도 한다. 박정
희 신드롬과 식민지 근대화론이 그 사례들이다. 남한 경제 성장의
과실을 과점한 기득권자들의 논리로 평가할 수 있다. 결국 반공주
의는 앞서 살펴본 반공 민주주의자들과 성장주의자들의 연대에 의
해 유지되고 있다고 할 수 있다. 조선일보는 이 양자를 절묘하게 결
합함으로써 한국 반공주의를 대변하고 있다. 조선일보의 이승만 재
평가(자유 민주주의 반공 국가 건설)와 박정희 재평가(경제 성장) 시
도 등이 그러한 예들이다.

　성장주의 잡지로는 『최고회의보』『신사조』『세대』『정경 연구』,

신문으로는 서울신문, 『일요신문』,[6] 경향신문[7] 등이 있다.

V. 평등주의

자본주의와 사회주의는 각각 민주와 평등을 내세웠다. 자본주의는 사회주의의 도전을 받으며 끊임없이 자기를 갱신하여 경쟁에서 결국 승리할 수 있었다. 근대화에서 평등화란 가치도 주요한 가치로 인정되었다. 평등이란 가치는 근원적으로 사회주의와 관련되어 있으므로 반공주의가 전횡을 부리던 한국에서 가장 위험시되었다. 분단과 전쟁을 통해 대부분의 사회주의자들은 월북하거나 거세되었다. 평등이란 가치를 추구하던 평등주의자들은 사회 민주주의 혹은 민주 사회주의를 표방하며 공산주의와의 차이를 구태여 강조했지만 반독재 범야권의 결성 과정에서 배제되었다. 민주당에 동참을 거부당한 조봉암 등은 수탈 없는 경제와 평화 통일론을 내걸었지만 결국 진보당 사건으로 치명적 타격을 입었다.

그들은 4·19 이후 다시 부상했지만 5·16으로 다시 된서리를 맞았다. 평등주의자들은 민족주의와 민주주의로 짙은 분장을 하거나 지하로 잠복했다. 평등주의는 반공 체제하에서 민족주의적 가치를 적극 수용하고 민주화 운동에 참여하면서 탄압의 예봉을 피할 수 있었고 또 지지를 받을 수 있었다. 한편 국가보안법 체제하의 특수 상

---

6) 1962년 7월의 조석간 단간과 일요일 휴간 등의 공보부 정책 시행 기준이 발표되고 이에 의거하여 일요일 신문이 발간되지 않았다. 이에 『일요신문』이 창간되었는데 중앙정보부장 김종필이 대리인을 내세워 발간한 것이다.

7) 천주교 재단이 운영하던 경향신문은 중앙정보부의 개입으로 몇 사람의 손을 거쳐 1960년대 중반부터 권력에 넘어갔다. 김형욱, 『김형욱 회고록 제2부』(아침), 1985, pp. 286~95; 문일석, 『비록 중앙정보부 1』, 1993, pp. 16~35. 문일석의 책은 당시 경향신문 공매 공작을 맡았던 방준모 감찰실장의 증언을 토대로 작성한 것이다.

황에서 불꽃회 · 인혁당 · 통혁당 · 남민전 등의 지하 조직 형태도 유지되었다. 1960~70년대 경제 성장과 함께 노동자 계급이 대거 형성되고 불평등이 심각해지면서 평등이란 가치는 더욱 중시되었고 평등주의의 한국적 형태인 민중주의가 정립되었다. 1980년대 민주화 운동의 성장과 함께 민중주의가 수십 년 만에 공개적으로 부상했다. 아이러니컬하게도 이즈음은 전세계적으로 사회주의권이 붕괴되던 시점이었다. 대안으로서의 현실 사회주의가 붕괴되자 민중주의자들 일부는 여야를 가리지 않고 제도권 보수 정당에 참여했다. 김정강 · 장기표 · 김근태 · 이태복 · 김문수 등이 그러한 경우이다. 또 일부는 탈근대론으로 경도되기도 했다. 평등이란 가치는 자본주의 체제가 존속하는 한, 특히 신자유주의하에서 불평등이 극심해질 것이므로 여전히 주요한 가치로 남을 것이다.

3. 지식인과 이념의 분화 과정

I. 4·19: 민주주의

1950년대 반공주의는 '자유 민주주의'라는 한국적 용어로 널리 표현되었다. 한국만큼 자유 민주주의라는 용어가 관용어처럼 사용된 경우를 찾기 어려울 것이다. 적대 진영에서 진보적 민주주의, 인민 민주주의, 신민주주의, 프롤레타리아 민주주의, 소비에트 민주주의 등의 용어들을 사용하고 있던 상황을 반영하여 구태여 자유라는 접두어를 붙여 사용한 것이 아닌가 여겨진다. 즉 북한은 자유가 없는 가짜 민주주의이고 남한은 자유가 있는 진짜 민주주의라는 인식의 소치일 것이다. 북한은 정식 국가가 아님은 물론 주체성이 없는 괴뢰로서의 공산주의 집단, 즉 북괴로 불렸다. 공산주의와 자본주의가 아니라 공산주의와 자유 민주주의가 대립항을 이루었다. 물론 이러한 기이한 대립 구도는 자본주의를 적극적으로 내세울 수 없는 역사적 · 현실적 배경이 작용했다.

1950년대에 남한은 공산 진영에 대비되는 자유 진영과 자유 세계의 일원으로 자부했지만 북한과 대비하여 자기 체제의 정당성과 우월성을 내세울 수 있는 역사적 · 현실적 근거는 취약했다. 이러한 여건하에서 남한 체제의 우월성을 자유의 유무에서 찾지 않을 수 없었다. 이 자유 민주주의마저 굶주릴 자유와 부정 선거와 폭력으로 얼룩졌으므로 그다지 설득력이 없었다. 사회주의와 같은 평등주의는 물론 통일과 자주의 민족주의는 존립할 수 없었다. 그래서 민족주의란 용어 사용도 금기시되었다. 그리고 물적 토대를 구축하는 산업화의 성장주의도 본격적으로 등장하지 못했다. 1950년대의 이념적 지형은 비교적 단순했고 반공 체제는 취약했다.

4·19의 직접적 원인은 3·15 부정 선거였다. 자유 민주주의의 기본조차 무시되는 현실에 분노하여 4·19는 촉발되었다. 그런 점에서 4·19는 민주주의 이념에 토대를 둔 것이었다. 4·19를 촉발시킨 것은 민주적 가치를 중시한 학생 · 지식인 들이었고, 이들을 후원하고 정권 몰락에 최종 마무리수를 둔 것은 미국이었고, 그 열매를 주운 것은 야당인 민주당이었다. 이들 3자 역시 친미 · 반공 전선의 동맹군들이었다. 그런 점에서 4·19의 발발은 반공 전선 안에서의 주도권 다툼에 불과했다. 물론 미국의 영향하에 있던 군부가 중립을 지킴으로써 이승만 정권은 붕괴되었다.

그러나 4·19는 점차 그 이상으로 나아갔다. 4·19는 잠재되어 있던 다양한 가치들이 등장하는 계기로 작용했다. 권위주의적 정권의 몰락에 따른 공백과 민주당 정권의 기반과 명분의 취약성, 신구파의 분열에 따른 약체성 등으로 인해 제한적이지만 열린 공간하에서 민족주의의 이름으로 민족적·평등적 요구가 폭발했다. 혁신계와 선진적인 학생들의 새로운(북진 통일론이 아닌) 통일론의 등장, 한미 경제 협정 반대와 행정 협정 체결 촉구 운동, 2대 악법 반대 운동, 피학살자 유가족들의 활동, 교원노조 결성 등이 그것이다. 심지어 4·19 이후 통일 운동에 적극적인 인사들은 월북을 시도했다.

4·25 교수단 시위를 통해 교수들의 발언권이 커졌다. 분단과 전쟁 과정에서 이념적으로 정화되었기 때문에 당시 대학 교수들의 이념적 지향은 단순했다. 또 당시 여론을 주도할 수 있는 교수들의 숫자 역시 극히 제한되었고 더구나 서울 지역에 절대 다수의 대학들이 존재하고 있었다. 따라서 교수단 시위를 주도한 일부 교수들의 영향력은 거의 절대적이었다. 이들 교수들은 유력한 신문의 편집 위원과 『사상계』의 편집 위원직을 겸하고 있었다.

당시 서울신문을 제외한 동아일보와 조선일보 등의 유력한 신문들과 『사상계』도 4·19를 적극 선동했다. 4·19를 전후한 시기가 『사상계』의 전성기였다. 그러나 4·19는 『사상계』의 편집진과 필진의 분화를 가져왔고 절대적 영향력의 약화를 가져오게 되는 계기로 작용했다.

대학생들 역시 4·19 과정에서 가장 선봉에 섰고 피해를 많이 당했으므로 발언권이 컸다. 다만 학생들은 반공주의의 굴레를 어느 정도 벗어날 가능성이 있었다. 이미 1950년대 말에 최문환의 민족주의 관련 책들이 읽히기 시작했고 류근일·김지주·김정강 등의 신조회와 이수병 등의 암장 그룹 등 일부 사회주의 그룹이 등장하기도 했다. 그리고 4·19 이후 일정하게 열린 공간에서 민통과 민자통으로 조직화되었다. 이들은 분단-통일 문제를 전면에 내걸고 민족주의적·평등주의적 가치를 추구했다. 하지만 일반 학생들의 인식 수준은 극히 초보적이었다. 4·19 이전 호국단 체제하에서 학생들은 자발적이고 반체제적인 운동을 해본 적이 없었다. 대학생들은 4·19 당시 '기성 세대는 각성하라'는 차원의 분노를 표출했다. 오히려 4·25 교수 시위에서 처음으로 교수들이 먼저 '이승만 정권 물러나라'는 주장을 했을 정도였다.

지식인들에 의해 4·19는 과도하게 지식인 혁명으로 해석되었다. 4·19 직후 지식인들의 발언권이 커졌고 일부는 과도 정권과 민주당 정권에 직접 참여했다. 『사상계』 지식인들 중 일부는 정권에 직접 참여하거나 자문 역할을 담당했다. 이승만 정권 말기에 '만송족'이라는 말이 있었고 3·15 부정 선거 당시 이승만을 지지하는 성명서에 당시 유수한 대학 총장들과 문인들의 이름이 등재되긴 했지만[8] 지식인과 권력간의 결합은 그다지 긴밀하지 않았다. 당시까지 어용이란 말도 거의 사용되지 않았다. 이승만 정권을 가혹하게 평하자면 원조 물자를 분배하는 정권이자 폭력 정권이었다. 그런 점에서 지식인들의 머리와 여론 형성력에 의존할 필요가 없었다. 어떤 측면에서 이승만 정권은 자기를 옹호할 지식인들을 확보 혹은 동원하지 못함으로써 그 생명을 앞당겼다고 할 수 있다.

이후 지식인들의 정권 참여와 지식인의 분화 과정에서 4·19의 성격을 어떻게 파악하는가의 문제는 중요했다. 민주주의자들은 4·19를 민주주의 혁명으로 제한하여 보는 경향이 있었고 그런 차원에서 5·16을 민주 질서를 전복한 것으로 비판적으로 인식했다. 한편 민족·민중주의자 들은 4·19를 민주주의적 혁명을 넘어 민족·민중주의적으로 확대 발전하는 것으로 해석했다. 한편 후자의 해석은 5·16이란 헌정 중단을 합리화시켜주는 논리로 혹은 4·19 세대들의 정권 참여를 합리화하는 논리로 활용되었다.

---

8) 서울 소재의 유수한 대학 총장들 중 고려대학의 유진오 총장만 제외되었다. 고려대학은 한민당-민주당 등 야당과 밀접한 관련을 가진 대학으로 치부되고 있었다.

II. 5·16과 성장주의

민족·민중주의의 부활은 기존의 공고해 보이던 반공 전선을 위협했다. 민주당 정권은 반공 전선을 유지 강화하기 위해 반공법과 데모 방지법 입법을 추진하기도 했다. 사사건건 파쟁을 벌이던 민주당 신구파도 반공 전선의 위기에 대해서는 공통으로 위기 의식을 느꼈다. 재벌, 사학 재단, 기독교단, 문단 등의 기득권 세력도 그러했다. 당시 여론 주도 잡지인 『사상계』의 편집 위원과 필자들을 비롯한 민주주의적 지식인들도 그러했다.

반공 전선의 위기는 비상한 방식의 반공 진영의 강화를 초래했다. 그것이 바로 군사 쿠데타였다. 그 점에서 5·16은 반공 진영의 역공세이자 반공 진영 내의 주도권 교체였다. 혁명 공약과 혁명 재판에서 그 친미·반공의 본질은 분명히 드러났다. 미국도 쿠데타가 친미 반공 전선을 위협하지 않는다는 판단하에 쿠데타를 현실로 인정했다.

당시 군대는 한국 사회에서 가장 과대 성장되었고 조직화되었고, 우리 사회에서 가장 친미·반공화·근대화되었지만 또한 가장 부패한 부분이 병존하고 있었다. 쿠데타 핵심 주체들의 쿠데타 동기는 진급과 보직 등에 대한 개인적 불만과 권력욕에 있었다. 그러나 이들은 제3세계 청년 장교들이 그러했듯이 고급 장성들에 비해 덜 친미적이었고 하층 출신이 다수였다. 그런 측면에서 쿠데타 주체들은 민족적·민중적 요소도 부분적으로 갖고 있었다. 1950년대 말 1960년대 초에 전세계적으로 빈발했던 여러 쿠데타들도 민족적 경향을 보였다. 그리고 5·16은 4·19의 민족적 열기를 전적으로 부정하고서는 민심을 장악할 수 없었다. 그러나 5·16에 내포된 이러한 민족적·민중적 요소는 곧 거세되고 말았다.

　미국은 1950년대 말부터 후진국의 새로운 사회 지배 세력으로 '젊고 농촌 출신의' '이전의 생산 관계와 연결되지 않은' '친서구적이며 비공산주의적'인 엘리트 군인들을 적극 인식하기 시작했고, 또 민족주의를 후진국의 경제 개발 계획을 실행할 수 있는 주요한 동력으로 파악하는 경향이 있었다. 특히 케네디 정권 시기에 들어 그러한 정책이 실제로 추진되었고 그러한 상황하에서 5·16이 감행되었다. 그러나 미국이 엘리트 군인들과 민족주의를 적극 평가하고, 5·16을 묵인 내지 방조한 것은 기본적으로 반공 전선의 유지·강화라는 최고 가치를 전제하면서 반공의 물적 기반을 구축하고자 하는 시도였다. 그러나 엄혹한 냉전 질서하에서 후진국의 민족주의는 필연적으로 미국의 범위를 이탈하고 반공 전선과 배치될 수밖에 없는 것이었다.

　미국은 민족적 경향이 친미 반공 전선에서 일탈할 가능성을 익히 알고 경계했다. 그리고 쿠데타 주체 세력들의 민족적 요소를 철저하게 발본색원했다. 우선 김종필·김용태·박희범·유원식 등 박정희 주변 인물들 중 민족주의적 성향의 인물들을 거세하여 박정희를 이들로부터 고립시켰다. 그리고 이후락·박종규·정일권·김현철 등 친미 반공 인사들을 박정희 주변에 배치했다. 황태성 간첩 사건과 황용주 필화 사건 등은 미국을 비롯한 반공 진영의 박정희 정권에 대한 견제를 단적으로 보여주고 있다. 박정희 역시 경력상의 하자(좌익 경력) 및 쿠데타의 절차적 비정당성, 친미 반공 전선의 강고함에 직면하여 민족주의적 요소를 억제 혹은 거세당하지 않을 수 없었다. 박정희 정권은 결여된 정통성을 경제 성장을 통해 보완하려 했고, 결국 반공법 제정, 경제 개발 계획, 한일 회담, 월남 파병 등에서 보듯이 확고하게 친미-반공과 산업화를 중심으로 한 종속적 근대화로 치달았다. 미국도 박정희 정권은 물론 이후 정권의 이러한 경향성을 적극 활용 혹은 평가하여 독재와 반인권까지도 묵인했다.

박정희 정권 초반의 민족적 측면, 즉 기존 정권과의 차별성은 군사 정권에게 부담이 되기도 했지만 이점이 되기도 했다. 박정희 측은 서구적 민주주의 대 민족적 민주주의(1963년 선거), 수구파와 전진 세력의 대결(1967년 선거)이라는 구도를 강조했다. 이러한 시도는 행정적(지도받는) 민주주의, 민족적 민주주의, 한국적 민주주의 등으로 이론화되어 나타났다. 실제로 군사 정부하에서 수카르노의 교도 민주주의, 아유브 칸의 기본적 민주주의, 나세르의 사회주의적 민주주의 등과 각국 혁명 연구가 이루어졌다.

5·16에 대해 지식인의 반응은 어떠했던가. 5·16 직후 언론에 대한 철저한 통제 탓도 있겠지만 시민들의 반응과 대학가의 동정은 의외였다. 쿠데타 당일 미군 방첩대의 서울시민 여론 조사에 따르면 40%는 지지, 20%는 지지하지만 시기가 이르다고 했고, 40%는 반대했다. 대학가도 의외로 평온했다. 민주당 정권을 수호하려는 적극적인 시도도 의외로 적었다. 장면과 같은 천주교인인 이한림·강영훈·김웅수 장군과 경향신문의 한창우 사장 등이 소극적으로 저항하다가 거세되고 말았다. 신문도 곧 쿠데타를 적극적으로 평가했다. 다만 함석헌만이 곧 5·16을 공개적으로 비판했을 뿐이다.[9]

많은 지식인들이 쿠데타를 지지했지만[10] 거기에는 일정한 경향성이 있었다. 당시 지식인의 주류를 이루고 있던 민주주의적 지식인들은 쿠데타에 대한 지지를 머뭇거리거나 꺼림칙하게 여기고 있었다. 그런데 의외로 민족주의적·평등주의적 지식인들의 경우 혁명

---

9) 함석헌, 「5·16을 어떻게 볼까?」, 『사상계』, 1961년 7월호.
10) 쿠데타에 대한 국내 지지 반응의 상세한 내용은 다음 자료 참조. 한국군사혁명사 편찬위원회, 『한국 군사 혁명사 제1집(상)』, 1963, pp. 272~93.

공약에서 친미 반공을 내걸었지만 쿠데타에 대한 반감이 적었다. 구정치인과 민주당 정권과 서구적 민주주의에 대한 실망이 컸기 때문이다. 조지훈조차 쿠데타를 적극 평가한 적이 있었다.

민통의 대변인이던 이영일은 김지하의 하숙방에서 자고 있다가 새벽에 총소리를 듣고 "우리 편이다. 군부 안에 있는 우리 편이 쿠데타를 일으킨 것이다"라고 확신에 차서 말했다.[11] 쿠데타 당일 이러한 적극적 반응은 학생은 물론 혁신계에서도 나타났다. 쿠데타의 실상이 어느 정도 알려진 후에도 쿠데타에 대한 지지와 기대는 의외로 적지 않았다. 쿠데타 직후 여러 대학의 학생들이 쿠데타를 지지하는 가두 시위를 벌였다. 5월 23일 서울대학생회는 쿠데타를 지지하는 성명서를 발표했다. 혁신계 인물들 중 일부도 쿠데타에 대한 기대를 표명했다. 쿠데타 주체 세력의 사상적 약점으로 인해 오히려 혁신계 정치인과 학생들에 대한 대대적인 검거령이 18일부터 내려졌다. 혁신계와 통일 운동을 주도하던 학생들을 체포하고 반공법이 제정되는 와중에서도 그러한 기대는 계속되었다. 민통련 대의원이던 조동일 등 8명의 대학생들이 참가한 『세대』의 좌담회는 군사 정권에 대한 기대를 가장 노골적으로 보여주었다.[12] 1963년 대선까지도 그러한 양상이 지속되었다.

쿠데타 주체들은 정통성과 경륜의 부족을 보완하기 위해 지식인들을 적극 동원했다. 박정희의 측근이던 이낙선은 혁명 정부가 군인 주동이라는 이유만으로 비난받는 것에 대해 분개하고 "한국적 쁘띠 인테리의 생태"를 조롱하면서도 한편 지식인들의 적극적 참여

---

11) 김지하, 「김지하 회고록: 나의 회상, 모로 누운 돌부처」, 『프레시안』, 2002. 7. 2.
12) 조동일 외 7명, 「4·19 그날의 함성을 회고한다」, 『신사조』, 1962년 4월호. 『신사조』는 『세대』와 『정경 연구』를 발간하기 전인 1962~63년 동안 『최고회의보』와 함께 쿠데타 주체들의 입장을 가장 잘 대변하는 잡지였다.

를 촉구하였다.[13] 대학 교수들을 중심으로 한 지식인들이 국가재건
최고회의의 고문·자문 위원·기획 위원, 국민재건운동본부, 중앙
정보부의 정책 연구실, 공화당 등에 대거 참여했다. 어용이라는 말
이 등장하기 시작한 것도 바로 이 시기부터였다. 어떤 장성은 "여
러분들은 국회 의원이 되어가지고 정계에 나갈 수가 없었으니까
지금까지 교수 노릇만 하고 있는 것이 아니냐"[14]고 비아냥거릴 정
도였다.

당대 최고의 지식인들이 거의 망라되었다. 물론 개중에는 부득이
혹은 소극적으로 참여하다가 곧 물러난 경우도 있지만 의외로 일찍
부터 적극 참여한 학자들을 발견할 수 있다. 적극 참여한 면면들을
보자면 민족적 성향, 개인적 연고, 권력 지향 등등의 원인을 찾을
수 있다. 이중에서 특히 주목되는 것은 민족주의적·성장주의적 인
사들의 적극적인 참여이다. 대학생들도 군사 정부 주도의 향토 개
척단 운동에 참여했다.

지식인들의 군사 정부에 대한 지지와 참여는 구정치와 구세대,
서구적 민주주의에 대한 실망을 반영한 것이었다. 간단히 말하자면
구체제와 구정치·구이념에 대한 실망과 변화의 열망이 널리 존재
하고 있었다. 쿠데타 직후의 한 여론 조사에서는 서구식 민주주의
에 대한 대학생 여론 조사에서 83%가 부적합하다고 답변했다.[15] 쿠

---

13) 이낙선, 「행동하는 지식인」, 『최고회의보』 제3호, 1961년 12월.

14) 서경수, 「국회 의원이 못된 교수님들」, 『사상계』, 1965년 3월호, p. 337. 이 말은
   6·3 계엄령이 해제되고 시내 대학에 주둔하고 있던 군대가 철수하기 시작하던 즈
   음에 모 대학을 찾아왔던 장성이 학장·처장 들이 모인 자리에서 방문 인사를 하
   던 중 한 말이다.

15) 홍승직, 「대학생은 무엇을 생각하고 있나」, 『사상계』, 1962년 4월호, p. 121. 이
   조사는 1961년 10월에 K대학(고려대학?) 사회과학도 377명을 대상으로 한 것이
   다. 이것은 대학생 가치관을 조사하기 위한 예비 조사의 결과이다. 2,000명을 표
   본으로 한 본조사에서는 서구식 민주주의가 적합 30%, 부적합 38%, 반반이다

데타 권력의 다중성이 1963년 대선에서 군정의 실패와 야당의 사상 공세에도 불구하고 박정희가 근소하게나마 승리할 수 있었던 계기가 되었다.

Ⅲ. 6·3 운동과 민족주의

군정 기간은 다양한 이념이 착종되어 있었던 시기였고 시행 착오의 시기였다. 그러나 그 선택의 폭은 제한되어 있었다. 군부 상층부는 반공적이이고 친미적일 수밖에 없었다. 절차적 정당성을 갖지 못하고 권력을 장악했기 때문에 경제 성장을 통해 정당성을 확보해야 했다. 미국과 일본의 자본과 기술에 의존했고 재벌 중심의 불균등 경제 개발을 추진했다. 성장주의로의 지향은 한일 회담과 월남 파병을 거치면서 보다 확실하게 되었다. 그리고 개발 독재 체제로의 국가적 틀이 점차 정비되어갔다.

1년 6개월 만에 계엄이 해제되고(1962. 12. 6) 1963년부터 정치 활동이 재개되면서 군정에 대한 비판이 격화되었다. 1963년 3월 16일 군정 4년 연장과 정치 활동 금지, 언론 · 출판 · 집회를 제한하는 '비상 사태 수습을 위한 임시 조치법'이 발표되면서 야권과 언론은 반발했다. 특히 동아일보와 조선일보는 12일 간 무사설 신문을 발간했다. 장준하와 함석헌을 중심으로 한 『사상계』가 비판에 가장 앞장을 섰다. 대학 교수들이 비판적인 태도를 취하자 『세대』는 「지성인이냐 쇼맨이냐」라는 특집[16]을 내어 교수들을 조롱하는 등 지식인론을 여러 차례 다루었다.

29%, 모르겠다 3%였다(홍승직, 「한국 대학생의 가치관」, 『아세아 연구』 6-1, 1963).

16) 『세대』, 1963년 7월호. 이 특집 중 김재원 시인의 글 「교수와 원대 복귀」는 교수들을 마음껏 조롱하고 있다.

군정 기간 동안 국가 재건, 인간 개조, 체질 개선, 세대 교체, 주체주의, 민족주의, 한강변의 기적, 5개년 계획, 경제 자립 등의 화두들이 난무했다. 1963년 대선과 총선을 앞두고 대학가와 언론에서 이러한 화두들을 둘러싸고 논쟁들이 격렬하게 벌어졌다. 그 중에서 민족적 민주주의에 대한 논란이 가장 치열했다. 쿠데타 주체들은 쿠데타 직후에 5·16을 인조 반정에 비유했고 당대 최고의 역사학자 이병도가 이러한 인식을 합리화하기도 했다.[17] 스스로 제2의 혁명 혹은 마지막 혁명이라고 명명하기도 했다. 이후 군정의 공식적인 입장은 5·16이 형식적인 면에서는 4·19의 부정이지만 실질적인 면에서는 4·19의 계승이요 연장이라고 정리되었다. 그러한 입장은 3공화국 헌법 전문에 "유구한 역사와 전통에 빛나는 우리 대한민국은 3·1 운동의 숭고한 독립 정신을 계승하고 4·19 의거와 5·16 혁명의 이념에 입각하여"라고 공식적으로 나타났다.

이러한 군사 정권의 합리화에 대해 비판을 선도한 것은 함석헌이었다. 함석헌은 1963년 7월에 「3천만 앞에 울음으로 부르짖는다」[18]와 8월에 「정부 당국에 들이대는 말」[19] 등의 글을 통해 군정을 혹독하게 비판했다. 이에 대해 신사훈·박달수·양우정·이낙선 등은 함석헌에 대해 인신 공격을 퍼부었다.[20]

윤보선은 대선 과정에서 이질적 민주주의와 자유 민주주의의 대

---

17) 이병도, 「5·16 군사 혁명의 역사적 의의」, 『최고회의보』 1호, 1961. 8.

18) 이글은 조선일보에 7회(1963. 7. 16~7. 24) 연재되었다.

19) 동아일보, 1963. 8. 16.

20) 신사훈, 「함석헌 선생 사상을 비판하면서」, 조선일보, 7. 26~8. 2: 이태석, 「함석헌 선생에게」, 서울신문, 7. 24~25: 박달수, 「억지 울음 속에 숨은 음험: 함석헌씨의 '울음으로 부르짖는다'를 박함」, 서울신문, 7. 26~31: 양우정, 「함석헌옹에게 할 말이 있다」, 『일요신문』, 7. 28: 이낙선, 「'들이대는 말'에 '갖다 바치는 말씀': 함석헌씨에 답함」, 서울신문, 8. 22~24. 朴達樹는 가명으로 박달나무 몽둥이를 연상케 한다.

결이라고 했으며, 이에 대해 박정희는 민족적 이념을 망각한 가식의 자유주의 사상과 강력한 민족적 이념을 바탕으로 한 자유 민주주의 사상과의 대결이라고 했다. 대선 이후 총선을 앞두고 김종필은 글과 강연을 통해 민족적 민주주의를 적극적으로 옹호했고,[21] 장준하는 김종필이 강연한 다음 날짜에 같은 장소에서의 강연을 통해 민족적 민주주의를 비판했다. 『사상계』는 심지어 민족적 민주주의란 1960년 12월의 모스크바 81개 공산당 회의 선언의 취지를 따르는 민족주의라고 하며 민족적 민주주의를 이질적인 것이라고 비판했다.

이러한 상호 비판은 한일 회담 반대 운동을 통해 더 심화되었다. 저항 진영은 4·19의 재현을 기대하기도 했지만 한편 그 과정에서 권력의 성격을 분명히 인식하게 되었다. 1962년 들어 파주 나무꾼 살인 사건을 계기로 고려대와 서울대 학생들이 한미 행정 협정 체결 시위를 했고, 군정 연장에 대한 반대 시위를 통해 정권에 대한 공공연한 도전이 시작되었다. 결국 민족주의비교연구회가 주도한 민족적 민주주의 장례식(5월 20일)은 대학생들의 5·16과 박정희 정권에 대한 인식의 전환을 극적으로 보여주었다. 특히 '한일굴욕회담반대학생총연합회' 이름으로 발표된 「5·16을 비판한다」(5월 24일)라는 글은 대학생들의 5·16에 대한 기존 인식의 모호함을 벗어난 사실을 단적으로 보여주었다. 연이어 목사·문인·재경 교수 들도 시국 선언문을 발표했다. 여기서 주목할 점은 굴욕적 한일 회담의 과정을 통해 박정권의 민족·민중적 측면에 대한 막연한 기대는 불식되었다. 한편 성장주의에 반대하여 민주주의와 민족주의의 연대가 형성되었다. 그래서 애매모호하던 전선과 이념이 분명해지고 대

---

21) 1963년 11월 4일 고려대, 11월 5일 서울대 강연과 11월 11일 자기 지역구인 부여에서의 연설에서 민족적 민주주의에 대해 적극 해명했다.

립 구도도 분명해졌다. 정권에 참여한 인사들에 대한 비판도 아래
와 같이 격정적으로 표출되었다.

나는 처음부터 5·16 반대하였습니다. 언론인도 밉지만 또 더 미운
것은 대학 교수들입니다. 오늘날은 사실 신부 목사는 그리 힘 있는
것이 아닙니다. 신부 목사는 감정의 분야에서 세력을 가지고 있지만
그보다도 지성적인 현대인을 지배해가는 것은 대학 교수층이라 할
것입니다. 그런데 그 교수들이 적지 않게 자기의 자리를 내버리고 칼
자루에 몰려 혹은 돈에 팔려 군사 정권에 고문이랍시고 나왔습니다.
[……] 그래 고문으로서 이 나라 일에 이바지한 것이 과연 뭐냐 한
다면 양심을 가진 사람은 아마 대답할 말이 없을 것입니다.[22]

5·16에서 오늘날까지의 4년 간의 두드러진 특징은 과거 딴 지식인
들과 같은 편에 서서 민생을 논하고 법을 두둔하고 민주주의를 해설
하던 사람들의 일부가 군사 정부와 그 뒤를 이은 정권에 참여함으로
써 그리고 지식인들 중의 일부가 군사 정권이 대표한 통치 방식을 적
어도 불가피한 것으로 생각하게 됨으로써, 언제나 야에 서서, 자유와
민권의 수호자로 자임해오던 지식인의 전통적인 자세에 균열이 생겼
다는 것이다.[23]

이러한 비판은 군사 정권의 성장주의에 대한 근본적인 비판과 대
안의 모색으로 나아가지 못했다. 그래서 1967년 대선에서의 근대화
논쟁에서 윤보선은 박정희를 위협할 수 없었다. 민족주의도 반일
민족주의에 제한된 것이었다. 좀 더 근본적인 비판은 1970년대 초

---

22) 함석헌, 「세번째 국민에게 부르짖는 말」, 『사상계』, 1965년 5월호, pp. 32~33.
23) 김진만, 「지식인의 사회 의식」, 『사상계』, 1965년 5월호, p. 81.

반에 장준하의 민족주의론과 박현채의 민족·민중 경제론을 통해 제기되었다.

월남 파병에 즈음해서는 지식인들의 반대는 거의 없었다. 1965년 7월 각의에서 베트남 파병을 결의한 며칠 뒤, 박정희는 차지철 의원을 불러 다음과 같이 말했다고 한다. "임자가 월남 파병 반대 좀 하지. 대미 교섭을 우리 쪽 의도대로 이끌려면 국내에서도 어느 정도 반대파가 있어야 하는데. 야당도 조용하고 언론이나 국민들도 파병에 반대하지 않고. 임자가 적임자일 것 같아." 월남 파병에 대한 반대가 거의 없는 상황에서 미국으로부터 더 많은 대가를 얻어내기 위해 박정희 극본 차지철 주연의 파병 반대 공작이 진행되었던 것이다. 차지철은 강경한 파병 반대론을 폈고, 심지어 반대론의 소신을 갖기에 이르렀다고 한다. 그래서 이동원은 파병 문제의 국회 상정에 즈음하여 "차의원, 최근 각하께서 이 일로 걱정이 많소. 각하의 심기도 생각해주셔야죠"라고 박정희의 권위를 빌려서야 그의 파병 반대론을 포기하게 할 수 있었다고 전한다.[24] 이 우화 같은 사실은 파병 반대에 측근인 차지철을 동원할 정도로 파병 반대론이 미약했던 것을 의미한다. 친미-반공-성장주의 차원의 월남 파병론에 대한 반대가 지극히 위험시되는 것이기도 했지만 파병론에 대응할 논리도 없었다.

한편 이러한 지식인들의 반대에 대해 권력은 학원과 언론의 반대를 원천적으로 막기 위해 학원안정법과 언론윤리위법 제정을 추진했다. 또 일부 교수들을 '정치 교수'라고 이름하고 학원에서 몰아냈다.[25] 주동 학생들에 대해서는 대량 처벌로 대응하고 심지어 YPT

---

24) 이동원, 『대통령을 그리며』, 1992, pp. 120~21. 이동원은 당시 외무부 장관이었다.
25) 『사상계』는 반대 운동의 핵심으로 이들 정치 교수들이 편집 위원과 필진으로 포진하고 있었다. 그래서 1965년 10월호에 '세정을 고려하여 본지 편집 위원 중 대

등의 학원 분열 공작을 진행했다. 박정희는 진해에서의 연설을 통해 "학생 데모는 애국이 아니며, 지식층은 용기 없고 옹졸하며, 언론인은 무책임하다"고 비난했다.[26]

이 연설은 박정희의 교수·언론인·대학생 들에 대한 인식을 극명하게 보여주었고 그래서 파문이 일었다. 그런데 같은 일자 신문에 로스토우[27]가 박정희의 성장주의 정책을 칭찬하는 기사가 실렸다. 박정희의 이 연설은 성장주의에 대한 자심감의 표현이기도 했다. 한일 회담의 추진과 반대는 양측의 실체를 보다 분명히하는 계기로 작용했다. 박정희 정권은 초기의 혼돈과 애매모호함을 극복하고 성장주의적 성격을 분명히하게 되었다. 민족주의적 분장은 1963년 선거를 기점으로 약화되었다가 3선 개헌과 유신 체제 등 체제 강화 과정에서 국민 교육 헌장 제정(1968), 통일부의 설치(1969)와 7·4 공동 성명(1972)에서 다시 한국적 민주주의론으로 재현된다.

권력이 성장주의의 성과에 자신을 가지면서 점차 지식인들을 활용할 필요성이 줄어들었다. 특히 민비연 사건과 동백림 사건 등을 통해 지식인들에 대한 탄압은 더해졌다. 산업화에 따라 신문 수입에서 광고비의 역할이 증대하고 언론에 대한 채찍 정책과 함께 당근 정책이 취해지면서 신문의 주도권이 편집진에서 경영진에게 넘어갔다. 이에 따라 언론의 비판적 기능도 약화되어갔다. 학생 운동에 대한 대대적인 탄압이 가해지면서 학생 운동에도 인식의 심화와 결단이 요구되었다.

학 교수직을 가지신 분들은 전원 해임합니다'라는 문구의 도장을 찍어 발간했다. 이후부터 편집 위원 명단을 공개하지 않았다.

26) 동아일보, 1965. 5. 3; 조선일보와 한국일보, 1965. 5. 4.

27) 로스토우는 6월 3일 서울대학교에서 천여 명의 학생들이 참석한 가운데 강연회를 열었다. 당시 그는 존슨 대통령의 정책 고문이며 국무성 정책위원회 위원장이었다.

IV. 전태일 분신 사건과 평등주의

성장주의에 입각한 10여 년 간의 산업화 추진은 일정한 성과를 거두었지만 한편 자본주의 모순을 심화시켰다. 더구나 계급간·지역간·산업 부문간 불평등 발전 전략에 입각한 성장은 평등주의 가치의 부상을 예고하고 있었다. 1970년 11월 13일 전태일의 분신과 1971년 8월 10일의 광주 대단지 사건 등은 평등주의가 본격적으로 제기되는 계기로 작용했다. 오랜 전통을 가진 농촌 계몽 운동의 농민의 발견을 넘어 노동자를 발견하게 되었다.

전태일의 분신은 학생 운동권의 노동 문제에 대한 관심을 고조시켰다. 이 사건에 장기표와 조영래 등의 사회법학회가 적극적으로 대응했다. 서울대 법대를 중심한 사회법학회(동승학회의 후신)는 이미 10여 년 전부터 노동자 실태 조사 등 노동 문제에 관심을 가지고 있었다. 학생 운동권은 물론 개신교와 천주교의 노동 문제에 대한 관심을 촉구하여 도시 산업 선교·빈민 선교 등이 이루어지게 되었다.

전태일 분신 사건 이후부터 민중이란 용어가 빈번히 등장하기 시작했다. 1974년 민청학련은 '민중 민족 민주 선언'과 '민중의 소리' 등의 문건에서 '민중'이란 용어를 적극 사용하기 시작했다. 이리하여 성장주의의 개발 독재에 대항하는 민주화 운동의 민족·민주·민중이란 3민 이념이 자리 잡게 되었다.

1971년 교련 반대 운동을 거치면서 대량 처벌[28]과 경찰의 학원 진입, 민청학련 사건으로 대학간 연대 시위가 모색되었다. 이미 이전에도 '전국대학생연맹' 등의 이름으로 성명서나 백서 등이 발표된 적은 있지만 전국적 규모의 대학생 조직이 일정한 성과를 거둔 것

---

28) 박정희는 1971년 10월 15일 '학원의 질서 확립을 위한 특별 명령'에서 학원 질서를 파괴하는 모든 주모 학생을 학원에서 추방하라는 등의 강경한 태도를 취했다.

은 처음이었다. 학생 운동이 조직화되고 대중화되고 정권과의 대결
이 심화되면서 학원의 민주적 실험도 진행되었다. 학생 대표 선정
에서 사회의 선거와 별반 차이 없이 연고와 자금 살포 등을 통해 학
생 대표를 선출하던 관행도 극복되어갔다. 1960년대까지도 간간이
계속되던 중·고등 학생의 시위 참여도 1970년대 들어 대학생 중심
으로 진행되었다.

이러한 평등주의의 등장에 대해 성장주의는 극단의 조치들을 취
했다. 1971년 국가 비상 사태 선언(12. 6)과 국가 보위를 위한 특별
조치법(12. 27), 1972년 경제 안정과 성장에 관한 긴급 명령(8·3 사
채 동결) 등을 통해 대응했다. 특히 유신 헌법과 이에 의거한 긴급
조치(1~9호)는 반공(안보)과 성장주의를 배타적으로 관철하기 위
한 비상 조치였다. 이러한 비상 체제는 독재 대 민주라는 대립 구도
를 전면화시켰다. 유신 체제를 인정 혹은 옹호하는 지식인과 저항
하는 지식인만이 부각되었다. 1960년대식의 낭만적 저항도 불가능
하게 되고 민족·민주·민중 등 각 가치들의 차별성과 독자성은 약
화되고 민주주의의 가치가 강조되었다.

4. 맺음말

4·19, 5·16, 6·3 운동, 전태일 분신 사건을 계기로 잠재되어 있던
다양한 이념들이 부상했고 동시에 지식인의 분화가 진행되었다. 아
울러 지식인들의 정권 참여가 본격적으로 시작되어 권력의 성격이
변화되는 것과 조응하여 지식인들의 분화도 더욱 가속화되었다. 이
러한 과정을 1950~60년대 지식인들에게 절대적 영향을 미치고 있
던『사상계』지식인들의 분화를 통해 간단히 정리하면 다음과 같다.

1950년대 지성계는 친미 반공의 서구식 민주주의적 경향의 『사상계』의 압도적 영향력하에 있었다. 4·19는 민주주의의 주도하에 시작되었지만 다양한 이념이 등장하는 계기로 작용했다. 반공 체제를 위협하자 이에 대한 반공 진영의 역공세로서 5·16이 초래되었다. 한편 5·16은 성장주의가 본격적으로 등장하는 계기였는데 쿠데타 권력은 초기에 다양한 측면을 동반하고 있었다. 쿠데타 권력의 이러한 측면이 지식인 사회의 이념의 분화와 혼돈을 더욱 가속화시켰다.

장준하와 『사상계』는 반공 진영의 역공세인 5·16을 현실로 인정했지만 곧 반군정의 성격을 분명히했고 군정 후반기에 반군정의 대열에 앞장섰다. 한일 회담 비준과 월남 파병의 파동을 거치면서 권력의 성장주의적 성격이 분명해지자 민족·민중주의도 혼돈을 극복하고 반군정에 가담하게 된다. 한편 일부 지식인들은 성장주의 권력에 적극 참여하였다. 1960년대 중반경에는 지배와 저항 진영이 확연히 구별된다. 또한 성장주의 권력에 포섭되는 지식인들이 늘어나게 되면서 권력 참여 지식인과 저항 지식인의 구별이 분명해졌다.

『사상계』는 민족주의적 측면을 부가함으로써 분화되어가던 지식인들을 재결집하여 한일 회담 반대 운동을 주도했지만 반일 민족주의의 차원을 벗어나지 못했다. 그리고 친미 반공과 연계된 월남 파병 문제에 대해서는 침묵할 수밖에 없었다. 여전히 『사상계』의 편집진과 필진의 구성 및 논조는 민주주의적 제한성을 벗어나지 못했고 따라서 영향력은 점차 약화되었다. 당시 한 진보적 인사는 당시의 상황을 다음과 같이 표현했다.

『신동아』는 흥미 본위이고 신문쟁이 냄새가 나는 반면 깊이가 없는 것 같고 『사상계』는 밤낮 그게 그거로 필자가 한정되어 뭐 새로운 것이라고는 하나도 없잖아요? 5·16 직후는 제법 잘 싸웠다고 하지만 요즈음은 덮어놓고 정부 공격만 한다고 누가 책 사봅니까. 『세대』야 뭐 말할 것 있습니까? 종이나 버리는 거지. 『청맥』은 그래도 싱싱한 맛이 있습니다. 첫째, 필자들이 모두 참신한 사람들이고 때 묻은 사람들이 적지 않아요? 내용만 하더라도 어딘지 모르게 한미 관계라든가 민족 의식 같은 문제 의식을 제기하고 있고![29]

『사상계』는 권력의 탄압이 더해지고 성장주의의 성과가 나타나고, 장준하가 정치권으로 진출하면서 그 영향력은 더욱 약화되고 겨우 명맥만이 유지된다. 결국 1970년 5월호에 김지하의 시「오적」을 게재하면서 『사상계』는 사실상 생명을 다하고, 다만 『씨알의 소리』를 통해 연장된다. 장준하는 7·4 공동 성명을 전후하여 민주주의자에서 민족주의자로 변신했지만 더 이상 지성계를 주도하지는 못했고 결국 의문사당했다. 1970년대는 장준하를 대신하여 민족·민주·민중적 이념을 두루 섭력한 김지하가 저항적 지성계를 상징하게 되었다. 극단적 업악 체제에 대항하는 반독재 민주화 운동 과정에서 각 이념의 독자성은 약화되고 민주주의 이념의 주도성이 강화되었다.

---

29) 김질락, 앞의 책, p. 86. 이진영이 김질락에게 한 말을 김질락이 전한 것인데 당시 잡지들에 대한 통혁당 핵심부의 인식을 살필 수 있다.

제4부
지식 생산·분배 구조의 변화

대학의 과학 기술 지식 생산 구조의 변화
——우수 연구 센터(ERC/SRC) 제도를 중심으로

황혜란 · 윤정로

1. 머리말

한 국가의 지식 생산력이 국부의 원천으로 인식됨에 따라 지식의 생산과 확산 기제에 대한 연구의 필요성이 부각되고 있다. 또한 국가의 지식 기반을 확충하기 위해서 지식 활동 주체들의 지식 창출과 확산 활동을 지원하는 다양한 정책이 전 세계적 수준에서 활발하게 기획 · 시행되고 있다. 우리나라에서는 그간 지식 생산 활동을 촉진하고 이를 경제 사회적 성과로 변환시키기 위해 선진국에서 효과적으로 기능했던 다양한 정책 수단과 제도를 도입하였다. 최근에는 대학의 지식 생산 활동을 촉진한다는 목표하에 BK 21을 비롯하여 기존의 대학 사회에 충격적인 정책과 제도들이 도입되고 있다.

본 논문은 우리나라에서 1990년부터 한국과학재단의 주요 기초 연구 지원 사업의 하나로 실시되고 있는 우수 연구 센터(ERC/SRC) 제도의 진화 과정을 중심으로, 이 제도의 도입과 운용 과정을 통한 대학의 과학 기술 지식 생산 방식의 변화를 살펴보고자 한다. 우수 연구 센터 지원 사업은 대학의 과학 기술 분야 연구 지원 정책에서 중요한 의미를 갖는 하나의 분수령이며, 최근 과학 기술 분야를 넘어 광범위한 학문 영역을 포괄하여 진행되고 있는 대학의 지식 생산 활동에 대한 정부의 지원 정책에 원형을 제공하고 있다.

본 연구의 초점은 미국에서 태동된 우수 연구 센터 제도가 한국에 도입되면서 한국의 사회 문화적 맥락에서 거치는 변용과 제도화 과정 및 대학의 지식 생산 구조에 미친 영향을 밝히는 데 있다. 즉 제도의 도입과 정착은 연구자와 정책 결정자의 행위 특성 및 전반적인 연구 개발 체제와의 상호 작용 속에서 변용되는 과정을 겪으며 이에 따라 같은 제도가 이식되어와도 각 제도가 본래 의도하였던 것과 다른 결과를 초래할 수도 있다는 문제 의식하에, 한국의 대학 연구 지원에 분수령을 이루고 있는 우수 연구 센터 제도를 통해 우리나라 대학의 지식 생산 방식이 어떻게 변화하여왔는가를 이해하는 것이 이 논문의 목적이다.

2. 과학 기술 정책 수단과
지식 생산 구조의 공진화(共進化)co-evolution

선진국을 중심으로 지식 생산을 둘러싼 제도와 시스템이 각국의 과학 기술 지식 창출 및 혁신 활동에 미치는 영향에 대하여 많은 논의가 있어왔다. 신 슘페터주의자Neo-Schumpeterian들은 국가 혁신 체제national innovation system라는 개념을 중심으로 한 국가의 과학 기술 활동과 사회 경제적 제도 체계의 상호 관계에 대해 분석한다. 국가 혁신 체제란 한 국가 안에서 경제적으로 유용한 지식과 정보를 창출·확산·활용하는 데 영향을 미치는 조직들 및 그들의 관계로서 구성된 시스템을 의미한다(Freeman, 1991; Lundvall, 1992).[1] 혁신 활동을 유발하기 위해 고안된 제도들은 해당 국가의 전반적인 경제 사회 시스템의 특징을 반영하고 있는 것이며 또한 각 혁신 주체들의 능력이 배양되어나감에 따라 역사적으로 그 체계를 변화시켜나가는 유기적인 성격을 가지고 있다. 국가 혁신 체제의 관점에서는 특정 분야나 특정 혁신 주체의 기술 능력을 진작시키기 위해서는 기술 개발 활동과 함께 그 기술 개발 사업을 달성하는 데 적합한 제도적 틀에 대한 고려가 병행되어야 한다는 점을 강조한다.

이와 같이 과학 기술 활동에 있어 '제도적' 맥락의 중요성이 강조되는 배경에는 과학 기술 투자는 일반 자본 투자와 같이 '투자 이익 return-on-investment'에 의해서 측정되기 힘든 성격을 가지고 있다는 인식이 전제되어 있다. 이는 지식 생산으로서의 과학 기술 활동의 특성에 기인하는 것으로 이해할 수 있다. 1980년대 중반 이후 많은 논란이 되어왔던 '생산성 역설 productivity paradox'은 이러한 과학 기술 활동, 혹은 과학 기술 투자의 특수성을 잘 드러내주고 있는 예이다. '생산성 역설'이란 정보 기술 information technology의 도입 등과 같이 생산성을 향상시키기 위한 투자가 많이 이루어졌음에도 불구하고 상대적으로 생산성의 증가는 잘 나타나지 않는 현상을 설명하려는 시도인데, 이에 대한 유력한 해석은 새로운 컴퓨터화된 기술의 광범한 확산과 이들 기술의 효과적인 사용은 새로운 경쟁 조건하에서 기업이 살아남고 성장할 수 있게 해주는 새로운 노동 조직, 숙련 형성, 제품 개발, 그리고 경영 전략으로의 효과적인 이

---

1) 일반적으로 기업 내 및 기업 간 혁신 활동 구성, 산학연 연계, 정부의 지원, 대학과 기타 교육·훈련 기관의 인력 양성, 혁신 관련 제반 제도(금융 등)의 운용 방식과 혁신 활동을 고무하거나 저해하는 사회 문화적 환경을 국가 혁신 체제의 구성 요소로 들고 있다.

행이 이루어질 때에만 가능하다는 것이다(Amable, Barre and Boyer, 1995; OECD, 1992). 즉 과학 기술 투자나 새로운 기술의 도입은 그 과학 기술의 성격에 조응하는 제도적 틀이 함께 정비되어야 기대했던 효과를 거둘 수 있다는 것이다.

국가 혁신 체제 내 개별 주체들의 능력과 활동 방식은 해당 국가 혁신 체제의 발전 단계에 따라 진화한다. 특히 개발도상국의 예를 들면 개발도상국 기업은 경제 발전 초기에는 선진국에서 도입된 기술에 의존하지만 성장이 진행됨에 따라 자체 기술 개발 능력이 증대하고 이에 따라 연구 활동을 조직하는 방식도 공식화·다양화되어간다(Pavitt, 1998). 마찬가지로 개발도상국의 대학 및 정부 연구소는 경제 발전 초기에는 미약한 연구 능력을 나타내지만 산업계의 기술 수요가 증대함에 따라 산학연 연계 관계가 밀접해지고 연구 능력도 신장하는 모습을 보인다. 또한 한 국가의 연구 개발 및 혁신 활동과 지원 제도의 형성에서 중요한 위치를 차지하는 정부의 정책 활동 또한 경제 성장과 혁신 능력의 진화 과정을 통해 변화하여나간다. 정부의 지원 제도는 그 자체가 국가 혁신 체제의 구성 요소이지만 개입 활동을 통해 다른 구성 요소 및 구성 방식에 적극적인 영향을 미친다. 또한 역으로 지원 제도 자체도 혁신 체제의 필요 조건과 혁신 주체들의 반응을 피드백하여 다음 기획 활동에 반영해나가는 학습의 과정 policy learning을 거친다.

기존의 국가 혁신 체제론은 선진국의 경험에서 출발한 논의이기 때문에, 개발도상국의 혁신 체제의 특성이나 변화, 특히 이 글에서 관심을 가지고 있는 선진국에서의 제도 수입과 변용 과정에 대해서는 별로 관심을 기울이지 않았다. 최근 개발도상국의 혁신 체제는 지식의 창출 활동에 초점을 맞추는 국가 혁신 체제 개념보다는 지식의 학습과 확산에 초점을 맞추는 '국가 학습 체제 national learning system'의 관점에서 파악해야 한다는 논의들이 나오고 있다(Mathews, 1999). 개발도상국에서의 지식 생산은 그 직접적인 내용을 이루는 기술과 지식을 선진국에서 도입할 뿐 아니라 지식 생산을 위한 시스템까지 도입하는 경우가 많으며, 이렇게 도입된 시스템은 해당 국가의 과학 기술 능력과 이미 정착되어 있던 지식 활동 주체들의 관행routine과의 상호 작용 속에서 공진화한다는 것이다.

본 연구에서 관심을 기울이고 있는 과학 기술 연구의 지원 제도 및 정책 역시 중요한 학습의 대상이다. 튜발Teubal(1997)은 과학 기술 하부 구조의 조성에 초점을 맞추는 수평적 기술 정책horizontal technology policy의 경우 정책 활동 자체도 발아기 infant stage → 성장기 growth stage → 성숙기 mature stage의 주기를 가지고 지원의 대상이 되는 혁신 주체들과의 상호 작용 속에서 진화해나가는 특성을 지니고 있다고 본다.[2] 이 글은 애초 미국에서 태동한 우수 연구 센터 제도가 한국에 도입되어 시행됨으로써 일어난 정부 정책 수단과 대학의 지식 생산 구조의 공진화 과정을 밝히고자 하는 데 관심을 가지고 있다.

---

2) Teubal(1997)은 특정 산업이나 기술 분야에 대한 직접 지원에 초점을 두는 수직적 기술 정책 vertical technology policy과 자유 방임형 정책과는 달리 시장 친화적인 특성을 지니고 있으며 기술 하부 구조에 대한 지원이나 프로젝트 단위의 지원 방식을 채택하고 있는 수평적 기술 정책이라는 개념을 대안적인 기술 정책의 틀로서 제안하고 있다. 수평적 기술 정책의 범위에는 공공 부문에서 기업 부문으로의 기술 이전 촉진 프로그램, 과학 기술 인력 훈련 프로그램, 전략 기술 분야에서의 공동 연구 개발 프로그램, 중소기업 기술 지원 프로그램, 기초 연구 부문에서의 연구 기관 형성 프로그램 등 과학 기술 하부 구조 구축을 통해 과학 기술적 지식의 창출과 확산, 습득 등의 활동을 지원하는 것에 목적을 두고 있는 모든 정책 수단들이 포함될 수 있다.

3. 우수 연구 센터 제도의 진화 과정[3]

I. 우수 연구 센터 제도의 출현 배경

한국의 과학 기술 연구 개발 체제는 1970년대에 본격화하기 시작한 중화학 공업 육성을 위한 기술적 지원을 목적으로 하여 형성되기 시작하였다. 초기의 연구 개발 체제는 기업의 부족한 기술 능력을 보완하기 위하여 정부 출연 연구 기관이 산업 기술을 지원하는 구도로 형성되었다. 1966년 최초로 산업 기술 개발을 목표로 하는 한국과학기술연구소(KIST)가 설립되었고, 1970년대에는 각 전문 분야별로 정부 출연 연구 기관이 설립되었다. 당시 산업계의 기술 개발 활동은 도입된 해외 기술의 소화, 개량, 역행 엔지니어링 reverse engineering에 근거한 제품 개발이 주류를 이루었고, OEM(original equipment manufacturer) 계약에 의한 기술 정보의 입수나 제조 기술의 습득 등 수출을 통한 학습 활동 learning by exporting도 활발하였다. 다른 한편 1970년대에는 기초 연구 지원 사업도 착수되었다. 1970년대 중반까지 총 연구 개발비에서 대학 연구비가 차지하는 비중은 4%에 머물고 있어 대학의 연구 기능이 매우 미약하였다. 따라서 대학의 연구 기능을 확충하기 위해 장기적인 차원의 지원이 필요하다는 인식이 확산됨에 따라, 1977년 과학기술처 산하에 한국과학재단이 설립되었다.

1960년대 말과 1970년대 연구 개발 체제의 특징이 정부 출연 연구 기관의 설립 및 기초 연구 지원 체계를 수립하였다는 데 있다면, 1980년대 연구 개발 체제의 특징은 대기업을 중심으로 민간 부문의

---

[3] 이 절은 참고 문헌에 열거된 과학기술부(처), 한국과학재단의 자료와 정책 연구 보고서 및 관련 인사들과의 면담 자료에 의거하여 작성되었다.

연구 개발 기능이 확충되었다는 데 있다. 1979년 말 46개에 불과하던 기업 부설 연구소가 1988년에는 500개, 1991년 1,000개를 넘어서는 등 급격한 양적 팽창을 경험하였다. 또한 총 연구 개발 투자비에서 민간 부문이 부담하는 비율이 1989년 83%를 차지한 데서 보이듯이, 민간 부문이 전체 연구 개발 활동을 주도해나가는 구도가 형성되었다. 이에 따라 공공 부문과 민간 부문간의 연구 개발 활동상의 역할 재정립에 대한 논의가 활발히 진행되면서, 정부 출연 연구 기관을 중심으로 한 범국가적 대형 연구 개발 사업들이 추진되기 시작하였다. 1982년 과학기술처가 주관하는 특정 연구 개발 사업을 시작으로, 1987년 공업 기반 기술 개발 사업, 1991년부터 선도 기술 개발 사업 등이 추진되었다.

한국의 연구 개발 체제에서 대학의 연구 활동은 그 잠재력에 비해 활성화되어 있지 못한 형편이다. 2000년 현재 대학은 전체 과학 기술 연구 인력의 32%, 박사 인력의 76%를 보유하고 있는 반면, 연구 개발 투자액에서 차지하는 비중은 전체 연구비의 10.4%, 기업체 연구비의 15%에 불과하다. 대학 연구 활동에 대한 지원 활동은 앞서 지적한 바와 같이, 1977년 과학재단이 설립되어 학문적 차원의 기초 연구를 지원하기 시작하였고, 1983년부터는 기술 혁신의 기반을 마련하기 위해 특정 부문의 선도적 연구와 목적 기초 연구를 지원하기 시작하였다. 1990년대 이후에는 대학 연구 활동의 활성화를 위해 다양한 프로그램이 시행되고 지원 규모도 확대되었으며, 새로운 프로그램은 대학의 연구 조직 육성과 산학 협력의 질적 성숙에 중점을 두고 있다(이장재, 1998).

이 논문에서 분석 대상으로 삼고 있는 우수 연구 센터 제도는 대학의 연구 조직 지원 정책으로서는 처음으로 도입된 제도이다. 이 제도는 한국과학재단의 연구 활동 지원 사업의 하나로, 국내 대학

의 연구 인력을 특정 분야별로 체계적으로 결집하여 그 분야의 대
표자가 소속된 대학에 연구 센터를 설치하고, 최장 9년 간 연구 센
터의 활동을 지원함으로써 우수 연구 센터Center of Excellence를 육
성하기 위한 프로그램이다. SRC(Science Research Center)는 새로운
지식의 생산을 목표로 하고, ERC(Engineering Research Center)는 산
업계의 응용을 목표로 한다. 1990년 최초로 13개의 연구 센터와 26
개의 장려 센터가 지정을 받았고, 1998년까지 SRC 20개, ERC 28개
로 총 48개의 연구 센터가 지정되었다.

우수 연구 센터로 선정되면, 3년마다 실시하는 중간 평가 결과에
따라 계속 지원 여부와 지원 규모가 결정된다. 그러나 평가 결과 9
년 이전에 지원이 종료된 사례는 하나도 없었다. 연구 센터당 평균
지원 금액이 1990년에는 2억 원이었으나, 1996년에는 9억 원 이상
으로 증가하였다. 우수 연구 센터 사업은 1996년도 한국과학재단
총 예산의 약 30%, 순수 연구 개발 지원액의 약 50%를 차지하는
가장 중요한 사업이 되었으며, 1990년대 말 OECD 보고서와 국가과
학기술위원회에서 실시한 국가 연구 개발 사업 평가에서 앞으로 확
대 지원이 필요한 성과가 우수한 사업이라는 진단을 받았다.

II. 우수 연구 센터의 기획

한국에서는 1980년대 이후 산업계의 국제 경쟁력 확보를 위한 기
술 혁신이 강조되면서, 동시에 이의 기반이 되는 기초 연구 능력에
대한 관심이 증폭되었다. 이의 반영으로서 과학 기술처는 1989년을
기초 연구 진흥 원년으로 선포하고 기초 연구에 대한 지원 활동을
강화해나갔다. 우수 연구 센터 제도는 이러한 기초 연구에 대한 현
실적 관심의 확대를 배경으로 하여 기획되었다.

우수 연구 센터 제도는 직접적으로는 국내 과학계 원로들과 당시

미국 국립과학재단National Science Foundation에 근무하고 있던 재미 과학자를 중심으로 기획되었다. 우수 연구 센터 기획을 위해 작성된 초기의 사전 연구 보고서에서는 대학 연구 개발비의 영세성, 대학 연구 활동의 부재, 대학 부설 연구소의 미흡 등의 문제점을 지적하고 있으며, 이의 극복을 위해서는 과학재단이 기존에 중점적으로 추진해오던 일반 연구 지원 사업 중심의 지원 패턴을 재편할 것을 권고하고 있다(박원훈, 1987).

특히 이러한 주장은 대학 연구 활동의 활성화를 위해서는 산업계와의 긴밀한 연관이 필요하다는 인식을 배경으로 하고 있다. 기획 당시 설정되었던 목적은 두 가지였다. 첫째, 2000년대의 국가 발전 목표를 추구하는 데 과학 기술이 주도적 역할을 담당해나가기 위해서 자체 기술 개발 능력을 육성해야 한다는 것과, 둘째, 국가 과학 기술 체계의 연계 강화를 통해 산업의 국제 경쟁력을 확보하고 사회 경제적 욕구 충족을 지원해야 한다는 것이다(정근모, 1988: 187~90). 우수 연구 센터 기획에는 기초 과학 연구 센터, 대학 연구 교류 센터, 대학 연구 시설 보조 사업이 포함되어 있었지만, 핵심적인 사업은 공학 연구 센터였다(초기 기획 참여자와의 인터뷰, 1999년 8월).

구체적으로 새로운 사업의 추진을 위해 미국 국립과학재단에서 시행하고 있던 ERC(Engineering Research Center)와 STC(Science and Technology Center) 제도가 모델로서 검토되었다. 미국의 ERC는 당시 미국에서 일어나고 있던 산학연 관계의 변화를 반영하는 대표적인 정책 수단이었다. 과거 미국을 비롯한 선진국의 산학 협동 관계가 연구 과제 중심으로 대학의 연구 기능과 산업계의 자금 지원이라는 양분된 기능 속에서 이루어졌다면, 1980년대 중반 이후는 대학이 산업계에서의 기술 혁신 요구에 부응하여 기술 발전에 필요한 기본 지식을 제공함으로써 산업 발전에 대한 실질적 기여도가 증진되는 방향으로 변화되었다(Belanger, 1998).

미국 ERC의 목적은 대학의 학제간interdisciplinary 연구 교육 센터를 지원함으로써 미국 산업의 국제 경쟁력을 증진시킬 수 있는 분야의 기술적 기반 및 지식을 발전시키는 데 두고 있다(NSF, 1989). 이는 대학 연구 활동이 산업계에서의 기술적 요구에 부응해야 한다는 점과 이를 통해 미국의 국제 경쟁력 증진에 기여해야 한다는 점을 명시적으로 밝히고 있는 것이다. 특히 최근의 복합적 기술 혁신의 특징에 부응하기 위해 기존의 일반 연구 지원 사업에서 포괄하기 어려운 학제간 연구에 대한 지원에 중점을 두고 있어, 새로운 기술 체제에서 선도적 지위를 확보하기 위한 기반 기술의 생산을 목적으로 하고 있음을 알 수 있다. 또한 연구 지원에 있어 과거의 연구 과제 중심적 접근에서 벗어나 연구 기관 형성의 측면에서 산학 협동이 이루어지고 있다는 것도 주목할 만한 현상이다. 이는 지원의 체제가 일회적인 산학 협력 체제에서 산학간의 지속적인 연계를 가능하게 하는 체제로 변화하고 있음을 반영하고 있다. 미국의 ERC 제도는 기존에 대학 안에 설립되어 있던 연구소를 발전시켜 설립하거나 이들 연구소가 신설되는 ERC에 적극적으로 참여하는 형태로 운영되었다.

기획 단계에서 한국의 ERC는 네 가지 측면에서 다른 연구 개발 지원 사업과 차별성이 있음을 강조하였다. 첫째, 긴밀한 산학연 연계 관계이다. 연구 방향에 있어 산업계 수요를 반영한다는 의지와 장비나 연구비 측면에서도 산업계의 참여를 명시하였다. 대기업은 물론 중소기업, 중앙 정부, 지방 자치 단체, 국·공립 연구소, 정부 출연 연구소 등 다양한 기관의 적극적 참여를 통하여 국가적인 연계 체계의 구축을 목표로 한다. 둘째, 다분야간 협동 연구이다. 전통적 학문 분과간 협력 연구를 통하여 새로운 연구 및 기술의 가능성을 탐색하고 개척한다는 의지가 반영되어 있다. 셋째, 대학 연구 활동의 조직화와 경영의 새로운 방식이다. 소속 대학과는 별도의 독립 채산식 회계 제도와 효율적인 연구비 관리 제도의 도입 필요성을 강조하였다(정근모, 1988).

Ⅲ. 우수 연구 센터의 설립 및 운영

우수 연구 센터 프로그램은 기획 단계 이후 여러 차례의 공청회를 통해 수혜 집단인 대학을 포함한 과학 기술계의 의견 수렴 과정을 거쳐 1989년 5월 기본 사업 계획이 확정되었다. 기본 사업 계획에서는 이 사업의 목표가 연구 개발의 기반적인 문제 해결을 지향하는 '한국적'인 연구 센터의 육성이라고 밝히고 있다. '한국적'이라는 수식어는 이해 당사자들의 의견 수렴 과정에서 기획 당시 모델이 된 미국의 ERC와는 다른 형태로 변형되었고 또한 그 사실을 인지하고 있었음을 시사한다. 주목되는 변형의 내용은 산학 협력이다. 산업계의 요구에 부응하는 연구나 산업계의 참여를 강조하는 기획 당시의 적극적인 산학 협력에서 한 걸음 물러나, 연구 개발의 기반적인 문제 해결을 강조하면서 연구와 더불어 교육 기능을 목표에 추가하였다. 결과적으로 이 사업의 추진에 대학이 주도적인 역할을 담당하게 되었다.

기본 사업 계획에 제시된 추진 방향은 이러한 '한국적'인 변형의 내용을 구체적으로 보여준다. 첫째는 과학 연구 센터(SRC)와 공학 연구 센터(ERC)의 두 축으로 구분하여 추진되었다는 점이다. 산업계의 요구에 부응하는 공학 연구에 대한 지원과 함께 기초 연구에 대한 지원이 병렬적으로 이루어지게 된 것이다. 둘째, 탁월성이 인정되는 대학에 분야별로 우수 연구 센터를 설치하여, 전국에 흩어져 있는 그 분야의 정예 연구자들을 모은다는 점이다. 셋째는 우수 연구 센터를 지역적으로 분산하여 설치한다는 점이다(진정일, 1996).

우수 연구 센터는 애초에는 과학재단의 자체 기금으로 2, 3개의 센터를 지원하는 적은 규모로 시작하여 점진적으로 지원 범위를 확대하려는 의도로 기획되었다. 그러나 〈표-1〉에서 보듯이, 최초로 센터 설립 응모 신청을 받고 보니 144개나 되는 센터 설립 지원이 신청되었다. 이렇게 지원이 쇄도함에 따라, 1990년 1차 선정에서 SRC 6개와 ERC 7개, 총 13개로 규모를 확대하였고, 선정되지 못한 연구 집단 중에서 우수하다고 판단되는 26개 집단을 장려 연구 센터로 지정하여 소규모의 지원을 제공하였다. 1991년의 제2차 선정에서는 더욱 규모를 확대하여, SRC 8개와 ERC 9개, 총 17개와 장려 연구 센터 18개를 선정하였다. 당시 우수 연구 센터 제도의 도입은 이공계 대학 교수들에게 대학의 연구 활동을 강화시킬 수 있는 매우 획기적인 제도로 인식되었고, 각 대학에서는 우수 연구 센터를 유치하기 위해 치열한 경쟁을 벌였다(초기 센터 설립 지원 교수와의 인터뷰, 1999년 5월).

〈표-1〉　　　　　　우수 연구 센터 신청 대 선정 현황

연도	1990	1991	1994	1995	1997	1998
신청(A)	144	125	61	54	102	70
선정(B)	13	17	5	3	7	3
경쟁률(A:B)	11.1:1	7.4:1	12.2:1	18.0:1	14.6:1	23.3:1

자료: 한국과학재단, 『기초 연구 지원 통계 연보』.

우수 연구 센터는 1990년과 1991년에 2년 연속 30개가 선정된 이후, 1992년과 1993년에는 신규 선정은 중단한 채 이미 선정된 센터

에 대한 3년차 중간 평가를 실시하였다. 1994년과 1995년에 실시된 2차 선정에서는 각각 ERC 5개와 SRC 3개가 선정되었다. 3차로는 1997년과 1998년에 각각 ERC 7개와 SRC 3개가 선정되었다.

1992~93년, 1995~96년에 걸쳐 실시된 3년차, 6년차 중간 평가 과정을 거치면서 우수 연구 센터의 제도적·관행적 절차와 기준들이 정착되었다. 특히 평가 제도의 정착에 역점을 두었다. 우수 연구 센터의 수명 주기에 맞는 적절한 평가의 원칙과 기준을 설정한다는 의도로, 3년차 평가에서는 기반 구축, 6년차 평가에서는 가시적 효과를 중점적으로 평가하였다. 평가 절차 및 방법의 복잡성이 문제로 제기되면 세부 평가 항목 중 중복성이 있는 부분을 축소한다든가, 평가 단계를 축소하는 등의 노력을 통해서 지속적으로 평가 제도의 기술적 보완을 시도하였다.

우수 연구 센터 제도는 시행 과정 중에 이러한 기술적인 측면의 보완 이외에도 수혜 집단인 과학자 사회나 전반적인 정책 환경과의 상호 작용에 따라서 제도 자체가 변용된 측면도 있다. 첫째, 기획 과정에서 강조되었던 학제간 접근에 대한 강조는 시행 과정에서 상당 부분 축소되었다. 이는 한국의 대학 문화, 더 나아가 연구 문화 속에서는 서구 선진 대학에서 보이는 바와 같이 새로운 사회 경제적 요구에 따른 기존 학문 분과간의 통합 및 재조직화 현상이 일어나지 않고 있는 데서 연유한다고 볼 수 있다. 학제간 연구 조직화를 추구하는 연구 집단이 부재함에 따라 정책 기획에서 초기에 제시하였던 지향은 축소될 수밖에 없었다.

둘째, 기획 당시 강조되었던 하나의 연구 분야에 다수의 대학이 참여하는 대학간 협동 연구가 상당 부분 퇴색하였다. 초기의 센터 설립 지원 신청 요건에는 5개 대학 20명 이상의 연구자가 참여해야 한다는 조항이 있었으나, 이 조항은 2년 후 삭제되었다. 우수 연구 센터 지원에 배분되는 자원의 한계성 때문에 여러 대학으로 나뉘어 지원될 경우 연구 활동에서의 규모의 경제를 달성하기 어렵다는 이유 때문이었다.[4] 이 결과 수월성(秀越性)의 원칙이 강화되었다.

셋째, 1990년대 중반 과학 기술 정책을 포함한 전반적인 정책의 기조가 세계화를 지향하게 됨에 따라 우수 연구 센터의 해외 현지 연구실 설치가 붐을 이루었고, 해외 연구실 설치가 센터 평가의 주요 지표로 활용되기도 하였다.

IV. 우수 연구 센터 진화의 특징

지난 10년 간 한국에서 우수 연구 센터가 진화되고 제도화되는 과정은 다음과 같은 특징을 보이고 있다. 첫째, 수월성의 원칙에 의한 지원이 지속되고 있다. 기획 초기부터 우리나라의 열악한 연구 환경하에서는 이미 연구 능력을 어느 정도 갖추고 있는 연구자 집단을 중심으로 세계적인 연구 경쟁력을 갖는 연구 센터를 육성하는 데 일차적인 목적을 두어야 한다는 의식이 있었다. 앞서 지적한 바와 같이 초기 선정 과정에서는 연구자간 네트워크 형성에 주안점을 두고 수월성의 원칙이 희석되었지만, 곧 방향을 선회하여 이공계

---

4) 이 사실에 대해서는 다양한 해석이 있다. 처음에는 연구 환경의 열악성이라는 한국의 특수 상황을 반영하여 보다 많은 연구자들에 대한 지원과 연구자들간의 네트워크 구성이라는 성과를 거두기 위하여 다수 대학, 다수 연구자의 참여를 강조했다고 한다. 그러나 다른 한편 이러한 지원 대상의 확대는 당시 각 대학의 우수 연구 센터 유치 경쟁 과열과 이에 따른 교수 사회의 불만의 소지를 무마하기 위한 고육지책이었다고 평가하는 의견도 있다(K대학 교수와의 인터뷰, 1999년 5월). 이 조항을 삭제하게 된 경위는 이 조항대로 실시해본 결과, 연구 센터를 인위적으로 구성하게 되는 경향이 발생하게 되고 한정된 연구비를 여러 연구자에게 배분하게 됨으로써 개별 연구자가 활용할 수 있는 연구비가 매우 감소하게 되어 연구가 산발적으로 진행되는 폐해가 드러났기 때문이라고 한다. 그러나 다른 한편에서는, 영향력이 있는 소수 우수 연구 센터 제도 수혜자들의 이해 관계를 대변하는 조치였다는 의견도 있다.

대학 연구 인력 가운데 그 연구 업적이 상위에 속하는 집단을 집중 지원하는 방식이 지속되어왔다. 수월성 지향은 결과적으로 소수의 유수 대학과 수도권에 지원이 집중되는 양상으로 나타났다. 1997년 현재 서울대·한국과학기술원·포항공대 3개 대학이 센터 수 기준으로 44개 센터 중 26개(59%)를 보유하고 있다.

둘째, 연구자 집단의 제안에 기반을 둔 상향식bottom-up 선정 방식이 채택되었다. 기획 당시에는 ERC의 경우 산업의 국제 경쟁력 강화를 위한 하향식top-down, SRC의 경우는 상향식의 선정 방식이 제안되었다(정근모, 1988: 198~99). 그러나 실제적으로는 처음부터 계속 상향식 방식에 의존하고 있으며, 1990년대 중반 이후 우수 연구 센터 제도의 발전 방향을 점검하면서 하향식 선정 방식의 도입이 여러 차례 제안되었으나 현재까지 실현되지 못하고 있다.

〈표-2〉에서 나타나는 바와 같이 현재 대부분의 학문 분과들이 지원의 대상이 되고 있어 전략 분야의 육성이라는 당초의 의지가 많이 희석되고 있는 것으로 판단할 수 있다. 대조적으로 미국의 ERC는 공학학술원National Academy of Engineering에서 추천한 25개 분야에서 연구 과제를 공모하여 산업 수요도가 높은 연구 과제를 선정하는 하향식 방식을 채택하고 있다. 한국에서 하향식 방식이 정착하기 어려운 이유는 대학 연구자들의 이해를 조정할 수 있는 매개 조직이 부재한 데서 찾을 수 있다. 즉 미국 우수 연구 센터 제도 운용에 있어 영향력을 미치는 미국의 공학학술원과 같은 과학자 집단의 이해 조정 제도가 부재하기 때문에, 과학자 집단 안에서의 갈등을 조절하기가 어렵고 따라서 상향식의 자유 과제 공모 방식에 의존하게 된다고 볼 수 있다.

셋째, 가시적인 양적 지표 위주로 평가가 이루어지고 있다. 우수 연구 센터 제도는 대학의 논문 발표 수의 급증에 긍정적인 영향을

주었다. 이러한 논문 발표 수의 증가는 연구 실적에 대한 양적 지표
에 점점 더 높은 가중치를 부여하는 평가 기준과 밀접한 연관이 있
으며, 양적 지표 위주의 평가 방식은 가시적 성과 위주의 목표 달성
을 추구하는 행정과 평가자 집단에 대한 신뢰성의 결여에 기인하는
바 크다.

〈표-2〉　　　　　　　분야별 우수 연구 센터 설치 현황

분야	세부 분야	센터 수
자연과학	수학	2
	물리학	4
	화학	5
	지구과학	1
생명과학	생물학	6
	농수산	3
	의 · 약학	3
공학	전자 · 컴퓨터	7
	기계 · 에너지	6
	재료공학	5
	화학공학	4
	토목 · 건축	2

자료: 한국과학재단, 우수 연구 센터 현황(1998).

　제1차 3년차 평가에 있어서 설정된 평가 항목과 가중치를 살펴보
면 초기부터 강조되어온 연구 실적 및 연구 성과에 대한 가중치가
더욱 높아지는 양상을 나타낸다. 중간 평가에서 변화된 내용은 사
업 실적의 가중치를 늘리고 사업 추진 능력의 비중을 낮춤으로써,
능력이나 가능성보다는 결과를 중시하는 것이었다. 구체적으로는
사업 실적의 비중을 60%에서 70%로, 이 중에서도 연구 실적의 비

중을 10~20%에서 30~50%로 증가시킴으로써 가시적인 연구 실적 위주의 평가 체계로 재편되었다(박원훈, 1995).

이러한 가시적 성과 위주의 평가 체제는 한국의 과학 기술 연구 문화와 밀접한 연관이 있다. 우선, 과학 기술을 비롯한 모든 행정 분야가 가시적 성과 위주의 목표 달성을 추구하고 있다는 점이다. 가시적 성과 위주의 평가 체제가 주류를 이루는 두번째의 원인은 평가 문화의 미성숙으로 인해 평가자 집단에 대한 신뢰성이 결여되어 있다는 점이다. 따라서 모든 참여자가 수용할 수 있는 양적 지표 위주로 성과를 평가하게 되는 경향이 나타나게 된다고 볼 수 있다.

넷째, 단일 대학과 단일 학문 분과에 대한 지원 유형이 정착하였다는 점이다. 이는 앞서 지적한 바와 같이 우리나라 대학의 연구 활동이 사회 경제적 요구에 부응하는 새로운 학제간 분야를 구성할 만한 수준에 도달하지 못하고 있다는 연구 환경의 측면에 기인한 바가 크다고 할 수 있다. 당초 기획되었던 학제간 접근을 통한 새로운 과학 기술 분야의 탐색이라는 목표는 기존의 학문 분과간 높은 장벽을 넘지 못하고 기존 학문 분과별 지원으로 대폭 수정되어 운영되고 있다.

다섯째, 산학연 연계가 초기부터 주요 목표로 설정되었음에도 불구하고 실제적으로는 매우 미흡하게 진행되었다. 산업계에서의 지원금이 증가되고 있고 부분적으로 산학 연계에 따른 연구 성과들도 나오고 있으나, 실질적인 산업계의 기술적 요구에 근거한 산학 협동 연구는 별로 진행되지 못하였다. 이러한 산학 연계의 미흡은 9년차 지원이 종료된 우수 연구 센터의 재정적 자립을 저해하는 가장 큰 요인으로 작용하고 있다. 초기 설정된 목표는 9년차 지원이 종료된 우수 연구 센터는 재정적으로 자립하여 이후 연구 활동을 지속하게 되어 있으나, 1999년 지원이 종료된 우수 연구 센터 중 재정적 자립을 달성한 연구 센터는 단 한 곳도 없다.

4. 우수 연구 센터의 성과와 파급 효과

1990년대 후반 이후 우수 연구 센터 제도는 중심적인 대학의 기초 연구 지원 정책이 되었다. 1996년 기준으로 한국과학재단에서 지원하는 전체 연구비 지원액 중 우수 연구 센터 지원액이 약 50%를 차지하였다. 1991년 13개 연구 센터 39개 과제에 39억 원이 지원되던 것에 비해, 1997년에는 45개 연구 센터 59개 과제에 429억 원이 지급되었다. 평균 10:1 이상의 높은 지원 경쟁률에서 나타나듯이, 수혜 집단인 대학의 연구 인력들도 그 중요성을 인식하고 있었다.

우수 연구 센터 제도는 한국 대학의 연구 활동과 조직에 커다란 영향을 미쳤다. 첫째, 우수 연구 센터 제도의 실시는 대학에서 연구 활동이 중시되는 풍토를 일으켰다. 과학재단에서 제시된 연구 계획서 작성, 선정 및 평가의 기준 등 각종 기준과 규칙은 대학 연구자 집단에 새로운 연구 수행의 규범을 제시한 것으로 이후 연구자들의 행위에 많은 변화를 야기하였다. 연구 업적 평가에 있어 SCI(Science Citation Index) 논문 발표의 강조 등은 이의 대표적인 예라고 할 수 있다. SCI에 수록된 논문 편수를 보면, 한국은 1998년 논문 편수 기준으로 세계 16위를 기록하고 있으며, 최근 5년 간 상승률 측면에서는 연평균 26%를 기록하여 상승률 1위를 기록하였다. 1997년까지 우수 연구 센터에 참여한 교수는 총 1,697명으로 전체 이공계 교수의 약 5%에 불과한 반면, 이들의 SCI 수록 논문 발표 실적은 한국 전체 실적의 약 26.4%를 차지하였다.

대학에서 연구 활동을 강조하는 경향은 우수 연구 센터 이후

1999년부터 시작된 교육부의 BK 21(Brain Korea 21) 사업에 의해 공고화되고 있다. BK 21 사업은 소수 대학에 대한 대규모 자금의 집중 지원으로 연구 중심 대학을 육성하고자 하는 취지에서 기획되었다. 미국의 경우 연구 중심 대학이 이미 정착된 상태에서 우수 연구 센터를 선정·육성하는 순으로 진행되었음에 반해, 우리나라의 경우는 우수 연구 센터가 대학의 연구 중시 문화 형성을 촉발하고 후발적으로 연구 중심 대학 체제가 정비되고 있는 진화 과정을 밟고 있다고 볼 수 있다. 따라서 우수 연구 센터의 운영에 의해 연구 중심 문화가 정착된 대학이 연구 중심 대학으로 선정될 가능성이 매우 높으며, 제도의 운영 측면에서도 우수 연구 센터의 운영과 형식적인 유사성을 발견할 수 있다. 이는 우수 연구 센터 제도가 대학의 연구 문화 형성과 지원 정책에 미친 직·간접적 영향을 잘 나타내 주고 있는 것이라 할 수 있다.

둘째, 기존의 연구 지원이 개인 차원에서 이루어지던 것에 비해, 우수 연구 센터 제도의 시행 이후에는 대학 연구소 등의 연구 조직이나 기관을 육성하는 활동이 주류를 이루게 되었다. 즉 연구 과제 수행의 주체가 대학 교수 개인에서 연구 조직을 중심으로 한 연구 집단으로 변화되고 있다. 과학재단에서도 지역 협력 센터(RRC) 등 다른 연구 센터 지원 사업을 추가하였고, 교육부 산하 학술진흥재단의 중점 연구소 지원 사업, 정보통신부의 정보 통신 우수 연구 센터, 국방부의 특화 연구 센터 지원 사업 등 여타 부처에서도 대학의 연구 기관을 육성하는 비슷한 제도를 실시함에 따라, 대학 연구 활동이 연구 센터를 중심으로 이루어지는 현상이 확산되고 있다. 특히 교육부의 Brain Korea 21 사업도 유사성을 갖고 있다. SRC/ERC 제도의 시행 과정에서 얻어진 노하우는 그 수행 주체인 과학재단 안에만 축적된 것이 아니라, 기획·평가·지원 신청 과정에 참여하

였던 사람들에게도 공통의 학습을 이루는 과정이 되었기에 과학재
단의 방식이 다른 정책 주체 및 연구 주체들에서 재생산되고 있다.

<그림-1>　　　　　　대학 연구 활동 지원의 변화 추이

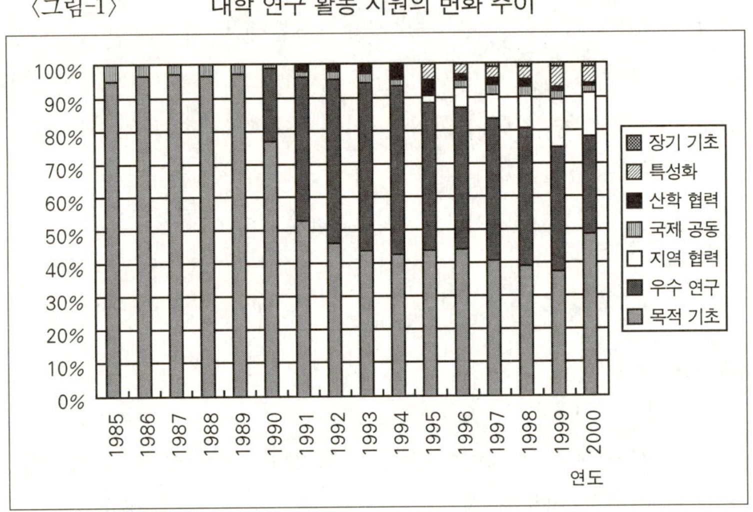

자료: 과학재단, 『기초 연구 지원 통계 연보』, 2001에서 재구성.

<그림-1>은 과학재단의 대학 연구 활동 지원 중 개인 연구자를 중
점적으로 지원하는 목적 기초 연구의 비중은 점차 줄어들고, 1990
년대 이후 우수 연구 센터 지원과 지역 협력 센터 지원 등 연구 조
직에 지원하는 사업의 비중이 급격히 증가하고 있음을 나타내주고
있다.

<표-3>에서 나타나듯이, 학술진흥재단의 지원 사업에서도 중점
연구소 지원의 비중이 크게 증가하고 있다. 최근 새롭게 기획된 기
초 학문 육성 지원 사업에서도 개인 연구자 지원과 더불어 연구팀
을 중심으로 한 연구 지원이 큰 비중을 차지하고 있다는 점까지 고

310

려하면 연구 기관 및 조직 중심의 연구 활동 지원이 확산되어가고 있음을 알 수 있다.

<표-3>   학술진흥재단 연구 지원 사업별 연구 예산 현황

사업명	2001년 예산액	비중	2002년 예산액	비중
선도 연구자 지원	14,300	35.0%	17,300	25.3%
신진 교수 연구 과제 지원	4,500	11.0%	7,500	11.0%
협동 연구 지원	10,000	24.5%	16,200	23.7%
중점 연구소 지원	12,000	29.5%	27,500	40.0%
계	40,800	100%	68,500	100%

자료: 학술진흥재단.
주: 본 자료는 학술진흥재단의 지원 사업 중 직접적으로 연구 활동을 지원하는 사업만을 재편집한 것이며 2002년 새롭게 기획된 기초 학문 육성 지원 부문은 제외한 수치임.

셋째, 연구 활동의 조직화를 들 수 있다. 즉 대학 연구자 집단의 주축인 교수와 박사후post-doc 과정 및 박사 과정 학생들로 구성된 연구 조직을 중심으로 연구 활동을 수행하는 조직화된 연구 방식이 대학 사회에 도입 · 정착되어 이전의 개인별 연구 활동과 대조를 이루게 되었다는 것이다. 연구 활동의 조직화는 한편으로는 이제까지 상아탑 안에서 자율적인 연구자의 활동에 의해 진행되는 것이라고 생각되었던 연구 활동이 '관리' 혹은 '경영'되어야 하는 대상으로 인식되기 시작하는 계기가 되었다. 이상에서 살펴본 우수 연구 센터의 성과와 파급 효과를 당초의 기획 의도에 대비하여 분석하면 <표-4>와 같다. 당초의 기획 의도에 비추어 성취된 부분 중 의도된 결과로서 나타난 것은 대학의 연구 중시 문화 조성, 연구 활동의 양적 확대, 연구의 조직화, 수월성 원칙에 의한 지원 등을 들 수 있다. 반면 의도하지 않았던 결과는 상향식 지원 방식, 양적 성과 위주의 지원, 우수 연구 센터 제도의 다른 부처로의 확산, 그리고 수월성 원칙의 고수에 따른 연구 지원의 집중 현상 등을 들 수 있다. 또한 기획 의도 중 성취되지 못한 부분은 학제간 접근에 의한 시너지 효과 창출, 다수 대학간 협동 연구, 산학연 연계 강화 등을 들 수 있다.

〈표-4〉　　　　　　　우수 연구 센터의 기획 목표 대비 결과

	내용
의도된 결과	• 연구 중시 문화 형성 • 연구 활동의 양적 확대 • 연구의 조직화 • 수월성 원칙에 의한 지원
의도하지 않은 결과	• 상향식 지원 방식에 의한 지원 • 양적 성과 위주의 지원 방식 • 수월성 원칙 고수에 따른 연구 지원의 집중 현상 • 우수 연구 센터 지원 제도의 다른 부처로의 확산
성취되지 못한 목표	• 학제간 접근에 의한 시너지 효과 창출 • 다수 대학간 협동 연구 • 산학연 연계 강화

　이와 같은 결과는 〈그림-2〉에 요약되어 있는 바와 같이 우수 연구 센터 제도와 우리나라의 기존의 연구 환경 및 연구자들의 관행과의 상호 작용하에 도출된 것으로 볼 수 있다. 한정된 자원을 가지고 이미 능력을 내재화하고 있는 연구자 집단을 중심으로 지원하는 수월성에 근거한 집중 원칙, 양적 성과 위주의 평가 체제 등의 특징은 우리나라의 경제 성장을 이끌었던 전략적 접근과 동일선상에서 이해할 수 있는 것들이다. 또한 상대적으로 연구자 집단의 자율성이 크게 작용할 수 있는 상향식 방식에 근거한 공모 방식을 채택한 점

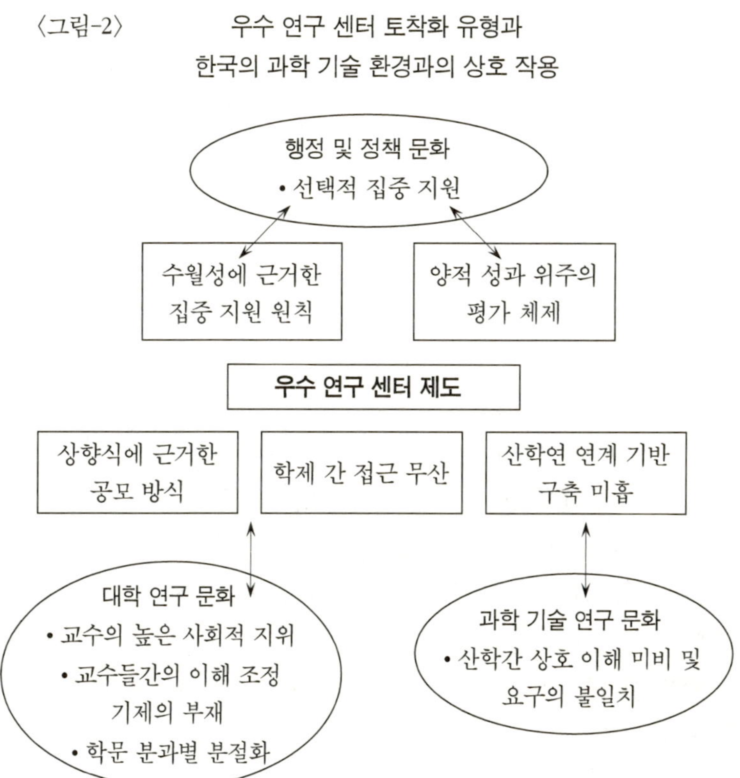

이나 평가에 있어 양적 지표에 의존하는 점 등은 우리나라의 평가 문화가 정착되어 있지 않은 것과 동시에 대학 교수들의 이해를 조정할 수 있는 공식적·비공식적 제도의 부재에서 기인한다. 또한 산학연 연계의 미흡이라는 현상은 전반적인 과학 기술 연구 환경을 반영하고 있는 것으로, 우수 연구 센터 지원이라는 개별 정책 수단으로 전반적인 환경을 변화시키기는 것은 매우 힘들다는 사실을 보여주고 있다. 학제간 시너지 효과의 창출이 무산된 점도 학문 분과별로 매우 분절화되어 있는 한국적 연구 환경을 하나의 새로운 제

도를 도입함으로써 변화시키기에는 역부족이었다는 것을 잘 보여주
고 있다.

5. 결론 및 함의

앞에서 살펴본 바와 같이 미국의 ERC/SRC 제도를 원형으로 기
획·실행된 우수 연구 센터 제도는 운용 과정을 통해 국내 혁신 체
제 혹은 학습 체제와의 상호 작용하에 지속적인 변형 과정을 거쳐
정착되어왔음을 알 수 있다. 즉 우리나라 대학의 연구 문화와 과학
기술계의 전반적인 연구 문화, 정책 일반의 지향성 등과의 상호 작
용하에 '한국적' 지식 창출 지원 제도로 정착되어갔다.

우수 연구 센터의 성과를 종합해보면 우선 제도적인 측면에서는
첫째, 우수 연구 센터 제도의 기획 자체가 우리나라 기초 연구 지원
에 있어 새로운 제도적 틀을 도입하는 계기를 제공하였다는 점, 특
히 연구 조직 중심의 지원 체제가 개시되는 단초를 제공하였다는
점, 둘째, 우수 연구 센터 제도가 도입·운영되면서 실행상의 기준
과 규칙을 제도화하였다는 점, 셋째, 우수 연구 센터 지원 제도가
다른 정책 주체들에 의해 모방됨으로써 제도적 파급 효과를 가져오
고 있다는 점을 들 수 있다. 다른 한편 대학의 지식 생산 구조에 미
친 영향으로는 우선 해외 학술지 게재 논문 수의 증가, 해외 현지
연구소 설립, 석·박사 인력 양성 등 양적인 측면에서 성과를 거둠
으로써 연구 문화를 형성·활성화시켰다는 점과 대학 지식 생산 구
조를 조직화하였다는 점 등을 들 수 있다.

그러나 이러한 우수 연구 센터 제도의 긍정적 효과에도 불구하고
앞서 지적한 바와 같이 우수 연구 센터 제도의 진화 과정은 전반적

인 우리나라의 연구 문화가 주는 환경적 제약을 완전히 극복하지는 못한 것으로 볼 수 있다. 우선 기획 당시의 목표처럼 산학연 연계 관계의 형성이나 학제간 연구 활동 지원이라는 사회 경제적 요구와 변화에 부응하는 새로운 연구 활동의 틀을 형성해내는 데는 미흡하였다. 이는 단일 제도의 운영으로는 전반적인 연구 문화, 연구 개발 체제가 주는 한계를 극복하기 힘들다는 측면에서 이해할 수도 있으나, 다른 한편 이 제도의 직접적 수혜 대상인 대학 연구자 집단의 이해 관계를 조정할 수 있는 제도적 장치의 부재로 인해 정책의 당초 기획 목표가 달성되기 힘들었던 측면도 있었다는 것을 지적할 수 있다. 또한 한국적 정책 운용 관행 및 대학 문화의 특성을 반영하여 당초에 의도하지 않았던 양적 성과 위주의 평가 문화, 상향식 지원 방식 정착 등의 결과를 낳기도 했다. 우수 연구 센터의 진화 특성은 수입된 제도가 국내 연구 개발 체제와의 상호 작용하에 한 편으로는 국내 연구자의 행위 양식 및 연구 개발 체제에 영향을 미치고 다른 한편으로는 제도 자체의 변용을 가져온다는 공진화적 성격을 잘 드러내고 있는 것이라 할 수 있다.

연구 개발 지원 제도의 변용과 지식 생산 구조와의 공진화 관계를 보다 심도 있게 이해하기 위해서는 동일한 제도의 운용이 각기 다른 성격의 연구 개발 체제를 가지고 있는 상이한 국가에서 어떻게 다른 결과를 산출했으며 지식 생산 집단에는 어떠한 영향을 미쳤는가 하는 비교 분석이 수행될 필요가 있다. 본 논문은 수입국을 중심으로 제도의 변용 과정을 살펴본 것으로서 제도의 원형을 제공한 국가와의 비교 분석이 수행되지 못했다는 점이 연구의 한계이며 동시에 차후 연구 과제의 실마리를 제공한다 하겠다.

참고 문헌

과학기술부(처), 『과학 기술 연구 활동 조사 보고』, 각 연도.
──, 『과학 기술 연감』, 각 연도.
──(1996), 『기술 혁신 지원 제도』.
──(1998), 『한국의 국가 혁신 체제』.
김원섭(1991), 『우수 연구 센터 육성 기반 구축에 관한 연구』, 한국과
  학재단.
박원훈(1987), 『과학 기술 장기 발전 계획에 의한 목적 기초 연구 추진
  방안에 관한 연구』, 한국과학재단.
──(1992), 『우수 연구 센터 평가 모델 개발을 위한 정책 조사 연
  구』, 한국과학재단.
──(1995), 『우수 연구 센터 6년차 중간 평가 모델 개발을 위한 정
  책 조사 연구』, 한국과학재단.
──(1996), 『우수 연구 센터 지원 기간 종료 후 적정 대책 방안과
  우선 육성 분야 도출을 위한 조사 연구』, 한국과학재단.
신국조(1998), 『기초 과학 연구 사업의 평가 및 향후 발전 방향에 관한
  연구』, 한국과학재단.
이계준(2001), 『기초 연구 중장기 발전 계획 수립에 관한 연구』, 한국
  과학재단.
이장재(1998), 「대학의 연구 활동과 산·학 협력」, 『한국의 국가 혁신
  체제』, 과학기술정책관리연구소.
정근모(1988), 『대학 연구 지원 사업과 대외 과학 기술 협력 사업의 추
  진 방안: 한국과학재단의 역할을 중심으로』, 한국과학재단.
진정일(1996), 『한국과학재단의 지원 사업에 대한 현황 분석과 장기 발

전 계획 수립을 위한 조사 연구』, 한국과학재단.

한국과학재단, 『기초 연구 지원 통계 연보』, 각 연도.

―――(1996a), 『우수 연구 센터의 발전 방향』.

―――(1996b), 『주요 사업 추진 현황 및 사업 수행 성과』.

―――(1996c), 『주요 업무 보고: 장기 비전과 경영 기획』.

―――(1997a), 『정책 조사 연구 과제 목록집(1981~96)』.

―――(1997b), 『한국과학재단 20년사 1977~97: 한국과학재단의 발자취와 새로운 도약』.

―――(1998a), 『우수 연구 센터 현황(SRC/ERC)』.

―――(1998b), 『'99 신규 우수 연구 센터 사업 안내: 과학 연구 센터(SRC)·공학 연구 센터(ERC)』.

―――(1999), 『과학재단 소식』 3-5.

―――(2000), 『기초 과학 연구 사업 성과 분석 보고서』.

Amable, B., R. Barre and R. Boyer(1995), "Social Systems of Innovation," Paper Presented at the International Seminar on Japanese Economy and Regulation Theory, Kumamoto Gakuen University(Japan), September 1995.

Belanger, Dian Olson(1998), *Enabling American Innovation: Engineering and the National Science Foundation*, Indiana: Purdue University Press.

Freeman, C.(1991), "Networks of Innovator: A Synthesis of Research Issues," *Research Policy* 20: 499~514.

Lundvall, B.(1992), *National Systems of Innovation: Towards a Theory of Innovation and Interactive Learning*, London: Pinter Publisher.

Mathews, J.(1999), "From National Innovation Systems to National

Systems of Economic Learning: The Case of Technology Diffusion Management in East Asia," DRUID Conference, (Denmark), June 1999.

National Science Foundation(NSF)(1989), *Program Announcement: Engineering Research Center.*

OECD(1992), *Technology and the Economy*, Paris.

Pavitt, Keith(1998), "The Social Shaping of the National Science Base," *Research Policy* 27: 793~805.

Teubal, Morris(1997), "A Catalytic and Evolutionary Approach to Horizontal Technology Policies(HTPs)," *Research Policy* 25: 1161~88.

'사회 투자 가족'의 위기
─ 세계화, 가족 문화, 학력 투쟁

장경섭

1. 서론

불과 4, 50년 동안에 서구에서 2, 3세기에 해당하는 사회 변동을 압축적으로 경험해온 한국인들이지만 유독 가족주의는 변함없는 특성으로 남아 있다. 식민 지배, 전쟁, 전후 혼란, 산업화로 이어지는 역사적 격랑 속에서 한국인들은 자신의 물질적·신체적·정신적 보호를 위해 국가와 사회 공동체에 제대로 기댈 수 없었다. 그 대신 가족을 중심으로 갖가지 위기에 대처하고 새로운 기회를 개척하고 사회적 정체성을 유지하려고 노력해왔다. 21세기를 맞은 한국 사회는 세계화·정보화 등 새로운 조류의 사회 변동을 겪으며 질적으로 매우 급격하게 변화해갈 것으로 보인다. 이러한 변화들은 이제 본

* 이 글은 태평양장학문화재단의 2001년도 학술 연구비 지원을 받아 이루어진 연구를 바탕으로 작성되었으며, 내용이 부분적으로 한국사회사학회 2001년도 추계 학술 대회(대전 충남대)와 2002년도 세계 사회학 대회(호주 브리스베인)에서 발표되었다.

격화되고 있기 때문에 개인 생활과 사회 질서를 어떻게 바꿔놓을지 아직 체계적으로 진단하고 예측하기가 어렵다(Robertson, 1992; Mittelman, 2000). 그러나 한 가지 분명한 점은 한국인들이 여전히 매우 가족 중심적인 삶을 영위하면서 다양하고 때로는 모순적인 가족 문화들을 소화시키는 가운데 이러한 새로운 사회 변화들에 대응해나가리라는 것이다.

지난 1990년대 중반 정치권의 선도로 국내에 세계화 이데올로기가 본격적으로 도입된 이후에야 한국인들은 이미 오래 전부터 세계화의 풍랑에 휩쓸려왔다는 것을 깨닫게 되었다. 궁극적으로는 1997년의 환란과 이를 빌미로 한 국제통화기금(IMF) 관리 체제하에서 강요된 경제·사회적 위기를 겪으면서, 한국인들은 그동안 이룩한 획기적인 경제 발전으로 인해 외세의 강압에서 자유로워지는 것이 아니라 오히려 세계적 차원의 정치적, 경제적, 사회·문화적 권력에 더욱 심하게 노출되고 영향받으며 살아야 함을 깨닫게 되었다(박길성, 1996). 이러한 상황에서 세계화는 거스를 수 없는 대세이며 한국인들에게 그것은 적절히 적응하며 살아야 하는 외연적이고 거시적인 흐름으로 인식되기 시작했다.

그동안 세계화 과정에서 나타나는 여러 변화와 압력에 대처하기 위해 국가적 차원의 노력이 기울여지기는 했지만, 이에 대한 일반 시민들의 실제 적응은 갖가지 미시적 차원의 자원과 관계를 동원해 이루어진다는 사실은 충분히 인지되지 못했다. 예를 들어, 이른바 'IMF 경제 위기'가 터졌을 때 국가 차원의 '사회 안전망'이 제대로 갖춰지지 못해 대다수 실직자들이 주로 가족 차원의 협력과 희생을 통해 생활 위기를 넘겨야 했다. 그런데 가족 차원에서의 위기 극복도 여의치 못한 사람들은 일가족 동반 자살 같은 충격적 일을 감행했으며, 가족이 뭉쳐 생활 위기를 버텨내던 사람들도 고통이 길어

짐에 따라 심리적 · 경제적 압박으로 가족 해체에 이르는 경우가 늘
어나게 되었다. 이처럼 일반 시민들의 삶의 과정에서는 세계화가
곧 가족 관계와 가정 생활의 재편으로 표출된다.[1]

세계화와 가족 문화가 더욱 복잡한 양상으로 상호 작용하면서 근
본적 변화를 겪고 있는 영역이 교육이다. 새삼스러운 지적이지만
한국인들의 교육열은 세계적으로 유명하다. 여러 국내외 연구자들
은 교육이 한국의 경제 발전, 정치 민주화 등의 변화에 결정적인 영
향을 미쳤다고 본다. 특히 기적으로 일컬어지는 급속한 대외 지향
적 경제 발전은 거의 유일한 자원인 노동력, 즉 인적 자원을 범사회
적으로 동원해서 이루어졌는데, 이러한 인적 자원의 우수성은 사회
병리에 가까운 엄청난 교육열을 통해서 확보된 것이다. 처음부터
대외 지향적 성격을 띠었던 경제 발전은 이처럼 잘 교육받은 노동
력을 전 세계를 무대로 한 생산 · 건설 · 기획 · 관리 · 판매 업무에
효율적으로 동원함으로써 이루어진 것이다. 현대 한국의 경제 발전
사는 교육을 바탕으로 한 경제적 세계화의 과정이었다고 볼 수 있다.

그런데 한국 교육 체제의 핵심적 특징의 하나는 공공 교육 투자
에 비한 사적 교육 투자의 비율이 이례적으로 높다는 것이다. 경제
발전 초기는 물론이고 공공 교육 지출의 획기적 증대가 모든 정권
의 정치 구호처럼 된 최근에도 교육 투자의 핵심 주체는 국가가 아
니라 사적 가족들이다. 교육을 새로운 대외 지향적 산업 문명에의
참가 요건으로 인식한 한국인들은 스스로 수학 기회가 여의치 않으
면 자녀와 형제의 교육을 위해 모든 것을 다 바친다는 자세를 지녀
왔다. 급속한 경제 발전은 거의 완전 고용과 급속한 임금 상승을 가

---

1) 여기에 문화적 세계화의 과정에서 기업과 매체가 유포하는 서구적 가족 문화에 노
출됨으로써 한국인들의 가족과 가정은 더욱 복잡한 변화를 겪게 되었다(장경섭,
2001).

능케 하여 이처럼 잘 교육받은 한국인들에게 보상해왔다.

　이러한 교육을 통한 한국 가족의 경제적 세계화에의 참여는 최근 중대한 위기와 변화를 겪게 되었다. 환란과 IMF 관리 체제가 야기한 경제 위기는 사회 전반에 대량 실업과 고용 조건 악화를 초래했고 특히 신규 취업 시장의 붕괴에 직면한 청년 세대는 그동안의 교육 투자에 대해 전혀 보상받을 길이 없었다. 그리고 서민층을 중심으로 한 구조적 생계 불안은 자녀에 대한 교육 투자를 포기하는 계층의 범위를 넓혀 이른바 '교실 붕괴'의 중요한 원인의 하나를 제공했다. 교육을 통해 국가가 사회를 경제 발전에 동원하고 가족이 경제 발전에 참여하기 위해서는 노동자들의 학력에 비례한 양호한 고용 체계의 제공이 필수적이지만 고용 체계의 교란이 구조화되어가는 경제 환경에서 한국인들은 엄청난 혼돈을 느끼고 있다. 그리고 이에 따른 구조적 빈곤의 확산은 수많은 한국 가족의 교육 투자 여력을 결정적으로 약화시키게 되었다.

　그런데 경제 위기를 극복해나가는 과정에서 새로운 국가 전략으로 선택한 이른바 '지식 기반 경제'의 확립은 또다시 교육 투자의 중요성을 부각시키게 되었다. 물론 지식 기반 경제는 고부가 가치 지식의 산출을 위한 고등 교육과 연구에의 획기적 투자를 요구하는 것이어서 이전의 산업화 단계에서 강조되었던 대중적 교육 수준 향상과는 차이가 있지만 한국인들은 21세기에도 또다시 교육을 국가적 화두로 맞게 되었다. 그러나 빈부 격차의 급격한 확대와 사교육비 부담의 폭발적 증대는 그러한 국가적 화두에 능동적으로 대응할 수 있는 계층의 비율을 어느 때보다도 제한하고 있다. 고질적 생계 불안으로 자녀에 대한 관리 여력을 상실한 수많은 빈곤층 가족은 물론이고 심지어 상당수 중산층조차도 자녀 교육비의 부담으로 전에 없던 위기감을 느끼고 있다. 여기에 불안정하고 혼란스러운 입시 체계가 좌절감을 증폭시키는 것은 물론이다. 이러한 좌절과 혼돈에서 벗어나고자 하는 몸부림으로서 대두된 것이 수많은 중산층 가족들의 이른바 '교육 이민' 행렬이다. 이는 세계화와 한국의 가족 문화가 상호 작용하는 최전선이라고 할 수 있다.

이 논문은 한국의 대외 종속적 근대화와 세계화의 과정에서 교육이 핵심적 사회 동원 및 통합의 기제로 자리 잡게 되고 이에 대응해 한국인들이 가족 단위의 교육 투자 및 경쟁에 치열하게 임해온 현상을 '사회 투자 가족social investment family'이라는 개념을 사용해 해석하고자 한다. 사회 투자 가족은 영국 총리 토니 블레어의 이념적 스승으로 불리는 앤서니 기든스(Giddens, 1998)가 사회 민주주의의 재확립을 위한 핵심 전략으로서 제시한 '사회 투자 국가social investment state'에 대비되는 개념으로서, 경제·사회 발전을 위한 지적 기반을 갖추는 데 사적 가족의 적극적인 교육 투자가 핵심적 역할을 했음을 지적하기 위한 것이다.

이어지는 절들의 내용은 다음과 같다. 첫째, 기든스가 제시한 사회 투자 국가에 대해 간략히 살펴보고 이에 대비해 사회 투자 가족의 개념을 한국적 맥락에서 설명했다. 둘째, 한국인들의 개별 가족이 경제적·사회적·문화적 나아가 정치적 성취와 관련해 교육의 핵심적 중요성을 인식하게 되는 역사적·사회적 맥락에 대해 설명했다. 셋째, 한국 가족들의 적극적 교육 투자 및 경쟁 행위를 둘러싸고 나타나는 한국 사회의 몇 가지 특징을 지적했다. 마지막으로, 최근의 신자유주의 세계화가 초래한 경제 위기 및 이에 대응한 개혁이 한편으로 사회 투자 가족의 지속 가능성을 심각하게 위협하면서도 다른 한편으로 사회 투자 가족의 강화를 요구하고 있음을 설명했다.

2. 사회 투자 국가, 사회 투자 가족

다수의 서구 정치인 · 학자 · 언론인은 한국을 비롯한 동아시아 사회들의 교육열을 이 지역 전반의 경제 발전에 대한 핵심 요인으로서 인식하며 나아가 자신들 사회의 발전을 위한 교훈으로 삼고 싶어한다(Khan, 1979; Vogel, 1991; McCormick, 2001). 이른바 '인적자본human capital' 개념은 높은 교육 동기를 가진 인구의 경제적 가치를 평가하는 데 핵심 단서를 제공한다. 교육 투자는 경제 발전의 장기적 지속 가능성을 담보한다고 간주된다. 비록 한국 · 일본 · 중국 등이 운영해온 공교육의 질과 내용이 때로 문제시되기는 하지만(김경동, 1998), 교육적 성취에 대한 시민과 정부의 공통된 열의는 매우 바람직한 국가적 특징으로 평가되어왔다.

기든스가 이른바 '제3의 길the third way'의 핵심 과제로서 '사회 투자 국가'를 제시할 때, 교육에 대한 동아시아인들의 열의 및 이에 기초한 경제 발전을 염두에 둔 것으로 보인다. 그의 판단에 따르면

재분배가 사회 민주주의의 의제에서 사라져서는 안 된다. 그러나 사민주의자들의 최근 논의는 매우 적절히 '가능성의 재분배'로 강조점을 옮겼다. 가능한 한 인간의 잠재력 개발이 '사후' 재분배를 대체해야 한다. (Giddens, 1998: 100~01)

교육과 훈련이 사민주의 정치가들의 새로운 노래가 되었다. 널리 알려졌듯이 토니 블레어는 정부에 있어 그의 세 가지 우선 사안을 '교육, 교육, 교육'으로 설명했다. 대다수 산업 국가들에서, 특히 빈곤 집단들과 관련해서는, 향상된 교육 수준과 기술 훈련의 필요성이

분명하다. 어떤 사회에서나 잘 교육받은 인구가 바람직하다는 점을
누가 부정할 수 있는가? 교육에의 투자는 오늘날 정부의 필수이며,
'가능성의 재분배'를 위한 기초이다. (Giddens, 1998: 109)

기든스는 이러한 관점에서 기존의 복지 국가를 다음과 같이 비판
한다.

비버리지가 1942년에 그의 『사회 보험과 연합 서비스에 관한 보고
서』를 썼을 때, 그는 널리 알려진 것처럼 궁핍, 질병, 무지, 불결, 나
태에 대한 전쟁을 선포했다. 다시 말해, 그의 초점은 거의 전부 부정
적이었다. 오늘날 우리는 정부뿐 아니라 개인들 자신과 다른 주체들
이 기여할 수 있는, 그리고 복지 창출에 기능적인 긍정적 복지를 생각
해야 한다. (Giddens, 1998: 117)

지침은 경제적 생존을 위한 직접적 지원이 아니라 가능하면 언제
든지 인적 자본에 대한 투자이다. 우리는 복지 국가의 자리에 긍정적
복지 사회에 작동하는 사회 투자 국가로 대체해야 한다. (Giddens,
1998: 117)

비록 기든스가 교육에 대한 정부의 공적 투자를 강조하지만, 그
의 노선은 지금까지 가족 내 자원을 당장의 쾌락을 위한 물질적 소
비에 탕진하는 대신 자녀 교육을 위해 최대한 활용하려고 노력해온
한국 등 동아시아의 부모들에게 큰 공감을 얻을 수 있다. 그러나 이
지역의 정부들은 기든스의 주장에 명시적으로는 동의하지만 정책
노선을 위한 정치적 입지를 확보하고 있지는 못하다. 이들 정부는
복지든 교육이든 사회 부문에 본격적으로 투자하는 것을 꺼려왔기

때문이다. 한국·일본·대만·홍콩·싱가포르 등 동아시아 경제 강국들이 지속적 경제 발전을 위한 사회적 기초를 다져온 것은 사회 투자 국가가 아니라 '사회 투자 가족'이라고 할 수 있다.

한국의 개인 생활과 사회 구조가 갖는 가족 중심적 성격은 널리 알려져 있기에 여기에서 자세한 설명이 필요하지는 않을 것이다 (Chang, 1997). '도구적 가족주의 instrumental familism'라고 부를 수 있는 가족 이념을 가진 한국 가족들은 성원들의 경제적·사회적· 정치적 경쟁에 대한 전략적 지원을 제공하기 위해 최선을 다해왔다 (장경섭, 2001). 훌륭한 가족이란 성원들의 사회적 성취와 출세를 위한 도구로서 기능할 수 있는 가족이며, 성원들의 사회적 성공은 다시 전체 가족의 사회적 지위를 상승시킬 것이다. 특히 한국인들 은 본인 자신뿐 아니라 자녀·형제의 교육적 성취를 위해 가족 자 원을 최대한 동원하는 것을 가장 현명한 가족 단위의 집합 행위로 이해해왔다. 대다수 한국인들에게 교육에 대한 투자가 경제·사회 적 지위 향상을 위한 가장 일반적인 가족 전략이 된 것이다. 이에 따라 사회 투자 가족이 20세기 한국 가족의 가장 중요한 특징이 되 었으며, 한국의 교육 투자는 국가가 아니라 사적 가족이 주도하는 결과로 나타났다.

이러한 한국의 사회 투자 가족들에게 매우 흥미로운 사건이 최근 영국에서 발생했다. 토니 블레어 영국 총리의 두 아들이 명문 사립 학교 교사들에게 과외 수업을 받는 것이 드러나 영국 정계와 교육 계에 파문을 일으킨 것이다(문화일보, 2002. 7. 5). 공립 고교생인 두 아들은 대입 예비 과정의 역사 과목 과외 수업을 받고 있는 것으로 드러났는데, 이에 대해 야당은 블레어 총리가 공교육 제도를 얼마 나 불신하고 있는지 보여주는 것이라고 힐난했다. 이 사건은 한국 인들에게 특히 흥미롭지 않을 수 없다. 정치적으로는 '사회 투자 국가'를 자신의 제3의 길 노선의 핵심으로 주창하는 영국 총리가 개인적으로는 자녀 사교육에 병적으로 집착하는 대다수 한국인들처럼 '사회 투자 가족'의 행태를 보인 것이다. 자녀의 교육 문제로 극단적 고통을 받고 있는 대다수 한국인들이 블레어 총리를 웬만큼 이해하는 것처럼 영국 안에서도 그의 딱한 부모 노릇에 대해 일부 동정 여론이 있었다.

3. 교육, 가족, 한국적 근대성

I. 종속적 근대성과 교육

사회 혁명을 거치지 않고 근대 문명을 확립하려고 노력해온 나라들에는 근대적 직업 · 계급 · 조직 · 활동 등을 제도화하기 위한 독특한 사회적 조건과 기제들이 필요하다. 대다수 서구 사회들에서는 정치 및 경제 질서의 근본적 혁명을 통해 부르주아 계급이 현대적 산업과 정부를 개발하고 운영해왔다. 반면 한국에서는 근대적 정치 · 경제 · 사회 질서를 새로 창출하려는 자생적 노력들이 내부의 저항과 외세의 압력으로 번번이 수포로 돌아가고, 대신 일본과 미국의 식민 지배에 의한 왜곡된 사회 질서가 남았다. 한국 전쟁도 전통적 계급 구조의 물질적 유제들을 대부분 제거했지만 근대성의 추구에 적합한 대안적 사회 구조를 만들어내지는 못했다. 이러한 사회 구조적 공백 속에서, 사회 집단들이 계급 이익을 확대하고 계층 상승을 추진하며 국가가 사회 집단들을 조직하고 동원하는 핵심적 기제로서 공교육이 떠올랐다. 공교육은 정치 · 행정 · 사법 · 산업 · 전문업 · 문화 등의 근대화 프로젝트에 대한 참가 자격을 결정짓는 중요성을 가졌다. 무학 혹은 저학력은 단순히 문맹, 천한 직업, 낮은 임금으로만 귀결되는 것이 아니라 국가와 사회가 추구하는 새로운 문명에서의 근본적 소외를 의미했다. 그리고 학교는 근대화 지식을 공동으로 습득하는 장으로서뿐 아니라 정치·경제·사회의 현실적 경쟁 과정에서 인적 연계망을 제공하는 기능도 맡았다(김경동, 1998).

해방 후 한국 사회가 추구한 새 문명은 한국인들 스스로 자율적이고 성찰적으로 상정한 것이 아니었다. 그것은 주로 미국인들에 의해 주어지거나 때로는 강요된 것으로 이른바 종속적 근대화의 지표였다. 이때 공교육은 한국인들을 미국 문명에 대한 학습과 체화의 과정으로 편입시키는 주된 통로였다. 따라서 토착적 학습 교재를 사용해 전통적 혹은 지역적 지식을 교육시키는 민간 교육 체계는 법적으로 금지되지는 않았지만 국가의 공식 교육 체계에서 배제되었다.[2] 오직 공교육을 통해서만 한국인들은 그들의 삶을 규정하게 된 새로운 (미국적) 목표·전제·개념 들을 이해할 수 있었다.[3]

특히 거의 일순간에 한국에 이식된 미국식의 정치·경제 체제는 한국의 정치·행정·기업 엘리트로 하여금 미국적 민주주의와 자본주의를 시급히 학습하도록 요구했다. 많은 여유 계층 인물들이 미국 유학길에 오른 것은 너무나 당연한 반응이었고, 국가는 별도의 재원을 마련해 여러 인재들을 주로 미국으로 유학시켰다. 이렇게 국내외 학교 교육을 통해서 얻어진 지식과 자격은 정부·기업·대학·언론 활동의 주류를 형성해 한국의 근대화를 미국 지향적으로

---

2) 서구 지향적 근대화 과정에서 토착 지식, 교육 체계에 대한 문화적 폄하는 흔히 발생하는 현상인데, 특히 일제 식민 지배와 한국 전쟁 등을 거치며 이의 습득이 구조적으로 불가능했던 세대에 의해 국가와 사회가 주도되면서 토착 지식, 교육 체계는 급속히 도태되었다. 이 현상은 일종의 동양주의orientalism(Said, 1979)적 태도가 한국인들 자신에 의해 체득되는 결과를 가지고 왔다.

3) 이미 학령(學齡)을 지난 성인들에 대해서는 정부 캠페인이나 대중 매체가 대체 역할을 맡았다.

이끄는 핵심적 요인이 되었다(Amsden, 1989).

이처럼 사회 혁명의 부재와 대외 종속적 근대화가 교육에 대해 엄청난 역사적 중요성을 부여하는 가운데 한국은 자본주의적 계급 투쟁 사회 이상으로 기능주의적 '학력 투쟁educational credential struggle' 사회의 성격을 띠게 되었다. 흔히 학벌주의라는 말로 지칭되기도 하지만 한국 사회에서 학력은 단순히 지적 훈련의 정도만 가리키는 것이 아니고 정치 · 사회 · 문화적 위계상의 위치를 가리킨다.[4] 따라서 자신이나 자녀의 교육에 대한 투자는 지식이라는 문화적 가치에 대한 개인적 지향에서 나온다기보다는 사회 계급적 위치의 확보와 상승을 위한 사회적 투쟁에서 비롯된다고 보아야 한다. 한국인들의 교육열은 대미 종속적 근대화 혹은 세계화라는 한국의 독특한 역사 현실에서 나온 치열한 집단적 계급 행위이며, 공교육에 대한 국가의 관리 원칙은 기회의 확대 이상으로 기회의 공정 분배에 초점이 맞춰질 수밖에 없다.[5]

II. 교육을 통한 계급 형성

공교육이 사회적 자원과 욕구를 경제 · 정치 · 사회의 발전 과정으로 투입하는 기본 통로가 됨에 따라, 현대적 계급 형성도 개인과 가

---

4) 물론 교육에 의한 사회 불평등과 차별의 야기는 한국 사회에만 국한된 것이 아니다. 이는 서구 사회학의 고전적 연구 주제 가운데 하나로 자본주의 사회 계층 현상의 핵심적 인자로서 널리 취급되어왔다. 심지어 중국과 같은 사회주의 사회에서도 교육에 의한 불평등 · 차별 · 소외의 문제가 심각하게 대두되거나 인식되어, 모택동은 문화 혁명 와중에 아예 (고등) 공교육을 폐지하려 들기도 했다(구자억, 1999).

5) 예컨대, 대학 기여 입학제를 둘러싸고 한국 정부가 그토록 신중한 입장을 견지해온 것이나 정부의 정책적 입장에 대해 시민 단체, 언론 등에서 비상한 관심을 표명해온 것은 이러한 이유 때문이다. 최근 서울대학교가 신입생 지역 할당제를 추진하면서 사회 전체가 민감한 반향을 보이고 있는 것도 같은 맥락에서 이해할 수 있다(문화일보, 2002. 8. 14).

족 차원의 교육 투자 및 경쟁에 의해 결정적 영향을 받게 되었다. 이 현상은 우선 이른바 신중간 계급, 즉 교육 자격에 의해 사회·경제적 지위를 획득한 관리·기술·전문직 노동자들에게 해당되지만 대다수 정치·경제적 지배 엘리트에게도 예외는 아니다. 순수 농촌 지역을 제외한다면 교육을 전혀 혹은 거의 받지 못한 (비노년 세대) 사람들은 산업화 진척 과정에서 그 자체로 (소외가 핵심적 계급 성격인) 사회 계급을 형성하게 되었다고 보아도 무리가 아니다.

　정치 엘리트를 보면, 학력이 정치 권력의 중심부와 관련한 인정 및 연결 수단이 되었다. 초대 대통령 이승만 박사의 미국 학력이 해방 직후의 정치 공간에서 미 군사 정부를 다루는 데 전략적 이점을 제공했다는 것은 새삼 언급할 필요도 없다. 심지어 일제 시대 일본과 국내에서 쌓은 학력도 거의 차별 없이 정치·행정 엘리트 충원에 반영되었다. 이후 군사 독재기에는 이른바 '육법당(陸法黨)'으로 일컬어지는 학력·학연 집단이 한국의 정치와 행정을 독점해나갔으며, 이는 육사와 서울 법대의 높은 입시 경쟁률에 반영되기도 했다. 민주주의가 회복된 이후에는 지역 대립적 정치 구도가 지역별 유명 고등학교 동문 집단이 중앙의 정치 무대를 휩쓰는 현상을 만들어냈다. 그리고 선거 때마다 학력 위조가 수많은 정치인들의 습관적 행위가 되었다. 이처럼 정치 엘리트 형성에 학력과 학연이 중요한 것은 정치인 양성 제도로서의 정당들이 구조적으로 불안정하고 취약하다는 사실과 연결되어 있다. 기층 사회의 정치적 욕구와 주장을 체계적으로 조직화하여 이념과 정책으로 개발하며 이 과정에서 자연스럽게 경력 정치인 집단을 육성하는 성격의 정당이 존재하지 않는 상황에서 각 정당은 만성적인 전문 정치인 부족을 학계·관계·언론계, 심지어 문화계의 고학력 엘리트 등용으로 메웠다. 이에 따라 각 전문·관리직 내부에서는 일부 인사들의 정계 유착이나 진출을 둘러싸고 논란이 끊이지 않는다.[6] 학력과 학연이 전문적 정치 경력을 대신하는 현상은 김영삼·김대중 양김으로 대변되는 이른바 '민주 투사' 정치인 시대가 막을 내리는 최근에 더욱 강화되는 조짐까지 보인다.

이보다 더욱 중요한 문제는 행정 및 사법 엘리트의 형성이다. 행정 관료, 판·검사, 심지어 외교관을 선발하는 국가 고시까지도 기본적으로는 지원자의 대학 수업 교재에 대한 기억력을 평가하는 것이다. 국가 엘리트를 뽑는 시험을 통과하기 위해서는 몇몇 일류 대학에서 법·행정·경제 등을 공부해야 하며, 그러한 일류 대학에 들어가기 위해서는 생사를 건 입시 공부에 매달려야 한다. 이러한 과정에서 나타나는 한 가지 역설적인 현상은 대학의 수업 교재에 대한 전략적 학습이 대학 강의실보다는 학원이나 고시원에서 더 효율적으로 이루어지기 때문에 실제 대학은 국가 엘리트에 대한 교육 기능을 제대로 수행하지 못하고 있는 현실이다. 반면 졸업한 대학 자체가 주는 정치·사회적 위상이나 동문 학연이 국가 엘리트 내부의 경쟁에 중요한 작용을 한다.[7]

전문 관리자와 재벌 후계자를 포함한 기업 엘리트의 형성도 공교육에 크게 의존한다. 서울대·고려대·연세대 출신자들이 대기업 고위 관리층의 대다수를 점한다는 사실이 여러 차례 조사된 바 있다(디지털 조선일보, 2002. 5. 2). 대다수 재벌 후계자들도 이들 대학

---

6) 이런 맥락에서 선거철이나 권력 교체기에 고위 관료들의 공공연한 정치적 줄서기, 언론의 파당적 편향 보도, 학계·문화계 인사들의 공공연한 선거 운동 등이 벌어진다.

7) 최근 각종 고시 제도 개혁 및 법학 전문 대학원 law school 도입이 꾸준히 거론되지만, 기존의 고시 출신 사법·행정 엘리트들의 집단적인 저항과 비협조로 추진이 좌절되고 있다(문화일보, 1999. 5. 18). 이는 대학 교육을 전문 지식의 습득 기회보다는 출세를 위한 형식 수단으로 인식하는 태도를 어느 정도 반증한다.

이나 유명 구미 대학들을 다녔다. 한국의 재벌 후계자들은 기업 소유뿐 아니라 기업 경영까지 통괄하기 때문에(조동성, 1991), 그 부모인 재벌 총수들은 자식들에게 강도와 수준이 높은 교육을 받도록 만들었다. 이러한 노력은 상당히 성공적이어서 재벌가 자녀의 교육 수준은 일반적으로 매우 높다(디지틀 조선일보, 2002. 3. 12). 재벌 총수들은 기업 경영과 소유를 분리하라는 강력한 정치·사회적 압력에 저항하지만 이에 대한 대응으로 상속자에 대한 적극적 교육 투자를 해왔다.

의사·약사·변호사·교수·과학자·예술가·문인·엔지니어 등 전문직 역시 공교육 체계에 의거해 형성되어왔다. 물론 이는 세계적으로 보편적인 현상이지만, 전문직의 이른바 '사회적 형성 social construction'이라는 역사적 과정이 결여된 한국에서는 특히 더 중요하다. 이들 전문직의 존재는 장기간의 지적 탐색과 사회적 투쟁의 역사적 결과물이 아니라 식민 지배와 종속적 근대화의 우발적 파생물이다. 이러한 전문직의 정의 자체가 공식적 교육 자격을 전제로 하며, 이러한 교육 자격은 서구 기준을 이런저런 방식으로 답습한 것이다. 그동안 지속적으로 논란이 되어온 의대 입학 정원 증감과 같은 관련 교육 자격자 수의 통제 문제에서부터 최근 관련 전문직 단체와 대학의 집요한 반발에 직면한 법대와 의대 전문 대학원 같은 교육 방식 문제에 이르기까지 교육 제도의 변화에 대한 관련 전문가 집단의 관심과 압력은 가히 엄청나다. 다시 말해, 지적 각성이나 사회적 투쟁이 아닌 형식적 교육 자격이 이들 전문직을 만들어냈으며, 이러한 이유로 전문직 사회 조직들은 배타적 이해 관계의 추구를 위한 로비 조직 이상의 사회적 기능이나 위상을 갖지 못하는 경우가 대부분이다.[8]

공교육은 이상에서 말한 상층 계급들의 형성에만 기여한 것이 아니라 일반적인 제조·서비스업의 노동자 형성에도 결정적인 영향을 미쳤다. 중·고등학교, 대학교는 일반 노동자들에게 지적·기능적 기본 자질만 부여한 것이 아니라 노동 인구를 노동력이 필요한 지역과 산업으로 재배치하는 역할을 맡았다. 특히 초기 산업화 단계에서 농촌의 현재 및 미래 유휴 노동력의 도시로의 재배치를 위해(Lewis, 1954 참조) 도시의 고등 교육 기관들이 결정적인 역할을 했다. 도시 지역에 위치한 대학들은 예비 노동자들의 교육·훈련 및 지역 재배치의 기능을 결합해 수행함으로써 양질의 산업 노동력 형성을 촉진시켰다. 이러한 차원에서 특히 지방 대학 졸업생들의 취업난이 심각한 사회 문제가 되었다. 산업화 및 도시화는 경제·사회·정치 자원의 수도권 집중으로 이어졌는데 비수도권 대학들 및 그 졸업생들은 이러한 자원에서 소외되는 현상이 고질화되었다. 물론 지방 대학 졸업생보다 더욱 심각한 사회·경제적 난관을 겪어온 집단은 저학력층이다. 학력별 임금 격차 및 산업 배치가 세계 어느 나라 못지않게 뚜렷한 한국에서 엘리트가 되기 위해서뿐만 아니라 웬만큼 처우를 받는 노동자가 되기 위해서는 대학 진학은 필수적이다.

최근에는 한국의 경제 구조가 첨단 제조업, 정보 산업, 전문 서비스 산업 중심으로 전환하고 외국 자본의 전방위 진출이 현실화하여 기업의 소유 구조 및 경영 형태가 다양화되자 대학 교육의 전문화와 국제화가 가속화되고 있다. 자신의 전공 영역을 불리하게 여기는 다수의 대학 졸업자가 전문 대학에 진학하는 현상도 생겨났고, 아울러 조기 해외 유학, 대학생 어학 연수, 외국 대학원 진학이 급

---

8) 최근 대한의사협회는 의약 분업 정책에 찬성한 인물들에 대해 협회 회원 자격을 일정 기간 정지하는 촌극까지 벌였다. 이는 대다수 전문직 단체가 '사회적 형성'의 과정이 결여된 이익 집단으로서 사회적 평판에 대한 최소한의 고민조차 하지 못하는 현실의 실례이다(『교수신문』, 2002. 10. 19).

증했다. 지식의 정보화와 세계화라는 21세기의 사회·경제적 조류 역시 교육 기간의 연장 및 교육 내용의 다양화라는 교육적 대응을 촉진하고 있다. 이에 따라, 적어도 재정적 여력이 있는 계층이 고도 화된 21세기 경제 구조에 적응하는 방법은 역시 교육에 대한 투자 이다.

III. 교육과 문화 계층화

한국 사회는 식민 지배, 전쟁, 자본주의 산업화, 정치 민주화 등으로 봉건적 사회 질서의 물적 기초가 거의 전부 깨졌지만 여전히 강한 문화적 위계 질서 의식을 유지하고 있다. 정치적·현실적 이유로 인해, 한국인들은 서구적 제도·가치·관행을 매우 급속하게 받아들였다. 그러나 한국인들은 이러한 서구적 요소들의 문화적· 철학적 혹은 이념적 기초에 대한 천착과 내재화에 뚜렷한 노력을 기울이지 않았다(Chang, 1999a). 문화적 혹은 정신적으로 현대 한국 인들은 여전히 그들의 조상들을 매우 닮아 있다. 특히 교육(학습)을 통해 얻어진 문화적 자산을 사회적 지위의 핵심적 상징물로 간주하는 유교적 사회관이 여전히 강력한 영향을 미치고 있다(김경동, 1998). 이러한 맥락에서 대학 졸업장은 최근까지도 '현대적 양반 계급'의 기본 요건으로 작용해왔다고 볼 수 있다. 대학은 남녀를 가리지 않고 모든 한국인들에게 불문의 목표가 되었으며 근자에는 거의 대다수 고교생이 진학하는 보통 교육 제도가 되어버렸다.

그러나 유교적 사회 질서의 또 다른 측면으로서, 한국 여성들은 경제·정치·사회 발전의 과정에서 주류 집단에서 배제되거나 심한 차별을 받아왔다. 위에서 설명한 교육을 통한 정치·행정·기업·전문업·산업 계급의 형성은 극히 남성 지배적인 과정이었다. 경제 활동에 참여하고 있는 여성들의 대다수는 저학력자이며 정치·사회 활동에서는 여성들의 존재 자체가 희소하다. 이러한 현상은 여성들이 남성들보다 교육 수준이 낮아서 생긴 것이 아니다. 전반적인 저소득 단계에서 한국의 가족들은 딸보다는 아들의 교육을 우선했지만 소득 상승과 함께 남녀가 모두 고등 교육의 혜택을 받게 되었다. 고학력 여성들의 경제·정치·사회 활동이 저조한 이유는 무엇보다 이들의 자격에 걸맞는 활동 기회가 드물다는 것이다. 그들의 높은 교육 자격이 오히려 그들을 노동 시장 등에서 배제시켜 왔다.

자신들의 교육에 대한 직업적 보상 전망이 어둡기만 하지만 대다수 여성들은 여건만 허락하면 여전히 대학 진학을 원한다. 이는 문화적 위계의 사다리를 오르기 위한 것이다. 그런데 여성들에게 문화적 위계상의 지위는 심리적 만족만을 위한 것이 아니라 매우 현실적인 용도가 있다. 즉 결혼 시장에서 여성의 교육 수준은 핵심적 경쟁 조건으로 작용한다. 대학 졸업장 없는 여성이 기업·국가·전문직에 종사하는 성공한 혹은 유망한 인재와 결혼하기는 매우 어렵다(물론 남성에게도 교육 수준은 중요한 배우자 조건으로 작용하지만 이에 덧붙여 실제 직업적 지위가 그보다 훨씬 중요하다). 교육 차별적 혼인 시장은 한국 사회의 매우 중요한 특징으로 자리 잡았다(Park, 1991). 이에 따라 한국의 부모들은 비록 딸들이 그들의 학력에 걸맞는 경제·정치·사회 활동을 통해 정당한 직업적 보상을 받지 못하더라도 아들 교육에 못지않게 딸 교육에 적극적으로 투자해왔다.

4. 한국의 사회 투자 가족과 입시 경찰 국가

최근 홍콩의 국제 자문 조직인 정치경제위험자문기구(PERC: The Political and Economic Risk Consultancy)가 아시아 각국의 외국인 경영자들을 조사한 바에 따르면, 한국이 싱가포르·일본 등을 제치고 아시아에서 노동자들의 교육 자질이 가장 뛰어난 것으로 평가되었다(*Japan Times*, 3 September 2001, p. 1). 이 조사는 양질의 생산 노동력 존재 여부, 높은 수준의 관리·사무 인력의 존재 여부와 비용, 노동 인구의 영어 구사력과 대체적 기술 수준, 생산 노동력의 단가, 교육 제도의 질 등을 종합적으로 평가했는데, 여기에서 한국이 경제 발전 수준에서 월등히 앞서 있는 일본과 국가적 차원에서 교육을 전략적으로 관리하고 있는 싱가포르를 앞섰다는 사실은 매우 놀라운 것이다. PERC는 아시아 지역 전체가 노동력의 높은 교육 자질을 보인다고 평가하고 있기 때문에, 이 가운데 한국이 선두에 서 있다는 것은 곧 세계적인 차원에서 한국 노동력의 수준이 정상급임을 의미한다.[9] 이러한 고무적인 결과에 대해 한국에서 국가, 가족(개인), 기업, 학교 가운데 가족이 압도적인 기여를 했다고 단정해도 무리가 아닐 것이다.

대다수 중산층 가정에서 자녀의 입시 준비와 관련된 사교육비가 일상 가계 지출의 최대 항목이며 심지어 수많은 전업 주부들이 자녀 과외비를 마련하기 위해 예정에 없던 부업이나 취업에 나섰다. 농민 가족들까지도 대부분 여유 소득을 도시나 읍내로 나간 자녀들

---

9) 한국이 매우 짧은 시간 안에 첨단 정보와 통신 분야에서 세계를 선도하는 일원이 된 것은 기업과 정부의 적극적 투자도 중요했지만 이러한 고도 지식 집약 부문의 운영을 가능케 하는 풍부한 인적 자원의 존재를 무시하고는 설명하기 어렵다.

의 교육비에 사용해왔다.[10] 심지어 농업 증산과 구조 조정을 위한 정부의 정책적 농가 지원금도 상당 부분 도시 지역의 자녀 교육비로 전용된 것으로 보인다. 한국의 공교육은 이러한 사적 가족들의 자녀 교육을 위한 아낌없는 재정적 투자와 정신적 후원에 결정적으로 의존해왔다. 비록 이것은 학력 투쟁이라는 사적 이해 관계에서 비롯되었으며 입시병이라는 사회 문제를 야기하지만 한국인들의 교육열은 집합적으로는 공교육의 지속적 발전을 견인해왔다. 한국의 지속적 경제 발전이 노동 인구의 높은 교육과 훈련 수준에 크게 좌우되었다면 이는 국가 이상으로 사적 가족들의 성취라고 보아야 할 것이다.

이러한 한국인들의 강렬한 교육열을 보여주는 극단적인 현상이 최근에 발생했다. 대다수 가족에게 자녀의 학교는 주거지 결정의 최우선 고려 사항이며, (일류 대학 진학률이 높은) '좋은' 고등학교나 사설 학원들의 근접성은 대도시 주택 가격의 핵심적 결정 요인이다. 이러한 측면에서 보아도 2001년 말에서 최근까지 지속된 서울 강남 지역 아파트 가격의 폭등 현상은 가히 충격적이었다. 학군뿐 아니라 일류 입시 학원에의 근접성이 상식적으로 이해가 불가능한 정도의 주택 가격 폭등과 차이를 불러온 것이다. 이와 관련해, 「강남 주택 시장 분석」이라는 2002년의 한 조사 보고서에 따르면, 조사된 서울 강남 지역 가구주의 35.9%가 '교육 여건 때문에 강남에 거주한다'고 답해 강남 지역 거주의 최대 이유가 교육이라는 세간 상식을 구체적으로 확인시켰다(경향신문, 2001. 8. 1). 생활 편의 시설(20.9%), 교통 편의(19.8%), 주거 환경(10.7%) 등의 여타 강남 거주 이유는 교육보다 뚜렷이 낮았다.[11] 국내 부동산 시장의 흐

---

10) 필자는 이를 '산업화의 사회적 전환 비용 social transition costs of industrialization' 으로 개념화하여 그 구체적 내용을 설명한 바 있다(장경섭, 1995).

11) 같은 조사에서, 서울 시내의 또 다른 부촌으로 꼽히는 용산구 이촌동에서는

름을 좌우하는 서울 강남 지역의 비교 우위가 다름 아닌 교육이며, 그 지역의 주택(아파트) 가격은 한국의 경제 발전 수준과는 상관없이 세계 최고 수준에 들어 있다는 사실이 국민적 특성으로서의 사회 투자 가족에 직결되어 있는 것 같다.

개별 가족들은 교육에 아낌없이 지출하고 정부는 좀체 경제 사업에서 재정 자원을 재배치하려 들지 않는 가운데, 한국은 교육에 관련해 사비 지출의 공적 지출에 대한 비율이 세계에서 가장 높은 나라가 되었다.[12] 예를 들어 경제협력개발기구(OECD)의 최근 통계에 따르면, 한국은 1990~95년 기간에 고등 교육비의 사적 가족 지출 비율이 다른 모든 회원국들보다 월등히 앞섰다(한겨레신문, 1998. 11. 25). 한국의 비율은 무려 80% 가량이었고, 2위인 일본의 비율도 50~60%에 그쳤다. 이런 식으로 한국은 교육에 대한 공적 투자가 매우 제한적이었음에도 불구하고 서구적 기준으로 따져도 매우 잘 교육받은 노동 인구를 형성시켜 세계인이 괄목상대하는 선진적 산업 구조를 일굴 수 있었다(Matthews, 1995).

이처럼 개별 가족이 주도하는 교육 투자는 정부의 교육 투자에 비교해서 많은 함정과 부작용이 있다. 가장 중요하게는, 부유층 가

34.6%가 '편리한 교통'을 주거 이유로 꼽았고, 교육 환경을 꼽은 비율은 9.0%에 불과했다.

12) 국가가 교육 투자에 인색한 반면에, 여러 대기업들은 사원, 나아가 사원 자녀들의 교육을 위해 기회를 제공하고 비용을 보조해왔다(송호근, 1995). 물론 산업화 초기에는 그러한 교육적 지원을 할 수 있는 기업은 거의 없었다. 그러나 많은 기업들이 재정적·기술적으로 고속 성장해가면서 고등 기업 인력 조달을 위한 자체적인 노력을 펼치게 되었다. 여러 직원들은 졸업 후 일정 기간 이상의 의무 근무를 조건으로 국내외 대학에서 대학원 교육 기회가 주어지기도 했다. 또한 기업 복지 차원에서 직원 자녀들에게 등록금이 제공되기도 했다. 비록 이러한 혜택들이 일반적이지는 않았지만, 교육이 기업과 직원 사이를 잇는 중요한 사회적 고리로 작용한 것은 분명하다.

족들은 엄청난 비용을 들여 자녀의 과외 공부와 해외 유학까지 시킬 수 있지만 수많은 서민 가족들은 자녀의 학교 납입금도 제대로 내기 어려울 정도로 빈곤하다는 점이다(이순형·유정순, 1999). 기든스가 말하는 '가능성의 재분배'는 교육 투자가 사적 노력에만 의존해서는 실현될 수 없다. 또한 많은 가족들은 지식 함양에 대한 투자와 자격증 취득에 대한 투자를 혼돈한다. 그래서 여러 상층 및 중산층 가족들은 오직 대학 입시에만 써먹히는 내용의 개인 교습을 위해 엄청난 돈을 쓴다. 교육 자격을 둘러싼 전쟁에서 자녀에게 대학 입시를 위한 고비용의 전략적 학습을 시킬 수 있는 가족들이 승자가 될 가능성은 매우 크다. 단순히 많은 사회 투자 가족을 합해 놓는다고 건전한 사회 투자 국가와 마찬가지의 효과를 거둘 수는 없다.

국가는 자체적 교육 투자에 인색했지만 교육 정책 자체를 등한시하지는 않았다. 거의 모든 정권이 교육 정책을 경제 정책 다음으로 강조했는데, 그 핵심은 대학 입시 제도였다. 자녀나 자신의 (일류) 대학 진학을 인생의 최대 목표로 삼는 한국인들에게 입시 제도는 초미의 관심사일 수밖에 없다. 그래서 입시 제도의 공정성과 합리성에 대해서는 정부뿐 아니라 학계·언론·학부모까지 참여해 끊임없는 논란을 벌여왔다(김경동, 1998). 이러한 사안의 심각성을 반영해 정부는 대학의 입시 제도에 대한 구체적 결정 권한을 결코 포기하려 들지 않았다. 정부가 시민들의 학력 투쟁을 둘러싸고 일종의 '입시 경찰'로서의 권능을 행사해온 것이다. 그러나 그 역할은 정치권·관료·전문학자 들의 업적주의와 인기주의로 인해 왜곡되어 끊임없는 입시 제도의 개폐를 야기해왔다.

한국에서 국가의 사회 투자 가족에 대한 지원 역할의 핵심은 직접적 교육 투자보다는 고속 경제 성장을 통한 고용 창출에 있었다.

이른바 '개발 국가developmental state'의 이념적 지향은 복지보다
는 한국형 워크페어workfare를 지향했다.[13] 빠른 경제 성장은 빠른
일자리 확대를 가져와 전체 인구를 국가 경제 발전의 과정에 동참
시킬 것이라는 판단이었다. 고용은 개발 국가가 시민들에게 제공하
는 가장 핵심적이며 거의 유일한 지원책이었다(Chang, 1999b). 일
자리가 있는 한, 사람들은 그간 열성적 교육을 통해 축적한 인적 자
본을 활용할 수 있었다. 기업 차원에서는 안정된 고용 조건, 특히
기술·관리직 노동자에 대한 종신 고용이 해당 노동자들로 하여금
장기간의 교육 투자에 대한 보람을 느끼게 하였다. 그런데 이러한
워크페어의 핵심 요소인 직업 능력 배양, 즉 교육·훈련에 대한 투
자는 국가 대신에 주로 사적 가족이 담당해왔다. 다만 안정적이며
완전한 고용 상태는 사회 투자 가족들이 산업 인적 자본의 형성과
향상을 위해 국가와 기업에 적극적으로 협조하도록 만드는 핵심적
전제 조건이었다.

5. 신자유주의 세계화와 사회 투자 가족의 위기

I. 유연 노동 시장과 한국형 워크페어의 종언

노동 시장의 유연성은 1990년대 초반부터 한국의 정책 관료, 경
제학자, 고용주 들에 의해 신자유주의의 최고의 매력점으로 간주되

---

13) 일반적으로 워크페어는 복지 대상자의 고용 가능성을 높여 경제적 자립을 유도하
  는 것으로 여러 가지 미세한 노동(고용) 관련 보조나 지원을 포함한다(김태성·
  성경륭, 1993). 한국에서 이러한 의미의 워크페어가 존재했다고 볼 수는 없고, 단
  지 거시적으로 빠른 경제 성장을 통해 실업률을 최저화시키는 노력이 지속적이고
  성공적으로 전개되어왔으며, 극빈층의 복지 지원에 있어서도 가급적 노동과 연계
  시키려 해왔다는 점에서 나름대로의 워크페어 정책이 있었다고 볼 수 있다.

어왔다. 지난 김영삼 정부는 매우 편파적인 신자유주의 개혁을 추진했다. 즉 정부와 기업의 구조 개혁은 매우 피상적이고 소극적인 상태에서 방치하고 노동 시장만 획기적으로 자유화시키려 들었다. 노동 개혁을 위한 새 법규를 고안하고 통과시킴에 있어 김영삼 정부는 야당은 물론 노동자나 노동조합과의 긴밀한 협의를 포기했다. 이에 대해 시민과 언론의 지지를 업은 노동조합이 전국에 걸쳐 강력한 항의 시위를 전개하면서 김영삼 정부는 정치적 존립 자체도 어려운 심각한 위기에 처했다. 따라서 김영삼 정부는 경제적으로도 실패하게 되었다. 재벌 개혁의 유기, 이미 과열인 경제에 대한 무모한 부양, 성급하고 준비 안 된 금융 개방 등의 문제들이 중첩되어 1997년 말에는 전례 부재의 국가 경제 붕괴 사태가 벌어졌다.

세계 금융 자본의 시각과 이해를 대변하는 국제통화기금은 구제 금융의 조건으로 한국 경제의 철저한 구조 조정을 요구했으며, 이 가운데 급진적 노동 개혁을 특히 강조했다.[14] 이미 통치 기능을 상실한 김영삼 대통령 대신, 대통령 당선자 김대중씨가 나서 완강한 노동조합 지도부를 설득하여 고통 분담 원칙하의 종합적 개혁에 대한 노·사·정 합의를 이끌어냈다(노사정위원회, 1998). 이렇게 해서, 기업 경영이 '심각한 위기 상황'에 처했을 때 대량 정리 해고를 할 수 있는 길이 열렸다. 물론 정부와 기업 역시 자기 살을 깎는 철저한 개혁을 하겠다고 약속했다. 그러나 고통은 결코 공평하게 분담되지 않았다. 이른바 'IMF 시대' 첫 해인 1998년에 관한 공식 경제 통계를 보면 대다수 한국 기업들은 국가 경제 붕괴와 IMF식 고

---

14) 노벨상 수상자 스티글리츠Joseph Stiglitz는 그의 저서 *Globalization and Its Discontents*(2002)에서 국제통화기금을 위시한 국제적 경제 협력 기구들이 실상은 서구 자본, 특히 미국 금융 자본의 이익을 대변하여 세계 각국의 경제를 왜곡하거나 착취하고 있다고 강한 어조로 비판한다.

이자율 체제에 따른 전례 없는 어려움을 오직 정리 해고와 임금 삭감에 의존해 대처했음을 알 수 있다(한국은행, 1998). 이와 대조적으로, 기업의 소유·경영과 정부 행정에 대한 구조 개혁은 눈가림식으로 이루어졌다는 것이 많은 전문가들의 평가이다. 사실, 산업의 소유와 생산은 몇몇 초거대 재벌로 더욱 집중되었고 정부와 공기업 조직은 더욱 비대해지고 방만해졌다는 증거가 산재해 있다(Chang, 1999b).

세계 어디에서나 마찬가지로 한국의 노동 시장 유연화도 경제 침체와 맞물려 실업률 급상승, 고용 조건의 불안정화, 유능한 인력의 대규모 실망 실업, 중간층 및 하층의 소득 급감 등을 야기했다. 이러한 결과들은 한국인들이 오래 의존해온 특유의 워크페어 체제에 종지부를 찍었다. 그렇다고 이를 대신해 복지 국가 체제의 확립이 진행되고 있지도 못하다. IMF와 세계 금융 자본이 역설적으로 촉구하는 가운데, 한국 정부는 이른바 사회 안전망 social safety net의 경제적 유용성에 대한 뒤늦은 깨달음을 나타냈고 실업 인구에 대해 전례 없이 엄청난 액수의 지원 대책을 펼쳤다. 그러나 이번에는 관료 조직이 드러낸 관련 정책 과제에 관한 심각한 무경험과 구호 전달 체계의 극심한 부패성으로 인해 김대중 정부의 대규모 실업 대책은 실업 인구 및 빈곤층에 대해 만족할 만한 구제 효과를 갖지 못했다(Chang, 1999b).

Ⅱ. 사회 투자 가족의 투자 철회와 이탈

워크페어의 종언은 사회 투자 가족의 재정적·사회적·도덕적 기초를 와해시키기 시작했다. 노동자들이 적절한 사회 보장 혜택 없이 일자리와 소득을 상실하게 되었을 때, 이들 가족의 생존은 위협받을 수밖에 없었다. 이들은 그동안의 저축으로 목전 생계도 꾸리

기 어려우면 아예 집을 팔거나 규모를 줄였고, 실직한 남편 대신에
아내가 허드레 돈벌이에 나섰고, 대학생 자녀들도 학업을 중단하고
아르바이트로 가구 소득을 보충하려 했으며, 더러는 온 가족의 노
동력을 주된 밑천으로 하는 장사를 시작했다(배준호, 1998; 장혜
경·김영란, 1999; 김승권·이상헌·양혜경, 1998). 이러한 집단적 사
투에도 불구하고 가족의 경제 위기는 쉽게 극복되지 않았으며, 이
에 따른 스트레스는 전례 없는 수준의 가정 폭력, 별거, 이혼, 자녀
가출을 야기했다. 대다수 빈곤층과 중산층 가족들에게 자녀의 교육
비 충당이 갈수록 어려워졌다. 사람들을 더욱 당황케 만든 것은 자
녀와 부모 자신의 교육에 대한 장기간의 고액 투자가 이제 더 이상
임금과 고용 지위가 안정된 일자리를 통해 제대로 보상받을 수 없
다는 냉엄한 현실에 대한 깨달음이었다. 구조 조정된 경제에서 새
롭게 창출되는 일자리들은 저급한 임시 서비스 노동 등에 집중되어
별다른 교육·훈련 자격이 필요하지 않았다. 어느 날 갑자기 한국
인들의 교육적 성취에 대한 투쟁적 노력이 반드시 합리적인 가족
전략이 되지 않을 수도 있음이 드러났다.

이러한 상황에서 대다수 비유명 대학과 비수도권 대학에서 학생
들의 휴학과 자퇴가 심각한 규모로 늘어났다. 물론 경제 위기 이전
에도 이들 대학의 졸업생들은 안정되고 품위 있는 직장을 찾는 데
엄청난 어려움을 안고 있었다. 이제 경제 위기가 고실업과 불완전
고용 체제로 귀착되는 상황에서, 고용주들이 별로 쳐주지 않을 대
학 교육 증서를 받기 위해 시간과 돈을 허비하는 것이 무의미하게
만 느껴졌을 것이다. 어차피 실직 등으로 곤궁에 처한 그들 부모들
은 학비를 계속 부담하기가 어려웠다. 가뜩이나 대학 학령 인구의
지속적 감소 때문에 고민 중인 군소 사립 대학들은 경제 위기로 인
해 특히 치명적인 타격을 입게 되었다. 이른바 일류 대학들은 대학

원 교육의 위기에 봉착하게 되었다. 2001학년도 대학원 신입생 모집에서 서울대학교조차 전공을 불문하고 거의 대학 전체에 걸쳐 대규모의 정원 미달 사태가 벌어졌으며, 마찬가지의 문제가 2002년에도 나타났다. 다른 대학들에서도 문제가 더욱 심각해졌음은 물론이다. 대학과 대학원의 위기는 도시 빈곤층의 가정 해체와 맞물려 중·고교의 교실 붕괴로 이어졌다. 중·고등학교, 심지어 초등학교까지도 경제 위기와 가정 해체의 결과로 급증한 일탈 청소년과 아동 관리에 비상이 걸렸다. 이들 불우 학생들에게 입시 위주의 교육 체계는 심각한 스트레스의 가중 요인일 뿐이며, 마땅한 대안도 없는 교사들은 속수무책으로 교실 붕괴를 목도해왔다. 교육의 개인적 가치와 사회적 기능이 모든 수준의 교육 기관에서 급속히 해체되었다.

이와 맞물린 충격적 사회 현상으로 중산층 가족들의 이민 행렬이 급속히 늘어났다. 고학력 중산층 노동자들이 한창 젊은 나이에 직장에서 갑자기 해고되거나 해고 위협을 받을 때, 그들은 심한 사회적 배신감을 느낀다고 한다. 자신이 어렵게 취득한 교육·훈련 자격이 고용주, 나아가 국가 경제에 의해 전혀 존중되지 않는다는 느낌은 그들의 국가 소속감을 뒤흔들어놓았다. 그들은 자신에 대한 힘든 교육 투자뿐 아니라 한국에서 더욱 불투명한 경제적 미래를 맞게 될지도 모를 자녀에 대한 교육 투자의 효용성을 의심하기 시작했다. 극히 자연스럽다고 할 즉각적 반응이 공교육 체계가 안정되어 있고 사회·경제적 생활 환경이 안정된 나라들로의 이민 행렬이다. 사회적 배신감과 불안감에 떠는 한국의 중산층 사회 투자 가족들에게 캐나다가 가장 인기 있는 행선지로 떠오른 것은 우연이 아닐 것이다.

사회 투자 가족의 이탈은 이른바 '교육 이민'이라는 신조어를 통해 극명히 부각된다. 2001년 3월 서울 코엑스에서 해외 이주 및 해외 유학 박람회가 동시에 열렸는데, 첫 주말에만 무려 5만여 명의 인파가 몰려들었다고 한다(경향신문, 2001. 3. 4). 자녀 교육 문제 때문에 한국을 떠나겠다는 사람들이 폭증하는 세태를 반영한 것이다. 많은 이민 상담 회사들은 이 행사에서 '교육 이민 전문'이라는 광고를 내걸었다. 부모의 해외 이주 동기 가운데 가장 핵심적인 것이 자녀의 해외 유학이며, 중산층 사회 투자 가족들은 이러한 교육 이민을 단순히 구상만 하는 것이 아니라 이미 상당수 실행에 옮겼다. 물론 교육 문제와 직업 불안만이 이러한 이민 열풍의 원인은 아니다. 그러나 이 두 요인이 상승 작용을 일으켜 대한민국 국민 대다수를 이민 열풍으로 몰아넣고 있는 것은 분명하다. 2000년 9월의 한 신문사 여론 조사에 따르면 놀랍게도 8,892명의 응답자 중에 7,149명이 '기회가 오면 이민을 가겠다'고 대답했다(경향신문, 2000. 9. 27). 경제적 세계화를 가장 혹독한 형태로 경험한 한국의 사회 투자 가족들은 이제 한국을 떠나 세계를 향하고 있다.

Ⅲ. 신자유주의 '교육 대통령'의 딜레마

경제 위기 자체뿐 아니라 김대중 정부의 경제 위기 대응책이 한국의 사회 투자 가족들에게 결정적 타격을 입혔음을 감안할 때, 김대중씨가 스스로 '교육 대통령'을 자임하는 것은 매우 역설적이다. 임기 초기에 그는 가장 유능하고 신망 있다고 평가되는 참모를 교육부 장관에 임명하였고 공적 교육 투자가 국제적 수준에 이르도록 확대할 것이라고 선언했다. 이후 그는 교육부를 교육인적자원부로 개칭하고 해당 장관을 부총리급으로 격상시키기도 했다. 대북 포용 정책과 경제 개혁 다음으로는 교육에 대해 김대중 정부의 적극적 관심이 표명되어왔다. 이러한 맥락에서 볼 때, 최근 한국인들이 경제 위기에 못지않게 교육 위기에 불안감을 느끼고 국가 교육 체계와 정부 교육 정책에 대한 신뢰를 한꺼번에 상실한 현상은 김대중 대통령에게 엄청난 당혹감을 줄 수밖에 없다.

김대중 정부의 교육에 대한 강조는 아마 영국의 '제3의 길'에 나오는 사회 투자 국가에서 이론적 시사점을 얻었을 것이다. 기구 명칭까지 바꿔가며 교육을 인적 자원 개발과 연계시키고 사회 정책 전체의 중심으로 삼겠다는 발상은 복지 국가 대신에 사회 투자 국가를 확립해야 한다는 앤서니 기든스의 주장을 즉각 상기시킨다. 어떤 의미에서 사회 투자 국가 노선은 동아시아의 교육열을 본받으려 한 영국에서 한국에 역수입된 것이라고 할 수 있다.

김대중 정부의 사회 투자 국가에 대한 관심이 공적 교육 투자에 대한 정부의 책임과 역할 강화로 이어진다면, 현재의 한국 상황에서 매우 타당한 정책이 될 것이다. 사회 투자 가족의 심화된 위기는 본격적 사회 투자 국가의 시급한 확립을 요구하였다. 김대중 정부는 사회 투자 가족의 위기에 대한 비난을 나눠 들어야 하는 만큼 대안적 교육 투자 장치를 마련해야 할 책임이 있다. 김대통령이 실제 그러한 정치적 책임을 인정하는지는 불분명하지만 현 정부는 임기 후반기에 들어 집중적으로 교육 재원 확충 정책을 추진함으로써 이 문제에 관해 "기대 이상의 성적"을 냈다는 평가를 받기도 했으며 (『교수신문』, 2002. 5. 27), 앞으로 수년간 더욱 빠른 속도로 공공 교육 투자를 늘려나가기 위한 재정 계획을 발표하기도 했다. 그러나 이에 대한 시민·언론·전문가의 반응은 시큰둥하고 심지어 무관심한 것이었다. 그들에게는 요즈음 같은 극도의 국가 재정 압박 상태에서 교육에 대해 획기적인 투자를 하겠다는 정부의 약속이 그저 비현실적으로 느껴졌을 것이다.

여기에 덧붙여, 김대중 정부가 경제 위기를 극복해나가는 과정에서 새로운 국가 전략으로 선택한 이른바 '지식 기반 경제'의 확립은 또다시 교육 투자의 중요성을 부각시키게 되었다. 지식 기반 경제는 고부가 가치 지식의 산출을 위한 고등 교육·연구에의 획기적 투자를 요구하는 것이어서 이전의 산업화 단계에서 강조되었던 대중적 교육 수준 향상과는 차이가 있지만 한국인들은 21세기에도 또다시 교육을 국가적 화두로 맞게 되었다. 그러나 빈부 격차의 급속한 확대와 사교육비 부담의 폭발적 증가는 그러한 국가적 화두에 능동적으로 대응할 수 있는 계층의 비율을 어느 때보다도 제한하고 있다. 더욱이 외국 자본의 전방위 진출에 따른 국내 기업들의 소유·경영 세계화는 공식 교육 체계 안에서 제대로 제공되지 못하는 국제적 소양을 요구해, 이를 습득하기 위한 조기 유학, 해외 어학 연수, 해외 대학 진학 등을 둘러싸고 계층간의 격차와 소외감이 심화되고 있다.

김대통령에 대한 대중적 기억은 주로 경제 및 교육에 대한 신자유주의 개혁(김영일, 2000)이 교육에 미친 재앙들과 연결될 것이다. 관료들의 간섭주의 성향은 김대통령이 임명한 교육부 장관들의 신자유주의와 맞물렸다. 그 결과, 제대로 파악조차 못할 정도로 수많은 관료주의적 규제하에서 교사와 학생들에게 동시에 강요되는 극도의 경쟁주의가 이들을 총체적인 의욕 상실 상태로 몰았다. 대다수 학부모들은 그들 자녀의 교사조차도 도저히 설명 못 할 정도로 일관성 없고 추상적인 교육 개혁 정책들로 인해 심한 혼돈 상태에 있다. 그들은 이제 자녀들의 교육 경쟁 혹은 학력 투쟁에 관련된 정책 변수들이 전보다 훨씬 복잡다기해짐에 따라 거의 고문당하는 느낌을 갖고 살게 되었다. '교육 망국'이라는 말이 김대중 정부의 교육 정책에 붙어 다닌다. 설사 자녀가 어려운 입시 경쟁을 헤치고 대학 교육을 마치더라도 유연 노동 시장과 불안정한 경제 구조가 그들을 기다렸다가 실업이나 고용 불안정의 무시무시한 경험을 강요하게 된다. 수많은 중산층 가족들이 한국을 영구히 떠나기로 마음 먹을 때, 이러한 신자유주의적 전환에 따라 변질된 교육의 (무)의미를 떠올릴 것이다.

6. 결론

한국의 경제 발전은 부족한 부존 자원과 자본을 풍부한 양질의 인적 자원으로 메우며 이룩했다고 한다. 인적 자원의 풍부함은 인구가 많고 생산 연령층 비율이 높았다는 것이지만 양질은 어떻게 가능했는가? 우수한 민족 자질을 반영한 것인가 아니면 국가나 기업의 적극적 인적 투자의 결실인가? 기업 차원의 인적 투자는 오늘날 첨단 기술 산업을 중심으로 활발하지만 산업화 초기에 저임금에 기반한 가격 경쟁력으로 버티던 대다수 기업들에게는 고려 사항조차 되지 못했다. 국가 차원의 인적 투자는 산업화 초기는커녕 현재에도 극히 저조해 교육 · 노동계의 반발을 사고 있다. 얼마 전에는 국제연합으로부터 한국의 공공 교육 투자 부족이 저소득층의 인권 훼손을 야기할 것이라는 충격적인 지적을 받았다.

양질의 인적 자원이 우수한 민족 자질에서 나왔다고 강변할 수는 없지만, 최소한 인적 투자를 중시하는 민족 문화에 의해 가능했다고 볼 수는 있다. 구체적으로, 가족 차원에서 이루어진 자녀와 형제의 학교 교육 및 직업 훈련에 대한 지원이 우수한 산업 생산 인력을 형성시켰다. 특히 산업화 초기에 대부분의 산업 인력이 이농 인구로 채워질 때, 이들의 교육과 훈련을 위해 농가에서 조달된 이른바 '향토 장학금'은 단순한 돈 몇 푼이 아니라 깊은 가족애의 표현이었다. 이에 대한 보은으로서 학업과 노동에의 매진은 당연했으며, 충실한 교육 훈련과 강한 노동 의욕을 갖춘 인력 공급이 가능했다.

영국 사회학자 앤서니 기든스는 '사회 투자 국가'를 블레어가 내세운 '제3의 길'의 핵심 요소로 제시했다. 이는 국가의 사회적 투자가 교육 등 장기적 생산 능력 기반을 확충하는 데 집중되어야 한다는 주장을 담고 있으며 한국 정부도 적극 동조하는 생산적 복지론과 연계된 정책 노선이다. 김대중 정부가 교육부를 교육인적자원부로 개칭하고 적극적 교육 투자를 구두로나마 내세우는 것도 이런 주장을 의식했을 것이다. 그러나 그동안 한국에서는 사회 투자 국가 대신에 일종의 '사회 투자 가족'이 자녀 형제에 대한 적극적 교육·훈련 투자를 통해 생산 능력 기반을 확충해왔다. 산업화 초기에는 농민 가족이 이농하는 자녀 형제를 통해 이 역할을 수행했고, 이후에는 도시 중산층 가족을 중심으로 자녀 교육을 통해 같은 역할을 수행해왔다.

그런데 이처럼 중요한 국가적 자산인 사회 투자 가족이 최근 심각하게 흔들리고 있다. 일부 중산층을 중심으로 더 이상 한국에서 사회 투자 가족 노릇을 하는 것이 너무 힘들고 무의미해 차라리 이민이나 가겠다는 분위기가 팽배하다. 자녀 교육 문제로 이민까지 불사하겠다는 생각은 우선 학교 폭력, 교실 붕괴, 사교육 과열, 대입 혼란 등 교육 현실의 일련의 문제들이 너무 심각해 도저히 불안하고 피곤해서 자녀를 여기에 두지 못하겠다는 것이다. 교육 과정상의 문제보다 더 심각한 것은 교육 투자의 의미에 대한 근본적 회의감이다. 최근 신자유주의 세계화의 격랑 속에서 한국에 닥친 경제 위기는 이를 극복하는 과정에서 인적 투자를 소득 기반으로 하는 계층을 희생시키고 자산 소득자들에게 유리한 경제 구조를 귀결시켰다(Chang, 1999b). 이른바 'IMF 경제 위기'는 투자한 교육·훈련 자격을 내세워 안정된 고용 조건을 보장받던 중산층 노동자들이 정리 해고 열풍 속에 투자비도 못 건지고 직장을 잃으며, 신규 대학 졸업자들은 실업 인구로 자동 편입되는 상황 속에서 한국을 교육 투자 부적격국으로 만들게 되었다. 또한 여유 소득을 주로 자녀 교육에 투자해온 수많은 고학력 노동자들이 자신이 겪게 된 직업 위기를 자녀의 미래에 투영시켜보고는 이민을 결심한다.

세계화는 이 땅에서 교육에의 투자 과정을 더욱 복잡하게 만들고 그 투자 결과를 확신할 수 없도록 만들어 이미 수많은 한국의 사회 투자 가족들이 이국 땅에 발을 디뎠다. 그들은 이제 세계를 무대로 사회 투자 가족으로 기능할 것이다. 그러나 이러한 능동적 선택이 아예 불가능한 수많은 빈곤층 가정에 대해서는 교육이 지난 세기와는 달리 빈곤의 대물림을 방지하고 세대간 계층 상승 이동을 위한 핵심적 가족 전략으로서 기능하기 어렵게 되었다. 경제 위기 이후 지속되고 있는 빈부 격차의 심화, 사교육비의 급증, 공교육 체계의 불안정 등은 한국의 빈곤 계층과 관련해 사회 통합적 경제 발전을 추진하기가 갈수록 어려워지고 있음을 말해준다. 20세기 중반 이후 대외 종속적 근대화와 세계화의 과정에서 한국인들의 국민적 특성으로 자리 잡은 사회 투자 가족은 세기말의 신자유주의 세계 경제 질서에 대한 국가적 대응에 혼선이 이는 가운데 그 국민적 특성으로서의 성격이 심각하게 흔들리고 있다.

참고 문헌

경향신문.
『교수신문』.

350

구자억(1999), 『중국 교육사』, 책사랑.

김경동(1998), 『한국 교육의 사회학적 진단과 처방』, 민음사.

김승권 · 이상헌 · 양혜경(1998), 『여성 실업자 및 실직자 가정의 생활 실태와 복지 욕구』, 한국보건사회연구원.

김영일(2000), 『위험한 실험: 교육 개혁의 정치학』, 민음사.

김응석 외(1993), 『농촌 가구의 구조적 특성과 가족 부양 체계』, 한국 보건사회연구원.

김태성 · 성경륭(1993), 『복지 국가론』, 나남.

노사정위원회(1998), 「노사정 공동 선언문」, 1998. 1. 20.

디지틀 조선일보.

박길성(1996), 『세계화: 자본과 문화의 구조 변동』, 사회비평사.

배준호(1998), 「저소득층의 고용 불안에 따른 생활 변화」, '우리나라 가계의 생활 실태 변화 추이'에 관한 통계청 세미나 발표 논문.

송호근(1995), 『한국의 기업 복지 연구』, 한국노동연구원.

이순형 · 유정순(1999), 「한국 도시 가계의 사교육비 지출」, 건국대학 교 한국학연구소 편, 『교육과 삶의 질』, 건국대학교 출판부, pp. 151~206.

장경섭(1995), 「가족농 체제의 위기와 농촌 개혁의 전망: 90년대 농촌 현실의 사회학적 평가」, 『농촌 사회』 5, pp. 195~226.

―――(2001), 「가족 이념의 우발적 다원성: 압축적 근대성과 한국 가 족」, 『정신문화연구』 24(2), pp. 161~202.

장혜경 · 김영란(1999), 『실업에 따른 가족 생활과 여성의 역할 변화에 관한 연구』, 한국여성개발원.

조동성(1991), 『한국 재벌 연구』, 매일경제신문사.

조선일보.

한겨레신문.

한국은행(1998), 「1998년 상반기 기업 경영 분석」, 미출간 조사 보고서.

Amsden, Alice(1989), *Asia's Next Giant: South Korea and Late Industrialization*, New York: Oxford University Press.

Chang Kyung-Sup(1997), "Modernity through the Family: Familial Foundations of Korean Society," *International Review of Sociology* 7(1), pp. 51~63.

———(1999a), "Compressed Modernity and Its Discontents: South Korean Society in Transition," *Economy and Society* 28(1), pp. 30~55.

———(1999b), "Social Ramifications of South Korea's Economic Fall: Neo-Liberal Antidote to Compressed Capitalist Industrialization?" *Development and Society* 28(1), pp. 49~91.

———(2001), "Compressed Modernity and Korean Family: Accidental Pluralism in Family Ideology," *Journal of Asian-Pacific Studies* 2001(9), pp. 31~39.

Giddens, Anthony(1998), *The Third Way: The Renewal of Social Democracy*, Cambridge: Policy Press.

Japan Times.

Khan, Herman(1979), *World Economic Development: 1979 and Beyond*, Boulder: Westview.

Lewis, W. Arthur(1954), "Economic Development with Unlimited Supply of Labour," *Manchester School of Economics and Social Studies* 22(1), pp. 139~91.

Matthews, John(1995), *High-Technology Industrialisation in East Asia: The Case of the Semiconductor Industry in Taiwan and Korea,*

Taipei: Chung-Hua Institution for Economic Research.

McCormick, Kevin(2001), "Post-war Japan as a Model for British Reform," G. Daniels and C. Tsuzuki(eds.), *The History of Anglo-Japanese Relations, 1600~2000: Volume 5, The Social-Cultural Dimension*, Basingstoke: Macmillan.

Mittelman, James H.(2000), *The Globalization Syndrome: Transformation and Resistance*, Princeton: Princeton University Press.

Park, Mee-Hae(1991), "Patterns and Trends of Educational Mating in Korea," *Korea Journal of Population and Development* 20(2), pp. 1~16.

Robertson, Roland(1992), *Globalization: Social Theory and Global Culture*, London: Sage.

Said, Edward(1979), *Orientalis*, New York: Vintage Books.

Stiglitz, Joseph(2002), *Globalization and Its Discontents*, New York: Norton.

Vogel, Ezra F.(1991), *The Four Little Dragons: The Spread of Industrialization in East Asia*, Cambridge: Harvard University Press.

제5부
지식 패러다임의 전환

한국 여성학의 사회학

이정옥

1. 한국 여성학의 사회학하기의 의미

여성학의 역사를 쓴다는 작업 앞에서 느닷없이 쓴다는 것은 자동사인가 타동사인가?라는 오래된 물음이 떠올랐다. 쓴다는 주체의 입장이 강조되어야 하는지, 대상이 강조되어야 하는지는 고민은 '객관화'라는 형식 논리로 포장한다고 해도 피할 수 없는 영원한 물음이라고 생각한다. '여성학의 사회학'이라는 이름으로 여성학 역사쓰기의 객관성을 시도한다고 해도 그것은 여전히 필자의 입장에서 바라보는 자동사로 '쓰는' 작업의 일부라는 점을 밝히고 시작하고 싶다.

따라서 '한국 여성학의 사회학'이라는 연구 논문을 시작하기 위해서는 불가피하게 한국 여성학에 대한 개념 규정과 사회학적 분석 또는 '사회학하기'의 의미를 밝혀야 한다.

한국 여성학을 사회학적으로 분석하기 위해서는 우선 한국 여성학에 대한 개념 규정과 사회학적 분석에 대한 기본적인 규정을 전제로로 한다. 우선 분석의 대상이 되는 여성학은 여성을 소재로 해서 다루는 모든 연구와 성 평등적 문제 의식에 입각한 젠더 차원에서 여성 문제를 다루는 것으로 대략적으로 구분해볼 수 있다. 전자의 경우에는 여성이 통계적 분류 범주로 다루어지거나 여성이 여러 연구 대상 가운데 하나로 여겨지게 되는 경우를 의미한다. 후자의 경우는 성을 사회 문화적 차원인 젠더로 파악하고 성 평등적 지향에 입각하여 연구하는 경우를 뜻한다. 여성학을 좁은 의미로 한정할 경우에는 후자로 제한된다. 본 논문의 분석 대상도 후자로 제한된다.

두번째의 문제, 한국 여성학의 개념 규정 역시 다양한 차원이 있다. 한국 학자의 여성 관련 연구 전체를 한국 여성학으로 볼 수 있는 입장도 있고, 한국 여성과 한국 사회를 대상으로 하는 연구가 있을 수 있으며 한국적 정체성에 입각한 연구를 지칭할 수도 있다. 한국적 정체성에 관한 논의는 아직 진행 중에 있기 때문에 두번째의 범주로 한정할 수밖에 없다. 본 논문에서는 한국학자가 다루거나 한국 사회 및 한국 여성을 소재로 하는 연구를 한국 여성학의 범주에 포함시키고자 한다.

이 글의 제목 '한국 여성학의 사회학'에서 사회학은 방법론을 의미한다. 사회학적 방법을 적용하는 방식으로는 사회 구조 또는 사회 체계론이라는 맥락을 도입하는 방법과 사회 변동의 맥락을 도입하는 두 차원으로 분류될 수 있다. 전자의 방법을 도입한다면 한국 여성학과 다른 학문의 관계, 한국 여성학과 다른 사회 제도의 관계, 한국 여성학이 한국 사회에서 담당하는 기능과 역기능, 한국 여성학의 지식 생산 구조 등이 주요한 쟁점이 될 것이다. 두번째의 분석 방법을 택할 경우, 우선 한국 여성학 등장의 사회 경제적 · 지적 배경, 한국 사회 운동과 여성학의 관계, 한국 여성 운동과 여성학의 관계 등이 중요 분석 대상으로 거론될 수 있다.

본 논문에서는 이러한 입장을 절충하여 먼저 한국 여성학의 제도화·전문화, 한국 여성학과 한국 여성 운동, 한국 사회 운동의 관계에 대해 살펴보고, 다음으로 한국적인 것과 글로벌한 것의 긴장을, 그리고 이를 바탕으로 한국 여성학의 정체성에 대한 질문을 던지고자 한다.

한국 여성학의 치밀한 구조 분석이라는 전제 위에 한국 여성학과 한국 사회 변동과의 관련성을 논하는 것이 순서겠지만, 전자의 연구를 촉진한다는 의미에서 후자에 관한 연구를 거칠게나마 개진하고자 한다.

2. 한국 여성학의 제도화

한국 여성학이 본격적으로 제도화된 것은 이화대학교 대학원에 여성학과가 신설된 1982년부터이다.[1] 이화대학교 대학원에 여성학과가 제도화된 것을 시작으로 계명대학교와 효성가톨릭대학교(현 대구가톨릭대학교)에 여성학과가 1990년에 생겼으며 이후 다른 대학에서도 협동 과정으로 여성학과가 제도화되었다. 협동 과정으로 여성학과가 신설된 곳은 동덕여대·서울대·서울여대·성신여대·숙명여대·신라대·한양대 등으로 2001년 현재 여성학이 대학원 전문 과정 또는 협동 과정으로 개설된 곳은 전국의 10개 대학이다. 여성학 박사 과정이 개설된 곳은 전국의 2개 대학, 여성학 학부 연계

---

1) 이효재 교수의 논문에서는 1975년 이화대학교에 여성학을 설치하기 위한 교과과정 개발위원회가 설치되었고, 2년 동안의 준비 기간을 거쳐 1977년 교양 과목으로 여성학을 팀 티칭으로 가르치기 시작하였으며, 1980년 대학원에 여성학과가 설치되었다고 되어 있다(이효재, 1994: 8).

전공은 전국의 4개 대학에 자리를 잡았다(조주현, 2000; 이재경, 1999; 조형, 1990).

학과 개설의 속도에 비해 여성학 과목이 대학에서 교양 과목으로 채택되고 있는 범위는 훨씬 넓다. 한국에서 여성학 강좌는 1977년에 처음 개설되었고 1990년에는 전국 70여 개 대학에 여성학 강좌가 개설되었다. 여성학 연구자들의 조직인 한국여성학회가 1985년에 창설되었고 현재 회원이 6백 명에 이르고 있다.

여성학의 제도화 과정은 일단 대학원 여성학과 신설, 교양 과목으로서의 여성학의 개설 등으로 나타난다. 여성학이 교양 과목으로 급속하게 성장하게 된 것은 1980년대 후반에 오면서 가속화되었다. 1970년대에는 여성학이 여성과 사회, 여성사회학, 생활과 교양 등 다양한 이름으로 개설되었으며, 이화여대를 필두로 고려대·서강대·덕성여대·연세대·중앙대·홍익대 등의 대학에서 대학 당국 여성 연구소 또는 일부 여성 교수들의 주도로 개설되었다. 1970년대 후반까지 여성학이 개설된 곳은 주로 서울 소재 대학이었다. 이후 1980년대 전반기까지 전국 각지의 대학에서 여성학 관련 교양 과목이 개설되었다. 여자 대학의 경우에는 주로 여성 연구소 교수가 주축이 되어 과목을 개설하였고 남녀 공학 대학에서는 교련 과목을 대체하여 개설된 경우가 많았다. 1987년까지 여성학 과목이 주로 위에서의 결정에 의해 이루어진 데 반하여 1987년 이후에는 대학의 여학생부의 요구로 개설된 것이 특징이다. 1988년과 1989년에 여학생부의 요구에 따라 개설된 학교는 총 24개 대학이었으며, 1989년 말까지 총 49개 대학에서 여성학이 개설되었다.

3. 여성학의 전문화

특정 학문의 전문화 과정은 특정 학문 고유의 대상, 방법론, 연구자 집단의 윤리와 문화가 구체화되는 과정과 맞물린다.[2] 앞서 제도화 과정에서 살펴보았듯이 여성학은 대학원에 개설되어 있거나 교양 과목으로 개설되어 있다는 점에서 학부의 특정 학과로 정착되어 있지 않다. 따라서 한국 여성학의 제도적 위치 자체가 다학문적이며 간학문적이다.[3] 여성학은 출발부터 다분과적으로 접근되었다. 여성학은 기존 교수들의 전공에 따라 여성과 법, 여성과 정치, 여성과 사회, 여성과 문학 등의 형식으로 각 분야에서 여성이 당하는 차별을 드러내는 데 중점을 두었다.

한국 여성학의 제도화의 산실인 이화대학교 대학원 여성학과에서 규정하는 여성학은 여성의 경험을 대상으로 하며, 가부장제의 구조와 변동을 아카데미즘과 사회 참여를 동시에 추구하는 간학문적·다학문적 성격을 지니는 것으로 규정된다. 이화대학교 대학원 여성학과에서 규정하는 여성학은 다음과 같다.

여성학이란 단순히 여성에 대한 연구를 의미하는 것은 아니다. 여성학은 여성들의 경험을 중심에 두고 여성에 대한, 그리고 인간에 대한 연구를 하는 학문이다. 여성학은 인간과 사회에 관한 새로운 시각을 제시한다. 과거와 현재의 여성들의 삶에 대한 조명과 해석을 통해

---

2) 토마스 쿤은 이론과 방법론의 인식론적 특성 못지않게 이론과 방법론의 연구자 집단에 의한 수용 측면을 특정 패러다임 형성에 중요한 요소로 꼽고 있다.

3) 다학문성과 간학문성은 구별되는 개념이다. 간학문성은 학제간 화학적 결합을 통한 연구가 이루어지는 것을 의미하는 데 반하여 다학문성은 여러 분과의 물리적 결합을 의미하는 것으로 구별지어 사용하고자 한다.

성 차별이 제거될 수 있는 미래 사회에 대한 통찰력을 제시한다.

여성학은 과거와 현재의 성 불평등의 성격을 규명하고, 가부장적 질서의 성격 및 유지 기제에 대해 과학적으로 분석하는 순수 학문인 동시에 그의 극복 방안을 모색하는 실천적 학문이다.

여성학은 인문학이나 사회과학 또는 자연과학 등과 같이 하나의 학문 분야에 국한되기 어려우며, 간학문적 interdisciplinary, 다학문적 multidisciplinary 성격을 지닌다.[4]

조주현은 한국 여성학에 실린 논문의 내용과 필자의 전공 영역에 대한 분석을 통해 "한국 여성학의 지식 생산 구조는 사회과학간의 간학문성이 두드러지고 여성학 · 인류학 · 철학 분과 소속 연구자들이 주요 지식 생산자였으며 1990년대 들어 문화, 이론, 성 영역에 대한 관심이 주도적이었"음을 밝히고 있다(조주현, 2000: 153). 이러한 연구 결과를 토대로 조주현은 한국 여성학의 지식 생산은 현재 참여하고 있는 분과 학문들보다 더 광범위한 학문 체계의 연구자들을 포함시키고 연구 영역의 범위를 확장하고 다변화하는 방법을 모색할 필요가 있다는 것을 제안하고 있다.

전문화의 방향과 이러한 여성학의 다분과성은 상호 충돌할 수밖에 없다. 이재경은 다분과성 속에서 최대한의 전문화를 기하기 위해서는 여성학과/프로그램 교수진의 전공 영역을 중심으로 전공 영역은 제한하고 해당 영역에 대한 학제적 연구는 확대하는 절충적 방안을 제시하고 있다(이재경, 1999).

이효재 교수는 "여성학의 성과가 대학의 가부장적 권위와 문화를 변혁시키고 한국 사회과학과 인문과학의 남성 중심적인 · 배타적인

---

4) 이화여자대학교 대학원 여성학과 홈페이지 학과 소개 ('여성학이란'). http://ewha-woman.or.kr/dws/Frameset1.htm

한계를 극복해야 하고——특수 분야로서 전문적 지식만을 추구하는 입장만을 유지한다면 진정한 발전을 유지할 수 없을 것"이라고 선언하고 있다(이효재, 1994: 11).

여성학의 다학문성·간학문성·실천 지향성은 전문화 과정과 충돌할 수밖에 없다. 그러나 다른 분과 학문에 비해 태생적으로 전문화 과정에 제약과 한계를 지니고 있음에도 불구하고 전문화에 대한 수요는 높다. 전문화에 대한 요구는 전혀 상반되는 두 가지 방향에서 제기된다. 하나는 아카데미즘으로서의 전문화로 보다 정교한 이론과 방법론의 세련화를 요구받는 것이고 다른 하나는 현실에서의 실용적 전문성에 대한 요구이다. 전자의 요구는 여성학이 대학의 학문 생산 구조를 넓은 의미에서 수용하고 있다는 점에서 피할 수 없는 요구이고 후자는 여성학 전공자의 사회적 진출과 관련된 요구이다. 조주현이 여성학과 출신 기자, 여성 운동가, 학자와의 간담회와 면접 결과 공통적으로 여성학에 대해 요구받고 있는 사항은 여성학은 좀더 전문성(실용성)을 가져야 한다는 것이었다(조주현, 2000: 166~69).

여성학의 이론적 전문성을 확보하려는 노력은 성 불평등 체계를 밝히려는 거대 이론의 구상, 성·가족·결혼 등 사적 영역으로 은폐되어왔던 여성의 영역에 대한 조명과 이론화 작업에 대한 시도로 이어진다. 여성학은 초기부터 1) 여성의 경험 드러내기, 2) 여성의 차별적 경험을 구별하기, 3) 성 불평등 구조에 대한 이론적 논의의 소개 등을 통해 다른 분과에서 개척할 수 없는 영역을 구성하고자 하였다.

대표적인 여성학 지식의 산물인 『한국 여성학』은 1985년부터 1995년까지 10년 간 연 1회 논문집을 발간하였다. 1996년부터는 연 2회 발간하여 2001년 현재 총 22권이 발간되었다. 논문 편수로는 총

<표-1>　　　　한국 여성학의 특집 주제와 수록 논문(1985~93)

호수	특집	수록 논문
제1집 (1985)	종교상에 나타난 여성관	여성 문제의 성격과 여성학, 유교적 여성학의 재조명, 불교 여성관의 새로운 인식, 기독교 여성관의 재발견
제2집 (1986)	가부장제와 한국 사회	가부장제에 관한 이론적 고찰, 한국 가부장권 법제의 사적 고찰, 가부장제와 경제, 가부장제의 변형과 극복
제3집 (1987)	교육과 성의 구조	교육 이면에 나타난 성의 구조, 초기 사회화와 성의 구조, 교사 교육과 양성 평등, 성 역할 연구의 양성적 시각
제4집 (1988)	여성과 일	생물학적 재생산 과정의 변증법, 노동 공급에 관한 신고전 경제학에서 본 가내 성별 분업, 식민지 자본주의화 과정에서의 여성 노동의 변모, 노동 시장 구조의 변화와 여성 노동의 실태
제5집 (1989)	성 sexuality 연구	현대 서양 철학에서의 성, 성에 관련한 여성 해방론의 이해와 문제, 성 일탈과 여성, 성 폭력의 실태와 법적 통제, 여성 노동과 성적 통제
제6집 (1990)	여성과 법	평등권의 개념과 남녀 동권, 세법과 성 평등, 사회 복지 관련법과 여성, 남녀 고용 평등법의 한계와 과제, 개정 가족법과 양성 평등, 탁아 문제의 현실과 대책
제7집 (1991)	여성 체험의 기술	한국 무속에 나타난 여성 체험, 페미니스트 성장 소설과 자기 발견의 체험, 여성 작가 메리 셸리와 프랑켄슈타인의 재해석, 자전체 서술 기법으로서의 자기 은닉, 대중 문화적 여성 체험 기술에 대한 재평가
제8집 (1992)	여성의 몸	몸에 대한 여성학적 접근, 외모와 억압, 매 맞는 아내의 경험, 중년기 여성의 폐경 경험, 여성과 암, 의사 사회에서의 여성 배제 구조, 청소년 여성 건강 개념에 관한 연구, 여성 건강의 현황과 대책
제9집 (1993)	국가와 성 통제	국가와 성 통제, 조선 시대의 권력과 성, 천황제 국가와 성 폭력, 근친상간에 나타난 성과 권력, 성 교육 지침서 교육을 통해 본 성 이중성

129편이 발표되었다. 『한국 여성학』 제9집까지는 한국 여성학의 보편성과 특수성을 연속적인 특집 기획 시리즈로 제시하였다. 제10집에서는 한국 페미니즘의 현대적 과제, 제12권 2호에서는 생활 문화에 관한 여성학적 고찰, 14권 1호에서는 한국의 성 문화와 성 교육에 관한 여성주의적 접근, 제15권 1호에서는 여성주의 윤리학: 이론과 응용, 제15권 2호에서는 한국 여성학의 정립을 위한 방법론적 모색 등을 다루고 있다.

1985년 창간호의 경우는 여성 문제의 성격과 여성학이라는 1편의 보편적 성격을 띠는 논문과 기독교·불교·유교의 여성관을 조명해 보는 구체적인 세 영역을 다루는 방식으로 특집이 기획되었다. 제2집에서는 가부장제에 관한 이론적 고찰, 가부장제의 변혁과 극복이라는 두 편의 보편적 성격을 띠는 논문과 가부장제와 법제, 가부장제와 경제라는 두 구체적인 영역을 다루는 두 편의 논문으로 짜여 있다. 제9집까지 한국 여성학의 보편성과 특수성이라는 특집의 구체적인 구성은 한 편 또는 두 편의 여성학 이론, 또는 여성 운동 이론과 두 편 정도의 구체적인 경험적 영역을 다루는 방식으로 일관한다. 한국 여성학의 보편성과 특수성이라는 특집으로 마지막으로 기획된 제9집에서는 「국가와 성 통제」(이재경, 1993)라는 보편성을 띤 논문과 경험적 사례로 「조선 시대의 권력과 성」(김혜숙, 1993), 「천황제 국가와 성 폭력」(강선미·야마시다 영애, 1993), 「성 교육 지침서를 통해 본 성 이중성」(황은자, 1993)으로 구성되어 초기의 방식을 그대로 고수하고 있는 것을 알 수 있다.

한국 페미니즘의 현대적 과제라는 특집을 구성하고 있는 논문들로는 「한국 여성학과 여성 운동」(이효재, 1994), 「민족 담론과 여성」(김은실, 1994), 「여성·민족·계급: 다름과 집합적 행위」(박현옥, 1994), 「민족주의 담론과 여성」(윤택림, 1994), 「포르노의 법적 규제와 페미니즘」(심영희, 1994), 「고용과 평등의 딜레마」(조순경, 1994), 「여성학 이론의 철학적 기초」(신옥희, 1994), 「심리학 연구의 여성학적 방법」(정진경, 1994) 등이다. 한국 페미니즘의 현대적 과제로는 여성 운동, 민족과 성, 계급의 문제 및 새롭게 대두되고 있는 포르노, 고용과 평등의 문제 및 다른 분과 학문인 철학과 심리학 분야와의 여성학적 관점의 결합이 시도되고 있는 것을 알 수 있다.

한국 여성학 전체에 해당하는 분야를 강조하는 특집 형식은 이후로는 폐지되거나 특정 분야의 주제로 묶여 제12권 2호에서는 '생활 문화에 관한 여성학적 고찰,' 14권 1호에서는 '한국의 성 문화와 성 교육에 관한 여성주의적 접근,' 제15권 1호에서는 '여성주의 윤리학: 이론과 응용' 등으로 다루어졌다.

여성학 일반의 주제는 제15권 2호에서 한국 여성학의 정립을 위한 방법론의 모색으로 등장하고 있다. 한국 여성학의 정립을 위한 방법론의 모색을 구성하고 있는 논문들은 「음양 존재론과 여성주의 인식론적 함축」(김혜숙, 1999), 「민족 및 민족주의에 대한 한국 여성학의 논의」(정진성, 1999), 「여성의 경험을 통해 본 한국 가족의 근대적 변형」(이재경, 1999), 「흔들리는 모성, 지속되는 모성 역할」(김경애, 1999), 「캐나다에서 작업 환경과 산업 재해 보상 체계의 성 차이에 관한 연구」(정진주, 1999), 「몸의 여성주의적 의미 확장」(이수자, 1999), 「장애 여성의 육체와 정체성의 형성」(김경화, 1999), 「여도 거부를 통한 남성 우월주의의 극복: 『홍계월전』『정수정전』『이형경전』을 중심으로」(차옥덕, 1999) 등이다.

한국 여성학에서 제기해온 이론과 방법론적 모색은 1) 이론과 경험적 현실의 문제, 2) 여성주의와 민족주의의 문제로 압축된다. 이론과 경험적 현실의 문제는 실제로는 그 자체 첨예한 쟁점으로 발전하지 않고 있다. 왜냐하면 이론은 가부장제의 구조, 작동 방식에 대한 소개의 차원으로 제시되고 경험적 현실은 인지되지 않고 드러나지 않은 차별의 영역을 드러내는 것이기 때문에 일반 이론에 무한히 포함될 수 있는 사례의 확장 이상의 의미를 지니지는 않는다. 따라서 한국 여성학의 보편성과 특수성이라는 특집에서는 특별히 긴장을 야기하는 측면은 없다. 한국 여성학에서 보편성과 특수성이라는 차원에서 실제로 쟁점으로 떠오르고 있는 부분은 민족주의 담론과 여성주의 담론과의 충돌이다.

1990년대에 들어서면서 한국 여성학의 전문성 확보의 관심은 문화 · 이론 · 성 영역이 주도하고 있는 것으로 밝혀졌다(조주현, 2000: 153). 대학원 여성학과 학생들의 석사 논문도 1990년대에 접어들면서 가족 · 결혼 · 성 문제 등으로 옮겨가고 있는 것을 알 수 있다.

연구의 대상이 특화되면서 방법론에도 변화가 이는 것을 알 수 있다. 가부장제의 권력 작용에 대한 담론 분석, 근대성과 탈근대성에 대한 논의의 적용으로 가부장제와 거대 담론에 대한 해체 작업이 등장하게 된다. 방법론적 측면에서도 거대 이론에 대한 문헌 연구, 계량적 연구에서 관찰, 구술, 자전적 글쓰기 등을 활용한 질적 방법론의 도입에 보다 적극적이 된다.

4. 한국 여성학과 여성 운동

한국 여성학과 여성 운동과의 관련성을 논의하기 위해서는 여성 운동에 대한 새로운 규정이 필요하게 된다. 여성 운동 역시 주체를 중심으로 구분하는 방법과 의제를 중심으로 구분하는 방법이 있다. 주체를 중심으로 구별할 경우에는 여성이 주도한 사회 운동 전체가 여성 운동에 포함되고 의제를 중심으로 분류할 때에는 성 평등과 관련한 의제가 포함된다. 여성 운동을 넓은 의미로 확장하여 규정할 때는 위의 두 가지 정의의 합집합이 될 것이고 좁은 의미로 규정할 때는 위의 두 정의의 교집합이 될 것이다. 본 논문에서 한국 여성학과 여성 운동을 관련지을 때는 좁은 의미의 여성 운동으로 한정하여 여성이 주체가 되어 성 평등 의제를 다루는 것으로 한다.

한국에서 여성학은 성 평등 문제를 다루는 여성 단체의 제도화보다 먼저 일어났다.[5] 1982년 여성학 개설과 더불어 '또 하나의 문화'가 조직되었다. 또 하나의 문화는 단체의 제명 그대로 여성 문화를 하위 문화로 규정하고 드러나지 않은 여성의 문제, 여성의 경험, 여성의 시각을 '드러내는 데' 목적을 둔다(또 하나의 문화 '단체 목적' 참조). 또 하나의 문화 다음으로 조직된 단체는 가정 폭력 문제를 전문으로 다루는 '여성의 전화'이다. 여성 단체 연합이 조직된 것은 1987년이었다. 서구에서는 여성 운동의 제도화된 결과 중의 하나가 여성학의 제도권 진입인 것과 비교해본다면 한국에서는 여성학이 여성 운동보다 먼저 제도화되었다.

한국 여성학에서 여성 운동을 주제로 한 논문은 제10집 한국 페미니즘의 현대적 과제에서 등장한다. 제10집 이효재 교수의 논문에서 여성 운동은 넓은 의미로 해석되고 있고 제12집 조주현 교수의 논문은 좁은 의미의 여성 운동을 다루고 있다(이효재, 1994; 조주현, 1996).

여성학 연구가 여성 운동을 지원하는 데 미흡했다는 주장은 이미 제기된 바 있다. 한명숙은 1994년 2월까지 제출된 이화대학교 대학원 여성학과 석사 학위 논문 76편에 대한 주제별 분석을 통하여 여

---

5) 가족법 개정 운동은 여성학의 제도화보다 우선하여 일어났지만 가족이라는 틀 안의 문제를 한정했다는 점에서 보다 적극적 의미의 여성 운동의 단초는 성 평등 의제를 전문으로 다루는 단체의 등장에 두기로 했다.

성학과 석사 학위 논문이 여성의 정치 참여, 탁아 문제, 소비자 문제, 여성과 환경, 여성과 평화 등 현재 대중 운동의 현장에서 집중적으로 다루어지고 있는 주제를 다루지 않고 있다고 지적한 바 있다(한명숙, 1994). 한편 한국 여성 노동자 조직 운동에 관심을 가져온 한 활동가는 1980, 90년대 여성학 이론과 여성 운동의 실천론·방법론이 조응되지 않았다고 지적하면서 그 이유로 여성학자들 내부의 모색과 개방적인 논쟁의 부족, 이론가와 실천가 사이의 공동 모색 과정의 부재, 실천가들의 이론 경시 분위기 등을 들고 있다(이재은, 1991). 여성 운동 단체에서 10년 이상 활동한 활동가들과의 면담 내용을 정리한 조주현의 연구(조주현, 2000)에 따르면 여성 운동 단체에서 10년 이상 활동해온 운동가들은 현장에서 지금 가장 필요로 하는 것은 '정책적 마인드와 구체성'이라고 한다. 이들은 여성 연구자들이 현실을 너무 모르고 대중의 욕구에 대한 감이 없다고 생각한다. 여성 학자들이 발표한 글들은 운동에 도움이 안 되며 너무 현학적이라고 한다. 이들은 여성학이 현장과 관련이 있는 현실 분석을 해주기를 원한다.

5. 한국 여성학과 사회 운동

여성학이 다른 학문 분야에 비해 빠른 시기에 제도권에 진입하게 된 이유는 여러 가지가 있겠지만 이효재 교수(1994)는 이를 1960년대 여성 단체 지도자들에 의해 제기되었다가 1970년대부터 범여성 운동으로 확산된 가족법 개정 운동, 1970년대의 수출 지향적 경제 성장의 주역이면서도 그늘에 있었던 여성 노동자들의 조직적 투쟁, 더 멀리는 민족 주권과 근대화에 기여하려고 했던 여성들의 구국 운동과 근대적 교육 운동이라는 사회적 토양이 바탕이 되었다는 것을 강조하고 있다.

여성학이 도입된 1970년대 후반은 유신 말기로 해방 후 가장 억압적이고 권위주의적인 정권이 지배하던 시기였다. 국제적으로는 유엔은 1975년을 세계 여성의 해로 선포하고 여성 인권에 대한 관심을 세계적 수준에서 표방하였다. 1970년대 후반기는 미국의 신좌파 이론이 주로 여성 운동의 진영에 파고들어 새롭게 부상하는 여성 운동의 이론적 기반으로 작용하였다.

노동 운동, 사회 운동, 저항적 지식인 운동에 대해 억압적 국가 기구를 동원하여 철저한 통제를 행사하는 시기에 여성학이라는 강좌를 대학에서 쉽사리 승인해주었다는 것은 여성학의 진보적 성격에 대해 당국자가 둔감했거나 알았다고 해도 그것이 정권에 직접적인 도전이 되기보다는 사회적 관심의 분산이 된다는 점에서 허용했을 가능성이 크다. 그러나 당시 특히 대학의 교양 과목에 대한 통제가 절대적인 상황에서 새로운 교양 과목의 개설에 당국이 무심했다고 볼 수는 없다.

1980년대 노동 운동을 했던 한 활동가의 고백에 따르면 1980년대의 현장 활동가들 사이에서는 남녀를 불문하고 여성 운동 더 나아가 여성학에 대해 왜곡된 시각을 가지고 있었음을 고백하고 있다. 즉 여성 문제를 언급하는 것은 노동자를 오히려 분열시키고 여성 해방은 긴급한 문제인 노동 해방이 된 후에 제기되어야 하고 여성 운동은 지식인들이 하는 운동, 더 심하게는 부르주아들이 하는 운동이라는 인식이 팽배하였다(이재은, 1991: 128)

식민지 체험으로 근대를 연 한국 사회 운동의 과제는 중첩되어 나타났다. 우선 근대로의 이행을 위한 신분 해방의 과제, 서구 진보 운동의 영향으로 등장한 계급 해방 운동의 과제에 식민지라는 특수성 때문에 민족 해방의 과제를 더하여 떠안을 수밖에 없게 되었다. 해방 후 사회 운동은 민주화 운동·노동 운동·통일 운동으로 이름을 바꾸어 등장하였다. 비동시성의 동시성으로 병렬되고 중첩되어 있는 제반 사회 운동을 통합할 축이 없었기 때문에 각 사회 운동은 서로가 서로에게 분파적으로 읽히게 될 가능성이 커질 수밖에 없었다. 뒤늦게 가시화된 여성 운동의 영역이 민주화 운동의 초기에 분파적으로 읽혔다는 것은 한국의 다른 사회 운동이 각기 분파적으로 읽히는 것과 맥을 같이한다.

1980년 중반 구체적으로는 권인숙양의 성 고문 사건이 등장하고 구사대에 의한 여성 노동자에 대한 특수한 통제 방식이 가시화되고 '말해지기' 시작하면서 민주화 운동·노동 운동의 과제로 성 문제가 '가중적 피해'와 '가중적 상처'라는 차원에서 주목을 받게 된다. 이중적 피해자로서의 여성, 또는 성의 문제는 민주화 운동·노동 운동의 당위성을 설명하기 위한 절실한 사례로 활용됨으로써 민주화 운동·노동 운동에 가담했던 여성들이 여성 문제를 전면에 들고 조직화한 것이 여성 단체 연합의 결성으로 가시화되었다(1987).

1980년대까지는 이승희의 관찰이 정확하다고 볼 수 있다. 이승희는 1980년대 한국 여성 운동이 1960년대 후반 신 좌파에 의해 주도되어 일어난 미국에서의 여성 운동과는 다르다는 점을 강조하였다. 이승희는 미국에서의 여성 운동이 학생 운동·흑인 민권 운동 등에서 남성과 함께 운동하던 여성 지식인들이 기존 운동의 남성 중심성에 대한 분노에서 남성으로부터의 독립성과 자율성의 획득을 강조한 나머지 남성 지배에 대한 반기와 저항을 앞세운 데 비해 한국에서의 여성 운동은 민족 문제와 계급 문제라는 사회의 압도적 과제에 남녀가 협력했다는 점에서 다르다는 입장을 제시하고 있다.

1990년대부터 한국에서도 서구의 여성주의 시각이 널리 전파되고 논의됨에 따라 남성 사회 운동 진영에 보지 못하는 부분을 보고 말하기 시작하여 민족주의 담론과 여성주의 담론의 문제 제기, 운동권 내 성 폭력에 대해 거론하기, 노조의 가부장성 비판(밥·꽃·양 사건) 등이 1990년대 후반부터 비로소 제기되었다.

그러나 이런 다른 목소리는 민주화 운동과 여성 운동 진영간의 갈등으로 이어지기보다는 차이가 부각되는 정도에 그치고 있으며 다름에 대한 인식의 확산은 여성주의 담론과 민족주의 담론 안에서만이 아니라 여성학계 내부에서도 부각되고 있다.

6. 한국적 페미니즘과 글로벌 페미니즘

한국 여성학 이론은 '한국'을 강조할 때와 '여성학'을 강조하는 경우에 따라 다른 이론적·방법론적 지향을 띨 수밖에 없다. 한국 여성학에 대한 진단과 제언은 1999년에 집중적으로 이루어졌다(김혜숙, 1999; 이수자, 1999; 이영자, 2000; 정진성, 1999; 조순경, 1999). 이 비판과 제언은 크게 보아 두 가지로 나타난다. 하나는 보다 '한국적'일 것에 대한 주문과 반성이고 다른 하나는 보다 일반적인 의미에서의 여성학의 이론적 세련화이다. '한국'을 강조해야 한다는 입장의 제안에서 김혜숙은 존재론적·인식론적 독립 범주로서 '한국 여성'을 설정해야 할 것을 제안하고 있다. 그 이유는 한국 여성의 경험은 음양의 이분법적 질서에서 음양의 조화를 모색하는 경향을 가지고 있기 때문에 한국 페미니즘은 음양론을 직면하고 음양론을 비판할 수 있도록 하자는 것이다. 정진성은 민족주의 담론과 여성주의 담론의 대립을 경계하고 민족주의를 가부장제 일반과 동일시하는 것은 민족주의에 대한 이해와 여성주의에 대한 이해 양

측면에서 깊은 천착이 없는 '한국 여성학의 역사가 짧은 데서' 온다는 점을 강조하고 있다. 조순경은 여성 현실의 구성을 위한 축이 이론이기 때문에 서구 이론의 구성틀과 맞지 않거나 해석하기 어려운 한국 현실은 배제되게 마련이라는 점을 강조한다. 예를 들어 한국의 과다한 교육열과 그에 따른 기형적 모성, 정치 부패 구조와 여성의 관계, 고부간의 갈등은 한국 여성의 특수 경험이면서 한국 여성학이 중요하게 다루지 않는 한국 여성의 경험들이다.

두번째, 보다 일반적인 의미에서 여성학 이론의 세련화에 대한 방향은 세 가지로 나타난다. 이영자(2000)는 남성 중심적 정치를 변형하고 성 평등 사회를 구현하는 핵심적 토대가 되는 공/사 분리주의, 가족주의, 차이의 상품화를 극복할 것을 강조하고 있다. 조형은 여성학 이론이 여성에 대한 대안의 차원을 지향하여 대안 문명의 창조까지도 과제로 가질 것을 주문하고 있다. 여성적 지식은 나눔과 배려의 가치, 성찰성, 관계 지향성, 사랑과 보살핌의 시각에서 얻어지는 지식으로서 권력과 지배의 근대적 패러다임을 해체할 수 있는 성찰적 지식을 제공하는 기반이 되어야 할 것을 강조하고 있다. 김은실은 세계화 시대의 한국 여성의 정체성이 일국 내로 제한될 수 없으며 '제휴의 정치학'을 통해 여성들의 정체성의 확장을 가져올 수 있다는 점을 강조하고 있다. 조주현은 독립적인 여성 정체성 구현의 방향을 제시하고 독립적인 여성 정체성 구성에서 여성은 재현된 여성일 수도 있고 실제 여성일 수도 있으며 개인적일 수도 있고 집단적일 수도 있다는 점을 강조하고 있다(조주현, 1996; 조주현, 1998; 조주현, 2000; Haraway, 1991).

방법론의 논쟁은 사실상 정치적 특성을 갖는다는 것을 고려한다면 여성학 지식이 획득하고자 하는 정치적 효과와 이론적 지향은 분리될 수 없다. 페미니스트 여성 연구자들이 강조하는 여성적 지식은 객관성·추상성·중립성의 베일에 몸을 가리고 있지 말라는 충고이다(조주현, 2000; 길리건, 1997; 데일리, 1996; 타부리스, 1999; 켈러, 1996; Haraway, 1991; Harding, 1991; 1998). 조주현은 자신의 입장을 드러내고 그 설명에 책임을 지려고 하는 태도를 보이는 것이 젠더 개념을 기본으로 하는 여성학적 지식이 교조적으로 흐르지 않는 필요 조건이며, 여기에 연구 대상의 능동성을 반영하려고 하는 지식은 신뢰할 수 있는 지식이라고 주장하고 있다.

한국적 페미니즘과 글로벌 페미니즘은 여성이라는 공통의 경험으로 묶일 수 있으며 계급·인종·국적에 따른 차이가 때로는 수렴될 수도 있다. 그러나 이러한 차이가 갈등으로 증폭되는 것은 결국 정치적 우선 순위의 선택과 맞물릴 때이다. 2000년 6월 유엔 총회의 북경 여성 대회 이후 5년을 점검하는 회의장에서 마지막 선언문에 채택되는 의제로 성적 취향의 자유권 문제, 음핵 절단의 문제 등을 선별하는 과정에서 종교·국적·인종·계급에 따른 차이는 결국 선택과 배제의 문제로 이어졌다. 이 선택과 배제의 논리에 이론적 지향이 자리 잡히지 않을 때 현실의 정치 경제적 힘을 대신할 기준이 서지 않게 된다.

지금까지의 논의들은 한국 여성학 연구의 지향에 대한 다양한 처방을 내리고 있는 데 반하여 실제 이러한 지향을 한국 여성학 지식 생산자들이 수용하지 않는 구조적 제약에 대한 천착이 없기 때문에 지향은 지향으로 머무르게 된다. 한국 여성학 지식 자체가 한국 사회의 지식 생산과 소비 구조에서 자유로울 수 없으며 비판과 해체의 대상으로 삼고 있는 가부장성으로 자유로울 수 없기 때문이다. 따라서 지향에 대한 논의는 지향의 걸림돌이 되는 구조에 대한 분석을 전제로 할 때 대안으로서의 의미를 가질 수 있다.

7. 한국 여성학의 학문적 정체성

한국에서 여성학을 한다는 것의 의미는 무엇일까? 한국 여성학의 정체성을 획득하고자 하는 노력은 몇 가지 과제를 동시에 짊어지는 셈이 된다. 여성이 최후의 식민지이기 때문에 해방의 주체가 될 수 있다는 역설을 학문에도 적용한다면 한국 여성학의 정체성 획득은 다른 모든 학문의 정체성 획득의 기초가 될 수 있을 정도로 여러 과제가 중첩되어 있다.

한국 여성학은 한국 사회과학 일반이 안고 있는 문제를 안고 있고 여성학 일반이 안고 있는 문제를 안고 있다. 한국 사회과학 일반이 안고 있는 문제는 한국 사회과학이 한국 사회를 설명하는 이론틀을 생산하지 못하고 있고 더 나아가 한국 사회를 다룰 수 있는 인식론적·방법론적 틀을 제공하지 못하고 있다는 점이다. 인식론과 방법론의 세련성의 기준을 학자라는 직업의 전문성의 기준으로 삼고 있다는 전제를 상기한다면 방법의 세련을 주문하는 것이 사실은 한국 사회 현실에서 연구자를 외면하게 하는 체계적인 오류로 이어지고 있다. 식민지 여성의 타자화는 우선적으로 식민지에 부과되었던 제국주의의 현실에 기인하는 것이었다. 식민지 지식인들은 학교 교육이 현실에서 유리된 가장 큰 원인이 서구나 일본에 준거를 두고 있는 교육 내용에 있다고 보았다(김경일, 2001).

그러나 이것은 한국 여성학이 한국 현실을 불러오는 것으로는 해결되지 않는다. 조동일(1997)은 이미 「서편제」가 소재는 한국 전통일지 모르지만 구성은 그리스 비극의 형식을 취하고 있어서 한국 서민 고유의 풍자와 해학이 없는 국적 없는 영화라고 비판한 바 있다. 양현아(2000)도 이미 한국적 전통으로 호명되고 있는 호주제가 사실은 식민지 일제가 주입해놓은 전통이라는 점을 강조하고 있다. 식민지 시대뿐 아니라 이문열이 현대의 페미니스트들에게 대립 지점으로 불러들이고 있는 조선 시대의 장씨 부인이나 현실 생활에는 아랑곳하지 않고 주대(周代)의 예법만 따지는 장씨 부인의 남편을 한국적인 것으로 읽을 수는 없다(이문열, 1997).

위의 예들을 볼 때 한국 여성학의 대상이 소재로서의 한국적인 것으로는 극복될 수 없다는 점이 자명하다. 그렇다면 한국 사회의 지향에 대해 합의하는 지향을 전제로 하지 않는다면 차이의 끝없는 나열은 차이의 새로운 서열화를 극복할 수 없게 된다.

그간 한국 여성학과 제3세계 여성학이 취한 입장은 다중의 기제에 의해 억압당하고 침묵을 강요당한 여성의 현실을 호명하는 것, 즉 피해자의 증언 사례를 늘리는 것에서 한 걸음 더 나아가, 가장 심층의 피해자의 눈으로 세계를 재구성함으로써 기존 체계에서 실마리를 얻을 수 없었던 대안적 패러다임을 모색하는 것으로 모아지고 있다. 특히 신자유주의의 틀에서 경쟁과 자연 파괴, 시장 만능주의, 전통적 지혜가 소멸되어가고 있는 현실에 대한 대안은 시장 경제 대신에 생존 경제를 주장하는 인도의 칩코 운동 등의 반세계화 운동과 여성 생존권 운동이 교차하는 지점에서 찾고 있다.

참고 문헌

강선미 · 야마시다 영애(1993), 「천황제 국가와 성 폭력: 군 위안부 문제에 관한 여성학적 시론」, 『한국 여성학』 제9집, 한국여성학회.

길리건, 캐롤(1997), 허란주 옮김, 『다른 목소리로』, 동녘.

김경애(1999), 「흔들리는 모성, 지속되는 모성 역할」, 『한국 여성학』 제15권 2호, 한국여성학회.

김경일(2001), 「식민지 여성 교육과 지식의 식민지성: 식민 권력과 근대성의 각축」, 『사회와 역사』 제59집, 한국사회사학회, 문학과 지성사.

김경화(1999), 「장애 여성의 육체와 정체성의 형성」, 『한국 여성학』 제15권 2호, 한국여성학회.

김성례(1991), 「한국 무속에 나타난 여성 체험: 구술 생애사의 서사 분석」, 『한국 여성학』 제7집, 한국여성학회.

김은실(1994), 「민족 담론과 여성: 문화, 권력, 주체에 관한 비판적 읽기를 위하여」, 『한국 여성학』 제10집, 한국여성학회.

김혜숙(1993), 「조선 시대의 권력과 성: '예치(禮治)' 개념 중심으로」, 『한국 여성학』 제9집, 한국여성학회.

———(1999), 「음양 존재론과 여성주의 인식론적 함축」, 『한국 여성학』 제15권 2호, 한국여성학회.

데일리 자넷(1996), 『남자의 여자』, 문학관.

박현옥(1994), 「여성 민족 계급: 다름과 집합적 행위」, 『한국 여성학』 제10집, 한국여성학회.

신옥희(1994), 「여성학 이론의 철학적 기초」, 『한국 여성학』 제10집, 한국여성학회.

심영희(1994), 「포르노의 법적 규제와 페미니즘」, 『한국 여성학』 제10집, 한국여성학회.

심영희(1995), 「몸의 권리와 성 관련법 개선안: 권력과 성의 관계를 중심으로」, 『한국 여성학』 제11집, 한국여성학회.

———(1996), 「보호 평등 차이의 딜레마: 하버마스와 한국의 페미니즘」, 『1996년도 한국 사회학회 봄 특별 심포지엄 발표 요약집』.

양현아(2000), 「식민지 시기 한국 가족법의 관습 문제 I: 시간 의식의 실종을 중심으로」, 『사회와 역사』 제59집, 한국사회사학회, 문학과지성사.

윤택림(1994), 「민족주의 담론과 여성」, 『한국 여성학』 제10집, 한국여성학회.

이문열(1997), 『선택』, 민음사.

이수자(1999), 「몸의 여성주의적 의미 확장」, 『한국 여성학』 제15권 2호, 한국여성학회.

이영자(2000), 「대안적 패러다임으로서의 페미니즘: 가능성과 딜레마」, 『한국 여성학』 제16권 1호, 한국여성학회.

이영자 · 이정옥 · 김혜순 · 민경자(1993), 『성 평등의 사회학』, 한울.

이재경(1993), 「국가와 성 통제」, 『한국 여성학』 제9집, 한국여성학회.

───(1999), 「여성의 경험을 통해 본 한국 가족의 근대적 변형」, 『한국 여성학』 제15권 2호, 한국여성학회.

이재은(1991), 「생산직 여성 노동자 운동: 노동조합과는 별도로 대중 조직이 필요해」, 『여성과 사회』 2.

이정옥(1995), 「여성학 연구 방법에 있어 질적 연구 방법의 의의와 한계」, 『효성여대 사회과학대학 논문집』.

───(1996), 「여성 사회학의 현황과 전망」, 『21세기의 여성과 여성학』, 동덕여대 한국여성연구소 제1회 학술 대회 논문 자료집.

이효재(1985), 「한국 여성 노동사 연구 서설」, 『여성학 논집』 2집.

───(1994), 「한국 여성학과 여성 운동」, 『한국 여성학』 제10집, 한국여성학회.

정진경(1994), 「심리학 연구의 여성학적 방법」, 『한국 여성학』 제10집, 한국여성학회.

정진성(1999), 「민족 및 민족주의에 대한 한국 여성학의 논의」, 『한국 여성학』 제15권 2호, 한국여성학회.

정진주(1999), 「캐나다에서 작업 환경과 산업 재해 보상 체계의 성 차
    이에 관한 연구」, 『한국 여성학』 제15권 2호, 한국여성학회.

조동일(1997), 『카타르시스, 라사, 신명풀이』, 지식산업사.

조순경(1994), 「고용과 평등의 딜레마」, 『한국 여성학』 제10집, 한국여
    성학회.

─────(1999), 「한국 여성학 지식의 사회적 형성」, 『한국여성학회 1999
    년 춘계 학술 대회 자료집』.

조주현(1996), 「여성 정체성의 정치학: 1980~90년대 한국의 여성 운
    동을 중심으로」, 『한국 여성학』 제12권 1호, 한국여성학회.

─────(1998), 「페미니즘과 기술 과학: 대안적 패러다임 모색을 위한
    헤러웨이 읽기」, 『한국 여성학』 제14권 2호, 한국여성학회.

─────(2000), 「한국 여성학의 지식 생산 구조와 향방: 『한국 여성학』
    을 중심으로」, 『한국 여성학』 제16권 2호, 한국여성학회.

조혜정(1993), 「변혁기 한국 사회 연구를 위한 여성주의 방법론」,
    『1993년도 후기 사회학 대회 발표문 요약집』 한국사회학회.

차옥덕(1999), 「여도 거부를 통한 남성 우월주의의 극복: 『홍계월전』
    『정수정전』 『이형경』전을 중심으로」, 『한국 여성학』 제15권 2
    호, 한국여성학회.

켈러, 이블린 폭스(1996), 이현주 옮김, 『과학과 젠더』, 동문선.

한명숙(1994), 「여성학과 여성 운동」, 『한국여성학회 10주년 기념 춘계
    학술 대회 논문집』.

황은자(1993), 「성 교육 지침서 분석을 통해 본 성 이중성」, 『한국 여성
    학』 제9집, 한국여성학회.

Haraway, Donna J.(1991), *Simians, Cyborgs, and Women: The*

Reinvention of Nature, London : Routledge.

Harding, Sandra(1991), *Whose Science? Whose Knowledge?: Thinking from Women's Lives*, Cornell University Press.

————(1998), *Is Science Multicultural?: Postcolonialism, Feminism, and Epistemologies(Race, Gender, and Science)*, Indiana University Press.

사이버 시대, 지식 패러다임의 전환

이재현

1. 서론

디지털 정보 처리 기술의 고도화, 인터넷의 확산, 하이퍼텍스트 시스템의 발전 등은 사이버스페이스라는 새로운 사회적 공간을 창출하면서 기존 사회와는 구조적으로 다른 사이버 시대로의 변화를 촉진하고 있다. 사이버 시대는 더 이상 공상 과학 소설이나 영화에 등장하는 먼 미래가 아니라 지금 우리가 일상적인 삶을 영위하는 현재 또는 근미래이다.

정보 통신 기술이 야기하는 변화는 지식의 생산·유통·소비 영역도 예외가 아니다. 디지털화라는 정보 처리 기술과 하이퍼텍스트 기술의 발전으로 지식의 외적 형태가 변화하고 이러한 형태의 지식은 인터넷을 비롯한 통신망을 통해 전지구적 차원으로 유통되고 있다.

이 글은 이러한 사이버 시대의 도래에 따른 지식 영역의 변화를 점검해보고자 하는 것이다. 사이버 시대라는 말은 다분히 기존 사회와의 단절, 즉 비연속성을 함축하는 것이다.[1] 이런 의미에서 사이버 시대 지식의 생산·유통·소비 과정은 쿤(1970)의 용어대로 '패러다임의 전환'이라 할 만큼 기존 패러다임의 그것과는 질적으로 다른 모습을 보여준다고 할 것이다.[2]

이 글에서는 지식의 형태, 지식의 유통, 지식의 주체라는 세 가지 영역을 중심으로 이러한 변화를 정리해보고자 한다. 그리고 다음 〈표-1〉에서 보듯, 세 가지 영역별로 다시 세 가지 하위 영역들에서의 변화가 논의될 것이다. 여기서 지식이라 함은 전문적인 학문 영역만을 상정하는 것이 아니라 일반적인 지식까지도 포괄하는 것으로 이해하고,[3] 마지막 부분에 사회과학이라는 학문 영역과 관련하여 전망과 함께 몇 가지 과제를 제시하고자 한다.

2. 지식의 구조

I. 정보 처리: 아날로그→디지털

디지털 혁명을 맞이하여 지식·정보가 디지털 형태로 전환되고

---

1) 이 글의 입장과 달리 '정보' 사회가 기존 사회와의 단절인가 하는 문제는 많은 논란이 있을 수 있다. 이에 대한 자세한 논의는 Webster(1995/1997)를 참고하기 바란다.

2) 일반적으로 '패러다임 paradigm'이라고 하면, 연구를 수행함에 있어 연구 또는 관찰의 대상 선정, 연구 문제의 내용과 제기 방식, 관찰 및 문제 해결 방식, 그리고 잠정적인 해답 등을 규정하는, 과학자 공동체가 공유하는 거시적인 문제틀을 지칭하는 것이다.

3) 흔히 자료·정보·지식은 혼용되기도 하는데, 일반적으로 자료 data는 커뮤니케이션 매체에 의해 감각 기관에 전달되는 자극을, 정보 information는 자극 요소들 중 일부를 걸러내 그것에 의미를 부여한 것을, 그리고 지식 knowledge은 정보가 지식 주체와 결합되면서 지속성을 갖는 것을 의미한다. 이 세 가지는 기술적으로 각각 전달·처리·축적(저장)과 관련된다.

<표-1> 　　　　　　　　　　　　지식 패러다임의 전환

		구 패러다임	신 패러다임
지식의 구조	정보 처리	아날로그	디지털
	구성	독창적 완결	재조합
	텍스트	선형 텍스트	하이퍼텍스트
지식의 유통	분배	독점	무정부주의
	범위	국지적	전 지구적
	가치	생산물	과정과 속도
지식의 주체	지능	개체 지능	집합 지능
	지식과 육체	육화된 지식	탈육화된 지식
	역사성	기억	망각

있다. 정보 처리라는 측면에서 볼 때, 아날로그가 실재 대상과의 유사성 analogy에 근거한 축척 표상 scale representation이라면, 디지털은 실재 대상과의 자의적 관계에 근거한 숫자적 표상 numerical representation이다.[4] 숫자적 표상은 기술적으로 두 단계를 거치게 되는데 그 하나가 표집 sampling이고 다른 하나는 양화 quantization이다. 흔히 최근의 디지털 혁명에서 말하는 디지털화 digitization는 바로 역사적으로 디지털화의 두번째 단계에 등장한 정보 요소의 숫자적 표현을 지칭하는 것이다.[5]

---

4) 숫자적 표상은 역사적으로 두 가지 단계를 내포하는 것이다(Jonscher, 1999: 44~45). 그 첫번째는 영어나 한국어와 같은 알파벳 문자에 의한 표상의 등장이다. 알파벳 문자는 상형 문자나 표의 문자와 같은 아날로그 문자와 달리 제한된 소수의 상징, 즉 digit들의 조합으로 무한한 표현을 가능케 해준다. 두번째 단계는 다양한 정보 요소들을 숫자로 표현할 수 있게 되었다는 것이다.

5) 흔히 뉴 미디어나 디지털 미디어의 특징 중의 하나로 디지털화를 들고 있는데, Manovich(2001)는 디지털화가 기존 미디어의 정보 표현 방식이기도 하다는 점에서 디지털화는 '숫자적 표상'이라고 해야 한다고 주장한다. 이 글에서는 디지털화를 숫자적 표상을 지칭하는 것으로 이해하고자 한다.

불연속적 양인 디지털은 연속적 양인 아날로그와 달리 정보 처리와 전달이라는 측면에서 몇 가지 장점을 가지고 있다(Davis & Stack, 1997 참고). 그 첫째는 텍스트, 숫자, 그림, 비디오, 사운드 등 다양한 정보 형태들을 디지털 신호라는 하나의 형태로 통합해준다는 것이다. 둘째는 종이, LP판, 영화 필름 등과 같은 저장이나 전달에 필요한 자원을 절약해준다는 것이다. 셋째는 음악 CD, DVD, 인터넷 통신에서 보는 바와 같이 저장과 전달의 정확성과 효율성이 매우 높다는 것이다.

이런 점에서 정보의 축적과 전달을 핵심으로 하는 지식 또한 이러한 디지털의 장점에 맞게 디지털화하지 않을 수 없다. 일상 생활의 가십, 유머, 거래 정보는 물론이고 신문 기사, 학술 저널, 서적 등 모든 정보가 디지털로 전환된다. 디지털화는 모든 지식의 존재 조건이 된다. 이는 연구자나 연구 논문과 같은 개별 차원의 경우에도 마찬가지이다. 이제 연구 논문을 발표하지 않으면 죽는 것이 아니라 디지털화하지 않으면 존재할 수 없게 된 것이다(Publish, or Perish!→Digitize, or Perish!). 일종의 '가상에의 의지 will to virtuality'가 관철된다.

한편 디지털로 전환된 정보나 지식은 전달의 효율성 때문에 아날로그 정보나 지식에 비해 더 빠르게 전달될 수 있다. 디지털화된 정보나 지식은 인터넷과 같은 온라인망을 통해 제공되고 온라인망을 통해 접근할 수 없는 정보는 그 누구에게도 인식될 수 없다. 디지털화에 의한 온라인 접근성 online accessability은 모든 지식의 인정 조건이 된다. 디지털 정보로 번역되지 않은 정보는 사이버 회로 circuits 속으로 들어갈 수도 없고 지식으로 인정받을 수도 없는 것이다 (Lyotard, 1979/1992: 20).

II. 지식의 구성: 독창적 완결 → 재조합

지식의 구성이란 측면에서 볼 때, 고유한 독창성에 의거하기보다는 기존의 정보 요소들을 새롭게 결합해낸 재조합형 recombinant 지식이 확대되고 있다. 일명 '잘라내 붙이기 cut & paste'라 불리는 이러한 관행은 원래 문화적 상품의 생산에 기인하는 것이다.[6] 즉 기존 미디어 내용의 일부분들을 잘라내 그것들을 새롭게 하나의 미디어 산물로 조합해내는 것이 바로 그것이다.

이러한 관행은 과거 미디어에서도 있었지만, 가위와 풀을 대신하는 새로운 소프트웨어 기술의 발전은 이를 더 간편하게 해주고 표준화시켜준다. 시퀀서, 샘플러, 신시사이저 등을 이용해 새로운 음악을 만들어내고 이미지 합성과 컴퓨터 그래픽을 이용해 새로운 이미지를 '창조'해낸다. 이러한 관행은 오늘날 디지털 미디어에서 보편적인 것이다. 현재 유통되는 CD-ROM의 반 이상이 다른 자료원에 있는 정보들을 재구성한 것이다.

재조합을 위해 오려진 정보 요소들은 새로운 정보 형식 속에서 '재목적화 repurpose'된다.[7] 이런 정보 요소들은 다른 정보 요소들과 결합되면서 원래 구조 속에서와는 다른 의미를 갖게 된다. 문화 상품의 재조합과 마찬가지로 기존의 자료를 이와 같이 재목적화하는 것은 하나의 창조적인 아이디어에서 최대한의 이익을 끌어내고자 하는 것이다.

월드와이드웹은 이러한 재조합 관행을 뒷받침해주는 정보 저장고로 기능한다. 웹 사이트에 존재하는 수많은 그림, 사진, 비디오, 오

---

6) 가상 경제에서는 재조합형 상품 recombinant commodity이 지배적인 형태가 될 것이다(Kroker & Weinstein, 1994b).

7) 재목적화 repurposing는 원래 하나의 문화 형식 속의 요소들을 끌어내어 다른 문화적 형식으로 구현하여 활용하는 것이다. 예를 들어 「라이온 킹」 만화 영화를 가지고 컴퓨터 게임, 음반, 캐릭터 상품 등으로 만들어낸다.

디오, 소프트웨어 코드, 텍스트 등을 오려내 붙이듯, 지식 생산자들
은 웹이라는 거대한 도서관에 접속해 원하는 통계 자료, 논문의 한
구절, 그래픽, 사진, 문헌 목록 등을 한 번의 마우스 클릭으로 오려
내 붙일 수 있다.

재조합이 문화 영역에서 새로운 문화 논리로 자리 잡은 것처럼,
최상의 연구 수행성은 정보 요소들을 배열하고 연결하는 능력이 될 것
이다. 기존에 연결되지 않았던 것을 함께 연결하는 능력은 일종의
'창의력'으로 간주될지 모르며, 조작 operation 속도는 그런 창의력
의 한 속성이다(Lyotard, 1979/1992: 116).

Ⅲ. 텍스트: 선형성→하이퍼텍스트성

이와 같이 디지털로 처리되어 다른 정보 요소들과 재조합되는 정
보는 하이퍼텍스트 형태를 띠게 된다. 기존의 텍스트가 선형성
linearity을 근간으로 한다면 새로운 지식 텍스트는 비선형성, 즉 하
이퍼텍스트성 hypertextuality이라는 특성을 갖는다(Mitra & Cohen,
1999). 정해진 시작과 끝이 없는 하이퍼텍스트는 마치 미로
labyrinth나 뿌리 줄기 rhizome와 같이 얽혀 있어서, 읽는 자의 입장
에서 보면 어떤 길을 선택하느냐에 따라 무한한 텍스트 '들'의 가능
성이 열려 있다.[8]

하이퍼텍스트 시스템은 컴퓨터 및 통신 기술과 결합되면서 크게
발전하였다. 어떤 순서로든 정보를 산출해내고 접근할 수 있는 능
력 random access과 그 어떤 형태로든 정보를 저장할 수 있는 능력

---

[8] 문학과 사회 이론에서 하이퍼텍스트와 관련되는 많은 개념들이 제기되어왔다. 예
를 들어, M. Bakhtin의 대화주의 dialogism 이론과 이어성 heteroglossia(異語性), C.
Lévy-Strauss의 브리콜라주 bricolage 은유, J. Derrida의 탈중심화 개념, G. Deleuze
와 F. Guattari의 뿌리 줄기 개념, M. Foucault의 저자 기능 author function개념 등
을 들 수 있다(Travis, 1996).

hypermedia database을 컴퓨터가 제공해주게 됨으로써 현재와 같은 고도의 정보 시스템으로 발전할 수 있었던 것이다.[9]

원래 부시Bush, 엥겔바트Engelbart, 넬슨Nelson 등 하이퍼텍스트 선구자들이 갖고 있던 비전은 기존의 텍스트가 갖고 있는 선형성과 위계성을 벗어나 자유롭게 정보 단위들을 이동할 수 있는 텍스트를 외적 시스템으로 구현하고자 하는 것이었다(이재현, 2000). 모든 문서들, 즉 텍스트들을 완벽하게 자동적으로 서로 결합시킴으로써 인간의 정신 과정과 마찬가지로 연상적associative으로 이동할 수 있도록 한다는 것이다. 이를 위해서는 모든 텍스트들이 가상적으로 공존하고 즉각적으로 접근 가능해야 한다. 한 마디로 말해서 하이퍼텍스트 비전은 통합된 '하나의 문서 세계single universe of document,' 즉 다큐버스Docuverse의 구현인 것이다.[10]

하이퍼텍스트의 등장은 선형성과 위계성의 근간이 되는 '선의 횡포에서의 해방'이다(Coover, 1992). "하이퍼텍스트는 어떤 중심도 없

---

9) 하이퍼텍스트의 고전적인 예는 인쇄본 백과 사전이다. 1993년 하이퍼미디어 백과 사전이 판매량에서 인쇄본을 앞서게 된 이후 더 이상 인쇄본 백과 사전은 제작되지 않고 있다.

10) 하이퍼텍스트는 원래 연구 자료, 즉 지식 텍스트의 구성과 관련하여 발전되어왔다. 먼저 Engelbart는 원활한 커뮤니케이션을 통한 공동 연구collaborative work의 생산성 향상을 위해 하이퍼텍스트 시스템의 일종인 NLS를 개발하였는데, 이것은 모든 연구 내용, 즉 논문 · 보고서 · 메모 등을 소위 '저널journal' 장치에 저장하여 상호 참조cross-reference가 가능하도록 한 것이었다(Nielsen, 1995: 36~37). 그리고 Nelson의 영향을 받아 CERN의 Tim Berners-Lee팀이 1989~91년 개발한 월드와이드웹도 원래 연구 자료의 효율적 관리를 위해 만들어진 것이었다.
한편 Nelson은 하이퍼텍스트를 기본적으로 '문학 매체literary medium'로 간주하고, 하이퍼텍스트가 생산성이나 효율성보다는 저자의 창조성creativity에 도움이 되어야 한다고 보았다(Bardini, 1997). 그는 모든 사람이 쓴 모든 것을 담고 있는 저장소를 만드는 것을 프로젝트의 비전으로 하여, "모든 것은 심층적으로 서로 얽혀 있으며" 따라서 온라인으로 서로 연결할 수 있다고 보았다(Nielsen, 1995: 37~39).

다. 〔……〕 이는 하이퍼텍스트를 사용하는 사람이 자기 자신의 관심을 그 순간에 항해를 하기 위한 사실상의 조직 원리로 삼는다는 것을 의미한다. 우리는 하이퍼텍스트를 무한히 탈중심화와 재중심화할 수 있는 체계로 경험한다"(Delaney & Landow, 1991: 18). 이것은 기존의 텍스트에서와 달리 모든 정보 요소들이 평준화됨을 의미하는 것이다. 하나의 정보 요소가 다른 것에 비해 순서나 가치 면에서 우위에 있던 기존의 선형적 텍스트와 달리 하이퍼텍스트에서는 어떤 정보 요소와 결합되느냐, 그리고 어떤 순서로 해독되느냐에 따라 그 의미나 중요성이 달라지는 것이다.

이와 같이 로컬 컴퓨터 차원에서 작동하든, 아니면 인터넷의 하이퍼링크에 의해 전 지구적 차원에서 작동하든 하이퍼텍스트는 새로운 지식 텍스트의 형식으로 확대 · 발전되어가고 있다. 이런 상황에서 지식 생산은 하이퍼텍스트를 염두에 두는 새로운 글쓰기, 즉 전자적 글쓰기를 요구하고 있으며, 이제 머지않은 미래에 선의 횡포를 부리는 종이로 된 논문이나 책의 종말을 목도하게 될지도 모른다.

3. 지식의 유통

I. 지식의 분배: 독점→무정부주의

사이버 시대는 고정성 · 중앙 집중성 · 단일성을 근간으로 하는 기존 커뮤니케이션 구조와 정반대되는 유동 · 분산성 · 다원성을 근간으로 한다(Poster, 1995; 1997). 인터넷 커뮤니케이션은 역사적 발전 과정에서 보듯 분산된 커뮤니케이션 체제로 발전되어왔다. 이러한 체제는 기존의 정치 사회적 권위를 약화시키고 개인들에게 힘을 부여한다.

이런 경향은 지식 생산과 유통에 있어서도 마찬가지이다. 새로운 지식 텍스트인 하이퍼텍스트의 경우, 독자가 텍스트를 수정하고 추가하면서 새로운 저자로 등장하고 '저자의 죽음'이 예견될 정도로 저자의 권위는 약화된다. 저자가 지시하는 순서대로 텍스트를 읽어나가는 선형성의 횡포가 사라진다.[11]

이제 지식은 소수 엘리트에 의해 생산되는 것이 아니라 일반 대중들에 의해 생산된다. 지식의 전달자인 교육자의 위상이 약화되고 지식의 저장고인 도서관이 컴퓨터 서버로 대체된다. 심지어 지식 생산과 전수의 상징인 '교수 시대의 종말'이 예견되기도 한다 (Lyotard, 1979: 119). 구텐베르크 인쇄술의 등장으로 성경에 대한 종교 권력의 독점적 해석과 권위가 와해되었다면 이제 사이버 시대를 맞아 지식의 독점적 생산은 원칙적으로 불가능해지고 있다. 역사적으로 장로 · 해석자 · 현자의 시대가 가고 인간 집단의 시대가 도래한다(Levy, 1997/2000: 227~28). 지식의 생산과 해석을 둘러싸고 중앙 집중적인 권력이 다원적 권력으로 전환되는 새로운 권력의 망이 형성된다.

리눅스는 집합적인 지식 생산의 대표적 예에 해당하며, Napster와 소리바다의 저작권 분쟁은 지식 독점의 한계를 보여주는 예들이다. 과거의 지식 분배가 중앙 집중적으로 이루어지는 소위 '방송 모델Broadcast Model'에 의거했다면(Poster, 1995: 3), 이제는 개개 구성원들에 의해 지식과 자원이 소유되고 그러한 개체적 지식이 개개 구성원들 사이에 교환되는 다원적 분산 모델, 즉 'P2P 모델Peer-to-Peer Model'이 등장하게 된 것이다. 이런 점에서도 지식 및 정보 독

---

11) 하이퍼텍스트 중에서 특히 M. Joyce가 말하는 '구성적 constructive 하이퍼텍스트'가 이런 경우에 해당한다. Aarseth(1997)는 이러한 새로운 radical 하이퍼텍스트로 유즈넷, IRC, MUD 자동 시작(詩作) 프로그램 등을 들고 있다.

점의 상징이자 지식인에 대한 보상인 저작권을 포함한 지적 재산권
체제는 새롭게 마련되어야 할 것으로 보인다.[12]

II. 지식 유통의 범위: 국지적→전 지구적

인터넷에 의해 지식은 전 지구적 범위의 유통망을 갖게 된다. 물
리적 거리라는 공간적 한계가 극복되면서 보편적인 접근이 가능해
진다. 전 지구적 정보 유통은 두 가지 측면을 포함하고 있는데, 그
하나는 정보의 즉각적인 이용 가능성이고 다른 하나는 항상적인 토론의
가능성이다. 전자는 디지털로 처리된 웹 문서는 인터넷에 접속만 할
수 있으면 지구 어디에서든 접근할 수 있다는 것을 뜻하는 것이다.
월드와이드웹은 기존 인터넷 서비스와 달리 개별 문서 단위까지 보
편적인 주소 체계, 즉 URL(Uniform Resources Locator)을 통해 접근
할 수 있다는 점에서 획기적이다. 한편 후자는 MOO, 웹 사이트의
게시판(BBS), 전자 우편, 그리고 전자 우편을 기반으로 하는 유즈
넷과 메일링 리스트 등 수많은 토론 시스템들을 통해 이루어진다.
이것은 흔히 말하는 '관심의 공동체' 형태를 띠게 된다.[13]

물론 학술적 차원에서 형성된 전 지구적인 관심 공동체의 역사는
오래된 것이다. 보일의 법칙으로 유명한 영국의 보일Robert Boyle
은 1669년 학술 논문에서 자신의 실험 절차와 결과를 상세하게 소
개함으로써 연구의 타당성을 보여주고자 했는데, 이것은 일종의

---

12) 이의 한 예로, Xanadu 프로젝트를 수행 중인 Nelson은 '이월 저작권 trans-
copyright'이라는 새로운 개념을 제안한다. 이것은 제한된 재사용만이 가능한 저
작권 영역과 무제한적 재사용이 가능한 공개적 영역 사이에, 무제한적 이월 출판
영역을 설정하여 매번 다운로드될 때마다 원저자에게 인용된 사실을 전달한다는
것이다.

13) 가상 공동체 주창자들의 입장에 대해 성, 인종, 계급, 교육 수준 등 가상 공동체의
인구사회학적 구성과 관련하여 반박이 제기되고 있는데, 이와 관한 자세한 논의
는 이재현(2000: 183~86)을 참고하라.

'가상 참관virtual witness'을 가능케 해주는 것이었다(Stone, 1991). 즉 물리적으로 같이 있지는 않지만 학술 논문을 매개로 그 분야에 관심이 있는 사람들이 실험을 관찰할 수 있게 해준다는 것이다. 보일은 이와 같이 학술 논문을 통해 형성되는 연구 공동체를 "비슷한 생각을 하는 신사들의 공동체community of like-minded gentle-men"라고 부른 바 있다. 그러나 인쇄되고 기존의 유통 방식에 의해 배포되는 연구 저널이나 책은 한 번의 클릭으로 연구 논문을 읽어 볼 수 있게 해주는 웹과 달리 즉각적인 접근이 불가능하다.

한편 과거 학술적인 토론은 학술 대회나 토론회라는 물리적인 공간을 공유하는 상황에서나 가능한 것이었다. 민간 부문의 과학자 · 연구자 · 전문가는 1년에 한두 번 학술 대회나 모임에서 면 대 면으로 만나며 동일한 저널이나 전자 저널을 읽으며 서로 편지를 하기도 하지만, 여러 대륙에 걸쳐 있는 이런 관심의 공동체에는 일상적이고 비공식적인 지속성이 부족하다(Rheingold, 1993: 173). 인터넷으로 매개되는 학문 공동체에서는 전문적이고 공식적인 토론과 비공식적인 정서 교류 모두가 항상적으로 가능하다.

이런 점에서 이제 학문은 과거 '저널 아카데미즘'에서 '심포지엄 아카데미즘'으로 변화한 이후 다시 '네트워크 아카데미즘'에 이른 것이다. 정보의 즉각적인 이용 가능성과 항상적인 토론 가능성에 의해 구축되는 가상 공간 속에서 정보 교류와 토론에 참여하는 지식인들은 온라인 고유의 지위 · 친교 · 명성visibility이라는 새로운 상징 자본을 보상으로 획득하게 된다.

III. 지식 유통의 가치: 생산물→순환 속도

사이버 사회는 연결망의 사회wired society이다. 디지털로 전환된 지식이 전 지구적인 가상 공간의 사이버 회로를 따라 이동한다. 지식은 온라인상의 다양한 정보 요소들을 결합하여 하이퍼텍스트 형태의 재조합 산물로 생산된다. 온라인으로 즉각 접근할 수 있는 이러한 산물을 토대로 항상적인 토론이 이루어지고 나아가 또 다른 정보 요소들과 결합되어 새로운 지식이 생산된다. 지식이 연쇄적인 순환 과정 속에서 이루어진다는 점에서 새로운 지식의 생산과 소비는 물질적material인 생산물 자체가 중시되던 과거와 달리 '관계적 과정relational process'이 중시된다.

관계적 과정 속에서 지식 생산물의 가치value는 사이버 회로의 순환 속도speed of circulation에 따라 측정된다(Kroker & Weinstein, 1994b; Virilio, 1995). 일반적으로 순환 속도는 두 가지 측면에서 계량화될 수 있는데, 그 하나는 해당 생산물이 실려 있는 사이트에 접속하게 해주는 망의 대역폭bandwidth 또는 그것에 접속하는 데 필요한 시간 지연time lag이고, 다른 하나는 검색 회수, 방문자 수, 조회 수, 다운로드 회수 등 접속 및 이용 회수이다.

그러나 관계적 과정이 중시되는 체제에서 순환 속도를 결정짓는 가장 중요한 패러미터는 링크link의 수이다. 즉 다른 정보 요소 또는 지식과 얼마나 많이 연결되느냐에 따라 그 지식이나 정보의 중요성이 평가되는 것이다. 네트워크 용어로 표현하면 고립체isolate로 남아 있거나 약한 연줄weak tie로 연결되어 있는 정보보다 강한 연줄strong tie로 긴밀하게 연결되어 네트워크 속에 존재하는 정보가 더 가치가 있는 정보가 되는 것이다(Garton, Haythornthwaite & Wellman, 1999/2000 참조).[14]

---

14) Granovetter(1982)에 따르면 약한 연줄이 강한 연줄보다 강점을 가질 수 있다. 기존에 접하지 못하던 새로운 자원에 접할 수 있게 해준다는 점에서 약한 연줄의 장점이 있지만, 새로운 사이버 사회에서는 이보다 연줄의 강도와 긴밀성이 더 중요해질 것이다.

연결망의 사회에서는 순환 속도가 새로운 지배 원리가 된다. 속도를 떨어뜨리는 장애물은 제거 또는 회피의 대상이 된다. 정치적 국경이나 학문 분과간의 경계가 허물어지고, 즉각적인 소통을 가로막는 언어적 장애 또한 회피된다는 점에서 속도는 **탈영토화** 과정에서 핵심적인 요인이 된다.[15] 심지어 의미 meaning마저도 제거된다 (Kroker & Weinstein, 1994a). 가상화 virtualization에서 가장 중요한 것이 정보 처리의 속도라고 할 때 의미는 속도를 느리게 하는 정보를 덧붙인다는 것을 뜻한다. 이런 점에서 사회적 · 해방적 의미를 찾는 것 또한 관계적 과정에서는 장애가 될 뿐이다.

4. 지식의 주체와 역사성

I. 지능: 개체 지능→집합 지능

집합 지능 collective intelligence은 가상 공간을 매개로 다양한 사람들이 만나 정보와 지식을 공유하고 나아가 새로운 지식을 생산해 내는 새로운 단계의 지식 생산 메커니즘을 지칭하는 것이다(Levy, 1994/1997). 집합 지능을 주창하는 사람들의 비전은 우리의 사회적 · 인지적 잠재력을 집합적으로 결합시킴으로써 지적 공동체 intelligent communities를 구축하고자 하는 것이다. 레비 Levy는 이와 같은 새로운 집합 지능이 조직화되는 지식 공간 knowledge space을 '코스모피디아 cosmopedia'라 부르는데, 이러한 공간의 등

---

15) 가상 경제 virtual economy 체제에서 정치적 국경은 하나의 장애물이다. Kroker와 Weinstein(1994a)은 EU, NAFTA의 결성을 이런 경향의 예라 본다. 한편 언어적으로 볼 때, 가상 공간의 공용어 lingua franca가 된 영어로 되어 있지 않은 웹 사이트들은 사이버 회로 속에 들어올 수 없다.

장은 전사회적인 컴퓨터화와 네트워크화에 의해 가능해진 것이다.[16]

집합 지능의 개념은 원래 맥루한McLuhan의 '지구촌 global village,' 하이퍼텍스트 개발자인 엥겔바트의 '지능 확장 augment intellect' 개념 등에서 유래하는 것으로서, 사람들에 따라서는 '글로벌 브레인'(Bloom, 2001) 또는 '월드 브레인' 등으로 부르기도 한다(Schuler, 2001). 연결망 사회 또는 네트워크 사회를 전제로 한다는 점에서 공통점이 있기는 하지만, 집합 지능은 협업, 정보 관리, 가상 팀 작업 등에서 보듯 조직적 차원에서 정의되기도 하고, 지적·사회적 진화의 새로운 단계로 보는 진화론적 차원에서 이해되기도 한다.[17]

조직적 차원에서 보면, 집합 지능은 연구자나 개별 정보 등과 같은 개체 차원의 상황을 연계시켜 상승적인 가치를 생산해내는 체계를 지칭하는 것이다. 다양한 과학 기술 정보의 유통을 가속화시킨 ARPANET, 연구소의 정보 관리를 목적으로 Berners-Lee팀이 개발한 월드와이드웹, 협업 연구를 촉진하기 위해 추진된 넬슨의 Xanadu 프로젝트, 그리고 최근 활성화되고 있는 다양한 학술 네트워크 등은 이런 예에 속한다.

진화론적 관점에서 볼 때 집합 지능은 포스트휴먼Posthuman을 지향하는 초인간주의 Transhumanism와 연관된다. 초인간주의는 "합리적인 방법을 통해 인간이 육체적으로 정신적으로 사회적으로 더 높은 단계로 발전할 수 있고, 그렇게 되어야 한다고 믿는 철학

---

16) 달리 표현하면, 인터넷 시대를 맞아 컴퓨터의 세계가 퍼스널 컴퓨터에서 '인터'퍼스널 컴퓨터로 진화하여 전 지구적 차원의 네트워크를 형성하게 되었다는 것이다(竹村眞一, 1998/2000: 62).

17) 정치적 차원에서 전 지구적 차원의 문제를, 집합적인 '시민적 지능 civic intelligence,' 즉 '월드 브레인'의 결성을 통해 해결할 수 있다는 제안도 있다(Schuler, 2001). 전 지구적 차원은 아니지만 국지적 차원에서 사회 문제의 해결을 시도하는 지역 네트워크 운동도 이런 계열에 속한다고 할 수 있다.

또는 이념"을 말한다(Sandberg, 2000). 이런 입장에서 볼 때 인터넷과 같은 컴퓨터 네트워크에 의해 가능해진 집합 지능은 새로운 단계로 진화하는 포스트휴먼의 모습인 것이다.[18]

개체 지능이 집합 지능으로 대체되고 인터넷이 신경망이 되며 재조합형의 하이퍼텍스트가 생산물로 만들어지는 이러한 새로운 지식 메커니즘 속에서, 전 지구적인 집합 지능의 산물인 리눅스와 개체 지능의 산물인 마이크로소프트 윈도 사이의 경쟁은 주목의 대상이 되지 않을 수 없다.[19]

II. 지식과 육체: 육화된 지식→탈육화된 지식

기록이란 관점에서 볼 때 인간의 역사는 지식과 육체의 분리, 탈육화disembodiment의 역사라 할 만하다. 기록 이전의 사회에서는 실천적 · 신화적 · 제의적 지식이 살아 있는 사람들과 그 공동체에 육화embodiment되어 있었다. 한 마을의 장로가 죽는 것은 하나의 도서관이 불타 없어지는 것을 의미하였다. 기록의 도래와 함께 지식은 책 속에 담겼다. 구텐베르크 인쇄술의 발명 이후 지식은 더 이상

---

18) 베르나르 베르베르의 소설 『개미』를 보면, 난국에 처한 개미들은 마치 컴퓨터 병렬 처리 시스템과 같이 더듬이를 서로 연결하여 '완전한 커뮤니케이션'을 통해 정보를 교환하며 집합적으로 해결 방안을 모색한다. 현재 인간의 컴퓨터 네트워킹은 인간보다 훨씬 더 긴 진화의 역사를 가진 개미의 집합 지능 형태로 진화해가는 원시적 단계인가?

19) 최근 소스 코드 공개 운동에서 핵심적인 역할을 담당한 Eric Raymond는 성당 모델과 시장 모델을 통해 리눅스의 성공을 설명한다(배식한, 2000: 163~65). 성당 모델 Cathedral Model은 몇 사람의 탁월한 프로그래머들이 다른 외부적인 요소들의 방해를 받지 않고 정해진 일정에 따라 일사분란하게 오직 자신들의 명석한 두뇌에 의존해 프로그램을 개발해내는 방식이다. 이에 반해 시장 모델 Bazaar Model은 가능한 빨리 각 개인이 이룬 조그만 성과들을 다른 사람들과 공유함으로써 어느 누구에 의해서든 기대하지 않은 곳에서 더 새롭고 훌륭한 결과가 나오기를 기다리는 방식이다.

책이 아닌 도서관에 저장된다.

사이버 시대에 이르러 지식은 더 이상 육체적인 공동체나 도서관이 아닌 사이버 공간에 저장된다(Levy, 1997/2000: 227~28). 기억 memory이라는 차원에서 보면, 육화된 기억은 활자 시대를 맞아 반(半)객관화되었고, 정보 미디어의 등장으로 기억은 기술적 기록 매체 안에 거의 전적으로 객관화되어 인간 육체를 벗어나 외재하게 되는 것이다(Levy, 1990/2000).

이런 점에서 사이버 시대의 육체 body는 지식 또는 기억의 주체 agent가 아니라 정보 기기의 조작 또는 작동 operation의 주체로 전락한다.[20] 고속으로 정보가 순환되는 회로상의 하나의 윈도 window 또는 교환기 switcher로서의 역할을 담당하게 될 뿐이다. 어쩌면 의사 소통 회로 속의 노드 node에 불과할지도 모른다(Lyotard, 1979/1992: 45).

이와 같은 육체와 지식의 분리는 인간의 육체 이탈 욕망을 형상화하고 있는 사이버펑크의 육체관과 유사하다. 윌리엄 깁슨, 닐 스티븐슨, 루디 러커 등의 사이버펑크 소설을 보면 두 가지 육체의 모습을 볼 수 있는데, 그 하나는 휴대용 콘솔을 가지고 다니며 필요에 따라 정보를 아카이브에서 다운로드받는 육체이고, 다른 하나는 낡아 못 쓰게 된 자신의 육체를 버리고 새로운 인조 육체 android body에 새로운 메모리를 다운로드받는 소비품으로서의 육체가 그것이다.

지식의 담지자였던 육체는 사이버펑크에서와 마찬가지로 사이버 시대를 맞아 인터넷 망에 흐르는 정보를 다운로드받고 새로운 정보를 업로드시키는 플랫폼으로서 파일 전달 file transfer 기능만을 수행하고 있을지도 모른다. 이런 의미에서 사이버 시대에는 조작 능력

---

20) 기록 매체의 등장 이후 기억에 의존하던 구전의 쇠퇴(Ong, 1982), 그리고 계산기의 등장 이후 인간 연산 능력의 약화 등은 이런 경향을 보여주는 것이다.

의 함양을 근간으로 하는 기능 교육이 강조되고 보다 많은 정보를 갖고 있는 컴퓨터가 기존의 교육자를 대체하는 새로운 교육 모델이 주창되고 있는 것이다.

Ⅲ. 지식의 역사성: 기억→망각

지식과 육체의 분리는 지식의 객관화 또는 기억의 외재를 넘어 기억의 영속화를 지향한다. 즉 기억의 영속화를 추구하는 탈육체화된 지식의 구축 또는 전자적 아카이브의 구축은 정보에서 역사성 historicity을 제거하는 것이다. 탈맥락화되어 저장된 정보는 지식 주체인 인간과의 관계에서가 아니라 다른 정보와의 관계 속에서만 존재하게 된다. 이런 의미에서 아카이브에 저장된 정보는 '죽은 정보 dead information'일 뿐이다.

지식의 주체 입장에서 보면 이것은 기억에서 망각 amnesia으로의 전환을 뜻한다. 단테의 『파라디소 Paradiso』를 보면, 지복지관 beatific vision의 세계에 들어가게 되면 그 전지(全知)함 때문에 지상의 기억을 모두 망각하게 된다.[21] 즉 신의 영역에서 제공되는 전지함은 인간의 능력으로는 처리할 수 없는 과잉 정보이다. 이와 마찬가지로 정보의 홍수로 표현되는 과잉 정보의 순환은 우리의 한계를 넘어서는 정보 과부하일 뿐이다.[22]

---

21) 중세 신학 전문가이자 사이버 학자인 J. Fisher(1997)는 단테의 『파라디소』에 의거, 이런 과정을 중세적 육체관, 나아가 기독교적 구원 과정과 관련하여 논의하고 있다. 인간이 죽으면 육체를 버리고 영혼만이 하나님의 나라로 가게 된다. 이 영혼은 세상의 모든 역사를 망각한다. 모든 것을 아는 하나님의 지복지관의 세계에 이르지만 육체성을 갖지는 못한다. 모든 것을 잊었지만, 유일하게 이 존재는 육체에 대한 갈망은 갖고 있다. 궁극적으로 예수가 재림하는 최후의 심판에 이르러 그 육체는 부활 resurrection하여 성화된 육체 glorified body로 다시 태어난다.

22) 정보 과부하 information overload는 두 가지 차원에서 나타나는데, 그 하나는 정보의 과잉이고 다른 하나는 정보를 걸러내고 조직화해내는 능력의 부재이다.

시뮬라크라의 데이터베이스인 지식의 아카이브화는 육체·역사·기억의 부정이며, 지식이 탈육체화를 넘어 탈주체화되면서 비평 또는 비판적 진리는 쇠퇴하게 된다. 이것은 탈역사화의 당연한 귀결이다. 왜why나 규범성 대신 어떻게how나 효율성이 지식을 판단하는 새로운 기준으로 자리 잡게 된다.

이런 점에서 사이버 시대의 '포스트모던한 조건postmodern condition'은 정신의 변증법, 의미의 해석학, 노동하는 주체의 해방, 부의 발전과 같은 메타 담론matadiscourses의 쇠퇴를 초래한다(Lyotard, 1979/1992: 13~16). '지식의 영웅이 추구했던 윤리적·정치적 목표'는 수행성의 극대화라는 새로운 논리로 대체된다.

그러나 사이버 시대의 수행성 극대화는 모던한 조건 속에서 지식이 추구했던 보편성과는 다른 것이다. 즉 가상 공간에서 지속적으로 이루어지는 다양하고 이질적인 "정보 게임들"[23]이 추구하는 수행성 극대화의 지향점은 보편성이 아닌 국지적인 적절성이라는 점에서, 사이버 시대의 포스트모던한 조건은 유동성 또는 새로운 변화 가능성을 항상 내포하고 있는 것이다. 새로운 지식이 더욱 권력에 종속될 가능성이 있는 것도 사실이지만, 기존의 위계와 권력 관계를 시험하는 조건들은 끊임없이 만들어지고 있는 것이다.

5. 사이버 시대의 사회과학
─전망과 과제

이상에서 살펴본 바와 같이, 사이버 시대를 맞아 지식의 구조와

---

23) 이는 Wittgenstein의 '언어 게임language games'이란 용어에 착안하여 새롭게 만든 것이다.

유통 측면에서는 지식 생산과 분배의 민주화가 진전되고 접근성과 다원성이 확대되는 등 긍정적인 변화가 예상되지만, 지식의 주체 측면에서는 지식과 주체의 분리가 가속화되고 비판이나 역사성보다는 수행성이나 효율성이 우선한다는 점에서 부정적인 변화 가능성 또한 예견된다. 이런 점에서 지식 패러다임의 전환은 모순적인 변화라 할 수 있다.

나아가 사이버 시대의 도래는 지식의 생산·유통·소비 차원에서의 변화만을 야기하는 것이 아니라 학문 영역 전반의 변화 또한 초래하고 있는데, 이는 사회과학도 예외는 아니다. 사이버 패러다임으로의 전환은 두 가지 축으로 이루어지고 있다. 그 하나는 이 글에서 중점적으로 살펴본 지식의 생산·유통·소비와 관련된 지식 패러다임의 전환이고, 다른 하나는, 여기서 자세히 다루지는 않았지만, 연구 대상이 노동과 생산에서 커뮤니케이션으로 옮아가는 이론적 패러다임의 전환이다.

이론적 패러다임의 전환이라는 측면에서 볼 때, 사회 이론이 20세기 초 '언어로의 회귀 linguistic turn'를 통해 새로운 패러다임으로 전환되었다면, 21세기는 새로운 상호 작용 양식으로서의 정보 테크놀로지에 주목하는 커뮤니케이션 패러다임이 지배하게 될 것이라는 것이다. 이론적 패러다임 전환과 관련하여 학문 영역, 특히 사회과학 부문에서 이런 변화에 대한 반응은 이미 다양한 형태로 구체화되고 있다.

먼저, 각 학문 분과별로 중심적인 연구 분야가 새롭게 등장하고 있다. 과한 표현일지 모르지만, 인문사회과학 영역만 보더라도 인지과학으로 떠난 심리학에 이어, 사회학은 정보사회학으로, 경제학은 가상경제학으로, 정치학은 사이버정치학으로, 행정학은 정보 통신 정책론으로, 법학은 사이버 법제로, 심지어 보수적인 문학마저도 전자 글쓰기로 달려가고 있다. 기존의 연구 대상만을 고집하는 보수적인 지식인들의 위상은 크게 흔들릴 것이다.

둘째, 이제 전통적인 사회학이나 정치학은 사회과학의 중심 학문 또는 기초 학문으로서 그 위상과 역할이 약화되어가고 있다. 중심 학문의 변화는 이미 공학과 자연과학 분야에서 구체적으로 나타나고 있다. 가상 공간에서의 사회적 관계와 행위가 중심적인 연구 대상이 되는 사이버 패러다임에서 어떤 학문 분과가 커뮤니케이션 영역을 끌어안으며 사회과학의 새로운 중심 학문으로 부상하게 될 것인가 하는 점이 첨예한 관심의 대상으로 부각되고 있다.

셋째, 이와 관련하여 연구 대상의 구성과 관련하여 학문 영역 사이의 경계 전쟁이 벌어지고 있다. 새로운 연구 대상으로 부상하고 있는 사이버 영역은 미국식 서부와 같이 새로운 말뚝박기의 대상이 되고 있다. 이것은 다른 측면에서 보면 기존 영역들 사이의 경계를 허무는 새로운 분과 학문 영역의 등장 가능성과 필요성을 보여주는 것이기도 하다. 기존에 차지하고 있던 분과 학문의 영역에 안주하게 될 경우 그 학문 분야는 앞으로 머지않은 장래에 급격히 쇠퇴하게 될 것이다.

넷째, 앞서 살펴본 바와 같이, 조작 능력이 우선시되는 사이버 시대를 맞아 엘리트 지식인의 사회적 위상은 축소될 수밖에 없을 것이다. 인문사회과학 영역에서 메타 이론이 쇠퇴하고 비판적 진리가 정당성을 상실하게 될 경우, 지식 생산의 상징인 대학 교수 또는 전문 연구자의 새로운 역할은 무엇인가? 기능 교육, '컴퓨터 교사teaching machine,' 그리고 현장 실무자와의 경쟁에서 전통적인 지식인은 살아남을 수 있을 것인가? 한편 개체 지능을 근간으로 하는 연구 및 교육 체계는 집합 지능의 시대를 맞아 어떻게 조직화되어야 하는가? 우리는 당장 이런 질문들에 대한 답을 찾아나가야 할 것이다.

이상과 같은 기술은 전체적인 시각에서 보면 부분적인 변화에 대한 관찰일지 모른다. 지금은 신구 패러다임이 경쟁하는 전환기이다. 그러나 머지않은 미래에 전환기적 혼란은 마무리되고 사이버 패러다임이 '정상 과학normal science'으로 자리 잡는 단계에 이르게 될 것이다. 사이버 패러다임이 지배하게 될 경우, 현재의 패러다임 속에서 지배력을 행사하던 정상 과학들은 지식 생산의 주체가 아닌 지식 사회사 연구의 대상으로 전락하게 될지도 모른다.

참고 문헌

배식한(2000), 『인터넷, 하이퍼텍스트 그리고 책의 종말』, 책세상.
이재현(2000), 『인터넷과 사이버 사회』, 커뮤니케이션북스.

竹村眞一(1998/2000), 『호흡하는 네트워크 파워』, 한국학술정보(주).

Aarseth, Espin J.(1997), *Cybertext: Perspectives on Ergodic Literature*, Johns Hopkins University Press.

Bardini, Thierry(1997), Bridging the Gulfs: From Hypertext to Cyberspace, *Journal of Computer-Mediated Communication*, 3: 2. http://www.ascusc.org/jcmc/vol3/issue2/bardini.html

Bloom, Howard(2001), *Global Brain: The Evolution of Mass Mind from the Big Bang to the 21st Century*, New York: John Wiley & Sons.

Coover, Robert(1992), "The End of Books," *New York Times Book Review*(June 21), p. 23.

Davis, Jim & Stack, Michael(1997), "The Digital Advantage," *Cutting Edge: Technology, Information Capitalism and Social Revolution,* New York: Verso.

Delaney, Paul & Landow, George P.(1991), "Hypertext, Hypermedia and Literary Studies," *Hypermedia and Literary Studies,* Cambridge, MA.: The MIT Press.

Fisher, Jeffrey(1997), "The Postmodern Paradiso: Dante, Cyberpunk, and the Technosophy of Cyberspace," David Porter(ed.), *Internet Culture,* New York: Routledge, pp. 111~28.

Garton, Laura, Haythornthwaite, Caroline & Wellman, Barry(1999), "Studying Online Social Networks," Steve Jones(ed.), *Doing Internet Research: Critical Issues and Methods for Examining the Net,* Thousand Oak, California: Sage, pp. 75~105(이재현 옮김, 『인터넷 연구 방법: 쟁점과 사례』, 커뮤니케이션북스, 2000, pp. 312~62).

Granovetter, M.(1982), "The Strength of Weak Ties: A Network Theory Revisited," P. Marsden & N. Lin(eds.), *Social Structure and Network Analysis,* Beverly Hills, CA: Sage, pp. 105~30.

Jonscher, Charles(1999), *The Evolution of Wired Life: From the Alphabet to the Soul-Catcher Chip—How Information Technologies Change Our World,* New York: John Wiley & Sons.

Kroker, Arthur & Weinstein, Michael A.(1994a), "The Political Economy of Virtual Reality: Pan-Capitalism," *Data Trash: The Theory of the Virtual Class,* New York: St. Martin's Press, pp. 63~93(Chapter 4). http://www.ctheory.com/article/a006.html

————(1994b), "The Theory of the Virtual Class," *Data Trash: The Theory*

of Virtual Class, New York: St. Martin's Press, pp. 4~26(Chapter 1).
http://www.ctheory.com/global/ga104.html

Kuhn, Thomas S.(1970), *The Structure of Scientific Revolutions*, Chicago: Chicago University Press, 2nd Ed.

Levy, Pierre(1990), *Cyberculture*(김동윤 · 조준형 옮김, 『사이버 문화』, 문예출판사, 2000).

─────(1994), *L'intelligence collective*, Bobert Bononno(trans.)(1997), *Collective Intelligence: Mankind's Emerging World in Cyberspace*, Cambridge, MA: Perseus Books.

─────(1997), *Les technologies de l'intelligence*(강형식 · 임기대 옮김, 『지능의 테크놀로지: 정보화 시대의 사고의 미래』, 철학과 현실사, 2000).

Lyotard, Jean-François(1979), *La condition postmoderne*(이현복 옮김, 『포스트모던적 조건: 정보 사회에서의 지식의 위상』, 서광사, 1992).

Manovich, Lev(2001), *The Language of New Media*, Cambridge, MA.: The MIT Press.

Mitra, Ananda & Cohen, Elisia(1999), "Analyzing the Web: Directions and Challenges," Jones, Steve(ed.), *Doing Internet Research: Critical Issues and Methods for Examining the Net*, Newbury Park, CA: Sage, pp. 179~202(이재현 옮김, 『인터넷 연구 방법: 쟁점과 사례』, 커뮤니케이션북스, 2000, pp. 81~119).

Nielsen, Jakob(1995), *Multimedia and Hypertext: The Internet and Beyond*, Boston: Academic Press.

Ong, Walter(1982), *Orality and Literacy: The Technologizing of the Word*, London: Routledge.

Poster, Mark(1995), *The Second Media Age*, Cambridge: Polity Press.

Poster, Mark(1997), "CyberDemocracy: Internet and the Public Sphere,"
David Porter(ed.), *Internet Culture*, New York: Routledge, pp.
201~18.
http://www.hnet.uci.edu/mposter/writings/democ.html

Rheingold, Howard(1993), *The Virtual Community: Homesteading on
the Electronic Frontier*, Reading, Mass.: Addison-Wesley.
http://www.rheingold.com/vc/book/

Sandberg, Anders(2000), *Introductory Texts about Transhumanism.*
http://www.aleph.se/Trans/Intro/

Schuler, Doug(2001), "Cultivating Society's Civic Intelligence: Patterns
for a New 'World Brain'," *Information, Communication & Society*
4: 2, pp. 157~81.

Stone, Allucquere Rosanne(1991), "Will the Real Body Please Stand
Up? Boundary Stories about Virtual Cultures," Michael
Benedikt(ed.), *Cyberspace: First Steps*, Cambridge, MA: The MIT
Press, pp. 81~118.
http://www.rochester.edu/College/FS/Publications/StoneBody.
html

Travis, M. A.(1996), "Cybernetic Esthetics, Hypertext and the Future of
Literature," *Mosaic* 29: 4, pp. 116~30.

Virilio, Paul(1995), "Speed and Information: Cyberspace Alarm!,"
CTheory(27 August).
http://www.ctheory.net/text_file.asp?pick=72

Webster, Frank(1995), *Theories of Information Society*, London:
Routledge(조동기 옮김, 『정보 사회 이론』, 나남출판, 1997).

필자 소개

* 가나다순

김필동

서울대 대학원 사회학과 졸업(문학 박사), 현 충남대 사회학과 교수. 저서로 『한국 사회 조직사 연구』 『차별과 연대』, 공저로 『종족 마을의 전통과 변화』 등 이 있으며, 최근의 주요 논문으로 「한국 사회 이론의 과제와 전략: 토착화론을 넘어서」와 「전환기 한국 지식 정책의 현주소」 등이 있다.

박명규

서울대 대학원 사회학과 졸업(문학 박사), 현 서울대 사회학과 교수. 저서로 『한국 근대 국가 형성과 농민』이 있으며, 주요 논문으로 「역사적 사건의 상징 화와 집합적 정체성」 「한말 '사회' 개념의 수용과 의미 체계」 「복합적 정치 공 동체와 변혁의 논리」 등이 있다.

박찬승

서울대 대학원 국사학과 졸업(문학 박사), 현 충남대 국사학과 교수. 저서로 『한국 근대 정치 사상사 연구』가 있으며, 최근의 주요 논문으로 「1930년대 안 재홍의 민세주의론」 「일제하 영광 지방의 민족 운동과 사회 운동」 「20세기 한 국 국가주의의 기원」 등이 있다.

박태균

서울대 대학원 국사학과 졸업(문학 박사), 현 서울대 국제지역원 한국학 전공 담당 교수. 저서로『조봉암 연구』, 공저로『한국 현대사 강의』등이 있으며, 최근의 주요 논문으로「1956~1964년 한국 경제 개발 계획의 성립 과정」과「5·16 쿠데타와 미국」등이 있다.

윤정로

미국 하버드대 사회학 박사, 현 한국과학기술원 인문사회과학부 교수. 저서로 『과학 기술과 한국 사회』『모성의 담론과 현실』『생명의 위기: 21세기 생명 윤리의 쟁점』등이 있다.

이재현

서울대 대학원 신문학과(현 언론정보학과) 졸업(문학 박사), 현 충남대 언론정보학과 부교수. 저서로『인터넷과 사이버 사회』, 역서로『인터넷 연구 방법: 쟁점과 사례』『디지털 모자이크』, 편저서로『인터넷과 온라인 게임』등이 있으며, 최근의 주요 논문으로「인터넷, 온라인 삶, 그리고 정체성」「사이버스페이스의 문화와 커뮤니케이션」등이 있다.

이정옥

서울대 대학원 사회학과 졸업(문학 박사), 현 대구가톨릭대 사회학과 교수. 저서로『한국 공업화와 여성 노동』『한국 성사회학의 방법론적 모색』등이 있으며, 최근의 주요 논문으로「글로벌리제이션의 다면성과 사회 운동의 국제 연대」「세계화 시대의 대안 운동: 생산 참여형 운동을 중심으로」등이 있다.

이준식

연세대학교 대학원 사회학과 졸업(문학 박사), 현 연세대학교 국학연구원 연구교수. 저서로『농촌 사회 변동과 농민 운동: 일제 침략기 함경남도의 경우』와 공저로『일제하 사회주의 운동사』『한국 근현대 청년 운동사』등이 있으며, 주요 논문으로「백남운의 사회사 인식」「일제 침략기 한글 운동 연구」등이 있다.

임대식

서울대 대학원 국사학과 졸업, 현 『역사비평』 편집 주간. 저서로 『식민지 시대 한국 사회와 운동』이 있으며, 주요 논문으로 「1950년대 미국의 교육 원조와 친미엘리트의 형성」 「종속적 근대화와 민족 문제」 등이 있다.

장경섭

미국 브라운대 사회학 박사, 현 서울대 사회학과 교수. 사단 법인 현대중국학회 회장. 최근 '개발 자유주의developmental liberalism' 및 '압축적 근대성'에 관한 저서를 준비 중에 있다.

정순우

한국정신문화연구원 한국학대학원 박사, 현 한국정신문화연구원 교수. 저서로는 『퇴계학과 남명학』 『조선은 지방을 어떻게 지배했는가』 등이 있으며, 주요 논문으로 「18세기 서당 연구」 「조선 후기 유랑 지식인 형성의 사회 문화적 배경」 「조선 시대 제향 공간(祭享空間)의 성격과 그 사회사적 의미」 등이 있다.

정일균

서울대 대학원 사회학과 졸업(문학 박사), 현 한국정신문화연구원 연구 교수. 저서로는 『다산 사서 경학 연구』 등이 있으며, 주요 논문으로 「다산 정약용의 이기론 비판: 『논어고금주』를 중심으로」 「유교 사회의 문화체 연구와 경학」 「『주자가례』와 '예의 정신'」 등이 있다.

황혜란

영국 서섹스 대학교 과학기술정책학 박사, 전 IT전략연구원 연구 위원. 저서로 『한국 반도체/컴퓨터 산업의 혁신 체제의 진화 과정 및 개선 방안』 『디지털 미래 국제 비교 연구: 세계 인터넷 프로젝트 한국』, 최근의 주요 논문으로 "Creative Destruction of Korean Innovation System: From Scale-Intensive Development to Knowledge-Intensive Regime" "National Systems of Innovation: Institutional Linkages and Performances in the Case of Korea and Taiwan" 등이 있다.